Roderich Barth und Christopher Zarnow (Hrsg.)
Theologie der Gefühle

Theologie der Gefühle

Herausgegeben von
Roderich Barth und Christopher Zarnow

DE GRUYTER

ISBN 978-3-11-057812-6
e-ISBN (PDF) 978-3-11-037553-4
e-ISBN (EPUB) 978-3-11-038718-6

Library of Congress Cataloging-in-Publication Data
A CIP catalog record for this book has been applied for at the Library of Congress.

Bibliografische Information der Deutschen Nationalbibliothek
Die Deutsche Nationalbibliothek verzeichnet diese Publikation in der Deutschen Nationalbibliografie; detaillierte bibliografische Daten sind im Internet über http://dnb.dnb.de abrufbar.

© 2015 Walter de Gruyter GmbH, Berlin/Boston
Dieser Band ist text- und seitenidentisch mit der 2015 erschienenen gebundenen Ausgabe.
Einbandabbildung: Anna Lehmann-Brauns
Druck und Bindung: CPI books GmbH, Leck

♾ Gedruckt auf säurefreiem Papier
Printed in Germany

www.degruyter.com

Inhalt

Roderich Barth und Christopher Zarnow
Das Projekt einer Theologie der Gefühle —— 1

Teil I: Systematische Perspektiven

Bernhard Grom
Was ist religiöses Erleben und wie entsteht es? —— 23

Eva Weber-Guskar
Religious Emotions as Experiences of Transcendency —— 47

Sabine A. Döring
Was darf ich hoffen? —— 61

Teil II: Problemgeschichtliche Vertiefungen

Claus-Dieter Osthövener
»Affectionate Religion« —— 79

Christopher Voigt-Goy
Das ›amerikanische‹ religiöse Gefühl —— 113

Michael Moxter
Gefühl und Ausdruck —— 125

Markus Buntfuß
Begeisterung – Ergebung – Andacht —— 143

Teil III: Theologische Konkretionen

Notger Slenczka
Neid —— 157

Johannes Fischer
Emotionen und die religiöse Dimension der Moral —— 191

Elisabeth Naurath
Perspektiven einer Praktischen Theologie der Gefühle —— 207

Friedhelm Hartenstein
Die Theologie der Gefühle JHWHs —— 225

Teil IV: **Anhang**

Autorenverzeichnis —— 241

Register —— 243

Für Ulrich Barth

Roderich Barth und Christopher Zarnow
Das Projekt einer Theologie der Gefühle

Gefühle sind ein zentraler Bestandteil des menschlichen Lebens. Sie färben unsere innere Welt, sie veranlassen uns zu Handlungen und signalisieren, was wichtig oder bedeutsam für uns ist. Stimmungen, Gefühle, Empfindungen – sie sind Teil der conditio humana und bestimmen unser Sein und Denken weit über den Bereich des bewussten Lebens hinaus. Gefühle haben Macht über uns, und doch stehen wir ihnen in der Regel nicht ohnmächtig gegenüber. Bewusst oder unbewusst nehmen wir Einfluss auf ihre Intensität und Dauer; wir steigern uns in sie hinein oder drücken sie beiseite. Auch wissenschaftlich sind Gefühle und ihre Bedeutung für das menschliche Selbst- und Weltverhältnis neu in den Fokus gerückt. Allerdings ist der gegenwärtige Gefühlsdiskurs über weite Strecken ein theologiefreier Raum. Gerade für die theologische Anthropologie sind aber die Gefühle unverzichtbar. Das ruft das Projekt einer ›Theologie der Gefühle‹ ins Bewusstsein. Mit dieser Wortkombination sind allerdings Verständnisschwierigkeiten ganz eigener Art verbunden. Mag die Formel ›Logik der Gefühle‹[1] noch auf ein gewisses Verständnis stoßen oder gar produktive Assoziationen wecken, erscheint der Titel dieser Aufsatzsammlung in gesteigerter Weise erläuterungsbedürftig. Darüber hinaus konfrontieren Genitivbestimmungen wie ›Theologie der Kultur‹, ›Theologie der Befreiung‹, ›Theologie der Religionen‹ oder eben auch ›Theologie der Gefühle‹ mit einem wiederkehrenden Grundproblem: Zum einen liegt in ihrer programmatischen Fokussierung zumindest die Tendenz einer Engführung des Gegenstandsbereichs der Theologie. Zum anderen suggerieren sie eine Eindeutigkeit des Theologiebegriffs, die schon durch ihre bloße Pluralität konterkariert wird.

Nach traditionellem oder – lehrtechnisch gesprochen – ›speziellem‹ Verständnis ist Theologie Gotteslehre. Immerhin gibt es hier einen Ort, der es mit starken Gefühlen und Affekten zu tun hat: die sogenannte Lehre von Gottes Eigenschaften. Den positiven Gefühlen wie Barmherzigkeit und Liebe stehen die negativen gegenüber: Gott zürnt, er rächt sich bei seinem abtrünnigen Volk und zieht gekränkt seine Gunst zurück. Schon immer stellten diese den biblischen Erzählungen entnommenen Gefühle Gottes eine Herausforderung dar: tragen sie doch zutiefst menschliche

---

[1] Vgl. den zugleich an Alexander Gottlieb Baumgartens Definition der Ästhetik als ›Logik des unteren Erkenntnisvermögens‹ anschließenden wie diese abwandelnden Titel einer *Logic des Gefühls* in Herders Nachschrift von Kants Metaphysikvorlesung: Immanuel Kant, Gesammelte Schriften, hg. v. d. Deutschen Akademie der Wissenschaften zu Berlin, Bd. 28,2,1, 850. In literarischer Reflexion begegnet der Gedanke einer Logik der Gefühle etwa bei Robert Musil, Mann ohne Eigenschaften. Roman Bd. 1, hg. v. Adolf Frisé, Hamburg 1978, 857. Zur neueren Debatte vgl.: Aaron Ben-Ze'ev, Die Logik der Gefühle. Kritik der emotionalen Intelligenz, Frankfurt 2009 (zuerst erschienen unter dem Titel: The Subtlety of Emotions, Cambridge, Mass./London 2001).

Affektzustände in die Gottesanschauung ein.[2] Begrifflicher und sinnlich-affektiver Gehalt der Gottesvorstellung geraten damit in ein äußerstes Spannungsverhältnis: Verweist der Gottesbegriff über die Sphäre alles Endlichen und Bedingten hinaus, ziehen ihn seine affektiven Näherbestimmungen gleichsam zurück in den Bereich des Menschlich-Allzumenschlichen. Im Zentrum der traditionellen Theologie der (Gottes-)Gefühle steht entsprechend die Frage, ob zwischen menschlichen und göttlichen Gefühlen überhaupt analog gesprochen werden kann und wenn ja, wie diese Analogie gedanklich zu konzipieren ist.

Im Horizont dieser Fragen wird der Gotteswissenschaft ihr Verhältnis zur Rationalität zum Thema. Ausgehend von den eigenen Quellen und Traditionen entdeckt sie Gott als Idee der Vernunft. Theologie wird zur denkenden Wissenschaft – gerade wenn sie sich zu denken anschickt, was höher ist als alle Vernunft. Ihre intrinsische Rationalität drängt zur Entfaltung als System. Origenes, Thomas von Aquin, Abraham Calov oder Paul Tillich legen davon ein beredtes Zeugnis ab. Auch für eine wie immer näher zu bestimmende Theologie der Gefühle gilt von daher, dass sie sich als Theologie im Medium gedanklicher Reflexion vollzieht. Wo man aufhört, nach dem besseren Argument zu suchen, um statt dessen an Emotionen zu appellieren, agiert man womöglich religiös motiviert, nicht aber theologisch begründet. Die Einsicht in den rationalen Charakter der Theologie ist gleichwohl nicht zu verwechseln mit dem Bekenntnis zu einem Rationalismus, der für die irrationalen Momente der Religion blind wäre. Ebenso verkürzt wäre es, die Gefühle bloß als das Andere der Vernunft zu verstehen.

Die geschichtliche Epoche, die traditionell mit dem Stichwort der Rationalisierung in Verbindung gebracht wird, die europäische Aufklärung, ist nicht ohne Auswirkung auf das Selbstverständnis der Theologie geblieben. Unter vorläufiger Absehung der Vielschichtigkeit dieses Transformationsprozesses lässt sich sagen, dass sich Theologie als hermeneutische Wissenschaft begreift: Sie zielt auf das Verstehen und Auslegen religiöser Welt- und Selbstdeutung. Das umfasst die Interpretation alter Texte, die Sinndeutung von religiösen Selbstzeugnissen, die Erschließung von Kulturbeständen. Religion in der Vielfalt ihrer empirischen Bezüge wird zum eigentlichen Gegenstand der Theologie. Dann drängt sich die Gefühlsthematik aber förmlich auf: Sie begegnet in den heiligen Texten, in der Gebetssprache der Psalmen, in der erbaulichen Rede der Predigt, im Ethos der Religion, in den Ausdrucks- und Affektgestalten der religiösen Kunst, ja nicht zuletzt im eigenen religiösen Erleben und der Selbstreflexion des Glaubens. Eine Theologie der Gefühle, wie wir sie verstehen, hat die Aufgabe einer systematischen Erschließung dieses zentralen Elements der Religion.

Die so umrissene Aufgabe hat eine gewisse innere Nähe zum Gebiet der empirischen Religionspsychologie – etwa hinsichtlich der Frage, wie sich die kognitiven, affektiven und emotiven Bestandteile der Religion zueinander verhalten oder worin das

---

2 Vgl. dazu auch den Beitrag von Friedhelm Hartenstein in diesem Band.

Spezifikum des religiösen Erlebens liegt. Während sich die verschiedenen Ansätze der Religionspsychologie aber in der Regel einer bestimmten psychologischen Rahmentheorie verpflichtet wissen, in die sie ihre Theorie der Religion einzeichnen, ist die Fragestellung, die wir unter dem Obertitel einer ›Theologie der Gefühle‹ verfolgen, sowohl weiter als auch enger: Weiter, weil es uns um die Offenlegung der psychologischen Dimension quer durch die theologischen Unterdisziplinen hindurch geht. Wenn bereits Adolf von Harnack die Dogmengeschichte auch als Frömmigkeitsgeschichte des Christentums betrieb oder Gerd Theißen Theorien der kognitiven Dissonanzbewältigung zur Interpretation des Oster-Kerygmas hinzuzieht, deutet sich die Tragweite dieses Vorhabens an.[3] Enger, weil die eine Aufgabe der Religionspsychologie damit in die Aufgabe der Repsychologisierung der theologischen Einzel- und wiederum ihrer verschiedenen Subdisziplinen zerfällt. So gesehen ist ›die‹ Theologie der Gefühle ein nur interdisziplinär zu leistendes Projekt, das darin seinen Konvergenzpunkt besitzt, die eminente Bedeutung der Gefühle im Aufbau und der Verstetigung von Religion aus exegetischer, historischer, systematischer und praktisch-theologischer Perspektive zu beleuchten.

Der Titel ›Theologie der Gefühle‹ tritt in produktive Konkurrenz mit einer ›Philosophie der Gefühle‹, die ihren Niederschlag in zahlreichen Publikationen gefunden hat.[4] Die neuere *philosophy of emotion* geht zurück auf einen etwa ab den 1980er Jahren vollzogenen *emotional turn*, den man in Erinnerung an maßgebliche Traditionen der Philosophiegeschichte auch als eine ›Renaissance der Gefühle‹ hat bezeichnen können.[5] Nachdem der Bereich der Emotionen von herrschenden Methodenidealen in der Philosophie des 20. Jahrhunderts wie etwa dem logischen Positivismus als irrelevant oder gar irreleitend eingestuft wurde, geriet die Frage nach der Bedeutung von Gefühlen für den Aufbau von Moral und Wissen am Ende des Jahrhunderts wieder stärker in den Blickpunkt. Die Motive und Diskurswege dieser Entwicklung waren und sind vielfältig: Ein moralphilosophisches Interesse an der Motivationskraft der Gefühle, immanente Korrekturen der angelsächsischen *theory of mind*, aktuelle Forschungsschwerpunkte der Hirnforschung sowie die Öffnung für eine neue Phänome-

---

3 Vgl. Adolf von Harnack, Lehrbuch der Dogmengeschichte Bd. 3, 4. Aufl. Tübingen 1910, 9f. Vgl. ferner Gerd Theißen, Die Religion der ersten Christen. Eine Theorie des Urchristentums, 2. Aufl. Gütersloh 2001, 76ff.
4 Hinrich Fink-Eitel / Georg Lohmann (Hg.), Zur Philosophie der Gefühle, Frankfurt a. M. 1993; Peter Goldie, The Emotions. A Philosophical Exploration, Oxford 2000; Richard Wollheim, Emotionen. Eine Philosophie der Gefühle, München 2001 (der Originaltitel lautet: On the Emotions, New Haven/London 1999); Christoph Demmerling / Hilge Landweer, Philosophie der Gefühle. Von Achtung bis Zorn, Stuttgart/Weimar 2007; Sabine A. Döring (Hg.), Philosophie der Gefühle, Frankfurt a. M. 2009; Peter Goldie (Ed.), The Oxford Handbook of Philosophy of Emotion, Oxford 2010.
5 Zur historischen Tiefendimension vgl. z. B.: Catherine Newmark, Passion – Affekt – Gefühl. Philosophische Theorien der Emotionen von Aristoteles bis Kant, Berlin 2008; Hilge Landweer / Ursula Renz (Hg.), Klassische Emotionstheorien. Von Plato bis Wittgenstein, Berlin / Boston 2008; Dominik Perler, Transformationen der Gefühle. Philosophische Emotionstheorien 1270–1670, Frankfurt a. M. 2011.

nologie der Leiblichkeit gaben und geben dem Thema von ganz verschiedenen Seiten her und über Schulgrenzen hinaus Auftrieb.[6] Längst lässt sich die neuere Emotionsdebatte auch nicht mehr auf die Fachphilosophie im engeren Sinne begrenzen, sondern erstreckt sich von den Kognitions- bis zu den Sozial- und Kulturwissenschaften.[7] In diesem interdisziplinären Zugriff spiegelt sich die Vielschichtigkeit der Gefühlsthematik.

Überblickt man diese Debatten, so verwundert allerdings, dass Bezüge von der Gefühls- zur Religionsthematik kaum hergestellt werden. Mögliche Gründe für diese Zurückhaltung ließen sich auf unterschiedlichen Ebenen suchen, vom unreflektierten Fortschreiben von Forschungstraditionen, die dem Thema Religion von Hause aus reserviert gegenüber stehen, bis hin zu einer methodischen Orientierung an sensualistischen Paradigmen. Hinzu kommt, dass sich auch weite Teile der Theologie des 20. Jahrhunderts die Kritik der Religion ins Programm geschrieben haben, was sich unter anderem in einem antipsychologischen Gestus niederschlug. Diese Verkürzungen sind über weite Strecken Geschichte – allerdings in Bezug auf unser Thema

---

[6] Anthony Kenny, Action, Emotion and Will, London 1963; ND Bristol 1993; Amélie Oksenberg Rorty (Ed.), Explaining Emotions, Berkley u. a. 1980; Ronald de Sousa, The Rationality of Emotion, Cambridge u. a. 1987 (dt.: Die Rationalität des Gefühls, Frankfurt a. M. 2009); Robert C. Solomon, The Passions. Emotions and the Meaning of Life, Indianapolis/Cambridge 1993 (dt.: Gefühle und der Sinn des Lebens, Frankfurt a. M. 2000); Paul E. Griffiths, What Emotions Really are. The Problem of Psychological Categories, Chicago 1997; Hermann Schmitz, Der Leib, der Raum und die Gefühle, Stuttgart 1998; Martha C. Nussbaum, Upheavals of thought. The intelligence of emotions, Cambridge 2001; Bennett Helm, Emotional Reason. Deliberation, Motivation, and the Nature of Value, Cambridge 2001; Peter Goldie (Ed.), Understanding Emotions. Mind and Morals, Aldershot 2002; Sabine A. Döring / Verena Mayer (Hg.), Die Moralität der Gefühle, Berlin 2002; Robert C. Roberts, Emotions. An Essay in Aid of Moral Psychology, Cambridge 2003; Christoph Demmerling, Gefühl und Moral. Eine philosophische Analyse, Bonn 2004; Eva Weber-Guskar, Die Klarheit der Gefühle, Berlin 2009.
[7] Antonio R. Damasio, Descartes' Error. Emotion, Reason and the Human Brain, New York 1994 (dt.: Descartes' Irrtum. Fühlen, Denken und das menschliche Gehirn, Berlin 2010); Joseph LeDoux, The Emotional Brain. The Mysterious Underpinnings of Emotional Life, New York (dt.: Das Netz der Gefühle, Wie Emotionen entstehen, München 1998); Tim Dalgleish / Mick J. Power (Ed.), Handbook of Cognition and Emotion, Chichester 1999; Richard J. Davidson / Klaus R. Scherer / H. Hill Goldsmith (Ed.), Handbook of Affective Sciences, Oxford/New York 2003; Michael Lewis / Jeannette M. Haviland-Jones / Lisa Feldman Barrett (Ed.), Handbook of Emotions, New York/London ³2008; David Sander / Klaus R. Scherer (Ed.), The Oxford Companion to Emotion and the Affective Sciences, Oxford 2009; Rainer Schützeichel (Hg.), Emotionen und Sozialtheorie. Disziplinäre Ansätze, Frankfurt a. M. 2006; Clemens Risi / Jens Rodelt (Hg.), Koordinaten der Leidenschaft. Kulturelle Aufführungen von Gefühlen, Berlin 2009 – Weitere Literatur findet sich in der Publikationsdatenbank des interdisziplinären Forschungszentrums der Freien Universität Berlin ›Languages of Emotion‹: http://www.loe.fu-berlin.de/zentrum/publikationen/datenbank/index.html (abgerufen am 7. Februar 2015). Einen guten Überblick über die Literatur sowie eine einfache Darstellung grundlegender Fragestellungen bietet neben den Sammelbänden von Landweer / Demmerling und Döring (wie Anm. 4): Martin Hartmann, Gefühle. Wie die Wissenschaften sie erklären, Frankfurt a. M. ²2010.

noch kaum aufgearbeitet.⁸ Dabei liegt es nicht nur auf der Hand, dass das Gefühl ein zentrales Element der Religion ist. Auch bringt es die Religionsvergessenheit der aktuellen Emotionsdebatte mit sich, dass die Bandbreite des unter dem Gefühlsbegriff versammelten Phänomenbestandes willkürlich eingeschränkt wird. Die Plausibilität einer Theorie, das gilt auch für eine Theorie des Gefühls, bemisst sich daran, inwieweit sie der Komplexität des Gegenstandes gerecht wird, auf den sie sich bezieht. Eine allgemeine Theorie des Gefühls kann unserer Erwartung nach nur davon profitieren, wenn sie die Möglichkeit ›höherer Empfindungen‹ und ›tiefer Gefühle‹ in Rechnung stellt.

Um diese Erwartung zu begründen, empfiehlt sich ein Blick auf diejenige Epoche, die für ein Denken über Fachgrenzen hinaus ebenso einschlägig ist wie für die Erforschung der Gefühle. Gemeint ist die – bereits oben in anderem Kontext erwähnte – Aufklärung. Sie war nicht nur hinsichtlich der Vermessung des Gegenstandsgebietes, sondern auch terminologisch produktiv. So kann geradezu von einer »Erfindung der Gefühle« im Bildungsbürgertum der zweiten Hälfte des 18. Jahrhunderts gesprochen werden.⁹ Dieser Sachverhalt ist von der gegenwärtigen Emotionsdebatte noch gar nicht in seiner problemgeschichtlichen Tiefe begriffen.¹⁰ Die in der neueren Theologie und Philosophie auffallend beliebte Würdigung von ›Passivität‹, ›Passionen‹ und ›Affekten‹ steht jedenfalls in Gefahr, einen Differenzierungsgewinn zu verschenken, der sich in der Umstellung vom Affekt- zum Emotionsparadigma in der Aufklärung bereits vollzog: die Entwicklung eines Gefühlsbegriffs unter Einschluss von Momenten der Individualität, Spontaneität, Reflexivität und Medialität.¹¹ Von der aufgeklärten Hermeneutik heiliger Schriften bis zur kritischen Religionspsychologie er-

---

8 Aus der gerade in Gang kommenden, meist noch je einer disziplinären oder methodischen Perspektive verpflichteten Forschungsdebatte sind zu nennen: Petri Järveläinen, A Study on Religious Emotions, Helsinki 2000; Mark Wynn, Emotional Experience and Religious Understanding. Integrating Perception, Conception and Feeling, Cambridge 2005; Andreas Wagner, Emotionen, Gefühle und Sprache im Alten Testament. Vier Studien, Waltrop 2006; Robert C. Roberts, Spiritual Emotions. A Psychology of Christian Virtues, Grand Rapids 2007; John Corrigan (Ed.), The Oxford Handbook of Religion and Emotion, Oxford/New York 2008; Jörg Lauster, Theologie der Gefühle (Praxisbericht Forschung), in: PTh 99 (2010) 58–64; Emotions from Ben Sira to Paul. Deuterocanonical and Cognate Literatur. Yearbook 2011, ed. by Renate Egger-Wenzel / Jeremy Corley, Berlin/Boston 2012; Passion and Passivity, ed. by Ingolf U. Dalferth / Michael Rodgers, Tübingen 2011; Starke Gefühle, hg. v. Kristian Fechtner / Jörg Lauster, in: PrTh 48.2 (2013); Religion und Gefühl. Praktisch-theologische Perspektiven einer Theorie der Emotionen. Festschrift für Wilhelm Gräb zum 65. Geburtstag, hg. v. Lars Charbonnier, Matthias Mader und Birgit Weyel, Göttingen 2013, European Journal for Philosophy of Religion (EJPR), ed. by Janusz Salamon, Vol. 6,3 (2014), 65–224.
9 Jutta Stallfort, Die Erfindung der Gefühle. Eine Studie über den historischen Wandel menschlicher Emotionalität (1750–1850), Bielefeld 2013.
10 Außer vereinzelter Bezüge auf David Hume wird die Epoche der Aufklärung von der Philosophie der Gefühle ignoriert.
11 Vgl. dazu den Beitrag von Markus Buntfuß in diesem Band; zur Medialität besonders den Beitrag von Michael Moxter.

wies sich die Religionsthematik dabei als ein zentrales Erörterungsfeld. Umgekehrt ist der neuzeitliche Religionsbegriff in seinem Entstehen mit der Erkundung von Gefühlswelten innerlich verbunden. Der aufgeklärte Gefühlsdiskurs schließt daher ästhetische, psychologische, (moral-)philosophische und theologische Fragestellungen zusammen.[12]

Ein Beispiel für die Aktualität der Aufklärung ist das gerade in der neueren Emotionsdebatte wieder intensiv diskutierte Problem des ›Sui-generis-Charakters‹ emotionaler Intentionalität: Sind Gefühle eine selbständige Klasse mentaler Einstellungen oder rückführbar auf andere Formen des bewussten Realitätsbezugs? Genau diese Frage nach einer eigenständigen Bedeutung des Gefühls gegenüber Kognitionsvermögen *(facultas cognoscendi)* und Begehrungsvermögen *(facultas appetendi)* motiviert bereits die Herausbildung der aufgeklärten Dreivermögenspsychologie (M. Mendelssohn, J. G. Sulzer, J. N. Tetens, I. Kant). Diese Ausfächerung der Vermögen eröffnete Theorieperspektiven nicht nur für die Ästhetik, in der das Gefühl als konstitutives Aufbaumoment des Geschmacksurteils begreifbar wird, sondern auch für die anthropologische Verortung der Religion. So sucht F. D. E. Schleiermacher seit seinen berühmten *Reden* von 1799 die Irreduzibilität und Selbständigkeit der Religion dadurch zu behaupten, dass er sie als ›eigene Provinz im Gemüte‹ von Wissen und Handeln abgrenzt. Dabei kommt dem Gefühlsbegriff nicht nur eine tragende Funktion zu, vielmehr durchläuft dieser selbst eine Entwicklung, die den Rahmen einer umfassenden Theorie vorzeichnet: So reicht das Spektrum von den empirischen Gefühlen bis hin zu einer transzendentalen Strukturtheorie des Bewusstseins. Rudolf Otto greift einhundert Jahre später diesen ›gefühlstheologischen‹ Ansatz auf und bestimmt ihn in kritischer Auseinandersetzung mit Zeitgenossen wie William James und Wilhelm Wundt intentionalitätstheoretisch weiter.[13] Das Wesen des religiösen Gefühls kann darin gesehen werden, dass sich das Objekt, auf das es gerichtet ist (das Numinose), so aufbaut, dass in die Konstitution seiner Gegenständlichkeit die intentionale Beziehung auf es selbst eingeht. Das religiöse Gefühl bildet gleichsam das Paradigma einer intentionalen Struktur, in der Momente des Deutens und Erlebens unauflöslich inein-

---

[12] Ernst Stöckmann, Anthropologische Ästhetik. Philosophie, Psychologie und ästhetische Theorie der Emotionen im Diskurs der Aufklärung, Tübingen 2009. Martin Fritz, Vom Erhabenen. Der Traktat ›Peri Hypsous‹ und seine ästhetisch-religiöse Renaissance im 18. Jahrhundert, Tübingen 2011. Zum systematischen Profil und zur problemgeschichtlichen Tiefe des Religionsbegriffs vgl. die grundlegenden Studien von Ulrich Barth, Religion in der Moderne, Tübingen 2003; Aufgeklärter Protestantismus, Tübingen 2004; Gott als Projekt der Vernunft, Tübingen 2005; Kritischer Religionsdiskurs, Tübingen 2014.
[13] Vgl. dazu Jaqueline Mariña, Friedrich Schleiermacher and Rudolf Otto, in: John Corrigan (Ed.), The Oxford Handbook of Religion and Emotion, (wie Anm. 8, 457–473), 466–470; Roderich Barth, Religion und Gefühl. Schleiermacher, Otto und die aktuelle Emotionsdebatte, in: Religion und Gefühl, hg. v. Lars Charbonnier u. a. (wie Anm. 8), 31–41; Notger Slenczka, Rudolf Ottos Theorie religiöser Gefühle und die aktuelle Debatte zum Gefühlsbegriff, in: Jörg Lauster u. a. (Hg.), Rudolf Otto. Theologie – Religionsphilosophie – Religionsgeschichte, Berlin / Boston 2014, 277–293.

andergreifen. Im Lichte dieses auf die Aufklärung zurückgehenden Problemniveaus erscheint nicht nur ein elementtheoretisches Bewusstseinsmodell, sondern auch eine empiristische Fokussierung des Intentionalitätsproblems als unterkomplex. So viel sollte deutlich sein: Eine Theologie der Gefühle in dem hier skizzierten Sinne stellt ein Paradigma bereit, an dem sich die Reichweite und Tragfähigkeit aktueller Probleme der Emotionsdebatte kontrovers diskutieren lassen.

Der folgende Aufsatzband dokumentiert in seinem Kernbestand die Beiträge einer interdisziplinären Tagung, die im September 2011 in München stattgefunden hat. Mit Tagungsbänden verbinden sich Gattungsprobleme eigener Art: Die Vielfalt der Ansätze, Perspektiven und Methoden lässt oft keine Bezugspunkte mehr erkennen, welche die Beiträge überhaupt in ein produktiv-kritisches Verhältnis zueinander setzt. Dieser Schwierigkeit wollen wir so begegnen, dass wir systematische Leitfragen formulieren, die nach unserer Überzeugung eine Theologie der Gefühle zu bearbeiten hat und die in verschiedener Weise und Gewichtung von den folgenden Beiträgen aufgegriffen werden:

1. Das Verhältnis von Religion und Gefühl kann aus zwei Perspektiven in den Blick genommen werden. Einmal lässt sich fragen nach der emotionalen Dimension im Aufbau und Vollzug von Religion. Wie fühlt sich religiöses Erleben an? In welchen Gefühlen haben religiöse Symbolvollzüge ihr psychologisches Äquivalent? Inwiefern sind religiöse Deutungsvorgänge immer schon emotional grundiert oder eingefärbt? Eine Bestimmung des Verhältnisses von Religion und Gefühl lässt sich aber auch so vornehmen, dass nun nicht der Religions-, sondern der Gefühlsbegriff bei dieser Verhältnisbestimmung als Fixpunkt festgehalten wird. In den Fokus rückt damit die Frage, inwieweit dem Gefühlsphänomen in seiner ganzen Bandbreite eine Ebene oder Schicht zuzuschreiben ist, die aufgrund bestimmter Merkmale an sich selbst als religiös zu qualifizieren wäre. Ausdrücke wie feierlicher Ernst, pathetische Ergriffenheit, zuversichtliche Gelassenheit oder auch hingebungsvolle Versunkenheit geben mögliche Hinweise in diese Richtung einer dem Gefühls(er)leben eigenen religiösen Dimension.

Wir wollen beide Fragerichtungen in unserer ersten Hauptfrage zusammenfassen und darin zugleich phänomenologisch verdichten: Gibt es so etwas wie *religiöse Gefühle* – und wenn ja, worin besteht ihr Spezifikum? Hier lassen sich nun zunächst ganz verschiedene Theorieoptionen denken. Die beiden Extrempositionen markieren die psychologische Religionskritik auf der einen Seite, die theologische Anlagetheorie auf der anderen Seite.[14] Nach der psychologischen Religionskritik handelt es sich bei religiösen Erlebnissen um abgeleitete Phänomene, die gleichsam restlos auf die ihnen zugrunde liegenden psychologischen Basiseinstellungen reduziert werden können. Die Gottesfurcht wird dann etwa als symbolisch verschlüsselter Vaterkonflikt gelesen.

---

14 Vgl. Bernhard Grom, Religionspsychologie, 1. Aufl. München/Göttingen 1992, 370–373.

Diese Radikalposition wird heute allerdings kaum noch vertreten – nicht zuletzt, weil sie notorisch eine Antwort auf die Frage schuldig blieb, welchen Eigenwert dann jene symbolische Codierung überhaupt noch besitzen soll. Schon Georg Simmel formulierte diesbezüglich scharfsinnig:

> Es ist eine längst triviale Wendung, daß Religion nichts anderes ist als eine gewisse Übertreibung empirisch-seelischer, von unseren Naturzusammenhängen ressortierender Tatsachen. Der weltschaffende Gott erscheint als eine Hypertrophie des Kausaltriebes, das religiöse Opfer als eine Fortsetzung der erfahrenen Notwendigkeit, für jedes Erwünschte einen Preis daranzugeben, die Furcht vor Gott als die Zusammenfassung und vergrößernde Spiegelung der Übergewalt, die wir fortwährend von der physischen Natur erfahren. Nur die vollkommenste Oberflächlichkeit kann noch an dieser Hypothese Halt machen. Handelte es sich wirklich nur um ein Mehr solcher sinnlich gebundenen Erfahrbarkeiten, so wäre eben, daß es zu diesem Mehr kommt, aus dem sinnlich-empirischen Verhältnis selbst doch nicht zu begreifen; so daß diese Reduktion das eigentliche Problem gerade unterschlägt.[15]

Nicht die Rückführung religiöser Vorstellungen auf Bereiche des sozialen, psychologischen und physikalischen Welt- und Selbstverhältnisses ist das Problem des Reduktionismus, sondern sein damit verbundener Totalerklärungsanspruch. Denn soll das religiöse Erleben ›nichts als‹ eine in die religiöse Sphäre transponierte Form nichtreligiöser Erlebnisweisen sein, wäre gerade nicht erklärt, was jene Transponierung überhaupt veranlasst haben bzw. leisten soll. Im Umkehrschluss folgt Simmel,

> daß die religiösen Kategorien schon zum Grunde liegen, das Material von vornherein wirksam gestalten müssen, wenn dieses als religiös bedeutsam empfunden werden, wenn sich aus ihm religiöse Gebilde ergeben sollen. Nicht das Empirische wird zum Religiösen übertrieben, sondern das im Empirischen liegende Religiöse wird herausgestellt.[16]

Anders gesagt: Wiewohl sich die Herausbildung religiöser Vorstellungsgebilde nur aus der Anreicherung des empirischen Materials erklären lassen, durch das sie hindurch gegangen sind, lassen sich die Kategorien jener Formung nicht in gleicher Weise empirisch ableiten. Simmels die kantische Zwei-Quellen-Theorie der Erkenntnis produktiv weiterentwickelnde Religionstheorie liefert ein starkes Argument für die Inkonsistenz jeglicher Form des empiristischen Reduktionismus und für die Annahme, dass Religion im Letzten nur aus einer gleichsam apriorischen Religiosität heraus sich erklären und verstehen lässt.

Simmels Position kann damit als ein Repräsentant der religiösen Anlagetheorie gelten, die man klassisch mit Schleiermacher, Otto oder etwa Troeltsch verbindet. Diese Theorie rechnet ganz allgemein mit einem religiösen Apriori, mit einem numinosen Gefühl oder einer ›eigenen religiösen Provinz im Gemüthe‹ des Menschen. Diese an-

---

15 Georg Simmel, Die Religion (1906–1912), in: Ders., Gesammelte Schriften zur Religionssoziologie, hg. u. mit einer Einl. versehen von Horst Jürgen Helle, Berlin 1989, 116f.
16 AaO. 117.

thropologisch sehr allgemeine These ist für sich genommen apologetisch ausgerichtet, bleibt dann aber für die Frage, wie sich Religiosität individuell ausbildet und in welchen spezifischen Erlebnisweisen sie zum Ausdruck kommt, wenig auskunftsfähig. Insbesondere, wenn sie sich mit dem Anspruch verbindet, *alle* Religiosität aus einer *einzigen* inneren Quelle abzuleiten, kommt sie schnell an ihre empirischen Grenzen. Denn wieso sollte die ›Vielfalt religiöser Erfahrungen‹,[17] wie sie sich in Geborgenheitsgefühlen, aber auch im Bewusstsein radikaler Weltabständigkeit und Jenseitssehnsucht artikuliert, auf eine einzige mentale Konstellation rückführbar sein? Recht verstanden ist mit dieser Kritik freilich überhaupt nicht der konzeptionelle Rahmen der ›religiösen Anlagetheorie‹ verlassen, insofern die Annahme apriorischer Elemente der Religion verschiedene Möglichkeiten ihrer empirisch-psychologischen Genese nicht ausschließt, sondern vielmehr fordert.[18] Eine verkürzte Darstellung der sogenannten religiösen Anlagetheorie wiederholt den Kurzschluss des empirischen Reduktionismus.

Im Mittelfeld zwischen Religionskritik und Anlagetheorie verortet sich die empirische Religionspsychologie.[19] Sie rechnet mit einem eigenen und eigenständigen Phänomenbestand religiöser Erlebnisweisen, ohne zu beanspruchen, sie auf ein einzige psychologische Wurzel zurückführen zu können. Damit stellt sich aber umso schärfer die Frage nach dem eigentlichen Proprium religiöser Gefühle. Ohne der Diskussion, die der folgende Band dokumentiert, hier im Einzelnen vorgreifen zu wollen, ergeben sich auch hier wieder verschiedene Grundoptionen. Eine Möglichkeit besteht darin, religiöse Gefühle in einer spezifischen Erlebnistiefe – einer Feierlichkeit, Ernsthaftigkeit oder Intensität – zu erblicken. Auch die Gefühle gegenüber dem Vaterland oder einer Fußballmannschaft lassen sich dann als religiös qualifizieren. Eine Grenze der Verwendungsweise des Ausdrucks ›religiös‹ markiert letztlich nur das persönliche Stilempfinden. Oder religiöse Gefühle werden inhaltlich, durch ihren ›Gegenstand‹ bzw. intentionalen Gehalt definiert. Religiös wäre dieser Theorieoption nach eine Gefühlseinstellung zu nennen, wenn sie sich auf ein übersinnliches Objekt richtet. Aber lässt sich der ›Objektbezug‹ des religiösen Bewusstseins überhaupt nach Analogie des sinnlichen Gegenstandsbewusstseins verstehen? Oder ist damit der dem Religiösen eigene Deutungscharakter bereits im Ansatz unterlaufen?

2. Die zweite Frage betrifft das Verhältnis von Gefühl und Vernunft. Sind die Gefühle irrational und insofern das Andere der Vernunft? Besteht in dieser Irrationalität nicht

---

[17] Klassisch formuliert und durchgeführt ist dieser Einwand bei William James, The Varieties of Religious Experience. A Study in Human Nature. Being the Gifford Lectures on Natural Religion Delivered at Edinburgh 1901/02.
[18] Vgl. dazu Georg Simmel, Zur Soziologie der Religion (1898), in: Ders., Gesammelte Schriften zur Religionssoziologie (wie Anm. 15), 36.
[19] Exemplarisch vgl. dazu: Bernhard Grom, Religionspsychologie (wie Anm. 14) sowie den Beitrag in diesem Band.

gerade die Eigentümlichkeit und Faszination des emotionalen Lebens? Und liegt nicht darin schließlich auch ihre religiöse Potenz, so dass man den Umkehrschluss wagen kann: Weil Religion in ihrem Kern etwas Irrationales ist, sind Gefühle von elementarer Bedeutung für sie? Doch gegen die dabei stillschweigend vorausgesetzte und von vordergründigen Evidenzen getragene Sektion des Menschen in eine irrationale und eine rationale Hemisphäre erheben sich Bedenken. Bereits ein Blick auf die Geschichte abendländischer Vernunftkonzepte verbietet ein derart einfaches Schema und lässt vielmehr eine innere Ausdifferenzierung erkennen, die einfachen Oppositionen ihr Recht nimmt. Denn das Nachdenken über das Denken kreist seit seinen altgriechischen Anfängen um die Differenz, die bei Kant als fundamentaler Unterschied zwischen Verstand und Vernunft wiederkehrt. Zeichnet sich ersterer durch seine Diskursivität aus, so wurde die Erkenntnisweise der letzteren als Intuition beschrieben. Der Schau letzter Prinzipien oder Ideen wurde dabei nicht selten eine religiöse Valenz zugemessen und bisweilen sogar eine affektive Seite attestiert.[20] Vor dem Hintergrund derartiger Vernunftkonzepte jedenfalls wirkt die Charakterisierung des Gefühls als das Andere der Vernunft nachgerade hilflos.

Es wundert daher nicht, dass die fragliche Entgegensetzung auch in der neueren Emotionsdebatte aus ganz unterschiedlichen – in ihrer Verbindung jedoch sehr wirkmächtigen – Richtungen in Frage gestellt wurde. Zum einen sind hier die Ergebnisse von Hirnforschung und Neurobiologie zu nennen – allen voran die Studien des portugiesischen Neurowissenschaftlers Antonio Damasio.[21] Gegen traditionelle Oppositionen wird eine Evolution der Vernunft aus emotionalen, erst sekundär mental in Gefühlen repräsentierten Körperprozessen plausibilisiert. Zum anderen ist eine Entwicklung innerhalb der analytischen *theory of mind* einschlägig, nämlich die sogenannte kognitivistische Wende in der Emotionstheorie. Ronald de Sousa hat in seiner Studie über die ›Rationalität der Gefühle‹ einen entscheidenden Beitrag zu dieser Neubewertung geleistet, die der neueren Emotionsforschung starke Impulse gegeben hat.[22] Die geistesgeschichtlichen Abgrenzungen und Selbstverortungen, mit denen in diesen Debatten operiert wird, wie etwa der notorische Anticartesianismus, markieren ein Problemfeld für sich. Unbeschadet davon bleibt das verbindende Hauptmotiv, Gegensätze wie irrational/rational, Gefühl/Vernunft zu relativieren und nach Vermittlungsmodellen zu fragen, die ebenso in der Lage sind, der phänomenalen Einheit

---

20 Vgl. etwa Spinozas Konzept der dritten Erkenntnisart. Dazu, insbesondere zu den religiösen Implikationen vgl. Christof Ellsiepen, Anschauung des Universums und Scientia Intuitiva. Die spinozistischen Grundlagen von Schleiermachers früher Religionstheorie, Berlin/New York 2006. Zu den theologischen Dimensionen der Geschichte des Vernunftbegriffs vgl. Ulrich Barth, Gott als Projekt der Vernunft (wie Anm. 12).
21 Vgl. Antonio R. Damasio, Descartes' Error (wie Anm. 7); ders., Looking for Spinoza. Joy, Sorrow, and the Feeling Brain, Orlando 2003.
22 Vgl. Ronald de Sousa, The Rationality of Emotion (wie Anm. 6).

des bewussten Lebens gerecht zu werden wie den unterschiedlichen Formen mentaler Einstellungen.

Scheint es vor diesem Hintergrund wenig plausibel, Gefühl und Rationalität in einen kontradiktorischen Gegensatz zu bringen, stellt sich umso schärfer die Frage, was denn jene dem Gefühl eigene Rationalität eigentlich ausmacht. Wenn sich ein solches Konzept etwa im Sinne des Vorliegens der Struktur von Repräsentationalität und der Angebbarkeit von Angemessenheitskriterien plausibilisieren ließe, so entsteht im Lichte des hier skizzierten Projektes einer Theologie der Gefühle die Anschlussfrage, ob sich ein solches Modell auch im Falle des intentionalen Bezugs auf religiöse Objekte durchführen lässt. Unbeschadet dieser sich im Fokus der Rationalität zuspitzenden Problematik einer ebenso allgemeinen wie spezifischen Theorie der Emotionen hat dieser Problemzusammenhang eine erhebliche Konsequenz für die Ethik. Ließe sich eine Rationalität der Gefühle plausibilisieren, ließe sich damit der traditionell garstige Graben zwischen Gefühls- und Vernunftethiken überspringen. Und auch auf das vor dem Hintergrund neuzeitlicher Rationalitätsmodelle problematische Verhältnis von Religion und Ethos könnte aus dieser Perspektive ein neues Licht fallen. Schließlich lässt sich die Frage nach der Rationalität der Gefühle auch kulturphilosophisch wenden und liefe dann auf die Bedeutung der Religion für einen humanen Umgang mit den Gefühlen hinaus. Das führt zu unserer dritten Leitfrage.

3. Eine Theologie der Gefühle hat nicht nur eine psychologisch tragfähige Beschreibung religiöser Gefühle zu leisten. Sie muss nach unserer Überzeugung zugleich auch eine *Kritik* religiöser Gefühle sein. Religiöse Gefühle tragen in den Massenmedien das Janusgesicht der dauerhaften Heiterkeit eines Dalai Lama auf der einen Seite, der Wutbegeisterung von jungen Männern, die Maschinengewehre über ihrem Kopf schwingen, auf der anderen Seite. Religiöse Gefühle können Kriege motivieren und Versöhnungsprozesse einleiten. Gerade von der Gefühlsseite her sind Menschen aber auch leicht religiös manipulierbar. Der gekränkte Stolz ganzer Nationen kann sich einen religiösen Ausdruck geben.

Individualpsychologisch ist hier das Verhältnis von Glaube und Wahn zu bedenken. Damit stellt sich die Frage nach Kriterien psychischer Gesundheit: Wann spendet die religiöse Fügung in Gottes bergende Hand Schutz und Zuversicht – und wann schlägt der Glaube an eine individuelle Vorsehung um in magisches Kontrollstreben? Blickt der geglaubte Gott freundlich und barmherzig auf mein Leben und bestärkt mich so in meinem Selbstwertgefühl – oder hat er die kalten Augen eines Richters, unter denen sich meine Gewissensängstlichkeit noch steigert? Religiöse Gefühle sind, so unsere Ausgangsthese, wie die Religion überhaupt zutiefst ambivalente Phänomene. Sie können sowohl heilende als auch destruktive Kräfte mobilisieren. Diese Ambivalenz der Religion ist immer auch ihr eigenes Thema: »Man kann die Geschichte der Religionen, insbesondere der großen Religionen, als die Geschichte eines ständigen innerreligiösen Kampfes gegen die Religion deuten«; eines Kampfes, in dem sich das religiöse Prinzip gegen seine »Verzerrung[en]« erhebt.[23] Nicht selten ›wirkt‹ die Religion dabei sowohl in die eine als auch in die andere Richtung als Gefühlsverstärker. Der Umschlagspunkt von der heiligen Wut in dämonisches Wüten ist notorisch heikel, wie bereits die alttestamentlichen Prophetenerzählungen deutlich machen.[24] Biblische Tugendkataloge, in denen zur Sanftmut, Geduld, Freundlichkeit und Demut gemahnt wird, verweisen auf die Aufgabe einer Pädagogik des religiösen Gefühls – gerade angesichts der in ihm schlummernden Aggressionspotentiale.

Unsere dritte systematische Hauptfrage lautet also: Wie lässt sich eine Theologie der Gefühle zugleich als Kritik der religiösen Gefühlen denken? Damit kommt nicht nur die Dimension ihrer normativen Bewertung in den Blick, sondern zugleich die Frage nach Möglichkeiten ihrer Kultivierung. Wenn religiöse Gefühle immer schon an bestimmte Weisen der Selbst- und Weltinterpretation gebunden sind, sind sie jeweils auch Ausdruck jener Interpretations- und das heißt: Kulturgenese. Damit eröffnet sich noch einmal ein Fragehorizont ganz eigener Art: In welchem Wechselspiel formieren sich ›äußere‹ und ›innere‹ Kultivierungsprozesse? Wie gewinnen bestimmte Wertigkeiten des Zusammenlebens in der individuellen Gefühlsbildung an Prägnanz? Welche religiösen Gefühlswertigkeiten wirken ihrerseits kulturbildend – in Formen der Technik und Kunst, der sozialen Infrastruktur und medialen Kommunikation?

Alle drei Fragedimensionen werden in verschiedener Gewichtung und Kombination von den folgenden Beiträgen aufgegriffen. Einige setzen sich ganz explizit mit den Fragen nach dem Wesen der religiösen Gefühle, ihrer Rationalität oder Kritik auseinander, andere rücken die Thematik in eine historische Dimension, wieder andere konkretisieren sie im Horizont einer bestimmten theologischen Unterdisziplin. So lässt sich das Folgende einerseits als sukzessive Anreicherung von Problemperspektiven lesen, die vom Grundsätzlichen ins Konkrete fortschreitet. Andererseits und zugleich skizzieren die folgenden Abhandlungen eine Art Landkarte, die den interdisziplinären Rahmen einer Theologie der Gefühle vorzeichnet.

Die unter *Systematische Perspektiven* versammelten Beiträge setzen unmittelbar bei unserer ersten Hauptfrage ein, rekurrieren dabei aber auf unterschiedliche Theoriemodelle. Der Münchner Religionspsychologe *Bernhard Grom* geht von einem über viele Jahrzehnte elaborierten und in empirischen Studien validierten Konzept der Motivationspsychologie aus. Mit Bezug auf die aktuelle Emotionsforschung grenzt er sich von den auch in diesem Band vertretenen kognitivistischen Emotionstheorien ab, ebenso aber auch von Ansätzen einer sogenannten Neurotheologie. Mit Bezug auf die Tradition stehen vor allem religionspsychologische Ansätze des frühen 20. Jahrhunderts – namentlich William James und Rudolf Otto – in der Kritik. Grom will religiöse Emotionen weder als irrationale Reaktionen auf körperliche Prozesse verstanden wis-

---

23 Paul Tillich, Systematische Theologie Bd. III, Berlin/New York 1987, 127.
24 Vgl. Elias Gemetzel an den Baalspropheten, 1. Kön 18, 40.

sen noch als Variationen eines qualitativ singulären Gefühls des Numinosen. Ansatzpunkt bildet vielmehr ein Fünf-Komponenten-Modell der Emotion. Demzufolge lassen sich religiöse Gefühle als komplexe Phänomene interpretieren, in denen u. a. Basisemotionen durch spezifische kognitive Verarbeitungen transformiert werden. Der Unterschied zwischen religiösen und profanen Gefühlen ist demzufolge allein dem kognitiven Gehalt geschuldet, nicht aber am Ausdruck oder der Qualität des Gefühls abzulesen. Dieser Ansatz vermeidet nach Grom eine für die klassische Religionspsychologie charakteristische Fixierung auf außeralltägliche Erfahrungen (Mystik, Vision, Bekehrungserlebnisse etc.) und hat die Empirie auf seiner Seite. Eine gewisse Problematik resultiere jedoch aus der inneren Gegenläufigkeit zwischen sozialpsychologischer Ableitung des religiösen Erlebens und dem theologischen Anspruch einer Unableitbarkeit von Offenbarung.

Religiöse Gefühle unterscheiden sich nicht primär durch ihre Erlebnisqualität, sondern durch ihren kognitiven Gehalt – so kann man ein Ergebnis der Ausführungen Bernhard Groms zusammenfassen. Zu einem ähnlichen Resultat gelangt die Berliner Philosophin *Eva Weber-Guskar*. Allerdings argumentiert sie vornehmlich auf der Basis neuerer analytischer Theorien, deren Emotionsverständnis zunächst nach seinen Grundzügen entfaltet wird, um es mit einem allgemeinen Begriff von Transzendenzerfahrung konfrontieren zu können. Diese Korrelation zweier Grundkonzepte führt jedoch zunächst zu dem negativen Ergebnis, dass Transzendenzerfahrung nicht als eine spezifische und exklusiv religiöse Emotion gedacht werden kann. Das gelte sowohl für den Fall eines mystischen als auch eines theistischen Konzepts von Transzendenz. Gleichwohl lasse sich am Beispiel des Trostes plausibilisieren, dass sich religiöse Erfahrung in Emotionen manifestiere, die auch in nicht-religiösen Kontexten vorkommen. Dabei trete die Transzendenzerfahrung nach dem Intentionalitätsschema Bennett Helms in die Position des *target* der Emotion, wobei Trost sogar eine innere Tendenz zur religiösen Dimension besitze. Aus der so verstandenen religiösen Emotionalität lasse sich allerdings keine epistemische Rechtfertigung des Daseins einer transzendenten Realität gewinnen.

Auch der Beitrag der Tübinger Philosophin *Sabine Döring* wendet sich einem konkreten Gefühl zu, nämlich der Hoffnung. Obwohl gerade dieses Gefühl traditionell im Einzugsbereich der Religion angesiedelt wird (Kant), soll es hier jedoch nicht um das in den beiden vorangegangenen Beiträgen diskutierte Problem der Eigenart religiöser Gefühle gehen. Vielmehr wird anhand der Hoffnung in einem ganz alltäglichen Sinne die Frage nach der Rationalität der Gefühle entwickelt. Als Negativfolie dient eine Analyse der Hoffnung, die zwar versucht, die traditionelle Einteilung intentionaler Einstellungen in kognitiv/konativ zu erweitern, letztlich aber doch in dessen Bahnen verbleibt: die Hoffnungsanalyse des in Princeton lehrenden Philip Pettit. Den Aporien, die sich aus dem Versuch ergeben, Hoffnung als einen ›kognitiven Entschluss‹ zu erklären, kann man nach Döring nur so entgehen, dass man sie als Emotion im Sinne einer eigenständigen Klasse mentaler Einstellungen rekonstruiert. Emotionen sind demzufolge affektive Bewertungen, d. h. sie repräsentieren ein intentionales Objekt auf eine bestimmte Weise (z. B. als hoffenswert und zugleich zumindest möglich). Daher sind nicht nur Angemessenheitsbedingungen angebbar, sondern Emotionen können insofern auch als rationale Gründe für Urteile oder Handlungen fungieren. Hoffnungen – so lässt sich im Lichte dieser emotionstheoretischen Rekonstruktion zeigen – spielen eine elementare Rolle für den humanen Weltumgang. Das könne auch für religiöse Gefühle gelten, die Döring ähnlich wie Grom und Weber-Guskar allein durch ihren speziellen Objektbezug von nicht-religiösen Gefühlen unterscheidbar hält.

Mit dem vierten Beitrag des Bandes heben die *problemgeschichtlichen Vertiefungen* an. *Claus-Dieter Osthövener* (Wuppertal) zeigt, dass Gefühle bzw., wie es zunächst noch hieß, Passionen oder Affekte von Beginn an im Zentrum der Aufklärungsdiskurse stehen. Ein nicht selten anzutreffendes Klischee vom sogenannten rationalistischen Zeitalter wäre damit beiläufig pulverisiert. Das Panorama vielfältiger Erkundungen einer ›Affectionate Religion‹ wird vielmehr am Beispiel der christlichen Ethik (›Private Duties‹) eines Richard Baxter (1615–1691), der Abhandlungen über die Passionen eines Isaac Watts (1674–1748) oder der Untersuchung über den seelischen Anfang und Fortgang der Religion aus der Feder Philip Doddridges (1702–1751) aufgespannt. In facettenreichen Variationen wird hier konkrete Frömmigkeit reflektiert, wobei das Affektleben ausdrücklich vom Stigma des An-sich-selbst-Sündigseins befreit werde. Dementsprechend bestehe das lebenspraktische Ideal auch weniger in der Zurückdrängung der Affekte als in deren Integration in eine ganzheitliche Ordnung. *Faith*, Furcht und Liebe Gottes etwa würden dabei als vorzügliche Integrationsinstanzen empfohlen. Auch wenn die traditionellen Affektenlehren noch den Verstehenshorizont bildeten, würden doch bereits die Grenzen entsprechender Schemata benannt, wenn es beispielsweise darum gehe, die Passionen in ihren prozesshaften Übergängen bis hin an die *borders of eternity* zu verfolgen. In diesem Lichte erscheint Religion deutlich als eine Kultur des Umgangs mit Gefühlen. Zugleich erhält die systematische Frage nach einer Kritik religiöser Gefühle eine erste historisch gesättigte Konkretion. Auch die in die spannungsvolle Konstellation von Orthodoxie und Pietismus eingebundene Frühaufklärung in Deutschland trägt dem praktisch-anthropologischen Interesse am menschlichen Affektleben Rechnung, wie am Beispiel Johann Franz Buddes (1667–1729) gezeigt wird. Die intensive Rezeption und Weiterführung der englischen Traditionen wird dann an deutschen Aufklärern wie Johann Lorenz Mosheim (1693–1755), Siegmund Jacob Baumgarten (1706–1757) und Johann Friedrich Wilhelm Jerusalem (1709–1789) verdeutlicht. Dabei wird eine um die soteriologische Gleichung von Glücks- und Gottseligkeit zentrierte und um innovative Ausdrucksformen bemühte Theologie der Gefühle erkennbar, die das Affekt- zum Empfindungsparadigma hin öffnet. Ein über Schleiermacher und Otto kritisch vermittelter Ausblick zieht eine systematische Bilanz dieser noch unausgeschöpften Ressourcen für die Gegenwart.

Bevor Fäden wie der zu Schleiermachers Gefühlsbegriff wieder aufgegriffen werden, gilt es, das mit Blick auf England und Deutschland entworfene Aufklärungsportrait über Europa hinaus auszuweiten. *Christopher Voigt-Goy* (Mainz) folgt den Spuren der Mayflower-Pilger nach Neuengland und zeigt an der Entwicklung des dortigen Kongregationalismus eine Dialektik auf, die sich an der Frage nach der konkret-lebensweltlichen und vor allem psychologischen Gestalt religiöser Identitäten und Gemeinschaften entzündete und konfliktreich zuspitzte. In Jonathan Edwards (1703–1758) hatte die Erweckungsbewegung *(Great Awakening)* einen ebenso theologisch versierten wie tragischen Protagonisten. Er ist bis auf den heutigen Tag einer der zentralen Referenzautoren der angelsächsischen Debatte über religiöse Gefühle. Seine Programmschrift *A Treatise concerning Religious Affections* (1746) hat ihr Zentrum in der Konzeption eines sich voluntativ und kognitiv auslegenden ›Herzenssinns‹. Im Hinblick auf die heutige Debatte fällt auf, wie differenziert er argumentiert: So werden verschiedene Möglichkeiten diskutiert, das religiöse Gefühl zu bestimmen (spezifische Einzelaffekte, eine bestimmte Abfolge derselben oder ein signifikant höherer Intensitätsgrad), und als unzureichend verworfen. In den Mittelpunkt rückt demgegenüber die affektiv getragene und verstetigte Lebensführung. Dabei könne sich das Individuum zwar seiner Erleuchtung vergewissern und dies sogar als innerweltliche Realisierung des Glücks erfahren – die Ungewissheit bezüglich des eigenen Erwählungsstandes könne so aber nicht überwunden werden. Dieses Dilemma führe dann förmlich zur Umlenkung der Jenseitsorientierung in eine Aktuosität des Diesseits. Nach Voigt-Goy kann man in diesem Psychogramm der tragisch-realistischen Frömmigkeit Edwards' durchaus eine Konkretion des Geistes erblicken, die Weber in seiner berühmten Studie zur protestantischen Ethik schuldig geblieben sei. Gleichwohl repräsentiere Edwards mit seinem starren Festhalten an theologischen Supranaturalismen noch eine voremanzipative Gestalt des religiösen Gefühls.

Gefühle gewinnen Prägnanz in der Weise, in der sie sich äußern. Bestimmte Gefühle – wie Zorn oder Hunger – gehen mit klar erkennbaren Äußerungsformen einher – wie dem funkelnden Blick oder dem knurrenden Magen. Die Frage, ob es spezifisch religiöse Gefühle gibt, und wenn ja, worin ihr Spezifikum besteht, lässt sich auch verhandeln als Frage nach spezifischen Ausdrucksformen des Religiösen. In einer kritischen Auseinandersetzung mit der Gefühlstheologie Friedrich Schleiermachers entwickelt *Michael Moxter* (Hamburg) die These, dass das religiöse Bewusstsein zwar auf die Vielfalt emotionalen Erlebens bezogen ist, ohne aber mit einzelnen, bestimmten Gefühlen direkt identifiziert werden zu können. Während Schleiermacher in den *Reden über die Religion* (1799) noch eine Vielzahl religiöser Gefühle kennt – wie Ehrfurcht, Dankbarkeit, Reue –, reduziert er diese Vielfalt dann auch in der *Glaubenslehre* (1821/22, ²1830/31) auf das eine Gefühl schlechthinniger Abhängigkeit, das nun eine eigentümliche empirisch-transzendentale Zwitterstellung besitzt: Als Tatsache des Bewusstseinslebens fungiert es zugleich als Voraussetzung und Prinzip seiner Einheit. Damit verschiebt sich auch das Verhältnis von Gefühl und Ausdruck noch einmal in eine neue Dimension: Soweit das religiöse Zuständlichkeitsbewusstsein die empirische Ebene transzendiert, lässt es sich auch nur vermittelt artikulieren. Eine Psychologie religiöser Innerlichkeit ist umgekehrt nur über den Umweg einer Analyse der Kultur zu gewinnen, die sie hervor- und in der sie sich zur Darstellung gebracht hat.

Neben Schleiermacher hat vor allem Wilhelm Martin Leberecht de Wette (1780–1849) den Gefühlsdiskurs des 18. Jahrhunderts für die akademische Theologie fruchtbar gemacht. *Markus Buntfuß* (Neuendettelsau) verdeutlicht zunächst die Bedeutung der Friesschen Umformung der Kantischen Epistemologie für De Wettes Gefühlstheologie. Herzstück ist die sogenannte Ahndungstheorie, in der das Gefühl als religiös-ästhetisches Vermögen gewürdigt wird. In dessen Medium kommt es zur symbolischen Veranschaulichung ewiger Ideen. Gemäß einer rationalistischen Matrix können so vor allem Begeisterung, Ergebung und Andacht als Grundformen des religiös-ästhetischen Gefühls ausgewiesen und mit christlichen, aufgeklärten *(v. a. moral sense)* und pietistischen Traditionen verbunden werden. De Wettes besonderes Verdienst besteht dann darin, diese Gefühlstrias christentumsgeschichtlich und kulturhermeneutisch konkretisiert zu haben: Am Leitfaden symbolischer Korrelate lassen sich die Gefühle sowohl psychologisch ausdifferenzieren als auch in ein dynamisches Spannungsverhältnis zusammenfassen. Mit dieser ästhetisch-psychologischen Christentumshermeneutik gibt De Wette ein markantes Plädoyer für die strittige Frage nach der qualitativen Eigenständigkeit religiöser Gefühle: Religiöse Gefühle unterscheiden sich grundlegend von einfachen sinnlichen Empfindungen wie Lust und Schmerz – sie sind komplexe Phänomene, die eine Urteilsstruktur implizieren.

Einen ganz eigenen Konnex von Gefühl und Theologie stellt der Berliner Systematiker *Notger Slenczka* her, dessen Beitrag die Sequenz *theologischer Konkretionen* einleitet. Bestimmend ist der durch Schleiermacher inspirierte Gedanke, dass Glaubensaussagen und theologische Begriffe nicht auf eine Gegenstandssphäre höherer Art verweisen, sondern Selbstverhältnisse der Struktur Subjektivität thematisieren. Damit verbunden ist der Anspruch und das phänomenologische Programm, im Durchgang durch die dichte Beschreibung konkreter, insbesondere negativer Selbstverhältnisse Strukturmomente zu identifizieren, die von der traditionellen (dogmatischen) Theologie gemeint sind, wenn etwa von dem Menschen als ›Sünder‹ die Rede ist. Slenczka führt dieses Programm am Beispiel des Neides durch, der in der vorreformatorischen Sündenlehre zu den sieben Hauptlastern gehörte. Phänomenologisch auseinandergelegt werden die Momente des scheelen Blicks, der Heimlichkeit und Unwahrheit, die zum Neid dazugehören, sowie die Zusammenhänge von Neid, Habgier und Scham. Als negativ vermitteltes Selbstverhältnis impliziert der Neid den Vergleich mit dem anderen, von dem der Neider gleichsam auf sich selbst zurückblickt, und der den Wunsch enthält, so zu sein wie der andere, aber nicht als der andere, sondern als man selbst. Das Neidphänomen variiert damit ein anthropologisches Grundthema: den Aufbau von Selbst-Identität und die Frage nach den Kriterien ihres Gelingens oder Scheiterns. In der Freilegung dieser anthropologischen bzw. identitätstheoretischen Basis des Neidgefühls liegt dann auch die eigentlich Pointe, weil mit ihr der Übergang in das klassische Themenfeld der Theologie bereits vollzogen ist – wie Bezüge etwa zur Theologia crucis exemplarisch deutlich machen.[25]

Genuin moralphilosophische Fragen waren es, die nicht nur mit zu der sogenannten kognitivistischen Wende innerhalb der philosophischen Emotionstheorien beitrugen, sondern auch das Problem der Rationalität der Gefühle dringlich machten. Dieser Zusammenhang wird auch in den programmatischen Überlegungen des Züricher Ethikers *Johannes Fischer* deutlich. Die moralische Dimension der Religion – so die Ausgangsthese – könne überhaupt nur dann adäquat entwickelt werden, wenn man die emotionale Fundiertheit der Moral in Betracht ziehe. Jedoch sei zu diesem Zweck eine Korrektur an der handlungstheoretischen Standardauffassung der Ethik vorzunehmen, bei der Gefühle lediglich zu subjektiven Handlungsmotiven marginalisiert würden. Fischers integrativer Leitbegriff ist vielmehr das Konzept des emotional bestimmten Verhaltens. Hierbei kommen Emotionen nicht nur nach ihrer ›atmosphärischen‹ (H. Schmitz) Dimension in Betracht, sondern es zeige sich dabei auch eine epistemisch fundamentale Schicht ethischer Phänomene, die erst den Widerfahrnischarakter unserer basalen Verhaltenseinstellungen verständlich werden lasse. Genau hier bestehe auch der Anknüpfungspunkt für das Religionsthema: Denn in den Mythen und religiösen Symbolen gehe es seit jeher gerade um diese uns bestimmenden und transzendierenden Formen atmosphärischer Präsenz des Guten – traditionell gesprochen: den heiligen Geist. Bei dieser fundamentalen Ebene des menschlichen Verhaltens, nicht etwa mit einer begründungslogischen Konkurrenz auf der Ebene der Deontologie, habe daher die theologische Ethik anzusetzen. Das impliziere freilich ebenso eine anschaulich konkrete Empathie wie den Rekurs auf Offenbarungserfahrungen.

Die Praktische Theologie ist von jeher diejenige Disziplin, in der sich das ganze Spektrum humanwissenschaftlicher Theorieentwicklung innertheologisch abbildet. Die Predigtlehre (Homiletik) empfängt Impulse aus der Sprachwissenschaft und Rhetorik, die Seelsorgelehre (Poimenik) aus der Psychologie, die Lehre religiösen Unterrichtens (Katechetik) aus den Erziehungswissenschaften und der Pädagogik, die Lehre vom kirchenleitenden Handeln (Kybernetik) aus den Wirtschaftswissenschaften und der Soziologie. So verwundert es nicht, dass die Hochkonjunktur der Gefühlsthematik innerhalb der Sozialwissenschaften auf vielfältige Weise ihren Niederschlag in der Praktischen Theologie und ihren Subdisziplinen findet. *Elisabeth Naurath* (Augsburg) zeichnet diesen *emotional turn* insbesondere am Ort der Seelsorgelehre und der Religionspädagogik nach. Mitgefühl und Empathie sind zentrale Kategorien im seelsorgerischen Beziehungsgeschehen und rücken als solche auch wieder erneut in den Fo-

---

[25] Zur begrifflichen Verhältnisbestimmung von Identität und Religion sowie zum theologischen Programm, traditionelle Glaubenstopoi als Horizonte von Identitätsfragen und verschiedenen Formen von Selbstthematisierung zu rekonstruieren, vgl. grundlegend Christopher Zarnow, Identität und Religion. Philosophische, soziologische, religionspsychologische und theologische Dimensionen des Identitätsbegriffs, Tübingen 2010, bes. 303–356.

kus poimenischer Theoriebildung. Nachdem innerhalb der Psychologie religiöser Entwicklung lange Zeit konstruktivistisch orientierte Stufen- oder Phasenmodelle im Gefolge Piagets das Feld beherrschten, lenkt die emotionsorientierte Religionspädagogik den Blick auf das Ineinander von kognitiven und affektiven Elementen im Aufbau religiöser Vorstellungswelten und Gottesbilder. Die verstärkte Wahrnehmung der emotionalen Dimension gehe dabei mit einer erhöhten Sensibilisierung für die Gender-Thematik einher. An konkreten Beispielen (Bibeldidaktik, Bibliodrama) gibt die Verfasserin am Schluss ihres Beitrages Impulse aus der aktuellen Gefühlsdebatte für die (schulische) Religionsdidaktik.

Dass man von einer Theologie der Gefühle in einem dezidierten Sinne sprechen kann, wird schließlich in dem Beitrag von *Friedhelm Hartenstein* (München) plastisch. Thema sind die ›Gefühle JHWHs‹ bzw. die Frage, wie sich in den ›Anthropathismen alttestamentlicher Gottesbilder‹ die religiöse Selbstthematisierung im Medium gegenständlich-konkreter Vorstellungen vollzieht. Eine Phänomenologie dieser Sprachbilder in der ihr eigenen metaphorischen Unschärfe vermag Klischees im herkömmlichen Begriff der israelitisch-jüdischen Gottesvorstellung auszuräumen. Insbesondere eine Reduktion auf den Zorn JHWHs wird der inneren Vielfalt der religions- und kulturgeschichtlichen Quellen nicht gerecht. An ihnen lasse sich vielmehr ein dynamischer Prozess nachzeichnen, dessen affektive Spannungsmomente die opake Einheit und Einzigkeit Gottes umspielen und tiefgründige Tendenzen wie die zur Freiheit seines Heilswillens erkennen lassen. Die sich in den Anthropathismen bezeugende Identität JHWHs bildet gleichsam den Urtyp personaler Selbsttranszendenz. Im Horizont der biblischen Quellen also kann eine Theologie der Gefühle nur in religionsgeschichtlicher Brechung erfolgen, nicht in einem starren Schema apriorischer Affektlagen. Die Thematisierung der Emotionen im Medium religiöser Gegenstandsbegriffe macht somit einmal mehr deutlich: Das Wesen religiöser Gefühle ist nicht von der Frage ihrer kulturell vermittelten Ausdrucksgestalten zu trennen.

Die Herausgeber haben vielfältig zu danken: Den Autorinnen und Autoren danken wir für ihre engagierte Teilnahme am Projekt einer Theologie der Gefühle und die Bereitstellung ihrer Beiträge für diesen Band. Die von der Fritz-Thyssen-Stiftung großzügig geförderte Tagung, die hier um einige Beiträge erweitert dokumentiert wird, erfolgte mit freundlicher Unterstützung des Centers for Advanced Studies sowie des Lehrstuhls für Systematische Theologie und Ethik der Evangelisch-Theologischen Fakultät der Ludwig-Maximilians-Universität München. Allen drei Institutionen sowie ihren verantwortlichen Vertretern gehört unser aufrichtiger Dank, insbesondere Frau Dr. Sonja Asal und Herrn Prof. Dr. Dr. h.c. Friedrich Wilhelm Graf. Für anregenden Austausch und mancherlei Unterstützung danken wir den Teilnehmenden und Mitwirkenden, insbesondere Herrn Pfarrer Gerson Raabe und Herrn KMD Michael Grill für die musikalische Abendandacht. Dem Verlag De Gruyter, namentlich Herrn Dr. Albrecht Döhnert, danken wir sehr für die Aufnahme des Bandes in das Verlagsprogramm. Mit Rat und Tat standen uns im Verlag Frau Dr. Sophie Wagenhofer und Frau

Maria Dassing und Herr Johannes Parche zur Seite. Wir danken der Fotografin Anna Lehmann-Brauns, die uns für das Cover eines ihrer Werke zur Verfügung gestellt hat. Für die gewissenhafte Bearbeitung des Manuskripts danken wir herzlich Frau Anna Dawood. Herr Thomas Neumann hat uns die Mühen der Einrichtung des Textsatzes abgenommen, Herr Dr. Ulrich Knappe alles noch einmal durchgesehen. Auch ihnen sei gedankt. Wir widmen das Buch unserem Lehrer Herrn Prof. Dr. Ulrich Barth. Seine direkte Mitwirkung an diesem Projekt wurde leider durch widrige Umstände verhindert. In der Anleitung zur kritischen Reflexion nicht nur über Gefühle war und ist er uns jedoch ein nicht wegzudenkender Gesprächspartner.

Teil I: **Systematische Perspektiven**

Bernhard Grom
Was ist religiöses Erleben und wie entsteht es?
Überlegungen aus emotionspsychologischer Sicht

»Der Mensch ist das emotionalste und das rationalste Lebewesen.«[1] Was immer wir durch Alltagserfahrung, Wissenschaft, Kunst oder Religion von der natürlichen und sozialen Umwelt erkennen oder von einer überweltlichen Wirklichkeit annehmen – es wird für uns erst bedeutsam, wenn es unser Erleben berührt und bewegt.

Der christliche Glaube, auf den sich die folgenden Überlegungen beschränken, will zweifellos das Erleben ansprechen und zwar keineswegs nur halbherzig. Wer in einer biblischen Wortkonkordanz Gefühlsbegriffe sucht, findet von A wie ›Angst‹ über L wie ›Liebe‹ bis Z wie ›Zorn‹, ›zittern‹ oder ›zerknirscht‹ eine Bandbreite, die sich auch im Vergleich mit der profanen Literatur und der neueren Emotionspsychologie eindrucksvoll ausnimmt. Christlicher Glaube ist von seinen Ursprüngen her intensive *Gefühlskultur mit entsprechender Emotions- und Verhaltensregulation*. Dabei haben sich gewisse konfessionsspezifische Unterschiede entwickelt: Die Gottesdienste calvinistischer Gemeinden dürften in der Regel anders temperiert sein als die von Lutheranern oder Orthodoxen und diese wiederum anders als die von pfingstlerischen Freikirchen.

Auf individueller Ebene hat sich mit der Schwächung der Prägekraft von Traditionen und Kirchen (Individualisierung) die Tendenz zur eigenen christlichen Gefühlskultur, zur Spiritualität à la carte vermutlich verstärkt: Wer noch einen lebendigen christlichen Glauben pflegt, wählt aus dem Angebot von Tradition und Kirche jene Aussagen, Bildvorstellungen, Gottesdienst- und Gebetsformen aus, die seiner persönlichen emotionalen Aufgeschlossenheit oder Bedürfnislage entsprechen. Vom Glauben fordert man heute vor allem, dass er positiv erlebbar sei: Glauben als Fürwahrhalten ist zu wenig – man will ›erfahren‹, und findet wohl in der subjektiven Erfahrung die entscheidende Quelle für jene Plausibilität, die einem der weltanschauliche Pluralismus vorenthält.

Wenn die Theologen beider großen Kirchen in den 1980er Jahren einen eigenen Traktat ›Pneumatologie‹ schufen, reagierten sie vielleicht auf wissenschaftlicher Ebene auch auf dieses emotionale Erfahrungspostulat, mit dem die Predigt und der Religionsunterricht schon lange konfrontiert sind. Sobald nun die Pneumatologie vom Wirken des Geistes im einzelnen Gläubigen redet, muss sie über menschliches Erleben, Denken und Handeln sprechen. Dies zu erforschen, ist aber Aufgabe der empirischen Psychologie, die sich im 19. Jahrhundert von der Philosophie emanzipiert und ihre eigenen Fragestellungen und Methoden entwickelt hat. Welche Gesichtspunkte

---
[1] Hans Goller, Psychologie: Emotion, Motivation, Verhalten, Stuttgart 1995, 30.

kann die *Emotionspsychologie*, wie sie sich in den letzten vier Jahrzehnten etabliert hat, in ein interdisziplinäres Gespräch einbringen?

1 Gefühle in der mehrperspektivischen Sicht der Emotionsforschung

Die Emotionsforschung speist sich aus den Beiträgen mehrerer Disziplinen, die jeweils ›ihren‹ Aspekt untersuchen: In biologischer Sicht interessiert etwa, inwiefern menschliche Erregungen denen von stammesgeschichtlich nahe stehenden Lebewesen ähneln bzw. sich unterscheiden und welche adaptiven Funktionen sie für den Organismus haben. Neurophysiologen betrachten sie vor allem als Prozesse des vegetativen Nervensystems und des Gehirns, während Kognitionspsychologen den Zusammenhang mit Wahrnehmungs-, Bewertungs- und Gedächtnisprozessen, Philosophen die Kommunikabilität sowie die Erkenntnisrelevanz und Sozialpsychologen die Abhängigkeit von Milieu und Kultur untersuchen. Die Emotionsforschung denkt – um einen Begriff aus den Gesundheitswissenschaften zu verwenden – bio-psycho-sozial. Die verschiedenen Perspektiven, Methoden und Beobachtungen machen verständlich, dass es keine einheitliche, allgemein anerkannte Theorie des Emotionserlebens gibt und dass Emotion auch je nach dem Aspekt, den man in den Vordergrund rückt, unterschiedlich definiert wird.

Hinzu kommt, dass etwas so Subjektives wie bewusste Gefühle, die nur durch Introspektion und Befragung zu ermitteln sind, schwer zu untersuchen ist. Wie viele Emotionen gibt es? Inwiefern sind sie angeboren, inwieweit kulturell bedingt? Welche Vorgänge laufen zwischen dem Auftreten eines äußeren oder inneren Auslösers (Reizes) und dem Erleben des Gefühls ab? Viele Fragen sind noch nicht endgültig geklärt, doch hat sich in wichtigen Bereichen ein Konsens herausgebildet.

Die Multidisziplinarität und Mehrperspektivität der Emotionsforschung weist auf eine Basiserkenntnis hin, die weithin akzeptiert ist und auch den Ausgangspunkt für die folgenden Überlegungen bilden kann: ›Gefühle‹ sind nicht als rein mentale Bewusstseinsphänomene zu betrachten, sondern ganzheitlicher, vielschichtiger: Sie bilden die zentrale Komponente von ›Emotionen‹, die den Organismus mit seiner Umwelt und innerhalb des Organismus psychische und körperliche Vorgänge (philosophisch: als Leib-Seele-Einheit) miteinander verbinden. Eine Emotion ist demnach ein *Reaktionsmuster auf positiv verstärkende oder aversive äußere (wahrgenommene) oder innere (auch als Vorstellungen, Bewertungen, Erinnerungen wirksame) Reize, an dem mehrere Subsysteme des menschlichen Organismus beteiligt und koordiniert sind.* Nach der besonders einflussreichen und differenzierten Auffassung von Scherer lassen sich fünf

Teilprozesse oder Komponenten unterscheiden, zwischen denen jedoch »sehr enge Wechselbeziehungen«[2] bestehen:

1. Die kognitive Komponente: Zu ihr zählen die Wahrnehmungen, Erinnerungen, Einschätzungen (Bewertungen) oder Vorhersagen, die das Subsystem ›Informationsverarbeitung‹ liefert – in kortikalen wie auch subkortikalen, bewussten und unbewussten Prozessen – und die Gefühle wie Dankbarkeit, Scham, Hass oder Liebe auslösen.

2. Die neurophysiologische Komponente: Sie umfasst Veränderungen von Herzschlag, Atem, Blutdruck, Hirnströmen sowie von Hormon- und Neurotransmitterhaushalt, wie sie dem für die homöostatische Regulation zuständigen Subsystem ›Versorgung‹ entsprechen, das sich vorwiegend auf das neuroendokrine System und das autonome Nervensystem stützt.

3. Die motivationale Komponente: Viele Emotionen wurzeln in verhältnismäßig konstanten personspezifischen Erlebensdispositionen, die auch zu entsprechenden Verhaltens- und Denkweisen bewegen (›motivieren‹) – entsprechend dem Subsystem ›Steuerung‹ mit seinen Zielen und Plänen und seinem Substrat in Strukturen des zentralen Nervensystems.

4. Die Ausdruckskomponente: Zu ihr rechnet man das kommunikative Ausdrucksverhalten in Mimik, Stimme, Gestik, Körperhaltung sowie die Ausführung willentlicher Handlungen wie Flucht oder Angriff – entsprechend dem Subsystem ›Aktion‹ mit seinem somatischen Nervensystem.

5. Die Gefühlskomponente: Dies ist das eigentliche Erleben, die wahrgenommene subjektive Befindlichkeit, die quantitativ in unterschiedlicher Intensität erfahren wird und qualitativ mit Gefühlsbegriffen wie Angst, Freude, Trauer differenziert wird.[3]

Die Begriffe Emotion und Gefühl werden oft auch synonym verwendet. Wir können also auch einfach von Gefühlen sprechen, sofern wir nur die anderen erwähnten Komponenten mit bedenken.

---

2 Klaus R. Scherer, Theorien und aktuelle Probleme der Emotionspsychologie, in: Ders. (Hg.), Psychologie der Emotion, Göttingen 1990, 1–38. Ähnlich, aber prozessbezogen und mit veränderten Bezeichnungen: Tobias Brosch / Klaus R. Scherer, Komponenten-Prozess-Modell – ein integratives Emotionsmodell, in: Veronika Brandstätter / Jürgen H. Otto (Hg.), Handbuch der Allgemeinen Psychologie. Motivation und Emotion, Bd. 11, Göttingen 2009, 446–456. – Viele Autoren betrachten Emotion vereinfachend als Reaktionstrias, d. h. als Syndrom von körperlichen, expressiven und kognitiven Reaktionen.
3 Als Emotion wie auch als Gefühl gilt die zeitlich begrenzte Reaktion auf bestimmte Reize, während ›Stimmungen‹ (etwa Heiterkeit, Niedergeschlagenheit) längerfristige emotionale Tönungen des Erlebens ohne Reaktion auf einen bestimmten Reiz (Situation) sind. Als ›Affekte‹ bezeichnet man meistens heftige, kurzzeitig auftretenden Emotionen, die u. U. das Erleben, Denken und Verhalten einengen (Wutanfall, Angst, Eifersucht), doch nennen manche alle Gemütsbewegungen Affekte, so dass sich die Bezeichnungen affektiv und emotional decken.

2 Die Vielfalt der Emotionen und die kognitiven Prozesse, die sie voraussetzen

Es gibt eine enorme Vielfalt von Gefühlen/Emotionen – und entsprechend zahlreiche Versuche, sie zu klassifizieren.[4] Weithin akzeptiert ist die Unterscheidung zwischen primären Emotionen (Basisemotionen) und sekundären, komplexen Emotionen. Als *primäre bzw. Basisemotionen* gelten emotionale Reaktionen, die angeboren oder früh erworben sind und keiner kognitiven Verarbeitung bedürfen – etwa Ärger, Angst, Freude, Überraschung, Traurigkeit, Ekel[5] –, während *sekundäre Emotionen* auf deren Verknüpfung mit kognitiven Prozessen (Einschätzungen, Attributionen) beruhen, sich also von ihnen ableiten: beispielsweise Sorge oder Verlegenheit aus Furcht; Liebe oder Nostalgie aus Freude, Scham oder Schuld aus Ekel.[6]

Wie kommt die Differenzierung in die vielen möglichen sekundären Emotionen durch die Verknüpfung mit kognitiven Prozessen und Inhalten zustande? Dazu gibt es unterschiedliche Theorien, die sich nicht völlig ausschließen, aber verschiedene Aspekte beachten und sich zwischen zwei Extremen positionieren: In einer extrem neurophysiologischen Sicht, die heute so kaum noch vertreten wird, behauptet die James-Lange-Theorie, die Wahrnehmung von Reizsituationen (etwa der Anblick eines Bären) löse unmittelbar emotionsspezifische körperliche Reaktionen aus (z. B. Zittern), die wir erst dann als Emotion (hier: als Furcht) bewusst erleben. Demnach zittern wir nicht, weil wir uns fürchten, sondern fürchten uns, weil wir zittern und weinen nicht, weil wir traurig sind, sondern sind traurig, weil wir weinen. Eine Gegenposition nehmen ›radikal kognitivistische‹ Theorien ein, für die Emotionen nichts anderes sind als eine bestimmte Klasse von Kognitionen, nämlich bewertende Urteile oder Überzeugungen.

Dazwischen nehmen aber die meisten Forscher an, dass (kognitive) Einschätzungen typische und vielleicht sogar notwendige Ursachen aller Emotionen sind: Die emotionale Reaktion auf eine Reizsituation erfolgt nicht unvermittelt wie eine Reflexhandlung oder der Schmerz, wenn wir uns in den Finger schneiden, sondern geht durch die charakteristische Einschätzung des Ereignisses ›hindurch‹ und wird darum

---

4 Vgl. als Überblick Philipp Mayring, Klassifikation und Beschreibung einzelner Emotionen, in: Dieter Ulich / Philipp Mayring (Hg.), Psychologie der Emotionen, Stuttgart 1992, 131–181.
5 Ihre Art und Zahl wird verschieden angegeben – entsprechend den unterschiedlichen Methoden, mit denen man sie zu ermitteln versuchte.
6 In einer ähnlichen, mehr soziokulturell interessierten Sicht kann man ›ursprüngliche *(primordial)* Emotionen‹, die vorkulturelle Errungenschaften der Evolution darstellen und im zentralen und peripheren Nervensystem verankert sind, unterscheiden von ›ausgearbeiteten *(elaborated)* Emotionen‹, die sich auf die kulturspezifischen Normen, Bedeutungen und Praktiken beziehen, die Kulturen um die ursprünglichen Emotionen herum aufbauen. Vgl. Dacher Keltner / Jonathan Haidt, Social functions of emotions, in: Tracy J. Mayne / George A. Bonanno (Ed.), Emotion. Current issues and future directions, New York 2001, 192–213.

von dieser kausal vermittelt:[7] Wenn wir wegen einer Verletzung Trauer und Sorge empfinden, hängen die emotionale Färbung und Intensität davon ab, wie folgenreich wir dieses Ereignis einschätzen, und wenn Ärger, Wut oder Empörung in uns aufsteigen, so deshalb, weil wir die Schuld an unserem Missgeschick einem anderen zuschreiben. Die einzelnen Emotionen werden demnach durch die ihnen zugrunde liegenden Einschätzungen (sowie Hintergrundwissen) charakterisiert.[8]

Eine Vermutung: Die seit Kants Rationalismus in der Philosophie diskutierte Frage, ob die Vernunft allein für moralische Werturteile genüge oder ob Gefühlen in Bezug auf Werte eine Erkenntnisfunktion und ›Intentionalität sui generis‹ (S. A. Döring) zuzuschreiben sei, scheint mir Denken und Fühlen fälschlich zu trennen.[9] Kann man das Erfassen von moralischen Werten nicht als kognitive Erkenntnisbemühung um Gut und Böse verstehen, die – mehr als rein sachliche Wissbegier – von ihrem Ursprung her mit den Basisemotionen Ärger, Ekel bzw. Freude verknüpft ist und damit sekundäre, moralische Emotionen und Sensibilität ermöglicht? Ist nicht alles Werten – bis in komplexe Diskurse hinein – ein mit Basisemotionen verbundenes Erkennen und ein an Erkenntnis interessiertes Fühlen?

Das Gesagte bedeutet nicht, dass jeder sekundären Emotion eine bewusste diskursive Bewertung vorausgeht, vielmehr können wir Ereignisse in bereits erlernte ›Schemata‹ unseres emotionalen Gedächtnisses einordnen, was es uns ermöglicht, Einschätzungen zu automatisieren, sie auf einer unbewussten, unreflektierten Ebene zu vollziehen und damit Entscheidungen zu beschleunigen.[10] Damasio und andere Forscher nehmen an, dass wir viele Entscheidungen – von der Berufswahl bis zur Frage, ob wir jemandem verzeihen – intuitiv nach erworbenen Faustregeln und Präferenzen treffen und erst nachträglich logisch überprüfen, da wir auch offensichtliche Unlogik emotional ablehnen.[11] Möglicherweise gibt es so viele Emotionszustände wie Bewer-

---

[7] Vgl. Rainer Reisenzein, Einschätzungstheoretische Ansätze, in: Jürgen H. Otto / Harald A. Euler / Heinz Mandl (Hg.), Emotionspsychologie. Ein Handbuch, Weinheim 2000, 117–138; Marcel R. Zentner / Klaus R. Scherer, Partikuläre und integrative Ansätze, in: aaO. 151–164.
[8] Stärke und Wirkung von Emotionen hängen letztlich von ihrem Objekt ab: Vgl. Gerald L. Clore / Jeffrey R. Huntsinger, How the object of affect guides its impact, in: Emotion Review 1 (2009), 39–54.
[9] Vgl. zu dieser Thematik Anja Berninger / Sabine A. Döring, Einleitung, in: Sabine A. Döring (Hg.), Philosophie der Gefühle, Frankfurt 2009, 433–438; David Wiggins, Ein vernünftiger Subjektivismus, in: aaO. 496–510; Michael Rosenberger, Mit beherzter Vernunft. Fühlen und Denken in ihrer Bedeutung für das sittliche Urteil, in: MThZ 53 (2002), 59–72.
[10] Kognitive Psychotherapien bearbeiten automatisierte, unbewusste Bewertungstendenzen und -muster (Schemata), die die Wahrnehmung der eigenen Person, der Mitmenschen und der Zukunft negativ verzerren und Depressionen erzeugen.
[11] Vgl. Gerald L. Clore, Psychology and the rationality of emotion, in: MoTh 27 (2011), 325–338; Antonio R. Damasio, Descartes' Irrtum. Fühlen, Denken und das menschliche Gehirn, München 1999; Ap Dijksterhuis, Das kluge Unbewusste. Denken mit Gefühl und Intuition, Stuttgart 2010; Gerd Gigerenzer, Bauchentscheidungen. Die Intelligenz des Unbewussten und die Macht der Intuition, München 2007; Wulf-Uwe Meyer / Rainer Reisenzein / Achim Schützwohl, Towards a process analysis of emotions. The case of surprise, in: Motivation and Emotion 21 (1997), 251–274.

tungsvorgänge.¹² Bei komplexen Gefühlen wie Stolz, Dankbarkeit, Schuld, Empörung bestreitet niemand, dass sie vielerlei kognitive Prozesse voraussetzen. Erst recht ist wohl bei den kaum untersuchten religiösen Gefühlen ein bedeutender kognitiver Anteil anzunehmen.

Auf die Vielfalt von Emotionen kann ein (anderer) Klassifizierungsversuch aufmerksam machen, bei dem aus verschiedenen Sprachen 56 Emotionsbegriffe ermittelt wurden, die dann von Untersuchungsteilnehmern in Gruppen geordnet und schließlich in einer Clusteranalyse zu 14 Emotionsklassen zusammengeführt wurden. Hier sei nur jeweils ein Gefühl aus jeder Klasse genannt: Verachtung, Hass, Misstrauen, Verstimmtheit, Langeweile, Angst, Erregung, Ungeduld, Sorge, Schuld, Freude, Stolz, Dankbarkeit, Erstaunen.¹³

3 Was macht das Proprium religiöser Gefühle/Emotionen aus?

Es fällt auf: In keiner Klassifikation werden spezielle ›religiöse Gefühle/Emotionen‹ genannt. Und trotzdem gibt es sie. Auch in den – weitgehend phänomenologischen – Kapiteln zu ausgewählten Emotionen erwähnen die emotionspsychologischen Überblickswerke allenfalls im Zusammenhang mit ›moralischen Emotionen‹ wie Dankbarkeit, Erhebung *(elevation)* oder Ehrfurcht *(awe)*, dass diese in religiösen Erzählungen eine Rolle spielen.¹⁴ Dies ist sicher der Befangenheit vieler Psychologen gegenüber dem Lebensbereich Religion geschuldet, beruht aber wohl auch auf einer Besonderheit religiösen Erlebens. Betrachten wir dazu zwei Emotionen näher, die im religiösen Erleben von großer Bedeutung sind: Dankbarkeit und Ehrfurcht.

3.1 Beispiel: Dankbarkeit

»Dankbarkeit entsteht, wenn ein Individuum (der Empfänger einer Wohltat) wahrnimmt, dass eine andere Person (der Wohltäter) oder Quelle (z. B. Gott, Glück, Schicksal) mit der Absicht gehandelt hat, sein Wohlbefinden zu verbessern.«¹⁵ Dieses Gefühl

---

12 Vgl. Klaus R. Scherer, Studying the emotion-antecedent appraisal process. An expert system approach, in: Cognition and Emotion 7 (1993), 325–355.
13 Vgl. Lothar Schmidt-Atzert / Walter Ströhm, Ein Beitrag zur Taxonomie der Emotionswörter, in: Psychologische Beiträge 25 (1983), 126–141.
14 Vgl. Jonathan Haidt, The moral emotions, in: Richard J. Davidson / Klaus R. Scherer / H. Hill Goldsmith (Ed.), Handbook of Affective Sciences, Oxford/New York 2003, 852–970.
15 Barbara L. Fredrickson, Gratitude, like other positive emotions, broadens and builds, in: Robert A. Emmons / Michael E. McCullough (Ed.), The psychology of gratitude, New York 2004, 145–166, hier 150.

kann wegen seiner angenehmen Tönung von der Basisemotion Freude abgeleitet werden, setzt aber offensichtlich Einfühlung in die Absichten des Wohltäters (der Quelle) sowie die nach Kausalität und Gerechtigkeit urteilende Einschätzung voraus, dass ein Ereignis einem Verursacher zuzuschreiben ist, der zu der Wohltat nicht verpflichtet war. Wie unterscheidet sich da Dankbarkeit gegenüber einem Mitmenschen von Dankbarkeit gegenüber Gott? Wahrscheinlich weder in Mimik, Motivation, Pulsfrequenz oder Aktivierung bestimmter Hirnareale – also weder in ihrer neurophysiologischen, motivationalen oder Ausdruckskomponente. Sicher jedoch in ihrem *kognitiven Anteil*, sofern nämlich religiöse Dankbarkeit ein Ereignis oder das Dasein insgesamt als Gabe Gottes auffasst, es ihm attribuiert. Gibt es auch einen Unterschied in der Gefühlskomponente? Vielleicht darin, dass der religiöse Dank ›größer‹, feierlicher sein könnte. Aber diese Vermutung ist nicht zu belegen und wurzelt möglicherweise in der normativen Ansicht, dass religiöse Dankbarkeit feierlicher sein sollte.

3.2 Beispiel: Ehrfurcht *(awe)*

Ehrfurcht (und die ihr verwandten Gefühle der Verehrung oder Bewunderung) kann vielleicht von Überraschung abgeleitet werden, die manche Evolutionsbiologen als Basisemotion postulieren. Außerdem dürften auch die Grundgefühle Angst bzw. Freude beteiligt sein. Dem kognitiven Anteil nach beruht Ehrfurcht auf der Staunen erregenden Einschätzung, dass etwas oder jemand überragende, vollkommene Eigenschaften, Fähigkeiten oder Taten aufweist. Keltner und Haidt meinen, bei allen ehrfurchtsbestimmten Gefühlszuständen seien zwei Züge grundlegend: (1) die Einschätzung, dass etwas größer ist als man selbst oder sein Bezugsrahmen *(vastness)* – sei es Macht, Begabung, Tugend, Schönheit, Prestige oder Autorität – und (2) das Unvermögen, diese Erfahrung an die vertrauten mentalen Strukturen zu assimilieren, so dass deren Akkommodation notwendig wird.[16]

Doch wie unterscheidet sich die Verehrung/Ehrfurcht, die man einem bewunderten Künstler, einem Menschenrechtler oder einer großen Tradition und Institution entgegenbringt, von der Ehrfurcht gegenüber Gott? Die Mimik und die psychophysiologischen Prozesse dürften gleich sein. Allen Versuchen einer ›Neurotheologie‹ zum Trotz ist auch nicht zu erwarten, dass man hirnphysiologische Unterschiede zwischen profanen und religiösen Emotionen nachweisen kann. Die bisherigen Studien dazu sind methodisch unbefriedigend und erlauben keine verlässlichen Aussagen über spezifische neuronale Korrelate von religiösen Erfahrungen. Eine der anspruchsvolleren Untersuchungen mit Hilfe von funktioneller Magnetresonanztomographie (fMRT) spricht eher gegen spezifische Erregungsmuster: So stellte man bei jungen dänischen Lutheranern fest, dass die Aktivierungsmuster beim persönlich ge-

---

[16] Vgl. Dacher Keltner / Jonathan Haidt, Approaching awe, a moral, spiritual, and aesthetic emotion, in: Cognition and Emotion 17 (2003), 297–314; Jonathan Haidt, The moral emotions (wie Anm. 14).

stalteten Gebet (nicht jedoch beim Vaterunser oder beim Lesen von Kinderreimen) dem der Interaktion mit einer realen Person glichen. Allerdings ist diese Deutung recht vage, denn man hat nicht untersucht, ob sich das Gebet zu Gott und die Bitte an einen Mitmenschen unterscheiden.[17] Bildgebende Verfahren lesen weder Gedanken noch Gefühle, sondern lokalisieren nur Hirnareale, die bei einer Tätigkeit aktiviert werden, und religiöse Erlebnisse gehen mit neuronalen Aktivitätsmustern in verschiedenen Hirnbereichen einher: Es gibt kein ›Gottes-Modul‹. Das legt auch eine Studie der neurowissenschaftlichen Marktforschung nahe: Wenn religiöse Probanden ein spirituell konnotiertes Bild betrachten, sind – ohne erkennbaren Unterschied – die gleichen für Gefühle, Gedächtnis, Entscheidungsfindung und Sinn zuständigen Gehirnregionen aktiviert, wie wenn sie eine bevorzugte, ›starke‹ Marke (etwa ihr Lieblingsgetränk) betrachten.[18]

Vielleicht wird die Ehrfurcht gegenüber Gott motivational eher als geschuldet, als Pflicht empfunden und als feierlicher erlebt als profane Ehrfurcht. Doch diese Steigerung beruht dann auf der spezifischen kognitiven Einschätzung, dass man einer übermenschlichen Wirklichkeit gegenübersteht.

Was für die Gefühle Dankbarkeit und Ehrfurcht gezeigt werden kann, gilt m. E. allgemein: Sei es Dankbarkeit oder Ehrfurcht, Freude oder Ärger, Vertrauen oder Enttäuschung, Liebe oder Reue – religiöse Gefühle/Emotionen unterscheiden sich von profanen (moralischen, zwischenmenschlichen, ästhetischen) wohl nur dadurch, dass sie sich – intentional – auf einen als übermenschlich-göttlich aufgefassten ›Gegenstand‹ richten, auf ihn reagieren. Ihr Proprium liegt in ihrer *kognitiven Komponente*: in den Glaubensüberzeugungen, Symbolen, Einschätzungen/Bewertungen und Erwartungen (Hoffnungen), die sie formen bzw. auslösen.

Diese These wird auch durch die Beobachtung bestätigt, dass die Beziehung von monotheistischen Gläubigen zu Gott emotional fast genauso ambivalent von positiven und negativen Gefühlen geprägt sein kann wie zwischenmenschliche Beziehungen, auch wenn die positiven Emotionen weitaus überwiegen.[19] Die zwölf katholischen Or-

---

17 Vgl. Uffe Schjoedt / Hans Stødkilde-Jørgensen / Armin W. Geertz / Andreas Roepstorff, Highly religious participants recruit areas of social cognition in personal prayer, in: Social Cognitive and Affective Neuroscience 4 (2009), 199–207. Vgl. zur gesamten Thematik: Ulrich Ott, Religion in der neurowissenschaftlichen Forschung, in: Patrick Becker / Ursula Diewald (Hg.), Zukunftsperspektiven im theologisch-naturwissenschaftlichen Dialog, Göttingen 2011, 315–325; Hans Goller, Erschuf Gott das Gehirn oder das Gehirn Gott?, in: ZKTh 131 (2009), 241–255; ders., Erleben, Erinnern, Handeln. Eine Einführung in die Psychologie und ihre philosophischen Grenzfragen, Stuttgart 2009, 72–78.
18 Vgl. Martin Lindstrom, Buyologie. Warum wir kaufen, was wir kaufen, Frankfurt a. M. 2008, 128.
19 Vgl. Stefan Huber / Matthias Richard, The inventory of emotions towards God (EtG). Psychological valences and theological issues, in: RRelRes 52 (2010), 21–40; Julie J. Exline / Crystal L. Park / Joshua M. Smyth / Michael P. Carey, Anger toward God. Social-cognitive predictors, prevalence, and links with adjustment to bereavement and cancer, in: Journal of Personality and Social Psychology 100 (2011), 129–148.

densschwestern und zehn Priester, denen man eine Liste von 50 Emotionen vorlegte, berichteten, dass sie zwar häufig Liebe, Dankbarkeit, Ehrfurcht und Freude, aber auch – obgleich »selten« – Ungeduld, Erbitterung, Enttäuschung und Angst gegenüber Gott erleben.[20]

Ein Blick auf die sakrale Musik mag das Gesagte illustrieren. Sakrale Musik kann sicher auf hervorragende Weise religiöse Gefühle ausdrücken und anregen – aber die Gefühle, die sie weckt, können auch rein profan erlebt werden. Man kann Weihnachtslieder oder Gregorianische Choräle zum Gottesdienst singen, sich aber auch einfach ihrer friedlichen Stimmung hingeben oder ihnen einen anderen, weltlichen Text unterlegen. Johann Sebastian Bach hat für ein Weihnachtsoratorium ein Dutzend Sätze aus Kantaten verwendet, die er zuvor zu Festen von weltlichen Herrschern komponiert hatte: Der Text und Kontext macht den Unterschied. Es gibt keine exklusiv sakrale Musik, sondern nur musikalische Charakteristika, die – kognitiv-intentional vieldeutig – Emotionen in den Dimensionen Fröhlichkeit/Trauer, positive/negative Gefühle, Spannung (Energie)/Entspannung sowie Feierlichkeit/Trivialität wecken.[21] Ähnlich gibt es in der Architektur keinen exklusiv sakralen Baustil.

In der zugrunde gelegten Fünf-Komponenten-Perspektive erscheint es unangemessen, weil undifferenziert, für religiöses Erleben ein eigenes ›Vermögen‹, eine spezielle ›Anlage‹ außerhalb des Zusammenwirkens der genannten Subsysteme anzunehmen. Ebenso wenig ist das Erleben von Verantwortung, Schuld, Scham oder Reue auf ein eigenes Vermögen namens Gewissen zurückzuführen.[22]

4 Religiöses Erleben kann intuitiv und unreflektiert sein

Religiöses Erleben setzt religiöse Kognitionen voraus, die die emotionale Reaktionsbereitschaft ansprechen, und diese Kognitionen machen sein Proprium aus: Diese These ist nicht ›radikal-kognitivistisch‹ zu verstehen. Aus mehreren Gründen.

1. Religiöse Gefühle stellen sich – so wie profane Emotionen auch – nicht nur nach bewusst und diskursiv herbeigeführten Einschätzungen ein, sondern können auch *intuitiv und unbewusst* erfahren werden.

Dies gilt wohl für alle religiösen Emotionen, die sich *spontan*, ohne bewusste Aktivierung von Glaubensüberzeugungen einstellen: etwa beim Anblick eines Neugeborenen, bei einem eindrucksvollen Sonnenuntergang, beim Hören von Glockengeläute

---

20 Vgl. Pamela A. Samuels / David Lester, A preliminary investigation of emotions experienced toward God by catholic nuns and priests, in: Psychological Reports 56 (1985), 706.
21 Vgl. Alf Gabrielsson / Patrik N. Juslin, Emotional expression in music, in: Richard J. Davidson / Klaus R. Scherer / H. Hill Goldsmith (Ed.), Handbook of Affective Sciences, New York 2003, 503–534.
22 Vgl. Bernhard Grom, Religionspsychologie, München 2007, 63ff.

oder Orgelmusik, bei einer Krebsdiagnose oder Herzattacke. Da können unbewusst Assoziationen mit erlernten religiösen Einschätzungen/Deutungen und emotionalen Schemata hergestellt werden, die im Gedächtnis gespeichert sind. Ähnlich *Stoßgebete*, die einem Gläubigen unwillkürlich in den Sinn kommen, wenn er angesichts einer schwierigen Situation seine Angst zu bewältigen sucht. Sie können als eine Form von unbewusster, ›impliziter Emotionsregulation‹ verstanden werden, die sich dadurch bildet, dass die entsprechende bewusste, explizite Bewältigungsstrategie mit der Zeit habitualisiert, automatisiert wurde.[23]

Eine andere Form unbewusster, intuitiver religiöser Emotion zeigt sich in Impulsen, die sich als *plötzlicher Einfall* melden und einen dazu inspirieren, etwas für Gottes gute Sache zu tun, – zum Beispiel die Idee, ein Ehrenamt zu übernehmen oder eine Hilfsaktion zu unterstützen. So ging der humanitäre Einsatz von Albert Schweitzer in Afrika auf den plötzlich auftretenden Impuls zurück, sich für das Gute, das er im Leben erfahren hatte, erkenntlich zu zeigen (noch ohne konkreten Plan): »An einem strahlenden Sommermorgen, als ich [...] in Pfingstferien zu Günsbach erwachte, überfiel mich der Gedanke, dass ich dieses Glück nicht als etwas Selbstverständliches hinnehmen dürfe, sondern etwas dafür geben müsse.«[24] Dieser Einfall wurde freilich schon durch frühere Überlegungen in seiner Schulzeit vorbereitet. Manche Berufungs- und Bekehrungserlebnisse treten plötzlich auf – gelegentlich auch als Vision, Audition, Inspiration.

Ob spontane Emotion, Stoßgebet oder intuitiver Impuls: Solchen Erlebnissen gehen kognitive Einschätzungen und Überlegungen voraus – früher erlernte oder auch neu und kreativ kombinierte. Diese können jedoch unterhalb der Bewusstseinsschwelle verlaufen – wie wenn Künstler oder Wissenschaftler über ein Problem nachdenken, die Suche unterbrechen und – während sie ihre bewusste Aufmerksamkeit ganz anderen Gegenständen zuwenden – in einer plötzlichen *Intuition und Inspiration* die Lösung finden. Friedrich Nietzsche hat während seiner Arbeit am *Zarathustra* solche Inspirations- und Offenbarungserlebnisse erfahren (vgl. seinen Text *Ecce homo*), und ähnlich berichten Dichter wie Blake und Rilke, sie hätten manche Texte wie nach innerem Diktat verfasst.

In diesem Zusammenhang darf man sich das Unbewusste freilich nicht so denken, wie es Freud beschrieb. Für ihn bestanden die Inhalte des Unbewussten lediglich aus verdrängten ›Triebrepräsentanzen‹, die nur in durch die Zensur entstellter Form Zugang zum System Vorbewusst-Bewusst erlangen. Die empirische Psychologie nimmt hingegen an, dass auch rationale, komplexe kognitive Prozesse unbewusst ablaufen können.[25]

---

[23] Vgl. Anett Gyurak / James J. Gross / Amit Etkin, Explicit and implicit emotion regulation. A dual-process framework, in: Cognition and Emotion 25 (2011), 400–412.
[24] Albert Schweitzer, Aus meinem Leben und Denken, Leipzig 1947, 78.
[25] Vgl. Anm. 8 und Walter Perrig / Werner Wippich / Pasqualina Perrig-Chiello, Unbewusste Informationsverarbeitung, Bern 1993.

In Anlehnung an die Neodissoziationstheorie von Hilgard können Intuitionen und Inspirationserlebnisse als Formen von unbewusster ›paralleler Informationsverarbeitung‹ (Denken) verstanden werden – parallel deshalb, weil sie in einem unbewusst tätigen Subsystem neben dem bewusst arbeitenden System ablaufen. Dadurch ist auch das Gefühl, man initiiere diese Gedanken und Vorstellungen selbst – die Ich-Aktivität –, reduziert oder völlig aufgehoben, und der Ergriffene hat den Eindruck, das Erlebte, Erkannte und Gesehene werde ihm von einer anderen Quelle mitgeteilt, weil er sich dies so erklärt. Darum haben bildlose Einfälle, Visionen und Auditionen den Charakter von Offenbarungserlebnissen.[26]

Dieser Eindruck ist subjektiv und qualifiziert Intuitionen und Inspirationen nicht als ›höhere Erkenntnis‹, die dem diskursiven, bewussten Nachdenken überlegen ist und keiner Überprüfung bedarf. Denn ihre Assoziationen, Analogien und Kombinationen können richtig oder falsch sein, haben also nur den Rang von Arbeitshypothesen. Darum hat auch der Neurowissenschaftler Damasio, der die Leistungen des ›klugen Unbewussten‹ bei Entscheidungsfindungen und kreativen Leistungen hervorhebt, den bekannten Satz Pascals »Das Herz hat seine Gründe, von denen die Vernunft nichts weiß« zugunsten der Vernunft relativiert und ersetzt durch: »Der Organismus hat einige Gründe, von denen die Vernunft Gebrauch machen muss.« Denn dass ein Entscheidungsprozess »über die Gründe des Herzens hinausgeht, steht außer Zweifel.«[27]

2. Religiöses Erleben setzt religiöse Kognitionen voraus – dies bedeutet nicht, dass es auch *reflektiert* sein muss. Religiöse Gedanken und Symbole können einen spontan ansprechen oder auch abstoßen, weil sie im emotionalen Gedächtnis bestimmte Gefühle wachrufen, ohne dass man sich in nennenswertem Umfang fragt, ob man sie richtig verstanden hat und ob sie auch im Licht der Vernunft plausibel und widerspruchsfrei sind. Dann sind sie eben stark von emotionalen Assoziationen oder Bedürfnissen und wenig von kognitiven Überlegungen geprägt. Und so wie im profanen Alltagsleben viele ›Bauchentscheidungen‹ erst im Nachhinein begründet werden können, wird es auch mit ethisch-religiösen Einschätzungen sein.

3. Religiöses Erleben wird nicht nur von den Glaubensüberzeugungen und Einschätzungen der kognitiven Komponente bestimmt, sondern diese Einschätzungen können – umgekehrt – auch von der Gestimmtheit, den Bedürfnissen und Interessen der nicht-kognitiven Komponenten beeinflusst werden. Bei behandlungsbedürftigen Störungen ist dies offensichtlich: Die Gottesvorstellung von depressiven Gläubigen ist negativer als die von nicht depressiven.[28] Depressive Gestimmtheit macht positive Einschätzungen bezüglich der eigenen Person schwerer verfügbar, und diese Selbst-

---

26 Vgl. Bernhard Grom, Religionspsychologie (wie Anm. 22), 214–223.
27 Antonio R. Damasio, Descartes' Irrtum (wie Anm. 11), 272.
28 Vgl. A. Philip Greenway / Lisa C. Milne / Veronica Clarke, Personality variables, self-esteem and depression and an individual's perception of God, in: Mental Health, Religion & Culture 6 (2003), 45–58; C. Andrew Yarborough, Depression and the emotional experience of God, in: Dissertation Ab-

wertminderung beeinflusst vermutlich die Gottesauffassung im Sinne des Schlusses: »Weil ich nicht liebenswert bin, ist auch Gott nicht lieb.« Auch wenn aus einer religiösen Wertüberzeugung eine so genannte ›überwertige Idee‹ – umgangssprachlich: Fanatismus – wird, dürfte dieser Entwicklung, neben anderen Faktoren, ein abnormes Bedürfnis nach Selbstwertbestätigung zugrunde liegen.

Über den Einfluss von Emotionen und Stimmungen auf das bewusste Denken ist noch wenig bekannt. Wenn es zutrifft, dass wir bei positiver Stimmung eher ›bedenkenlos‹ auf gespeicherte Überzeugungen, Erinnerungen und Schemata zurückgreifen (im Sinne von Piagets Assimilation), hingegen bei negativer Gefühlslage vorhandene Auffassungen und Reaktionsmuster eher überdenken und neue Informationen suchen (Akkommodation),[29] erklärt sich in religiöser Hinsicht – was jedem Seelsorger vertraut ist –, dass allzu naiv-positive Erwartungen an Gottes Wirken in Krisenstimmungen in Frage gestellt werden, während wir sie in guten Zeiten oder dank eines optimistischen Naturells leichter beibehalten. Doch kann emotionale Betroffenheit auch die religiöse Aufmerksamkeit steigern, wenn etwa die Trauer um den Verlust eines geliebten Menschen das genauere Nachdenken über die Theodizeefrage oder die Verheißung eines Lebens nach dem Tod anstoßen oder die Erfahrungen in einer konfessionsverschiedenen Beziehung eine Reflexion über das Kirchenverständnis veranlassen usw.

Religiöses Erleben setzt religiöse Kognitionen voraus – diese emotionspsychologisch begründete Auffassung ist auch – ohne die eben genannten Differenzierungen – der Religionsphilosophie vertraut. So betont etwa Matthias Jung[30], dass individuelles Erleben nur mit Hilfe bereits vorhandener Deutungsangebote erfahren wird, und Richard Schaeffler stellt fest, dass es »keine interpretationsfreie Erfahrung«[31] gibt.

---

stracts International B: The Sciences and Engineering 71 (2010), 1377. Dazu zusammenfassend: Bernhard Grom, Religionspsychologie (wie Anm. 22), 170f; 207f.

29 Vgl. Klaus Fiedler / Herbert Bless, The formation of beliefs at the interface of affective and cognitive processes, in: Nico H. Frijda / Antony S. R. Manstead / Sacha Bem (Ed.), Emotions and beliefs. How feelings influence thoughts, Cambridge 2000, 144–170; Gerald L. Clore, Psychology and the rationality of emotion (wie Anm. 11).

30 Vgl. Matthias Jung, Erfahrung und Religion. Grundzüge einer hermeneutisch-pragmatischen Religionsphilosophie, Freiburg 1999, 262ff. Zu dieser Thematik vgl. auch Jörg Lauster, Religiöse Erfahrung und Lebensdeutung. Hermeneutische Überlegungen zum Begriff der religiösen Erfahrung, in: Hermann Deuser (Hg.), Metaphysik und Religion. Die Wiederentdeckung eines Zusammenhanges, Gütersloh 2007, 198–218.

31 Richard Schaeffler, Erfahrung als Dialog mit der Wirklichkeit. Eine Untersuchung zur Logik der Erfahrung, Freiburg 1995, 424.

5 Ist Religion ›weder Denken noch Handeln‹ (F. Schleiermacher)?

Wie verhält sich die dargelegte Konzeption zu Friedrich Schleiermachers Beschreibung der religiösen Erfahrung, die noch nichts von der Fünf-Komponenten-Theorie der Emotion wissen konnte? In seiner frühen Schrift *Über die Religion. Reden an die Gebildeten unter ihren Verächtern* (1799) will er nach der Infragestellung der Religion durch die Aufklärung bzw. ihrer Funktionalisierung als Moral in einem ›schneidenden Gegensatz‹ zu Metaphysik und Moral religiöse Erfahrung als etwas Ursprüngliches und Eigenständiges darstellen:[32]

> Ihr Wesen ist weder Denken noch Handeln, sondern Anschauung und Gefühl. Anschauen will sie das Universum, in seinen eigenen Darstellungen und Handlungen will sie es andächtig belauschen, von seinen unmittelbaren Einflüßen will sie sich in kindlicher Paßivität ergreifen und erfüllen laßen.[33]

Das staunende Anschauen des Universums setzt demnach in dem von ihm affizierten Menschen das fromme Gefühl frei, das ganz mit der Anschauung eins ist und erst nachträglich durch Reflexion in seinen Momenten entfaltet wird. Jeder Mensch werde mit der ›religiösen Anlage‹ geboren, die die Bildung durch Anschauung, Ahndung und Phantasie zu kultivieren habe.

In seiner *Glaubenslehre* (2. Auflage)[34] bekräftigt er, Frömmigkeit sei »rein für sich betrachtet weder ein Wissen noch ein Thun, sondern eine Bestimmtheit des Gefühls oder des unmittelbaren Selbstbewußtseins«,[35] und versteht diese Bestimmtheit als unmittelbar gegebenes ›Gefühl der schlechthinigen Abhängigkeit‹ des eigenen Selbst und zugleich als Gottesbewußtsein und höchste Stufe des menschlichen Selbstbewußtseins.[36] Dogmatik müsse christliche Erfahrung mit Hilfe von Heiliger Schrift und Tradition in eine gedanklich-reflexive Gestalt überführen: »Christliche Glaubenssäze sind Auffassungen der christlich frommen Gemüthszustände in der Rede dargestellt.«[37]

---

32 Vgl. Hermann Fischer, Art. Schleiermacher, F. D. E. (1768–1834), in: TRE Bd. 10 (1999), 143–189.
33 Friedrich Daniel Ernst Schleiermacher, Über die Religion. Reden an die Gebildeten unter ihren Verächtern (1799), in: Ders., Kritische Gesamtausgabe (= KGA), Bd. I/2: Schriften aus der Berliner Zeit 1796–1799, hg. v. Günter Meckenstock, Berlin/New York 1984, 185–326; 211.
34 Vgl. Friedrich Daniel Ernst Schleiermacher, Der christliche Glaube nach den Grundsätzen der evangelischen Kirche im Zusammenhange dargestellt (1830/31), KGA I/13.1, hg. v. Rolf Schäfer, Berlin/New York 1980.
35 Vgl. aaO. § 3, 19f.
36 Vgl. aaO. § 4 und § 5, 32ff.
37 Vgl. aaO. § 15, 127.

Beim ›Gefühl der schlechthinnigen Abhängigkeit‹ kann man emotionspsychologisch an ein kognitiv unkomplexes (vages) Gefühl des Staunens denken, das sich beim Erleben der Weite und Größe von Natur und Universum spontan einstellt. Beides sprengt ja die vertrauten Dimensionen der menschlichen Lebenswelt und Kontrollmöglichkeiten und ruft damit Überraschung, Erstaunen und so etwas wie Respekt hervor. Vielleicht jene ›kosmische Andacht‹, die der areligiöse Dichter Durs Grünbein angesichts seiner neugeborenen Tochter in sich spürte. Das ›Gefühl der schlechthinnigen Abhängigkeit‹ könnte auch dem ›transpersonalen Vertrauen‹ entsprechen, das Belschner in einem Fragebogen beispielsweise mit der Formulierung erfassen will: »Ich habe schon die Erfahrung gemacht, dass ich mich mit der Welt und dem Kosmos eins fühle.«[38] Alle diese Gefühle sind ohne Zweifel religionsnah, sozusagen präreligiös. Allerdings kann sie auch ein Mensch erleben, der in der Offenheit einer unbestimmten Selbsttranszendenz einfach der Natur und dem Kosmos begegnet. Auf diese Weise können sie auch einen Atheisten zeitlebens erheben.

Schleiermacher sieht in dem andächtigen Sichergreifenlassen aber offensichtlich mehr – nämlich ein Staunen über Gott, den Schöpfer. Darum beschreibt er Religion in traditioneller Sprache so: »Alle Begebenheiten in der Welt als Handlungen eines Gottes vorstellen, das ist Religion [...].«[39] Das setzt aber ein ›Denken‹ und eine ›Metaphysik‹ voraus, die nach dem Ursprung der eigenen Person und des Universums fragt und ihn im Schöpfer erkennt. Ohne diese komplexe kognitive Deutung und Attribution würde sich das ›Gefühl der schlechthinnigen Abhängigkeit‹ darin erschöpfen, dass man erkennt, dass man von den Kräften und Bedingungen des Universums abhängt, die man nicht selbst kontrollieren kann. Oder es würde bei einer »anonymen Dankbarkeit«[40] stehen bleiben, die einen Ursprung ahnt, die Frage aber nicht schöpfungsgläubig zu Ende denkt bzw. aufgrund einer agnostischen Einstellung wie Karl Jaspers in seinem Lebensrückblick sagt: »Ich bin dankbar, weiß aber nicht welchem Grund der Dinge.«[41]

Schleiermacher anerkennt implizit selbst, dass Religion mit der Einsicht in die eigene Kontingenz verbunden sein muss, schreibt er doch: Die prometheische Spekulation und Praxis ohne Religion könne dem Menschen nicht dienen, »wenn er nicht auch seiner Beschränktheit sich bewußt wird, der Zufälligkeit seiner ganzen Form, des geräuschlosen Verschwindens seines ganzen Daseins im Unermeßlichen [...] Religion ist Sinn und Geschmak fürs Unendliche.«[42] Seine Beschreibung der religiösen Erfahrung ruft vielleicht – normativ – dazu auf, sich auf diese Einsicht zu besinnen.

---

38 Vgl. Wilfried Belschner, Transpersonales Vertrauen – Manual zur Skala. Transpersonale Berichte, Münster 2005 (in Vorb.).
39 Friedrich Daniel Ernst Schleiermacher, Über die Religion (wie Anm. 33), 214.
40 Balduin Schwarz, Über die Dankbarkeit, in: Johannes Tenzler (Hg.), Wirklichkeit der Mitte. Beiträge zu einer Strukturanthropologie, Freiburg 1968, 679–704.
41 Karl Jaspers, Schicksal und Wille, München 1967, 30.
42 Friedrich Daniel Ernst Schleiermacher, Über die Religion (wie Anm. 33), 212.

Möglicherweise schreibt Schleiermacher auch einfach aufgrund der Erfahrung eines tieffrommen Christen, der gelernt hat, angesichts des Universums immer wieder spontan den Schöpfer zu bewundern: Wenn sich nämlich die Deutung des Universums als Schöpfung Gottes und das davon ausgelöste Gefühl der Ehrfurcht in einem Gläubigen habitualisiert hat, kann sie auch als spontane Intuition erlebt werden. Vielleicht meint Wayne Proudfoot dies, wenn er bei Schleiermacher eine ›Konfusion‹ von phänomenologischer und theoretischer Betrachtung kritisiert.[43]

6 Kommen echte religiöse Gefühle aus der ›subliminalen Region‹ (W. James)?

William James spielt in seinem viel beachteten Werk *Die Vielfalt religiöser Erfahrung* auf Formulierungen von Schleiermacher an, wenn er sich von jenen distanziert, die ›religiöses Empfinden‹ mit dem ›Abhängigkeitsgefühl‹ oder dem ›Gefühl des Unendlichen‹ in Verbindung bringen, und erklärt, es gebe kein spezifisches »einheitliches religiöses Gefühl, sondern nur einen gemeinsamen Fundus von Emotionen, den religiöse Objekte auslösen können.«[44]

> Aber religiöse Liebe ist nur eine besondere Form des natürlichen menschlichen Gefühls der Liebe, das sich auf ein religiöses Objekt richtet […], religiöse Ehrfurcht ist derselbe körperliche Schauer, den wir im Wald spüren, wenn es dämmert, oder in einer Gebirgsschlucht; nur überkommt er uns in diesem Fall beim Gedanken an unsere übernatürlichen Beziehungen.[45]

Das stimmt zwar mit meiner oben vertretenen Auffassung überein, doch setzt James die kognitive Komponente religiöser Emotion extrem gering an.

James hat religiöse Emotionen vor allem an intensiven Bekehrungs- und Mystikerlebnissen studiert und diese Beobachtungen mit seiner physiologiezentrierten Emotionstheorie verbunden, der zufolge die Wahrnehmung einer Reizsituation unmittelbar, reflexartig eine körperliche Reaktion auslöst, die wir nachträglich bewusst als Emotion erleben.[46] Echte religiöse Gefühle, die mehr sind als nur Religion aus zweiter

---

43 »Schleiermacher's insistence on the immediacy of religious experience is descriptively accurate, but it is theoretically inadequate […]. The experience seems to the subject to be immediate and non-inferential, but it is not independent of concepts, beliefs and practices. This confusion between the phenomenological and the theoretical sense of *immediate* is central to Schleiermacher's program and is important for understanding contemporary religious thought and the study of religion« (Wayne Proudfoot, Religious experience, Berkeley 1985, 3).
44 William James, Die Vielfalt religiöser Erfahrung. Eine Studie über die menschliche Natur, Frankfurt a. M. 1997 (Original 1902), 60f.
45 AaO. 60.
46 Siehe oben. Ausführlicher: Jeremy R. Carrette, William James, in: John Corrigan (Ed.), The Oxford Handbook of Religion and Emotion, New York 2008, 419–437.

Hand, melden sich demnach fast wie Instinkte und starke Leidenschaften – etwa in plötzlichen Bekehrungen, Inspirationserlebnissen und Visionen. Sie kommen aus der unterbewussten, ›subliminalen Region‹ der Persönlichkeit.

> Sie beherbergt die Ursprünge all unserer dunkeln Leidenschaften, Antriebe, Vorlieben, Abneigungen und Vorurteile. Ihr entstammen unsere Intuitionen, Hypothesen und Phantasien, unser Aberglauben, unsere Überzeugungen und Gewissheiten und grundsätzlich all unsere nichtrationalen Handlungen [...] Sie ist auch der Urquell von vielem, das der Religion Nahrung gibt.[47]

Nach James erleben wir uns durch religiöse Erfahrungen mit einem ›MEHR‹ verbunden, das »auf der uns zugewandten Seite die unterbewusste Fortsetzung unseres bewussten Lebens ist.«[48] Dabei meint er, »dass das personale Bewusstsein in ein größeres Selbst *(wider self)* übergeht, von dem rettende Erfahrungen ausgehen«,[49] und dass durch das Gebet nachweisbar »spirituelle Energie«[50] in die Erscheinungswelt hineinwirkt. Demgegenüber sind für ihn religiöse Lehren, Glaubensüberzeugen und theologische Formeln, die über die von der uns abgewandten Seite des ›MEHR‹ handeln – so sehr sie für den Einzelnen unverzichtbar sind – nur Formen von ›Über-Glaube‹ *(over-belief)*. Sie widersprechen sich weitgehend, sind sekundär; wir bilden sie, um die ursprüngliche religiöse Erfahrung (den ›instinktiven Menschheitsglauben‹), die wohl ohne Über-Glauben aufsteigt, nachträglich zu interpretieren und zu erhalten.

Diese Sicht wird m. E. dem religiösen Erleben der meisten Gläubigen, das undramatisch verläuft, nicht gerecht; sie erkennt auch den religiösen Kognitionen nicht die kausale, differenzierende Bedeutung zu, die ihnen vermutlich zukommt.

7 Ist religiöses Erleben ›non-rationale‹ Erfahrung des Heiligen (R. Otto)?

Rudolf Otto, der seine Dissertation über *Die Anschauung vom Heiligen Geiste bei Luther* schrieb und die Gefühlsanalyse für eine der wichtigsten Aufgaben der Theologie hielt, hat James zustimmend zitiert und Schleiermacher kritisiert: Letzterer habe, meint er, das Kreaturgefühl zu sehr, zu subjektiv auf die Selbsterfahrung bezogen und übersehen, dass wir das Gefühl der Abhängigkeit ja auch in Beziehungen zu anderen Menschen erleben, so dass sich das ›religiöse‹ Erleben nur durch den Zusatz ›schlecht-

---

47 William James, Vielfalt (wie Anm. 44), 471f.
48 AaO. 491.
49 AaO. 492.
50 AaO. 473.

hinnig‹ und nur dem Grad nach von diesem unterscheide.[51] Beim Kreaturgefühl habe man es aber mit etwas Objektivem und qualitativ anderen zu tun – so wenn Abraham sage: »Ich habe es nun einmal unternommen, mit meinem Herrn zu reden, obwohl ich Staub und Asche bin« (Gen 18, 27).

In seiner Abhandlung *Das Heilige*[52] will er zeigen, dass religiöses Erleben in seinem ursprünglichen Kern das begrifflich nicht fassbare, unaussprechliche (›irrationale‹, englisch entsprechend seinem Übersetzungswunsch: ›non-rational‹) Ergriffensein vom Heiligen und Numinosen sei. Dieses schließe in einer ›Kontrastharmonie‹ sowohl ein Erschrecktwerden als auch ein Angezogenwerden ein und erfahre dementsprechend das göttliche Mysterium als ›tremendum‹ wie auch als ›fascinosum‹, als übermächtig schaudererregend und gleichzeitig als anziehend. Dieses Erleben liege sowohl der primitiven ›dämonischen Scheu‹ als auch der biblischen Gottesfurcht zugrunde. Es stelle sich zwar anlässlich von einzelnen Sinneswahrnehmungen ein, breche aber als ›Kategorie a priori‹ allein aus dem Seelengrund auf. Die Religionspsychologie habe nur die Entfaltung dieses spezifisch religiösen (numinosen) Vermögens von primitiven zu höheren Zuständen zu beschreiben.

Diese Sicht übte lange Zeit einen starken Einfluss auf Religionswissenschaftler, Theologen und Psychologen aus, weil sie eine Lücke zu schließen versprach. Auch heute noch wird von einzelnen Psychologen und Soziologen die Beziehung zum ›Heiligen‹ als Spezifikum von Religiosität verstanden, ohne allerdings daraus forschungsleitende Hypothesen abzuleiten. In empirischer Sicht stehen dem erhebliche Einwände entgegen.[53] Richtig ist wohl, dass das Gefühlserleben, trotz unserer vielen Emotionswörter, nicht völlig angemessen in Sprache ausgedrückt werden kann und insofern (auch) etwas anderes beinhaltet als begriffssprachliches Erkennen. Otto denkt hier vermutlich an ein vorbegriffliches, ästhetisch-intuitives Berührtwerden, wie er es in einer marokkanischen Synagoge sowie beim gleichzeitigen Hören eines Marienlieds und eines Muezzinrufs erlebt hat.[54] Für dieses gilt wohl dasselbe wie für die musikinduzierten Emotionen: Sie werden nur durch die religiöse Einstellung des Hörers religiös – ein Ungläubiger würde sie kaum als heilig empfinden. Otto übersieht, dass das Erleben von etwas Heiligem von der (kognitiven) Einschätzung abhängt, dass dieses Etwas auf überragende Weise andersartig und unverfügbar ist.

---

51 Vgl. Henryk Machoń, Religiöse Erfahrung zwischen Emotion und Kognition. William James', Karl Girgensohns, Rudolf Ottos und Carl Gustav Jungs Psychologie des religiösen Erlebens, München 2005, 97–141.
52 Vgl. Rudolf Otto, Das Heilige. Über das Irrationale in der Idee des Göttlichen und sein Verhältnis zum Rationalen, München 1997 (1. Aufl. 1917).
53 Vgl. Bernhard Grom, Religionspsychologie (wie Anm. 22), 183.
54 Vgl. Christoph Elsas, Wie das Göttliche begegnet. Rudolf Ottos Buch »Das Heilige« und seine Wirkung, in: Dominika Jacyk (Hg.), Die Quellen der Philosophie und Phänomenologie der Religion, Frankfurt a. M. 2010, 47–64.

Außerdem: Religiöses Erleben kann, muss aber nicht numinos sein. Ein gleichzeitiges Angezogen- und Erschrecktwerden wird zwar im Zusammenhang mit außergewöhnlichen Erfahrungen berichtet, ist aber so speziell und selten, dass es nicht als Wesensmerkmal religiösen Erlebens gelten kann, und tatsächlich kann Otto auch nur wenige Beispiele für eine ›Kontrastharmonie‹ anführen. Von mehreren tausend Zuschriften, die Hardy auf die Frage nach der Erfahrung einer ›höheren Macht‹ erhielt, erwähnten nur sieben Prozent ›Scheu, Ehrfurcht und Verwunderung‹ *(awe, reverence, wonder)*, während 25 Prozent völlig nicht-numinos von einem Gefühl der Geborgenheit *(security)* und des Friedens *(peace)* sprachen.[55] Schließlich kann Ottos phänomenologisch-philosophische Abstraktion die Abhängigkeit religiösen Erlebens von einer bestimmten religiösen Kultur und Sozialisation nicht verständlich machen.

8 Wie entsteht religiöses Erleben und wie bleibt es vital?

Doch gerade in einer erheblich säkularisierten Kultur wie der westeuropäischen wird deutlich, dass die religiöse ›Kategorie a priori‹, wenn sie denn wirklich angeboren sein sollte, ein Leben lang inaktiviert bleiben kann. Das Heilige und Göttliche überwältigt uns nicht von sich aus; vielmehr ist religiöses Denken, Erleben und Verhalten – nicht nur in den auf Überlieferung aufbauenden Offenbarungsreligionen des Judentums, Christentums und Islams – eine kulturelle Errungenschaft, die (ontogenetisch) durch *Fremdsozialisation* vermittelt werden muss, ähnlich wie eine Gesangskultur. Es ist angewiesen auf Anregungen zu einem Lernen am Modell, einem Lernen durch Unterweisung sowie einem Lernen durch Fremdverstärkung und soziale Bestätigung (Plausibilisierung). Diese Einflüsse müssen in Lernprozessen der *Selbstsozialisation* (eigene Einsicht, Erprobung, positive, selbstverstärkende Erfahrungen) individuell verarbeitet und weiterentwickelt werden, doch prägt das soziokulturelle Umfeld, zumal die Familie, auf Jahre hinaus das religiöse Denken und Erleben: in welche Glaubensgemeinschaft man hineinwächst, ob und wie man abends, bei Tisch oder in Notsituationen betet, Losungen betrachtet, Gottesdienste besucht. Die positiven Erlebnisse, die dabei im emotionalen Gedächtnis gespeichert werden, sind für die Beibehaltung oder Wiederbelebung der religiösen Praxis bedeutsam.

Diese Beibehaltung ist keineswegs selbstverständlich. Obwohl sich religiöse Personen häufiger als areligiöse als mit dem Leben zufrieden und ›sehr glücklich‹ einschätzen,[56] verursacht das Fehlen von Religiosität keinen Leidensdruck, der massen-

---

55 Vgl. Alister Hardy, The spiritual nature of man. A study of contemporary religious experience, Oxford 1980.
56 Vgl. Bernhard Grom, Religionspsychologie (wie Anm. 22), 254–257.

haft zur Behebung ihres Mangels antreiben würde: Es gibt zwar Konversionen von areligiös Erzogenen, aber sie sind selten. Eine Religiosität, die sich über Einzelerlebnisse hinaus zu einer relativ stabilen Erlebensbereitschaft (Disposition) entwickeln soll und sich nicht in gelegentlichen Notrufen zum Himmel und im jährlichen Besuch der Christmette erschöpft, erfordert eine anspruchsvolle *gemeinschaftliche und private religiöse Gefühlskultur.* Wie kann diese die Wahrscheinlichkeit erhöhen, dass sich der Glaube einigermaßen ›zentral‹[57] und emotional bedeutsam in der Emotions- und Verhaltensregulation verwurzelt? Dazu möchte ich einige Stichworte nennen, die vielleicht jene ›Korrelation‹ von biblischer Botschaft und menschlicher Erfahrung, die Paul Tillich anstrebte, von psychologischer Seite etwas konkretisieren können.

9 Wege einer religiösen Gefühlskultur

Wenn ›Motive‹ verhältnismäßig konstante, situationsübergreifende (freilich auch situationsabhängige) Erlebens-, Denk- und Verhaltensdispositionen einer Person sind, ist anzunehmen, dass sich religiöse Gefühle wie Dankbarkeit, Ehrfurcht, Sinnerfüllung, Hoffnung oder Trost als Erfüllung/Befriedigung von bestimmten Motiven (Bedürfnissen, Strebungen, Interessen) einstellen.[58] Es sind Motive, die innerhalb der Emotions- und Verhaltensregulation der Person wirksam sind, durch die eine Person in verschiedenen ›Lebensaufgaben‹ ihr psychisches Wohlbefinden (Lebenszufriedenheit, Glücklichsein, Sinnerfüllung) zu erhalten oder zu steigern versucht. Solchen Motiven und Lebensaufgaben entsprechen wir großenteils durch profane, allgemeinmenschliche Bewältigungs- und Befriedigungsstrategien wie Selbstermutigung, Suche nach sozialer Unterstützung oder Neubewertung (›kognitive Umstrukturierung‹), doch können diese durch den Rückgriff auf religiöse Vorstellungen, Überzeugungen und Riten eine zusätzliche Motivationskraft erhalten. Religiosität erscheint in motivationspsychologischer Sicht als transzendenzbezogene Art, Motive, die einem wichtig sind, zu befriedigen.

Ausgehend von der *kognitiven Emotionskomponente* kann man annehmen, dass religiöses Erleben gefördert wird, wenn man in der Verkündigung/Unterweisung das *Interesse an weltanschaulicher Erkenntnis* anspricht, das im Neugiermotiv wurzelt. So kann der Hinweis auf unser letztes Woher im Schöpfer Staunen und Dankbarkeit wecken und die Banalität eines rein naturalistischen Weltverständnisses überwinden helfen.

---

57 Vgl. zum Konstrukt der Zentralität und seiner Messung: Stefan Huber, Zentralität und Inhalt. Ein neues multidimensionales Messmodell der Religiosität, Opladen 2003.
58 Zu diesem motivationspsychologischen Ansatz vgl. Bernhard Grom, Religionspsychologie (wie Anm. 22), 29–32; 60–162. Zum Konzept der Entwicklungs- bzw. Lebensaufgaben siehe ders., Religionspädagogische Psychologie des Kleinkind-, Schul- und Jugendalters, Düsseldorf 2000, 145–230.

Nun ist aber das weltanschauliche Erkenntnisinteresse nicht gerade der stärkste Antrieb und wird in unserer metaphysikskeptischen Zeit auch eher geschwächt. Damit Glaubensüberzeugungen nicht ›kalte Kognitionen‹ und träges Wissen bleiben, sondern emotional bedeutsamer werden, kann die Verkündigung versuchen, sie als Antwort auf *nicht-kognitive Motive* und damit als Lebenshilfe (Ressource), Mehrwert und Anreiz zu verdeutlichen. Wenn dies gelingt, werden die kognitive und die motivationale Komponente miteinander verschränkt, gekoppelt.[59]

Das *Streben nach positivem Selbstwertgefühl*, das in allen Lebensaltern eine für das Wohlbefinden und Sinnerleben zentrale Motivation und Lebensaufgabe darstellt, kann durch die Botschaft vom bedingungslosen Ja angesprochen werden, das Gott durch seine Schöpfung, seine Menschwerdung und sein Sterben am Kreuz zu uns spricht. Das Bemühen um eine *positive Lebenseinstellung* kann durch eine Kultur des »Genießens in Danksagung« (1 Tim 4, 4) verstärkt werden, während die Offenheit für *Verehrung*, d.h. die Bereitschaft, den Wert anderer Wesen und Handlungen anzuerkennen und dies als Bereicherung zu empfinden, durch die Einladung zum Lobpreis Gottes angesprochen wird. Die Versuche, Krankheit, Verlust und andere Belastungen positiv zu verarbeiten, können erwiesenermaßen durch religiös motiviertes Bewältigungsverhalten *(coping)* gefördert werden, so dass das Streben nach äußerer Kontrolle bedeutsamer Lebensereignisse bzw. nach Belastungsbewältigung zum Erleben von – biblisch gesprochen – Vertrauen, Kraft, Hoffnung und Trost führt. Auch die *Bereitschaft zu moralischer Selbstkontrolle und zu prosozialem Empfinden* kann sich durch die biblische Vorstellung von dem Gott, der uns zum Mitlieben auffordert und gleichzeitig barmherzig ist, zu einem differenzierten Verantwortungsbewusstsein und einer verstärkten sozialen Motivation entwickeln.

Damit religiöses Erleben vital wird und bleibt, müssen aber nicht nur die Ansprechbarkeiten der motivationalen Emotionskomponente berücksichtigt, sondern auch andere Mittel eingesetzt werden.[60] In Bezug auf die kognitive Komponente ist dies etwa die Ermöglichung von Symbolerleben; in Bezug auf die Gefühlskomponente: der Aufbau einer emotionalen Erwartung und die Sammlung der Aufmerksamkeit auf innere Erfahrungen durch Stille und Wiederholung (Mantra). Indes steigert Musik

---

59 In Anlehnung an Izards Differenzielle Emotionstheorie kann man sagen, dass auf diese Weise Emotionen durch Kognition mit religiösen Objekten ›gekoppelt‹ werden (Carroll E. Izard, Die Emotionen des Menschen. Eine Einführung in die Grundlagen der Emotionspsychologie, Weinheim ²1994, 72). Die kognitive und die anderen Komponenten sind bei aller in der neueren Forschung stark betonten Verbundenheit miteinander relativ eigenständige Sub- und Orientierungssysteme, zwischen denen Übereinstimmung, Gegensatz oder Neutralität bestehen kann und die anregend oder abschwächend aufeinander einwirken. Vgl. Carroll E. Izard / Sandra Buechler, Aspects of consciousness and personality in terms of differential emotions theory, in: Robert Plutchik / Henry Kellerman (Ed.), Emotion, Vol. 1: Theories of Emotions, New York 1984, 165–187; Otto Kruse, Emotionsdynamik und Psychotherapie. Grundlagen zum Verständnis menschlicher Emotionen und ihrer psychotherapeutischen Beeinflussung, Weinheim 1985.

60 Vgl. dazu Bernhard Grom, Religionspsychologie (wie Anm. 22), 190–202.

die emotionale Reaktionsbereitschaft, indem sie sowohl die Ausdrucks- als auch die neurophysiologische Komponente anregt. Dazu formulierte schon Basilius der Große (in neuplatonischer Optik) eine Art Kopplungstheorie, als er schrieb:

> Als der Heilige Geist sah, wie schwer sich das Menschengeschlecht zur Tugend leiten ließ und wie oft wir durch unsere Neigung zur Sinnenlust vom richtigen Leben abgezogen werden, was tat er da? Er fügte den Glaubenssätzen die Lieblichkeit der Melodie hinzu, damit wir durch das Gehör unvermerkt den in den Worten liegenden Nutzen in uns aufnehmen. Darum sind die wohlklingenden Melodien zu den Psalmen von uns ersonnen worden.[61]

10 Was ist da noch unverfügbare Gnade?

Bei all diesen Bemühungen handelt es sich offensichtlich um *unsere* Initiativen. *Wir* bewerten eine Begegnung, eine Herausforderung oder unser ganzes Leben im Licht des Glaubens. *Wir* schulen unsere Aufmerksamkeit. *Wir* nehmen uns vor, uns zu besinnen, einen Bibeltext zu betrachten, zu beten, einen Gottesdienst mitzufeiern. Bei alldem müssen wir *unsere* Glaubensüberzeugungen aktivieren; denn in der Regel reagieren wir nur auf das emotional, was *wir* uns ›zu Gemüte führen‹ oder was uns von anderer Seite – vielleicht entgegen unserer selektiven Sensibilität – ins Bewusstsein gerufen wird. Theologisch stellt sich hier die Frage: Ist das nicht reines Menschenwerk? Was ist an solcher Gefühlskultur noch *Gottes Tun, Geist und unverfügbare Gnade*?

Das biblische Denken betont die Allwirksamkeit Gottes so stark, dass die Erfahrung des Heiligen Geistes vor allem als *Intervention Gottes* beschrieben wird – als Visionen der Propheten und als Inspirationen der Normalgläubigen, denen der ›Paraklet‹ und Heilige Geist gesandt wird, der uns »alles lehren und an alles erinnern wird« (Joh 14, 26), der uns mit Charismen beschenkt (1 Kor 12) und »selber für uns eintritt mit Seufzen, das wir nicht in Worte fassen können« (Röm 8, 26).[62]

Das Unverfügbare christlichen Erlebens ist kaum in Inspirationserlebnissen zu sehen. Denn diese sind etwas Außergewöhnliches und nicht die Normalform.[63] Au-

---

[61] Zit. nach Herbert Barth, Allgewalt Musik. Bekenntnisse von Musikern und Dichtern, Ebenhausen 1950, 36.
[62] Diese Betonung von Gottes Allwirksamkeit und menschlicher Schwachheit hat vielleicht auch dazu beigetragen, dass sich die christliche Spiritualität – im Unterschied zur östlichen – wenig mit Meditationsmethoden beschäftigt und sich kaum für die psychosozialen und intrapsychischen Bedingungen der Geisterfahrung interessiert hat.
[63] Bei einer Befragung mit Item-Formulierungen, die wohl größtenteils Begeisterungs- und Gewissenserlebnisse diesseits von Inspirationserlebnissen beschreiben, bejahten von den beteiligten 1.721 Amerikanern folgende Erfahrungen: 52,1%: »Felt filled with the spirit«, 39,6%: »Felt called by God to do something«, 14,8%: »Heard the voice of God speaking to me«, 14,8%: »Felt you were in a state of

ßerdem können bild- und wortlose Eingebungen, Intuitionen, Visionen, Auditionen und Zungenreden (Glossolalie) – wie oben dargelegt – mit unbewusster ›paralleler Informationsverarbeitung‹ und Rücknahme der willentlich-bewussten Steuerung erklärt werden, auch wenn damit eine übernatürliche Offenbarung nicht positiv ausgeschlossen ist. Auch aus theologischen Gründen sollte man das Unverfügbare christlichen Erlebens nicht in der Unberechenbarkeit von Eingebungen suchen, denn unberechenbar sind besonders Wahneinfälle. Jesu Zusage: »Ich bin bei euch alle Tage bis zum Ende der Welt« (Mt 28, 20) entspricht wohl eher die Ansicht von Meister Eckhart: »Gott ist allzeit bereit [sich von uns erkennen zu lassen, B. G.], *wir* aber sind sehr unbereit. Gott ist uns ›nahe‹, *wir* aber sind ihm fern [...]«[64] als die Erwartung von willkürlichen Interventionen und Erleuchtungen. Das Unverfügbare und Geschenkhafte gewöhnlicher religiöser Erfahrung, das wir bei aller Eigenaktivität nicht selbst herstellen können, zeigt sich m. E. anders:

In einer ersten, globalen Perspektive wird jeder, der sich der Nicht-Selbstverständlichkeit (Kontingenz) menschlichen Lebens bewusst ist und an dessen *Geschaffensein durch Gott* glaubt, anerkennen, dass sich unsere religiöse Gefühlskultur – so wie alle unsere Aktivitäten – letztlich dem Schöpfer verdankt. Oder in Anlehnung an Ps 100, 3 gesagt: »Er hat uns gemacht«, und nicht wir uns selbst.

In einer zweiten, inhaltsbezogenen und philosophischen Perspektive zeigt sich in der *natürlichen Transzendenzerfahrung* ein Finden-aber-nicht-Erfinden: Die Einsicht in einen göttlichen Urgrund von Mensch und Welt im Sinne des Satzes vom zureichenden Grund muss zwar von uns geleistet werden, doch können wir über das Ergebnis nicht verfügen, sondern es – auch wenn es nicht als zwingend, sondern nur als plausibel aufgewiesen werden kann – bloß rezeptiv als ›gegeben‹ vorfinden und staunend, dankbar und gehorsam annehmen.[65] In Bezug auf die Gewissenserfahrung macht der Wertrealismus mit guten Gründen geltend, dass es eigenständige Werttatsachen gibt, die unsere moralischen Urteile wahr oder falsch machen und uns motivieren.[66] Wenn wir nun in unseren Wert- und Gewissensurteilen ein unbedingtes Sollen und einen unbedingten Sinn/Wert erleben, können wir dies als Erfahrung des unverfügbar und schlechthin Guten deuten, der uns ruft und der in uns, aber nicht von uns ist.[67]

---

religious ecstasy«, 6,4%: »Spoke in tongues at place of worship« und 5,7%: »Had a vision of religious figure while awake« (Joseph O. Baker, The variety of religious experience, in: RRelRes 51 (2009), 39–54).
64 Meister Eckehart, Predigt 36 zu Lk 21, 31, in: Ders., Deutsche Predigten und Traktate, hg. u. übers. v. Josef Quint, München 1963, 326f.
65 Vgl. Bernhard Grom, Der Heilige Geist und die menschliche Psyche, in: StZ 228 (2010), 182–195.
66 Vgl. Christoph Halbig, Praktische Gründe und die Realität der Moral, Frankfurt a. M. 2007; Franz von Kutschera, Wert und Wirklichkeit, Paderborn 2010.
67 Vgl. Josef Schmidt, Philosophische Theologie, Stuttgart 2003, 145–166; Winfried Weier, Gott als Prinzip der Sittlichkeit. Grundlegung einer existentiellen und theonomen Ethik, Paderborn 2009.

In einer dritten, theologischen Perspektive lässt sich m. E. der christliche Glaube und die ›Einwohnung‹ des Heiligen Geistes als Transzendenzerfahrung verstehen, bei der wir zusätzlich zu den natürlichen Einsichten in den letzten Grund unseres Daseins, Sollens und Wertes auch den durch die biblische Offenbarung vermittelten Glauben an Gottes Zuwendung zu uns in Jesus Christus aktivieren – und diese Selbstoffenbarung Gottes ist noch mehr als alle natürliche Erkenntnis von ihm geschenkt und nicht von uns gemacht und darum im höchsten Maß gnadenhaft, unverfügbar.

Der christliche Glaube kann bzw. sollte darum Gefühle natürlicher Transzendenzerfahrung verstärken, steigern: Staunende Dankbarkeit darüber, dass sich Gott nicht nur in der Schöpfung, sondern auch in seiner Menschwerdung und der verheißenen Vollendung unser annimmt. Dass er uns im Gewissen nicht nur zum Guten hinzieht und ruft, sondern auch zum Mitlieben mit Jesus und seinem Geist befähigen will und dass er uns und anderen nicht nur die Würde von sittlichen Subjekten, sondern auch von Söhnen und Töchtern Gottes schenkt. So können sich natürliche religiöse Emotionen und Einstellungen zu den theologischen Tugenden Glaube, Hoffnung und Liebe und zu Früchten des Geistes (Gal 5, 22) entwickeln.

Diese Brücke zur Theologie könnte dazu beitragen, dass unser Reden vom Geist Gottes anschlussfähig wird an psychologische Erkenntnisse über die psychosozialen und intrapsychischen Bedingungen religiösen Erlebens, Denkens und Verhaltens und weniger parawissenschaftlich und mirakulös klingt.

Eva Weber-Guskar
Religious Emotions as Experiences of Transcendency

The Example of Consolation

Religious people refer in their lives to transcendency or to something transcendent that non-religious people do not refer to. Most often, this means that they refer to what they call God. The way in which they refer to Him can differ. People can *believe* in His existence, they can *address* Him in prayers and they can *have experiences* of Him. In this article I am going to investigate the third phenomenon, namely *experiences of transcendency* or, in short, ›transcendent experiences‹.[1] More precisely I am interested in the relation between such transcendent experiences and another interesting phenomenon, namely emotions.[2]

An extensive and increasing number of works in the field of religious studies addresses the emotionality or, more broadly, the affectivity of religious experiences generally.[3] Some authors draw on recent insights from the philosophy of emotions in order to propose a new explanation of religious phenomena, in particular transcendent experiences. Some even refer to a certain current theory of emotions as a perfect model for experiences of transcendency, and thereby suggest that a religious experience is, similar to an emotion, a mental state laden with feelings that serves to justify beliefs.

The objective of this essay is to explore the idea that transcendent experiences can be explained as emotions from the perspective of the philosophy of emotions. My question is this: If there are transcendent experiences, can they be understood in terms of emotions?

My answer to this question will ultimately be yes, they can be understood in terms of emotions, albeit with considerable reservations. I will proceed in three steps, the first and the third of which are negative. I will argue, roughly, that it is *not* plausible to think of the experience of transcendency as a special single type of emotion –

---

[1] I understand *transcendent* experiences as one kind within the broader category of *religious* experiences. Although immanent religious experiences may be explained as a part of social religious life and practice (experiences of solidarity in a religious community etc.), transcendent religious experiences concern directly the dimension beyond the material and social world that we live in.
[2] I owe sincere thanks to the organisers of the conference *Religious Feelings – Perspectives from Philosophy and Theology* at the University of Tübingen in September 2012, especially to Anja Berninger for inviting me to give a talk, making me think about this topic and providing for interesting discussion. This paper is a revised version of the talk.
[3] A summary of the protestant debate is provided by Jörg Lauster, Theologie der Gefühle, in: PTh 99 (2010), 58–64. Cf. also the encyclopedic summary by John Corrigan / Eric Crump / John Kloos (Ed.), Emotion and Religion. A Critical Assessment and Annotated Bibliography, Westport 2000.

something that might be called a transcendent emotion or a God-emotion. This can be shown with reference to the current theory of emotions. But this does not mean that there is no relation between emotions and transcendent experience. Hence, in positive terms, I will defend the idea that instances of everyday types of emotion may occur in religious versions, and that these can be seen as a kind of transcendent experience. Gratefulness, hope, and contrition, for example, are everyday occurrences in religious life. However, I would like to illustrate my thesis by investigating the less well-known emotion of *consolation*. Then, in a third step, I will explain why this understanding of certain emotions in terms of transcendent experience does not provide us with any reason to think that such experience justifies belief in God.

These considerations are fruitful and important in two ways. First, they may help us to understand the phenomenon of transcendent experience and, second, they provide insight into the diversity of emotions, and thereby how religious emotions may be considered in relation to current theories of emotions.

1 Can the Experience of Transcendency be Understood as a Special Type of Emotion?

1.1 Experiences of Transcendency

What are experiences of transcendency? First of all, transcendency is held to be something beyond the world we live in. Traditionally it has been understood in metaphysical, ontological or epistemical terms.[4] If we accept that, for the purpose of this article, epistemic understanding is relevant and sufficient then transcendency is a dimension that we cannot experience in the same way as we experience all other things, namely, by means of our five senses and of reason. In this sense, Robert Roberts writes in the *Oxford Handbook of Religion and Emotion* that »the transcendent« is »something big, important, and encompassing that is beyond the familiar objects that constitute the empirically accessible world«.[5]

I understand ›experience‹ in this discussion as a (temporally limited) mental event in which a person is aware of something – while, and where this something is not only another mental event of the experiencing person.

Correspondingly, we can understand the *experience* of transcendency as formulated in the German *Handwörterbuch für Theologie und Religionswissenschaft*, where, »The experience of transcendency can initially be understood as the experience of a

---

[4] Cf. Christian Danz, Art. Transzendenz/Immanenz. IV, in: RGG⁴ Bd. 8 (2000), 551–553, here 551f. I omitted the more recent model of phenomenological transcendency.
[5] Robert Roberts, Emotions Research and Religious Experience, in: John Corrigan (Ed.), The Oxford Handbook of Religion and Emotion, Oxford 2008, 490–506, here 492.

reality, which goes beyond the normal or everyday world (that is, the world in which access to reality is provided by the senses)«.⁶ In the context of this paper, I assume that the prominent cases of such transcendent experiences have God as their object, for this is something singular beyond our normal, sensual experience.⁷

Moreover, in religious studies, people talk about two different versions of *transcendent* experience.⁸ The first version resembles normal experience in its structure, where a subject experiences an object. William Alston talks about such phenomena in this way in his book *Perceiving God*. »There is,« he writes, a »distinguishable *object* of awareness that can be taken to be God«.⁹ The second understanding differs not only in terms of the kind of object it refers to (a normal, immanent experience), but also in terms of its structure. Authors like Nelson Pike write about such transcendent experiences as experiences in which the subject-object-structure is dissolved,¹⁰ and, as Mark Wynn explains further on, where »the believer takes herself to be absorbed experientially in God«.¹¹

These explanations offer a basic understanding of transcendent experience. The next step is to briefly consider what emotions are.

1.2 Emotions

In accordance with the dominant strand in the current philosophy of emotions, I take emotions to be specific intentional attitudes.¹² While referring to objects as attitudes like beliefs and wishes, emotional intentionality is essentially defined by specific phe-

---

6 Translation by E. WG. Original: »[...U]nter Transzendenzerfahrung kann zunächst das Erfahren einer Wirklichkeit verstanden werden, die die Normal- bzw. Alltagswelt (d. h. die der gewöhnlichen, sinnlichen Erfassung zugänglichen Realität) übersteigt.« Johann Figl, Art. Transzendenz/Immanenz. II, in: RGG⁴ Bd. 8 (2000), 548f., here 548f.
7 Similarly other authors understand the experience of God to be central to what they call ›religious experience‹. Cf. Richard Swineburne, The Existence of God, 2nd ed. Oxford 2004, 295: »The concept of a ›religious experience‹ in ordinary use has a fuzzy border [...] useful to define it as an experience that seems (epistemically) to the subject to be an experience of God (either of his just being there, or of his saying or bringing about something) or of some other supernatural thing«.
8 Cf. Mark Wynn, Towards a broadening of the concept of religious experience. Some phenomenological considerations, in: RelSt 45 (2009), 147–166, here 148.
9 William Alston, Perceiving God. The Epistemology of Religious Experience, Ithaca NY 1991, 24.
10 Cf. Nelson Pike, Mystic Union. An Essay in the Phenomenology of Mysticism, Ithaca NY 1992, 159.
11 Mark Wynn, Towards a broadening (loc. cit. footnote 8), 148.
12 An overview about the current research is provided by: Sabine A. Döring, Einleitung, in: Idem (Ed.), Philosophie der Gefühle, Frankfurt a. M. 2009; Christoph Demmerling and Hilge Landweer (Hg.), Philosophie der Gefühle. Von Achtung bis Zorn, Stuttgart 2007; Peter Goldie (Ed.), Oxford Handbook of the Philosophy of Emotion, Oxford 2010. My own account can be found in: Eva Weber-Guskar, Die Klarheit der Gefühle. Was es heißt, Emotionen zu verstehen, Berlin/New York 2009, especially chapter 1.

nomenal contents. And while emotions, like other kinds of affective stances like bodily feelings and moods, are phenomenal, they have a distinct intentionality. Bodily feelings like itching are defined within the limits of the body, and moods are far less precisely directed than emotions. The mood of melancholy makes the whole world appear in a dark light. By contrast, the emotion of sadness enables you, normally, to tell others what you are sad about. The same applies to joy, anger or envy. The final crucial point about emotions is that its phenomenal character, the aspect of feeling, entails a hedonic element that means that every emotion is an evaluation of the intentional object. In sum, emotions may be defined as qualitatively felt attitudes in which we conceive of something in the world as being valuable to us. When I am sad I conceive of a fact in the world, as something bad – in a feeling of burden. And when I feel joy I conceive of a fact in the world as something good – in a feeling of elevation.

Emotions are characterized by further aspects, such as their action tendency or their expressive dimension. Although I will disregard these here, one more aspect is worth mentioning. Emotions may vary in duration, yet they are all limited in time. No joy or grief lasts forever. Only something like love may last for a lifetime, yet this is a more complex phenomenon than a classical emotion. We can therefore understand emotions as kinds of mental events. In this respect they are similar to transcendent experiences as outlined above.

On the basis of these definitions of transcendent experiences and emotions, we may now attempt to establish whether the former may be construed in the form of the latter. I am going to discuss both versions of transcendent experience developed above, one after the other.

1.3 Two Arguments Why Experiences of Transcendency Cannot Be a Special Type of Emotion

1.3.1 With the Subject-object-structure

The first version of a transcendent experience is a mental event via which a person becomes vividly aware of God, as a transcendent individual, distinct from herself. Can we construe such an experience in terms of emotions? That is, can we talk of a ›transcendency-emotion‹ or a ›God-emotion‹ that is similar to the emotions of joy, grief, hope or anger etc.?

There are at least three points in favor of this idea – besides the very general one I already mentioned, namely, that they are both mental events. First, religious people generally describe their experiences of God at least partly in terms of feelings.[13] Second, these experiences are held to be intentional. Third, transcendent experiences are

---

[13] For an overview of the broad variety of accounts of the emotionality of religious experiences, see: Mark Wynn, Phenomenology of Religion, in: Edward N. Zalta (Ed.), The Stanford Encyclopedia of

not sense perceptions. This means that there are three features that transcendent experiences share with emotions. One might be tempted to say that such an experience can be understood as a ›God-emotion‹ by saying that, in this case, someone is experiencing God in a certain way as something that is valuable for oneself. This is the way in which theologians or scholars of religion refer to recent studies in the philosophy of emotions. They try to make use of the idea that emotions are perceptional (by understanding transcendent experiences as emotions). Mark Wynn is one such author. Nonetheless, the arguments contained in his book *Emotional Experience and Religious Understanding* (chapter 1) are somewhat vague in this point. If he were to give closer consideration to the work of John McDowell that he is alluding to and to the importance of feelings for experiences of God, I think that he would be led precisely to the idea I just mentioned. That is, the idea of a God-emotion as a *sui generis* type of emotion. But does this type of emotion in fact correspond to what we elsewhere categorize as an emotion? I think there are conceptual problems that make this *im*plausible. In the following I am going to outline these problems.

As noted above, the idea of such a God-emotion as an experience of transcendency would imply that someone experiences God as a special value in his own life. However, in order to be a *sui generis* type of emotion, the evaluative object had to be (structurally) exclusively valid for God. This has problematic consequences if we attempt to construe the phenomenon as an emotion. In order to express this point more clearly, I adopt terminology that Bennett Helm developed for the intentionality of emotions.[14]

Helm suggested that we should think of emotional intentionality in terms of a structure containing three aspects, including a target, a formal object and a focus. In the case of gratefulness, this means, for example, that you may be grateful to your sister for her having given you an extraordinarily touching birthday present. In this case, your sister is the target of your emotion, the thankworthiness of her action (or her ›giving you an extraordinary present‹) is the formal object, and you or your well-being is the focus of the emotion.

When applied to the putative God-emotion, this means that God is the target, his goodness (or divine benevolence or something similar) is the formal object, and your life the focus. This would mean that the God-emotion is a type of emotion where only one target matches the formal object. Only God has this kind of goodness, that is, godly goodness. This point would mean that this emotion is different from all others we know. Normally, emotions refer to different things. We can fear a dog, a torment,

---

Philosophy (Winter 2008 Edition), and John Corrigan, (loc. cit. footnote 5). I restrict myself in this article to a very narrow idea of a transcendent experience as a direct perception-like experience of God and to the question whether such a phenomenon may sensibly be understood as a special type of emotion.

14 Cf. for example Bennett Helm, Felt Evaluations. A Theory of Pleasures and Pains, in: APQ 39 (2002), 13–30.

or an exam. This means that all these targets could appear to be threatening. But God is the only target of divine benevolence. A God-emotion, if it existed, would have only one possible target. Why is this a problem? Why can we not imagine an emotion where there is, for all people, only one single target? The answer is that, if the fact that there is only one possible target is not an empirical but rather a conceptual truth, then there is no way in which we can talk about the appropriateness of this emotion. The loss of this possibility would be as devastating for the concept of an emotion as it would be if the concept of beliefs lost the possibility of talking of truth.[15] Normally, we can ask whether it is appropriate to fear an exam or torment. And we can give reasons for and against and tell stories about a person to explain why there are personal reasons that do not exist for others. Yet this question would not help us to account for the God-emotion. These value properties are His and only His and there are no further reasons why it is appropriate to feel like this in respect to Him or not, for these are His *defining* properties. If he exists, this is the only possible emotional reference to him. No other emotion we know works in this way. Another way of making this point is to say that, in the case of the putative God-emotion, the distinction between the target and formal object becomes blurred.[16] It is not clear what the target is and what the formal object is because the target (God) is nothing more than the formal object, his divineness (his godly goodness). But emotions are ways in which we understand ourselves, our position and situation in the world. If we cannot talk about their appropriateness then they are lacking in a central feature.

This is the first reason why, in my view, it is implausible to construe a God-emotion. Moreover, this reason makes it implausible to conceive of a transcendent experience in terms of an emotion *sui generis*.

I will now make some remarks about the second version of transcendent experience and explain whether this version could be understood in terms of an emotion.

1.3.2 Beyond the Subject-object-structure

The second version of transcendent experiences goes beyond the subject-object-structure. As noted, Nelson Pike (among others) describes a transcendent experience in this way. He writes: »Let us think of the paradigm union experience as one that unfolds through a dualistic stage into a state in which the distinction between subject and object is lost.«[17] The idea here, as far as I understand it, is that humans can experience

---

[15] »Contemporary analytic philosophers of mind generally use the term ›belief‹ to refer to the attitude we have, roughly, whenever we take something to be the case or regard it as true.« Eric Schwitzgebel, Belief, in: Edward N. Zalta (Ed.), The Stanford Encyclopedia of Philosophy (Winter 2011 Edition), http://plato.stanford.edu/archives/win2011/entries/belief/.
[16] Scott O'Leary helped me to see this point in this way.
[17] Nelson Pike, Mystic Union (loc. cit. footnote 10), 159.

God at exactly the moment in which they are no longer themselves, but rather united with Him in a certain sense. Obviously this idea is supposed to explain how it is possible for an immanent being to experience something transcendent. It presupposes a dissolution of differences by union.

Is it plausible to construe such a phenomenon in terms of an emotion? Here again, my answer, drawing on general conceptual reasoning, is skeptical. It is clear that this phenomenon cannot be explained plausibly in terms of emotional intentionality, as outlined above. For emotional intentionality consists in *something* being grasped in its (evaluative) *relation to me*. In other words, a subject-object distinction is central to the concept of emotion. Therefore, it is not plausible to construe a transcendent experience which *lacks* this feature as an emotion.

Why do people think in this way at all? They do so because a connection is made to another phenomenon, namely ecstasy. Ecstasy shares with mystical experiences the tendency to dissolve subject-object-boundaries. In some contexts, even experiences of transcendency are described as kinds of ecstasy.[18] Moreover, ecstasy is often understood as an emotional phenomenon.[19] One might therefore be tempted to understand a mystical experience as an emotion. However, the last premise is wrong if it is understood to mean that ecstasy itself is an emotion. Ecstasy may be an affective phenomenon and may be related to emotions. But it is not an emotion, and therefore a transcendent experience in the form of ecstasy cannot be an emotion either.

Although strong emotions may precede ecstasy, they may not be equated with the mental event itself. Being beside oneself is not compatible with having a clear emotion. You may be transported, and no longer be yourself in a moment of extreme anger. But even in this case, it is you who is behaving very differently from the way you normally behave. The ›you‹ remains the same in spite of the inhabitual behavior, and in contrast to the object of your anger. Moreover, it must be stressed that emotions often bring about a situation which is quite the opposite to what characterizes ecstasy. We do not lose ourselves in an emotion and experience states of being besides ourselves, unified with the object and free of separating boundaries. Rather, in the case of clear emotions, we experience ourselves as being quite definite, and even more definite than in the absence of clear emotions. Emotions can show us who we are. They do so by elucidating our relation towards certain persons, things, facts and events in

---

18 Cf.: »[...] ecstasy comprises surrendering to both object- and subject-experiences«. And: »the ecstatic intensification of certain emotions is, in certain contexts, welcomed as a bridge that connects the adept to that very absolute, divine, and transcendent entity, realm, or state taught in the religious doctrine.« Angelika Malinar and Helene Basu, Ecstasy, in: John Corrigan (Ed.), The Oxford Handbook of Religion and Emotion, Oxford 2008, 241–258, here 246.
19 It is often called a ›emotional state‹. Cf. Ibid.

the world. They manifest the extent to which they are of value to us. It is in emotions that we become conscious of ourselves and our identity.[20]

If this holds true, emotions do not seem to be an adequate concept with which to explicate the idea of transcendent experience as a form of union with God in which the boundary between ourselves and God is dissolved, for it would then not be possible to say *what* we are experiencing *in relation to us*.

Having presented reasons why I am skeptical about the idea of understanding transcendent experience as a certain type of emotion, I will now defend the view that transcendent experiences can indeed be considered to be manifest in certain emotions, albeit not in a special type of emotion, not in an emotion *sui generis*, but rather in the religious version of common types of emotions. Religious people may well experience God in versions of the types of emotions that non-religious people know and experience as well.

2 Religious Emotions as Experiences of Transcendency – The Example of Consolation

In order to argue that some versions of emotions can include experiences of transcendency, I will focus on one type of emotion, namely consolation. Consolation is a common and important issue in religion (even though it only recently received attention in academic religious studies).[21] It also clearly occurs in both secular and religious versions. However, one may question whether consolation is an emotion at all. In philosophical writings about emotions, the topic of consolation is treated even less frequently than in the field of religious studies.[22] This is why I will first briefly present the phenomenon of consolation as an emotion before showing how religious consolation can be seen as a transcendent experience.[23]

---

[20] I make a similar argument concerning the question whether ecstasy, flush or similar phenomena encapsulated in the German term *Rausch* should be understood in terms of emotion, and conclude that they may not be understood as emotions. See Eva Weber-Guskar, Ist Rausch ein Gefühl?, in: Totalitarismus und Demokratie 4 (2007), 391–400.
[21] Langenhorst writes that the key term ›Trost‹ almost never occurs in classical encyclopedias or contemporary handbooks of protestant and catholic theology. Cf. Georg Langenhorst, Trösten lernen? Profil, Geschichte und Praxis von Trost als diakonischer Lehr- und Lernprozeß, Ostfildern 2000, 20.
[22] There is a scientific desideratum here that I will deal with more generally in another paper. For the time being I will sketch the main points that could be developed more clearly.
[23] Cf. for an elaboration on this: Eva Weber-Guskar, »Consolation – An Unrecognized Emotion?« European Journal for Philosophy of Religion 6,3 (2014), 205–225.

2.1 Consolation

If we want to talk about consolation as an emotion, we have to distinguish between the experience of consolation and the action of consolation. Obviously, the action of consolation is not an emotion. But can the experience of consolation be seen as an emotion? I claim that it can be seen as an emotion in light of the criteria of emotions mentioned above, according to which emotions are qualitatively felt attitudes in which we conceive of something as valuable to us in a specific sense. My thesis is that consolation is an emotion insofar as a person being consoled conceives (with a positive feeling) of something as something that diminishes her misery.

This thesis may be illustrated with an example. Imagine a classical situation that calls for consolation. Someone loses a very dear friend in a car accident, for example. The person mourns the loss of her friend. Thus she will be longing for consolation. There are two ways of interpreting this longing for consolation. The first is to understand it as a wish to *get over* the grief by ending the period of grieving and becoming happy again. The second is to understand it as a wish to find a way of *coping* with the grief and changing it, though not just getting rid of it. Only the second interpretation seems to be correct. The person longs for a new state of mind that is not just the absence of grief. She wants to *feel* consolation. And this means that consolation itself must be understood as a type of emotion.

However, someone might try to support the first interpretation by recalling cases in which small children are consoled. If a child hurts its knee and cries, it can be ›consoled‹ by being given a plaster to cover the wound and chocolate to detract its attention. It will stop crying and continue playing with the other children. Here, consolation consists in having overcome a bad emotion that was elicited by pain or misery.

But even in these cases, consolation is not the same as getting rid of pain or misery. Although the pain in the child's knee may end at a certain moment, the child resumes playing well before that. It is not the patch that stops the pain, but the father's attention, his taking the child in his arms for a moment and his consoling words that help the child to find a way of coping with the pain and enjoying playing in spite of the pain, which may last throughout the afternoon.

This point becomes even more clear when we speak of the consolation of mature people, in relation to bigger issues. Consolation matters if you lose your partner in a car accident. There is no way of getting over the fact of death, and there is no way of overcoming grief as if it dissolves and allows you to be the same person you were before.[24] Moreover, you would not even want this to happen. What you want and what is possible is to reorganize oneself and be a person who subsequently lives with this loss.

---

[24] We do not talk about consolation if either the cause of the misery has just vanished (after a moment of pain or when you realize that you mistakenly believed that your partner had died) or if the loss can be completely replaced (the ›death‹ of your computer will not make you long for consolation but for a new computer).

Such reorganization leads to the state of mind referred to when we say that someone has found consolation or been consoled.[25] The best way to understand this new state of mind is, I think, to understand it as a certain type of emotion. Consolation is not the dissolution of grief, but a change of the emotional environment in which the emotion of grief is sustained. It is, therefore an emotion in its own right, albeit a consequence of preexisting grief or misery.[26]

To support my suggestion how we may understand consolation as an emotion, I will briefly outline its two main emotional features, its phenomenology and its intentionality.

In its phenomenology consolation can be contrasted with relief. Although both can emerge from the same initial situation (of grief, pain or misery) and are a movement in the same direction (away from this state) they are quite different. Relief is felt as a complete relaxation, a feeling of being freed and literally light. Consolation, by contrast, is felt as a kind of softening, a half-way relaxation. It may be associated with a warm but dark place, where you may be literally ›comforted‹, but not with a bright and light room, which is associated with happiness resulting from relief.

In terms of the threefold intentionality of emotions as presented above, consolation can be explicated in the following way. The feeling of consolation entails the positive experience of something that reduces your grief or misery, and which is therefore of value because it directly relates to your wellbeing. There is a target, a formal object and a focus. If the person who loses her partner finds consolation, she conceives of something as something that diminishes her grief.

The target may be very different. It can be a thought when, for example, she grasps the fact that the survival of their common child in the accident reduces her grief. Or it may be a person or a person's action when, for example, she feels that the words or just the presence of her best friend are consoling. The words may have a special content, pointing out how the misery can be relativized in contrast to even greater misfortune. Or the words might just express the fact that the person feels empathy and is ready to share her grief. Finally, the target may even be a special experience such as aesthetic experience.[27]

---

[25] In this sense also the theologian Langenhorst writes: »Trösten, das ist das Befähigen (Ermuntern, Begleiten, Ermöglichen oder Stimulieren) dazu, daß Trauernde *mit* ihrer Trauer – sei es in Klage, Rebellion oder Annahme – und besseren Mutes Schritte auf ihrem weiteren Lebensweg auf Zukunft hin beschreiten können.« Georg Langenhorst, Trösten lernen? (loc. cit. footnote 21), 18.

[26] This new constellation may ultimately lead to the overcoming of grief, but initially it allows one to live with a certain version of grief.

[27] It is, within these different kinds of target, possible to include further distinctions about the function of consolation. There are some examples of this in the small number of studies about consolation (cf. Georg Langenhorst, Trösten lernen? (loc. cit. footnote 21); Hans Theo Weyhofen, Trost. Modelle des religiösen und philosophischen Trostes und ihre Beurteilung durch die Religionskritik, Frankfurt a. M. 1983) and in some handbooks about pastoral care. Among these ideas are the notion that conso-

2.2 Consolation as a Religious Emotion. What is Transcendent There?

Now that we have outlined how to think of consolation as an emotion, what is the relation between this emotion and experiences of transcendency? In my view, the analysis provides a clear tool to demonstrate the extent to which a religious version of a well-known type of a secular emotion can involve a certain kind of a transcendent experience.

In the threefold intentionality, it is obvious where transcendency may occur, namely, in the position of the target, which is seen to diminish one's grief. This position can be filled by a large variety of possible targets, whether a person doing something, a belief about certain facts, the mere hope that something else may happen or be true, or a completely new experience. It is easy to imagine that, for religious people, this position of the target of the emotion of consolation is filled by something transcendent, that is, by God himself, or by beliefs about religious truths, or by some special hope that religion makes possible, like a good afterlife.

I therefore argue that the normal emotion of consolation, which is also familiar to secular people, can, for religious people, include an experience of transcendency. God can provide consolation just as the presence of a dear person provides consolation to others. As such, God is grasped as something that diminishes one's misery. This is how God, or a transcendent being, is experienced.

Consolation is a particularly interesting phenomenon because it demonstrates the extent to which a secular emotion may signal something transcendent. One of its most poignant characteristics is that the greater the misery, the more difficult it is to say what the target of consolation could be. In extreme cases of grief and misery it does not seem to be possible to establish a source of mitigation of the misery. Nothing seems severe enough to serve to relativize the misery, and it is inconveivable that anyone else could bear the same horrifying feeling. This is why the idea of something transcendent, something that we cannot grasp with our normal senses and reason, and something that is bigger than everything else, offers an obvious source of consolation.

This explication is a first step towards enabling non-religious people to imagine the experience of God. At the same time, it demonstrates to religious people the way in which God may play an essential role in their emotional life, beyond abstract beliefs or special religious emotions.

---

lation involves the relativization of the degree of misery one finds oneself in in comparison to others, or in comparison to one's own past or future, and that consolation may arise simply by sharing grief with others. Unlike Langenhorst, I do not include the idea of ›replacing‹.

3 The Question of the Epistemological Warrant

To conclude I would like to address a topic that is, as pointed out at the beginning of this essay, commonly discussed in relation to transcendent experiences, and especially in connection with the contemporary philosophy of emotion. Can these experiences serve as epistemic justification for a belief in the existence of what is experienced, that is, the existence of God? This is one of the main reasons why authors try to apply current theories of emotions when exploring transcendent experiences. Since emotions are understood as *kinds* of perception, and since perceptions play a standard role in epistemic justification, authors hope to show that transcendent experiences, understood as emotions, also provide epistemic justification of religious beliefs. In my view this is a vain expectation.

Robert Roberts offers an account of religious emotions quite similar to the one I have developed here. In his earlier study he also adds some thoughts about justification.[28] He considers the possibility that religious emotions, as a kind of perception, or more precisely what he calls ›construals‹, operate similarly to sense perception and may be equally epistemically reliable. He adds that this would only be possible if God, the perceived object, were causally responsible for the perception in the same way as material objects are responsible for sense perceptions. He writes that, »Christian doctrine does have something to say about the origin of the Christian emotions. For Christian joy, peace, contrition and gratitude are known as fruit of the Holy Spirit; the idea seems to be that God is in some especially immediate way their cause«.[29] And he concludes by writing that, »Such emotions will have the causally self-referential character that Searle ascribes to sense perceptions.«

However, this is not an option for the account that I have just presented – not only because the claim of the causal role of God is problematic, but also because the transcendent experience manifest in the emotion is of a different kind. Why is this so? We may say that consolation enables religious people to perceive God as something that diminishes their misery. And thus we can say that people have an experience of God. But the crucial point here is that this is an evaluative experience. And this means, strictly speaking, that only the evaluation of God is originally experienced via the emotion. God is experienced *as something* insofar as He is valuable for people in certain senses. God is not experienced as such. Instead, there is a foregoing belief (conscious or unconscious) that he exists. As such, God per se is present in the emotion in a foregoing belief, not in a original experience.

Moreover, the question whether belief of his existence is true or not is not decisive if someone makes an evaluative experience based on the belief. The emotion and its experiential character are real whether the target is real or fictional. Think of emotions

---

[28] Robert Roberts, Emotions as Access to Religious Truth, in: FaPh 9,1 (1992), 83–94.
[29] Robert Roberts, Emotions (loc. cit. footnote 28), 91f.

in relation to fictional characters. I claim that it is reasonable to say that I can feel grief for Anna Karenina's death although she is only a fictional character.[30] Similarly someone can feel religious consolation, that is, feel consoled by thoughts of God regardless of whether God exists or not.

This implies that the experience of such an emotion is not in itself a warrant for the existence of God, for God is experienced via these emotions as something that has features that are relevant for the person's life, whereby the emotions are warrants for the existence of these properties. In other words, something may be obviously consoling (since it clearly affects you) but it is *not* as a warrant of the bearer of these properties. One could be deluded about who or what bears these properties.

This also holds true for the idea of a God-emotion as discussed above. More fundamentally, therefore, one can claim that any such God-emotion could never be an experience of God as such, but only of evaluative features of God.

Can, in sum, experiences of transcendency be understood as emotions? Having outlined two classical conceptions of experiences of transcendency, I argued that it is implausible to think of them as specific types of emotion. It is implausible because neither the subject-object-experience nor an experience without a subject-object-distinction can be seen as a God-emotion, for they cannot be construed in relation to the concept and intentional structure of emotions. However, from another perspective, I also suggested in positive terms that certain ordinary types of emotion occurring in a religious version may be understood as experiences of transcendency. I illustrated this with the example of consolation, in which the transfer from secular to religious emotions is more perceptible than in other emotions.

In short, my contribution to our understanding of transcendent experiences and emotions consists in the claim that, if there are experiences of transcendency, it is much more plausible to understand them in terms of religious versions of common emotions than in terms of a *sui generis* type of religious emotions.

---

30 See Eva Weber-Guskar, Anna Karenina und die anderen. Wie fühlen wir für fiktive Figuren?, in: Proceedings von GAP.7. Nachdenken und Vordenken – Herausforderungen an die Philosophie. Online publication of the University of Duisburg-Essen 2012, 775–784.

Sabine A. Döring
Was darf ich hoffen?

Anders als der Titel vielleicht vermuten läßt, geht es in diesem Vortrag nicht um Kant und auch nicht primär um religiöse Hoffnung. Wenn ich hier Hoffnung zum Gegenstand meines Vortrags mache, ist damit zunächst kein schon in irgendeinem Sinne religiös oder auch politisch aufgeladener Begriff gemeint. In Frage stehen vielmehr zunächst Hoffnungen, wie sie unser ganz alltägliches Leben prägen; etwa die Hoffnung, daß am Wochenende schönes Wetter sein wird; oder die Hoffnung, daß die deutsche Fußballnationalmannschaft Europameister wird; oder die Hoffnung, daß die Fakultätsratssitzung morgen vor Kindergartenschluß beendet sein wird; oder die Hoffnung, daß die internationale Gemeinschaft den Klimaschutz in den Griff bekommen möge; oder auch ganz schlicht die Hoffnung, daß es mir gelingen möge, mein Fahrrad selbst zu reparieren. Charakteristisch für Hoffnung ist, daß die Realisierung des Erhofften sich bis zu einem gewissen Grad, wenn nicht vollständig, unserer Macht entzieht. In dieser Hinsicht unterscheidet sich die profane Hoffnung, daß Deutschland Europameister wird, nicht von religiöser Hoffnung. Grundsätzlich werde ich hier unterstellen, daß religiöse und profane Hoffnung sich lediglich durch ihren jeweiligen Gegenstand unterscheiden.[1] Gerade die vergleichende Analyse ganz unterschiedlicher Hoffnungen, so meine Hypothese, vermag am besten Aufschluß darüber zu geben, was Hoffnung ist, und welche Rolle sie in unserem Leben spielt.[2]

Im Besonderen werde ich mich dabei mit der Frage befassen, ob es zumindest manchmal *rational* sein kann, auf seine Hoffnung zu bauen. Ebendiese Frage ist mit dem Titel meines Vortrags *Was darf ich hoffen?* gemeint. Ich werde diese Frage bejahen und sogar behaupten, daß Hoffnung eine *Tugend* des Menschen als des *animal ratio-*

---

[1] Diese Vorgehensweise entspricht meiner in dem Aufsatz *Was sind religiöse Gefühle? Versuch einer Begriffsklärung* vertretenen These, daß es ohnehin keine einzelne Eigenschaft oder Gruppe von Eigenschaften gibt, die allen religiösen Gefühlen gemeinsam wären und sie eben zu solchen religiösen Gefühlen machen würden. Vgl. Sabine A. Döring / Anja Berninger, Was sind religiöse Gefühle? Versuch einer Begriffsklärung, in: Religion und Gefühl. Praktisch-theologische Perspektiven einer Theorie der Emotionen. Festschrift für Wilhelm Gräb zum 65. Geburtstag, hg. v. Lars Charbonnier, Matthias Mader und Birgit Weyel, Göttingen 2013, 49–64.
[2] Dementsprechend wird in dem Artikel *Hope* im Oxford Handbook Religion and Emotion (W. Watts Miller, Art. Hope, in: John Corrigan (Ed.), The Oxford Handbook of Religion and Emotion, Oxford 2008, 276–289, hier 277) Gabriel Marcels Analyse religiöser Hoffnung kritisiert: »[...] how can the hope of limited humans be unfaltering and absolute, even if it is hope in a ›god‹ who is absolute?«. Der zentrale Vorwurf lautet dabei, daß hier die ›Hoffnung, daß‹ (im Unterschied zur ›Hoffnung in‹ und zur ›Hoffnung auf‹) marginalisiert werde. Wie sich erweisen wird, muß Hoffnung zwar keinen propositionalen Inhalt (der Form ›daß p‹) haben, aber einen repräsentationalen Inhalt, um sich überhaupt auf Angemessenheit hin beurteilen zu lassen. Weiterhin werde ich zeigen, daß sich gerade im Ausgang von profaner Hoffnung die Rationalität religiöser Hoffnung begründen läßt.

nale (oder *zoon logikon*) ist. Ich sage »sogar«, weil Hoffnung traditionell unter dem Verdacht steht, ein ›genialer Selbstbetrug‹ zu sein. Exemplarisch sei hier Friedrich Nietzsche zitiert. Unter Berufung auf Hesiods Pandora-Mythos verwirft dieser Hoffnung als das »übelste der Übel«, weil wir uns durch Hoffnung darüber hinweg täuschten, daß wir in einer Welt der Mühsal, der Krankheit und des Leids lebten, und so fortführen, uns »immer von Neuem quälen zu lassen«.[3] Ziel meines Vortrags ist es, diese Auffassung zu widerlegen: Auch wenn Hoffnung uns manchmal täuscht, kann sie umgekehrt auch angemessen sein und erfüllt dann eine unverzichtbare Funktion für unser Leben.

Freilich muß zunächst geklärt werden, was Hoffnung überhaupt ist. Erschwert wird dies dadurch, daß Hoffnung und speziell profane Hoffnung von Philosophen bislang wenig beachtet wurde. Eine der wenigen Ausnahmen bildet der in Princeton lehrende Philip Pettit. Seinen Aufsatz *Hope and Its Place in Mind* werde ich zum Ausgangspunkt meiner Argumentation machen, zumal Pettit sich genau mit der Rationalität des Hoffens befaßt.[4]

1 Hoffnung als kognitiver Entschluß

Pettit beginnt mit dem Versuch, die Kernbedeutung des Ausdrucks ›Hoffnung‹ zu ermitteln, den »lowest common denominator that is present across the different usages possible«.[5] Im Einklang mit dem die Philosophie der Gegenwart dominierenden Bild des menschlichen Geistes kommt er zu dem Ergebnis, daß Hoffnung ein mentaler Zustand sei, der *zwei Komponenten* umfaßt: Eine *konative* (d. h. *handlungsmotivierende*) Komponente, bestehend in dem *Wunsch*, daß ein bestimmter Sachverhalt Realität werden möge; und eine *kognitive* Komponente in der Form der *Überzeugung*, daß der gewünschte Sachverhalt mit einer gewissen Wahrscheinlichkeit eintreten wird. Gemäß dieser Kernanalyse darf dabei die zugeschriebene (subjektive) Wahrscheinlichkeit weder 0 noch 1 sein: Weder darf ich für ausgeschlossen halten, daß das Erhoffte eintreten wird, noch darf ich mir seines Eintritts gewiß sein. Demnach wäre es beispielsweise inkohärent zu sagen »Ich hoffe, daß ich meinen Urlaub auf Hawaii verbringen werde«, wenn ich weiß, daß ich mir eine Reise nach Hawaii ohnehin nicht werde leisten können. Denn in diesem Fall bin ich mir darüber im Klaren, daß eine Hawaiireise bloßem Wunschdenken entspricht und folglich eine Eintrittswahrscheinlichkeit von 0 hat. Umgekehrt wird durch die Standarddefinition ebenfalls begrifflich ausgeschlos-

---

[3] Friedrich Nietzsche, Menschliches, Allzumenschliches I und II, hg. v. Giorgio Colli und Mazzino Montinari (Kritische Studienausgabe Bd. 2), München u. a. 1988 [EA 1878–1880], 82.
[4] Vgl. Philip Pettit, Hope and Its Place in Mind, in: Annals of the American Academy of Political and Social Sciences 592 (2004), 152–165.
[5] AaO. 154.

sen, daß ich auf etwas hoffen kann, dem ich eine Eintrittswahrscheinlichkeit von 1 zuschreibe. Wenn ich eine Reise nach Hawaii gebucht habe und davon überzeugt bin, die Reise auch anzutreten, empfinde ich nicht Hoffnung, sondern Vorfreude. Und um kohärenterweise behaupten zu können »Ich hoffe, daß Deutschland Europameister wird«, darf ich nicht schon wissen, wie die Fußballeuropameisterschaft am Ende ausgegangen ist. Zusammengefaßt setzt Hoffnung gemäß Pettits Kernanalyse zweierlei notwendig voraus: *Erstens* muß die hoffende Person wünschen, daß ein bestimmter, bislang noch nicht eingetretener Sachverhalt *p* Realität werden möge; und *zweitens* muß die Person *p* eine subjektive Wahrscheinlichkeit zuschreiben, die größer als 0 und kleiner als 1 ist.

Pettit nun verwirft die Kernanalyse als zu ›oberflächlich‹, um Hoffnung in einem ›substantiellen‹ Sinne erfassen zu können. Substantielle Hoffnung dürfe nicht auf Kombinationen von Wünschen und Überzeugungen reduziert werden, sondern sei ein mentaler Zustand von ganz eigener Art, nämlich ein ›kognitiver Entschluß‹ *(cognitive resolve)*.[6] Damit scheint Pettit das derzeit dominierende Modell des menschlichen Geistes zu sprengen, das alle intentionalen mentalen Zustände in zwei distinkte und einander wechselseitig ausschließende Klassen unterteilt: kognitive Überzeugungen und konative Wünsche. Daß er diesem Modell am Ende doch verpflichtet bleibt, zeigt sich, wenn man sein Modell substantieller Hoffnung mit Michael Bratmans einflußreichem ›Überzeugung-Wunsch-Intention-Modell‹ vergleicht, das hier Pate steht.[7]

Bratman sucht das Standardmodell zur Erklärung von Handlungen, das ›Überzeugung-Wunsch-Modell‹, zu überwinden. Bratmans vorrangiges Interesse gilt dem Phänomen des Planens und der dazu erforderlichen intra- und interpersonellen Koordination von Handlungen. Wie der Name ›Überzeugung-Wunsch-*Intention*-Modell‹ schon andeutet, läßt sich dieses Phänomen nach Bratman nur dann erklären, wenn wir zusätzlich zu Überzeugungen und Wünschen Pläne und Intentionen als eine eigenständige Klasse mentaler Zustände einführen, die von bloßen Wünschen durch ihre funktionale Rolle sowie durch ihre Rationalitätsbedingungen unterschieden sind. Wie Wünsche werden Pläne und Intentionen von Bratman als ›Pro-Einstellungen‹ eingeführt. Eine Pro-Einstellung ist eine Einstellung zu einer Proposition *p*, wobei *p* einen bestimmten, bislang nicht realisierten Sachverhalt ausdrückt; eine Pro-Einstellung zu *p* zu haben, bedeutet zu wollen, daß *p* realisiert wird. Dementsprechend zeichnen sich Pro-Einstellungen durch ihre handlungsmotivierende Rolle aus, indem sie nämlich *Handlungszwecke* vorgeben. Im Gegensatz zu kognitiven Überzeugungen sind sie konativ.[8] Pläne und Intentionen unterscheidet Bratman von bloßen Wünschen dadurch, daß sie ihren Träger auf bestimmte spezifischere Handlungen bzw. die diesen zugrundeliegenden Intentionen *festlegen*. Anders als ein bloßer Wunsch lege mich der Plan,

---

6 AaO. 159.
7 Vgl. Michael Bratman, Intention, Plans, and Practical Reason Reason, Cambridge, Mass. 1987.
8 Vgl. Michael Smith, The Moral Problem, Oxford 1994.

sagen wir, eine Diät einhalten zu wollen, z. B. darauf fest, den Nachtisch wegzulassen oder keine Süßigkeiten einzukaufen. Erst dadurch sei es mir möglich, mein Handeln zu *kontrollieren*, statt zum Spielball unvorhersehbar kommender und gehender Wünsche zu werden, und so mein Handeln über die Zeit hinweg und mit anderen Akteuren zu koordinieren. Bratman betont, daß solches Planen menschliche Akteure auszeichne und ›pragmatisch rational‹ sei, d. h. unseren Nutzen (im Sinne der Befriedigung unserer wohlverstandenen Präferenzen) optimiere. Empirisch gedeckt wird diese These durch psychologische Studien, die zeigen, daß die Fähigkeit zur Impulskontrolle (oder zum Belohnungsaufschub) ein verläßlicher Indikator für sozialen und beruflichen Erfolg ist.⁹

So viel zu Bratmans Modell, das von Pettit vorausgesetzt wird und das ich hier nicht kritisieren will. In Frage steht allein Pettits Versuch, dieses Modell auf Hoffnung zu übertragen. Pettit führt Hoffnung als ›kognitives Gegenstück‹ zum Planen ein. Damit ist gemeint, daß Hoffnung ihren Träger auf bestimmte *Überzeugungen* festlegt, so wie Bratmansche Pläne und Intentionen Akteure auf bestimmte *Handlungen* festlegen. Versteht Bratman Pläne und Intentionen dementsprechend als *praktische* Entschlüsse, faßt Pettit analog dazu Hoffnung als einen *kognitiven* Entschluß, nämlich den Entschluß zu glauben, daß ein gewünschter Sachverhalt sicher oder jedenfalls sehr wahrscheinlich eintreten wird. Wie das Planen soll auch das Hoffen pragmatisch rational sein: Indem wir hofften, optimierten wir unseren Nutzen. Nach Pettit ist das deshalb der Fall, weil wir durch Hoffnung der Gefahr entrinnen können, angesichts einer geringen Eintrittswahrscheinlichkeit eines gewünschten Sachverhalts den Mut zu verlieren und die Flinte ins Korn zu werfen, um stattdessen alles in unserer Macht stehende dafür zu tun, daß der Sachverhalt Realität wird. Auf den Punkt gebracht, besteht Pettits substantielle Hoffnung in einer kognitiven Strategie der folgenden Art: Die hoffende Person wünscht, daß ein bestimmter Sachverhalt *p* eintreten möge, schreibt *p* aber eine so geringe Eintrittswahrscheinlichkeit zu, daß sie Gefahr läuft, demoralisiert und handlungsunfähig zu werden. Durch Hoffnung wird diese Gefahr gebannt. Denn die Person entschließt sich dazu, den Eintritt von *p* für sicher oder jedenfalls sehr wahrscheinlich zu halten. Dadurch bleibt sie psychisch stabil und kann aktiv die Eintrittswahrscheinlichkeit von *p* erhöhen.¹⁰

Pettit hat hier z. B. einen Krebspatienten mit schlechter Prognose vor Augen. Indem dieser Patient hoffe, entgehe er der Gefahr, in Depression und Selbstmitleid zu verfallen, und werde auch nicht zum Opfer eines möglichen ständigen Auf und Ab von Evidenzen für oder gegen die Möglichkeit seines Überlebens. Stattdessen, so Pettit, entschließt der Patient sich, so zu handeln, als ob sicher oder jedenfalls sehr wahrscheinlich wäre, daß er überleben wird, und das heißt: Er tut alles für sein Überleben

---

9 Vgl. Walter Mischel / Yuichi Shoda / Philip Peake, The nature of adolescent competencies predicted by preschool delay of gratification, in: Journal of Personality and Social Psychology 54 (1988), 687–696.
10 Vgl. Philip Pettit, Hope and Its Place in Mind (wie Anm. 2), 160ff.

und verbessert damit seine Überlebenschancen. Als weiteres Beispiel nennt Pettit die Insassen von Konzentrationslagern unter dem nationalsozialistischen Regime: Substantielle Hoffnung habe bei vielen KZ-Häftlingen verhindert, daß diese einfach aufgegeben und sich das Leben genommen hätten.

In solchen Beispielen klingt bereits an, daß Pettits Hoffnung nicht nur in dem theoretischen Sinne ›substantiell‹ ist, daß sie weder auf Überzeugungen noch auf Wünsche noch auf Kombinationen aus beiden reduzierbar ist. Wie Bratmans Intentionen konative Pro-Einstellungen, aber keine gewöhnlichen Wünsche sind, ist Pettits substantielle Hoffnung ein kognitiver Zustand, aber keine gewöhnliche Überzeugung. Es bleibt offen, was für eine Art mentaler Zustand Hoffnung *positiv gefaßt* ist. Ferner bezeichnet ›substantiell‹ offenbar durchweg ›tiefe‹ Hoffnungen, die dadurch charakterisiert sind, daß der Hoffende dem Erhofften eine lebenswichtige Bedeutung beimißt. Profane Hoffnungen wie die, daß die deutsche Fußballnationalmannschaft Europameister wird, oder die, daß es mir gelingen möge, mein Fahrrad selbst zu reparieren, werden von Pettits Analyse demgegenüber nicht erfaßt. Denn hier besteht normalerweise nicht die Gefahr, daß der Hoffende bei Nichteintritt des Erhofften demoralisiert und handlungsunfähig wird.

Selbst wenn wir zugestehen, daß es legitim ist, substantielle Hoffnungen als eine *Sonderklasse* zu fassen, finden sich leicht Beispiele, die zeigen, daß substantielle Hoffnung sich gerade nicht durch pragmatische Rationalität auszeichnet. Ein Gegenbeispiel liefert Pettit selbst, indem er eine Parallele zwischen substantieller Hoffnung und ›Vorsorge‹ *(precaution)* zieht.[11] Auch Vorsorge wird als kognitive Strategie interpretiert. Der Unterschied zu Hoffnung besteht darin, daß die Person in diesem Fall nicht wünscht, daß ein bestimmter Sachverhalt p Realität wird, sondern dies *befürchtet*, zugleich aber wiederum die Eintrittswahrscheinlichkeit von p für gering erachtet. Vorsorge nach Pettit läuft dann darauf hinaus, gleichwohl so zu handeln, als ob man meinte, daß p eintritt, und das heißt: für diesen Fall vorzusorgen, wodurch die Eintrittswahrscheinlichkeit von p verringert und der Nutzen der Person optimiert werde. Pettit führt einen Bauherrn an, der befürchtet, sich durch den Umbau seines Hauses zu verschulden, indem dieser Umbau mehr kosten wird als von den Handwerkern im Voraus veranschlagt. Obwohl der Bauherr dem Kostenvoranschlag vertraue, entschließe er sich, so zu handeln, als ob der Umbau teurer würde und verringere so die Wahrscheinlichkeit, sich zu verschulden.

Nun läßt sich aber jemand, der befürchtet, sich zu verschulden, auch als jemand beschreiben, der *wünscht*, sich *nicht* zu verschulden. Nehmen wir um des Argumentes willen ferner an, daß diese Person die Wahrscheinlichkeit, sich nicht zu verschulden, für gering erachtet (bzw. die Wahrscheinlichkeit, sich zu verschulden, für hoch). Nach Pettit müßte die Person in diesem Fall ›substantiell hoffen‹, um handlungsfähig zu

---

11 Vgl. aaO. 155.

bleiben; und doch optimierte sie ihren Nutzen gerade nicht, handelte sie so, als ob sie sich nicht verschulden werde.

Solche Gegenbeispiele sind Legion. Sie exemplifizieren die gängige Maxime »Hoffe das Beste und bereite Dich auf das Schlimmste vor«, die vernünftigerweise auch unseren Umgang mit unwahrscheinlichen, aber katastrophalen Ereignissen wie einem Flugzeugabsturz oder einem nuklearen GAU bestimmt. Pettit bricht mit dieser Maxime, insofern ja gemäß seiner Analyse der Hoffende gerade nicht mit dem Schlimmsten rechnet und diesem entgegenwirkt, sondern umgekehrt sein Handeln am Eintritt des Besten ausrichtet. Genau betrachtet stützen jedoch nicht einmal Pettits *eigene* Beispiele diese Analyse. Indem der Schwerkranke sich Therapien unterzieht, die gravierende Nebenwirkungen haben und möglicherweise ihrerseits lebensbedrohlich sind, handelt der Schwerkranke mit schlechter Prognose ja gerade nicht so, als ob das Beste eintreten werde. Ganz im Sinne der zitierten Maxime versucht er vielmehr, das Schlimmste (seinen Tod) mit allen Mitteln zu verhindern. Und auch die Insassen von Konzentrationslagern haben schließlich um ihr Überleben gekämpft: Warum hätten sie dies tun sollen, wären sie davon ausgegangen, daß sie die Nazi-Gräuel sowieso überstehen werden? Es ist demnach grundsätzlich zu bezweifeln, daß die von Pettit mit Hoffnung identifizierte kognitive Strategie rational ist.

2 Hoffnung als affektive Bewertung

Ist Hoffnung überhaupt eine ›kognitive Strategie‹ im Sinne Pettits? Ich teile diese Auffassung nicht. Epistemologisch setzt sie Hoffnung genau dem Verdacht aus, ein genialer Selbstbetrug zu sein. Pettit hält dagegen, daß substantielle Hoffnung nicht Selbsttäuschung, sondern ›Glaubenmachen‹ *(make-believe)* und als solches epistemisch zumindest nicht irrational sei: Epistemische Gründe würden hier durch pragmatische Gründe überwogen.[12] Hierfür gibt er allerdings kein Argument, und ohnehin haben wir ja soeben gesehen, daß es gar nicht pragmatisch rational ist, substantiell zu hoffen.

Wer sich im Griff des Standardmodells befindet, mag hier versucht sein einzuwenden, daß die richtige kognitive Strategie darin bestehe, sich dazu zu entschließen, den Eintritt des erhofften Sachverhalts für *möglich* (statt für sicher) zu halten.[13] Dieser kognitive Entschluß scheint den soeben angeführten Gegenbeispielen zu entgehen und scheint auch nicht in Konflikt mit der dem erhofften Sachverhalt zugeschriebenen Eintrittswahrscheinlichkeit – vorausgesetzt, daß diese weder 0 noch 1 ist, wie Hoffnung

---

[12] AaO. 162.
[13] Diesen Einwand verdanke ich meinen Mitarbeitern Eva-Maria Düringer, Peter Königs sowie Folke Tersman.

nach Pettit ja *begrifflich* ausschließen soll. Ich nenne fünf Argumente gegen diesen ›Reparaturvorschlag‹:

(1) Unter dieser Analyse wäre es nur allzu plausibel, analog die *Vorfreude* auf *p* als den kognitiven Entschluß zu verstehen, den Eintritt von *p* für sicher zu halten. Wie eingangs illustriert, kann Hoffnung zu Vorfreude werden, wenn die Eintrittswahrscheinlichkeit von *p* einen bestimmten Schwellenwert überschreitet, d. h. so hoch ist, daß es nicht mehr lohnt, ›dem Schlimmsten vorzubeugen‹. Wenn nicht dadurch, daß in diesem Fall der Eintritt von *p* für sicher und nicht bloß für möglich gehalten wird, könnte Vorfreude im modifizierten Pettit-Modell auch gar nicht von Hoffnung unterschieden werden. Sowohl Hoffnung als auch Vorfreude beinhalteten dann die Zuschreibung einer bestimmten Eintrittswahrscheinlichkeit zu *p* plus den Wunsch, daß *p* eintritt, mit dem Ergebis, daß in einem Fall der kognitive Entschluß gefaßt wird, *p* für möglich zu halten, im anderen Fall hingegen der Entschluß, *p* für sicher zu halten. Das Problem ist, daß bei Vorfreude die *p* zugeschriebene Eintrittswahrscheinlichkeit gleich 1 sein *kann*, aber nicht *muß*. Wenn ich eine Reise nach Hawaii gebucht habe, weiß ich natürlich, daß immer noch etwas dazwischen kommen kann. Realistisch schreibe ich der Reise eine Eintrittswahrscheinlichkeit lediglich von, sagen wir, 0,95 zu. Wäre Vorfreude der kognitive Entschluß, mich selbst glauben zu machen, daß die Reise sicher ist, stünden wir somit wiederum vor dem Problem der Selbsttäuschung, und doch würde mich niemand als irrational geißeln – was ich wäre, *hielte ich für wahr*, daß die Reise sicher ist, in dem expliziten *Wissen*, daß sie es nicht ist (sondern bloß sehr wahrscheinlich).

(2) Grundsätzlich ist zu fragen, ob Hoffnung tatsächlich *rein strategisch* interpretiert werden kann. Betrachten wir zunächst den Spezialfall der religiösen Hoffnung: Eine Person, die aus rein strategischen Gründen hoffte, wäre vergleichbar einer Person, die aufgrund von Blaise Pascals berühmter Wette dazu käme, an Gott zu glauben. Ausgehend von der Annahme, daß wir nicht wissen können, ob Gott existiert oder nicht, formuliert Pascal ein berühmtes entscheidungstheoretisches Argument dafür, an Gott zu glauben.[14] Vorausgesetzt, daß die Wahrscheinlichkeit, daß Gott existiert, größer ist als 0, und vorausgesetzt ferner, daß das ewige Leben im Himmel unendlich viel besser ist, als in der Hölle zu schmoren, sei der Erwartungswert des Glaubens an Gott größer als der Erwartungswert des Nichtglaubens. Der Erwartungswert des Glaubens an Gott für den Fall seiner Existenz überwiege die zu vernachlässigenden Kosten des Nichtglaubens für den Fall seiner Nichtexistenz; daher sei der Glaube an Gott die dominante Strategie. Selbst wenn wir dieses Argument akzeptieren sollten und es außerdem für möglich hielten, daß wir uns auf irgendeinem Wege qua Entschluß glauben machen können, daß Gott existiert, scheint dies aus Gründen zu geschehen, die ›von der falschen Art‹ sind. Analog dazu wären meine Gründe dafür, auf Erlösung

---

14 Blaise Pascal, Pensées, hg. und eingel. v. Léon Brunschvicg (Oeuvres de Blaise Pascal Bd. 13), Vaduz 1965 [EA 1669], Nr. 233.

im kommenden Reich Gottes zu hoffen, von der falschen Art, entschiede ich mich für diese Hoffnung allein aus dem Grund, daß sie meinen erwarteten Nutzen optimiert. Nicht anders verhält es sich bei profaner Hoffnung. Stellen wir uns etwa einen Bräutigam vor, der auf das Gelingen seiner Ehe allein deshalb hofft, weil er damit seinen wohlverstandenen Eigennutz zu maximieren trachtet. Nobelpreisträger Gary Becker hin oder her: Auch die Hoffnung des Bräutigams scheint uns in diesem Fall auf Gründen von der falschen Art zu beruhen.

(3) Pascals Gründe sind von der falschen Art, weil sie *praktische* statt *epistemische* Gründe sind: Sie sind Gründe dafür *herbeizuführen*, daß wir an Gott glauben, aber keine Gründe dafür, an Gott zu *glauben*.[15] Auch Pettits Gründe sind Gründe dafür herbeizuführen, daß wir hoffen, aber keine Gründe dafür, zu hoffen. Hieran schließt sich zum einen die kritische Frage, inwiefern es psychologisch überhaupt möglich ist, den geforderten Zustand aktiv herbeizuführen.[16]

(4) Zum anderen verweist die Unterscheidung zwischen den beiden Arten von Gründen auf ein konstitutives Merkmal von Hoffnung, daß eine Analyse im Stile Pettits grundsätzlich nicht einzufangen imstande ist: Hoffnung impliziert begrifflich eine bestimmte *Bewertung* des Erhofften. Wollte jemand äußern »Ich hoffe, daß *p*, aber ich sehe *p* in keiner Weise als gut an«, wir könnten ihn nicht verstehen. Pettit kann diese Bewertung nicht etwa über den Wunsch erschmuggeln, denn seine Wünsche sind konative Zustände und dürfen nicht einfach in ihr Gegenteil, kognitive Zustände, verwandelt werden, indem man in sie eine Evaluation und damit eine *Repräsentation* hinein implementiert. Der Grund nun, warum die gerade präsentierten Beispiele so absurd scheinen, ist, daß Hoffnung ihrem Gegenstand auch einen Wert *an sich selbst* zuschreibt. Die Frage, ob es sich *lohne* zu hoffen, ist doppeldeutig: Sie fragt nicht bloß danach, ob es sich für den Hoffenden *auszahlt* zu hoffen; zugleich fragt sie danach, ob das Erhoffte es *verdient*, erhofft zu werden, ob es an sich wertvoll ist. Sei es religiöse oder profane Hoffnung: zu hoffen, daß *p*, heißt, *p* als wertvoll in einer Weise zu betrachten, die sich nicht auf die Erfüllung subjektiver Präferenzen reduzieren läßt und sich folglich dem Standard der Theorie der rationalen Wahl entzieht. Somit läßt sich für Hoffnung danach fragen, ob die durch sie implizierte Bewertung wahr bzw. an-

---

15 Vgl. John Skorupski, Buckpassing about goodness, in: Toni Rønnow-Rasmussen et al. (Ed.), Hommage à Wlodek. Philosophical Papers Dedicated to Wlodek Rabinowicz, Lund 2007, Online-Veröffentlichung, *http://www.fil.lu.se/HommageaWlodek/site/abstra.htm* (abgerufen am 16. November 2011).
16 Das ist ein Einwand, den Pascal selbst diskutiert und der umso dringlicher ist, als wir nach seiner Auffassung ja nicht wissen können, ob Gott existiert. Daher ist schwer vorstellbar, daß, selbst wenn wir von der Richtigkeit des Pascalschen Argumentes überzeugt sein sollten, wir uns zum Glauben entschließen könnten und alle Skepsis einfach vergäßen. Unter John Leslie Mackies Interpretation empfiehlt uns Pascal hier, daß wir unseren Willen durch das Betreiben religiöser Praktiken manipulieren sollten, bis sich am Ende der wirkliche Wille zum Glauben gleichsam von selbst einstelle. Vgl. John Leslie Mackie, Das Wunder des Theismus, Stuttgart 1985, 320.

gemessen ist, und Gründe *zu hoffen* (im Gegensatz zu Gründen dafür *herbeizuführen*, daß man hofft) sind Gründe, die diese Bewertung angemessen machen.

(5) Einer Analyse im Pettit-Stil entgeht schließlich auch der phänomenale Aspekt von Hoffnung, das ›Wie-es-ist‹ zu hoffen. Manchmal ist Hoffnung freudig, manchmal ist sie bang; in jedem Fall ist sie stets bis zu einem gewissen Grad von einem *Gefühl der Zuversicht* getragen. Dagegen sind Überzeugungen und auch Wünsche unter der Standardinterpretation nicht-phänomenal.[17]

Wie viele Autoren vor mir, vertrete ich hier die Auffassung, daß Hoffnung primär eine *Emotion* ist. Als solche ist Hoffnung keine Wertüberzeugung (bzw. kein Werturteil), aber auch kein nicht-intentionales Erlebnis, kein reines Gefühl, sondern eine ›affektive‹ bzw. ›gefühlte Bewertung‹.[18] Mit Adam Morton läßt sich sodann jeder Emoti-

---

17 Vgl. Michael Smith, The Humean Theory of Motivation, in: Mind, New Series 96 (1987), 45–50.
18 Damit setze ich eine kognitivistische Emotionstheorie voraus, die genau behauptet, daß Emotionen einen intentionalen und genauer repräsentationalen Inhalt haben, nicht hingegen, daß Emotionen damit notwendigerweise Werturteile sind. Kognitivistische Emotionstheorien lassen sich am besten im Vergleich zu so genannten *Feeling*-Theorien verstehen. Exemplarisch wird die *Feeling*-Theorie von William James vertreten. James hatte dafür plädiert, Gefühle als reine *feelings* aufzufassen, d. h. als subjektive Erlebnisse einer bestimmten Qualität und Intensität. Einmal angenommen, Sie werden angesichts einer Kreuzotter, die sich bei einem Waldspaziergang plötzlich zu Ihren Füßen windet, von Furcht ergriffen. Worin besteht Ihre Furcht? James reduzierte dieses Gefühl auf das Bewußtsein bestimmter körperlicher Veränderungen wie einem erhöhten Pulsschlag oder zitternden Knien, die durch die Wahrnehmung von gegenwärtigen oder antizipierten Gefahren für das eigene Selbst automatisch hervorgerufen würden. Dabei ist diese Wahrnehmung nicht *Teil* der Furcht selbst, sondern das Gefühl tritt als (kausale) Wirkung der Wahrnehmung und der durch sie verursachten körperlichen Veränderungen auf, nämlich als Bewußtsein dieser Veränderungen. So erklärt sich die provokative Formel, die James wählte, um seine Lehre auf den Punkt zu bringen: »Wir weinen nicht, weil wir traurig sind, sondern wir sind traurig, weil wir weinen«. Während wir im Alltag davon ausgehen, daß es die Gefühle sind, die bestimmte körperliche Veränderungen erst hervorrufen, stellt James diese Auffassung gleichsam auf den Kopf, indem er postuliert, daß die körperlichen Veränderungen den Gefühlen vorangehen und daß Gefühle *nichts anderes* als die Empfindungen dieser Veränderungen sind.

Eine entscheidende Prämisse dieser Theorie ist, daß die die körperlichen Veränderungen ihrerseits auslösende *Bewertung* der Gesamtsituation als gefährlich oder traurig *kein integraler Bestandteil* des Gefühls ist. Ebenhier setzen moderne Gefühlstheoretiker kritisch an, und zwar selbst solche, die sich wie Jesse Prinz oder Jenefer Robinson ausdrücklich in der Tradition von James sehen. Nach Meinung der Kritiker *beinhaltet* ein Gefühl wesentlich eine bestimmte Bewertung oder Einschätzung (*appraisal*) wie etwa im Fall der Furcht die Bewertung von etwas als gefährlich und im Fall der Trauer die Bewertung von etwas als einen Verlust. Gefühle sind demnach auf etwas außerhalb ihrer selbst gerichtet bzw. haben ›Objekte‹, die aber nicht (oder nur in Ausnahmefällen wie Herzangst) körperliche Veränderungen sein können. Schließlich fürchte ich mich ja nicht vor meinen zitternden Knien.

Der Haupteinwand der Kognitivisten gegen die *Feeling*-Theorie lautet, daß sich eine Emotion wie Hoffnung überhaupt nur qua Intentionalität als ein spezifischer Emotions*typ* von anderen Emotionstypen unterscheiden läßt. Das Typologisierungskriterium bestehe genau darin, daß der Hoffende dem Erhofften notwendigerweise die Eigenschaft zuschreiben muß, gut bzw. der Hoffnung wert zu sein, damit sein emotionaler Zustand sich als eine Vorkommnis von Hoffnung (und nicht irgendei-

on eine entsprechende *Charaktereigenschaft* zuordnen, die sich wiederum manchmal mit einer *Tugend* assoziieren läßt[19] und so auf die zweite klassische Interpretation von Hoffnung führt, wie sie sich ja bereits in der Bibel findet. Die Verbindung von Gefühl und Tugend sieht in gewisser Weise schon David Hume, wenn er für den ›direkten Affekt‹ der Hoffnung feststellt: »A propensity to hope and joy is real riches: One to fear and sorrow real poverty«.[20] »In gewisser Weise«, weil Hume Emotionen nicht als kognitive Zustände aufzufassen scheint, d. h. als repräsentationale Evaluationen, die folglich Gegenstand von Angemessenheits- oder Korrektheitsbedingungen sind. Für die Zwecke meines Argumentes werde ich ihm gleichwohl diese derzeit selbst unter eingefleischten Jamesianern wie Jesse Prinz dominierende Emotionstheorie unterstellen. Denn dann läßt sich *erstens* mit Humeschen Mitteln zeigen, was keine Analyse im Stile Pettits zeigen kann: daß Hoffnung uns das, was uns wichtig ist, als möglich präsentiert und uns so motiviert, alles für den Eintritt des Erhofften zu tun. *Zweitens* sprengt Hoffnung unter Humescher Lesart tatsächlich das Standardmodell der Handlungserklärung, insofern sie sich als eine Emotion weder auf Wünsche noch auf Überzeugungen noch auf Kombinationen von beiden reduzieren läßt.[21]

Beginnen wir mit der Verbindung von Emotion und Tugend. Für jede Emotion läßt sich eine entsprechende Charaktereigenschaft definieren, nämlich die Disposition, die Emotion bereitwillig zu haben. Nehmen wir zur Abwechslung einmal das Beispiel

---

nes anderen Emotionstyps) qualifiziert. Hingegen ließen sich unterschiedliche Typen von Emotionen nicht über mit diesen einhergehenden Empfindungen körperlicher Veränderungen differenzieren. Der ›schleichende Übergang‹ der Rede von ›Gefühlen‹ hin zu ›Emotionen‹, den ich soeben vollzogen habe, ist dabei völlig beabsichtigt: Anders als die englische Alltagssprache gibt die deutsche streng genommen keine Unterscheidung zwischen ›Gefühlen‹ und ›Emotionen‹ her. Gleichwohl ist es sinnvoll, Gefühle im engeren Sinne wie Furcht, Ärger, Bewunderung oder Hoffnung als *Emotionen* von Gefühlen im weiteren Sinne abzugrenzen. Eine Emotion, so die Grundannahme aller Kognitivisten, erschöpft sich nicht in einem subjektiven Erlebnis einer bestimmten Qualität und Intensität wie einem Jamesschen *feeling*. Eine Emotion beinhaltet vielmehr eine bestimmte Bewertung und ist folglich kein reines Körpergefühl, wie dies etwa Zahnschmerzen sein mögen. Das deutsche Wort ›Gefühl‹ ist hier irreführend, weil es bloße *feelings* miteinschließt. Gemeint sind im Kognitivismus eher *emotions*. Daher sollten auch im Deutschen Emotionen von Gefühlen unterschieden werden, auch wenn diese Unterscheidung keinen etablierten Platz in der deutschen Alltagssprache hat. Vgl. Sabine A. Döring (Hg.), Philosophie der Gefühle, Frankfurt a. M. 2009.

19 Vgl. Adam Morton, Epistemic Emotions, in: Peter Goldie (Ed.), The Oxford Handbook of Philosophy of Emotion, Oxford 2010, 385–400.
20 David Hume, The Sceptic, in: Ders., Essays. Moral, Political, and Literary, hg. v. Thomas Hill Green und Thomas Hodge Grose (The Philosophical Works Bd. 3), Aalen 1964, 220.
21 Unter der Standardinterpretation sind Wünsche konative Pro-Einstellungen im oben skizzierten Sinne. Hume dagegen zählt Wünsche zu den *emotionalen* Zuständen. Ein Wunsch *(desire)* ist ein bestimmter emotionaler Zustand, ein anderer ist Hoffnung *(hope)*, wieder andere sind Furcht *(fear)* oder Stolz *(pride)*. Für Hoffnung bedeutet das, daß sie ein von einem Wunsch verschiedener Bewußtseinszustand einer bestimmten Qualität und Intensität ist, d. h. ein bestimmter *Affekt*. Vgl. David Hume, Treatise on Human Nature, hg. v. David und Mary Norton, Oxford 2009 [EA 1739–1740], Buch 2, Teil 1 und Buch 2, Teil 3, Abschnitt 9.

der Eifersucht: Um als ein eifersüchtiger Ehemann gelten zu können, muß der Ehemann seine Eifersucht nicht durchgängig erleben und sich in einem permanten Zustand emotionaler Aufgewühltheit befinden. Als Charaktereigenschaft besteht seine Eifersucht vielmehr in seinem Disponiertsein dazu, das Gefühl der Eifersucht nur allzu leicht zu empfinden. Dies illustriert zugleich, warum die aktuale bewußte Emotion gegenüber der Charaktereigenschaft bzw. Disposition Priorität hat: Um die Charaktereigenschaft erklären zu können, müssen wir zuerst die aktuale bewußte Emotion erklären. Eine Eifersucht, die nie zum Ausbruch käme, hätte ihren Namen nicht verdient. Mit einer Charaktereigenschaft läßt sich dann die Tugend verbinden, sie zur rechten Zeit – oder genauer: unter den richtigen Bedingungen – zu zeigen. Das ist es, was ich im Folgenden für Hoffnung (nicht hingegen für Eifersucht) tun will.

Ich habe behauptet, daß Hoffnung primär eine Emotion ist und als solche eine gefühlte Bewertung, zu deren Gefühls- bzw. phänomenalem Aspekt stets ein Gefühl der Zuversicht eines bestimmten Grades gehört. Zuversicht zu empfinden nun, bedeutet, das Erhoffte als möglich anzusehen in einer Weise, die von der Zuschreibung subjektiver Wahrscheinlichkeiten grundsätzlich verschieden ist. Ebendies sieht auch Hume. Wie Pettit stellt Hume fest, daß Hoffnung sich zugeschriebenen Wahrscheinlichkeiten nicht zwangsläufig beugen muß. Manchmal erhoffen wir den Eintritt eines Sachverhalts sogar dann noch, wenn wir seinen Eintritt für so gut wie ausgeschlossen halten. »Die Hoffnung stirbt zuletzt«, heißt es dementsprechend. Ein Beispiel ist genau Pettits Krebskranker, der trotz vernichtender Prognose an der Hoffnung auf sein Überleben festhält; oder nehmen wir die Eltern, die auch noch nach Jahren und gegen alle Indizien auf die Rückkehr ihres entführten Kindes hoffen. Nach Pettit bewegt in solchen Fällen der Wunsch den Hoffenden deshalb dazu, sich glauben zu machen, daß das Erhoffte eintreten wird, weil er dem Erhofften eine lebenswichtige Bedeutung beimißt. Auch Hume meint, daß hier Wahrscheinlichkeit durch die Größe des Gutes aufgewogen werde, ohne daß sich allerdings der Hoffende aus vermeintlich guten pragmatischen Gründen dazu entschlösse, faktische Wahrscheinlichkeiten zu ignorieren. Vielmehr bleibt seine Hoffnung bestehen, obwohl er *meint* oder sogar *weiß*, daß der erhoffte Sachverhalt höchstwahrscheinlich nicht eintreten wird. Demnach kann uns, wenn wir einen Sachverhalt *p* durch Hoffnung als ein besonders großes Gut bewerten, *p* auch dann noch als *möglich erscheinen*, wenn wir *p* für *höchst unwahrscheinlich halten*.

Nach Hume ist das genau deshalb möglich, weil Hoffnung als eine Emotion keine Wahrscheinlichkeitsüberzeugung bezüglich des Eintritts von *p* beinhaltet. Voraussetzend, daß Hoffnung gleichwohl einen repräsentationalen Inhalt hat, ihren Gegenstand nämlich als gut bewertet, läßt sie sich stattdessen als ein wahrnehmungsanaloges *seeming* auffassen.[22] Als solches beziffert sie nicht ein Gut als wahrscheinlich auf einer Skala zwischen 0 und 1; vielmehr präsentiert sie dieses Gut als möglich, insofern wir Zuversicht empfinden, daß es eintreten wird. Es spricht für diesen Ansatz, daß die hoffende Person in vielen Fällen als wunderlich, wenn nicht neurotisch, erschiene, wäre sie verzweifelt darum bemüht, die exakte numerische Eintrittswahrscheinlichkeit des von ihr Erhofften zu berechnen. Stellen wir uns hier wiederum den Ehemann vor dem Altar vor, der auf das Gelingen seiner Ehe hofft...

Sinnestäuschungen illustrieren, daß Wahrnehmungen im Lichte besseren Wissens bestehen bleiben können, sogar ohne daß der Wahrnehmende deshalb zwangsläufig *irrational* sein muß. Beispiele sind etwa die berühmte Müller-Lyer-Täuschung oder auch ganz alltäglich der Stab, der aus dem Wasser ragt und der auch dann noch als geknickt wahrgenommen wird, wenn wir wissen, daß er in Wahrheit gerade und die täuschende Sinneswahrnehmung durch die unterschiedlichen Lichtbrechungseigenschaften von Luft und Wasser zu erklären ist. Für sich genommen macht uns diese täuschende Wahrnehmung nicht irrational. Irrational wären wir nur dann, wenn wir unser Urteilen und Handeln auf sie gründeten. Analog kann auch Hoffnung rationalerweise bestehen bleiben, wenn wir wissen, daß sie uns täuscht. Der Krebskranke mit vernichtender Prognose oder die Eltern des entführten Kindes sind nicht schon deshalb irrational, *weil sie hoffen*. Irrational wären sie nur dann, wenn sie, wie von Pettit gefordert, ihr Urteilen und Handeln am sicheren Eintritt des Erhofften orientierten. Auch bin ich nicht schon dann irrational, wenn ich mich der Hoffnung nicht erwehren kann, daß meinem Widersacher Unheil widerfahren möge, obwohl ich mich zugleich dafür moralisch verurteile und schäme, weil ich meine und sogar weiß, daß es falsch ist, anderen Menschen Unheil zu wünschen. Irrational bin ich nicht schon dann, wenn sich mir diese Hoffnung unabweisbar aufdrängt, sondern wäre ich erst dann, wenn ich solchen Hoffnungen in meinen Urteilen, Handlungen oder gar in meinem Charakter nachgäbe.

Wann aber täuscht uns Hoffnung? Hoffnung präsentiert einen bislang nicht realisierten Sachverhalt als an sich wertvoll und läßt ihn, indem die hoffende Person Zuversicht empfindet, als möglich erscheinen. Dementsprechend kann Hoffnung uns in dreierlei Hinsicht täuschen: Sie kann als gut präsentieren, was schlecht oder böse ist; sie kann als möglich präsentieren, was unmöglich ist; oder sie kann beides zugleich tun. In unserer Alltagssprache sagen wir, daß Hoffnung unter diesen Bedingungen unangemessen ist. Es ist unangemessen zu hoffen, daß meinem Widersacher Unheil widerfahren möge; ebenso ist es unangemessen zu hoffen, daß ich nach Hawaii reisen werde, wenn ich mir die Reise ganz offensichtlich nie werde leisten können. Umgekehrt kann Hoffnung in Abhängigkeit von Wert und Wahrscheinlichkeit aber auch

---

[22] Vgl. George Bealer, Intuition and the Autonomy of Philosophy, in: Michael R. DePaul / William Ramsey (Ed.), Rethinking Intuition. The Psychology of Intuition and its Role in Philosophical Inquiry, Lanham u. a. 1998, 201–240, hier 207f.

angemessen sein, und unter diesen Bedingungen ist es rational für eine Person, auf ihre Hoffnung zu bauen. Unter diesen Bedingungen *darf* die Person hoffen in dem Sinne, daß sie berechtigt ist, ihr Urteilen und Handeln auf ihre Hoffnung zu gründen.

Technisch gesprochen ist die Angemessenheit von Hoffnung die *Korrektheit* ihres repräsentationalen Inhalts. Wie eine sinnliche Wahrnehmung ist Hoffnung keine Überzeugung und präsentiert gleichwohl die Welt als in bestimmter Weise seiend. Folglich unterliegt sie Korrektheitsbedingungen. Diese Korrektheitsbedingungen sollen sicherstellen, daß der repräsentationale Inhalt der Hoffnung, die in ihr enthaltene Bewertung des erhofften Sachverhalts, korrekt *ist*. So wie eine Rotwahrnehmung das als rot repräsentieren soll, was wirklich rot ist, soll Hoffnung das als *der Hoffnung wert* repräsentieren, was wirklich der Hoffnung wert ist. Ich verwende ›der Hoffnung wert‹ hier als einen weiteren *terminus technicus*, um die für Hoffnung konstitutive Art der Bewertung auszuzeichnen und sie so von anderen positiven emotionalen Bewertungen zu unterscheiden (siehe dazu oben, Fußnote 18). ›Gut‹ ist hierzu klarerweise zu unspezifisch und bildet insbesondere auch nicht mit ab, daß der erhoffte Sachverhalt qua Zuversicht als möglich erlebt wird.

Wenn eine Person sich auf ihre Hoffnung verläßt – d. h. die in ihr enthaltene Bewertung für bare Münze nimmt –, ist sie rational in dem Ausmaß, wie die Korrektheitsbedingungen ihrer Emotion erfüllt sind. Als eine der Emotion entsprechende Charaktereigenschaft qualifiziert Hoffnung sich als Tugend, wenn sie genau dann an den Tag gelegt wird, wenn die Korrektheitsbedingungen von Hoffnung erfüllt sind.

Hier sei nun zumindest eine Korrektheitsbedingung erläutert, der wir Hoffnung im Alltag unterwerfen. Wir fordern nämlich, daß die in Hoffnung enthaltene Zuversicht und die dadurch gesehene Möglichkeit des Erhofften sich bis zu einem gewissen Maß faktischer Wahrscheinlichkeit beugt. Insofern die fragliche Möglichkeit auf einem Gefühl der Zuversicht basiert, kann es streng genommen keine *Kontradiktion* zwischen Hoffnung und zugeschriebener Eintrittswahrscheinlichkeit geben. Dennoch entsteht ein *rationaler Konflikt*, wenn wir Zuversicht bezüglich des Eintritts des Erhofften empfinden und ihm zugleich eine Eintrittswahrscheinlichkeit von 0 zuschreiben. Das liegt daran, daß sowohl Hoffnung als auch Wahrscheinlichkeitsüberzeugungen repräsentationale Zustände sind und somit sozusagen beide ›auf Wahrheit zielen‹, wenn auch in unterschiedlicher Weise.[23] Im Alltag tragen wir diesem Konflikt Rechnung, indem wir die in Hoffnung qua Zuversicht repräsentierte Möglichkeit des Erhofften *operationalisieren*. Obwohl diese ›gefühlte Möglichkeit‹ von kühl kalkulierter Wahrscheinlichkeit wesentlich verschieden ist, transformieren wir sie in Wahrscheinlichkeit, indem wir *Schwellenwerte* festlegen, oberhalb und unterhalb derer wir Hoffnung für unangemessen halten. So haben wir am Beispiel der erhofften Hawaiireise bereits gesehen, daß, wenn die Eintrittswahrscheinlichkeit des Erhofften zwar nicht gleich 1, aber den-

---

23 Vgl. dazu Sabine A. Döring, Conflict without Contradiction, in: Georg Brun / Ulvi Doguoglu / Dominique Kuenzle (Ed.), Epistemology and Emotions, Aldershot 2008, 83–104.

noch vergleichsweise hoch ist, Vorfreude statt Hoffnung angemessen sein kann. Umgekehrt halten wir Hoffnung nicht erst bei einer Eintrittswahrscheinlichkeit von genau 0 für unangemessen, sondern auch schon bei Eintrittswahrscheinlichkeiten unterhalb, sagen wir, von 0,05. In der hoffenden Person selbst spiegelt sich eine geringe zugeschriebene Eintrittswahrscheinlichkeit zum erhofften Gut (relativ zur ihm zugeschriebenen Größe) oftmals auch im Gefühl der Zuversicht direkt wieder, das dann in seinem Grad abnimmt und mit Gefühlen der Bangigkeit und Sorge vermischt ist. Wir halten Ereignisse für ›sicher‹, deren Eintrittswahrscheinlichkeit oberhalb bzw. unterhalb eines bestimmten Schwellenwerts liegt. Damit grenzen diese Schwellenwerte die durch Hoffnung implizierte Möglichkeit ein und wird dieser Möglichkeitsbegriff operationalisiert, der sich ohne derartige Annahmen nicht in Wahrscheinlichkeit transformieren ließe. Der Hoffnung des Krebskranken auf Genesung oder der Eltern auf Rückkehr des entführten Kindes mag ein noch so großer Wert entsprechen: Wenn die Eintrittswahrscheinlichkeit des Erhofften den relevanten Schwellenwert unterschreitet, ist die Hoffnung nicht anders als eine Sinnestäuschung, eine bloße Illusion. Das heißt aber nicht, daß der Krebskranke oder die Eltern schon deshalb irrational sind, weil sie ihre Hoffnung nicht aufgeben können: Wie dem Wahrnehmenden einer Sinnestäuschung, mag ihnen das nicht möglich sein, auch wenn statt Hoffnung Trauer, Verzweiflung oder Resignation angemessen wären. Die Rationalität von Hoffnung besteht vielmehr darin, auf sie im Urteilen und Handeln dann und nur dann zu bauen, wenn ihre Korrektheitsbedingungen erfüllt sind, und dazu gehört auch die Anpassung der Zuversicht und der durch sie gesehenen Möglichkeit an faktische Wahrscheinlichkeit.

Für die Rolle der Hoffnung als Tugend, und speziell als Tugend des *animal rationale*, ist entscheidend, daß die in der Hoffnung über das Gefühl der Zuversicht gesehene Möglichkeit des Erhofften gleichwohl über einen weiten Bereich hin unabhängig von der dem Erhofften zugeschriebenen Eintrittswahrscheinlichkeit ist. Aus dem bisher Gesagten folgt, daß Hoffnung *zum einen* entscheidend dafür ist, wertvolle Chancen oder Projekte als solche zu erkennen und sie von Chancen oder Projekten zu unterscheiden, die nicht wertvoll sind. Manchmal bringt uns eine unerwartete Hoffnung überhaupt erst zu der Einsicht, daß es sich bei dem Erhofften um etwas handelt, dem wir einen Wert beimessen. *Zum anderen* ermöglicht uns Hoffnung, auch bei geringer Wahrscheinlichkeit auf ›das Beste‹ zu hoffen, und das (*pace* Pettit), ohne uns dazu selbst täuschen zu müssen. Zu hoffen heißt, die Möglichkeit zu sehen, daß die Zukunft Gutes bringen wird, und diese Sichtweise ist über einen weiten Bereich faktischer Wahrscheinlichkeit hinweg legitim. Ob religiös oder profan: Hoffnung zeichnet sich grundsätzlich dadurch aus, daß die Realisierung des Erhofften sich bis zu einem gewissen Grad, wenn nicht vollständig, unserer Macht entzieht. Indem wir Hoffnung empfinden, sind wir zuversichtlich und sehen die Möglichkeit, daß die Zukunft Gutes bringen wird, was uns Stabilität im beständigen Auf und Ab der Evidenzen für und gegen den Eintritt des Erhofften verleiht. So erscheint, was uns wichtig ist, möglich, wodurch das eigene Leben als sinnvoll angesehen wird und wir motiviert sind, alles für den Eintritt des Erhofften zu tun. Das ist nicht nur ein, wie ich vermute, evolutionärer Vorteil der Hoffnung: Es macht Hoffnung auch unverzichtbar für das Lösen langfristiger Aufgaben. Indem Hoffnung uns die Lösung dieser Aufgaben sowohl als wertvoll als auch als möglich präsentiert, ermöglicht sie uns, Geduld zu bewahren und nicht schwach zu werden, wie es etwa im *Römerbrief* über den hoffenden Abraham heißt (Vgl. Röm 4 u. 5). Sie darf uns aber nicht blind für die wahren Erfolgsaussichten machen.

Speziell für religiöse Hoffnung folgt aus der hier vorgeschlagenen Analyse, daß der Eintritt des Erhofften mindestens nicht ausgeschlossen sein darf, damit sie rational sein kann. Religiöse Hoffnung setzt Glauben notwendig voraus, allerdings einen Glauben, der das Berechnen von Wahrscheinlichkeiten nicht kennt und der ohnehin unabhängig von *Wissen* im philosophischen Sinne der wahren, gerechtfertigten Meinung ist: Wir können nicht wissen, ob Gott existiert. Umgekehrt können wir aber auch nicht wissen, ob Gott *nicht* existiert. Folglich kann die Möglichkeit seiner Existenz und Wiederkehr rational nicht ausgeschlossen werden und damit ist es, sofern ich glaube, nicht irrational zu hoffen: sofern ich glaube, darf ich hoffen. Um ganz zum Schluß nun doch noch Kant zu zitieren: »Ich musste also das Wissen aufheben, um zum Glauben Platz zu bekommen.«[24] Ergänzend läßt sich sagen: »und um hoffen zu dürfen«.

---

24 Immanuel Kant, Kritik der reinen Vernunft, ND der 2. Aufl. 1787, in: Ders., Kant's gesammelte Schriften (›Akademieausgabe‹), hg. v. der Königlich Preußischen Akademie der Wissenschaften, Abt. 1 Werke, Bd. III, Berlin 1904, 19.

Teil II: **Problemgeschichtliche Vertiefungen**

Claus-Dieter Osthövener
»Affectionate Religion«
Religion und Gefühl in der englischen und deutschen Aufklärung

Rudolf Otto, im 20. Jahrhundert zweifellos der bedeutendste Repräsentant einer theologisch reflektierten Verknüpfung von Religion und Gefühl, schreibt über die Aufklärung:

> Kein Auge hatte diese Richtung für den ganzen ungeheuren Reichtum menschlichen Wesens, der abseits dieser zwei Fähigkeiten [sc. des vernünftigen Denkens und des moralischen Handelns] liegt, für die nicht auszusagenden Schätze und Tiefen des Gemütes und Gefühls, des unmittelbaren Empfindens und innerlichen Erlebens, für alles das, worin uns erst tiefstes Wesen und Adel unserer Menschennatur sich offenbart.[1]

Man wird diese These dahingehend berichtigen müssen, daß das Gegenteil der Fall ist. Kaum ein anderes Zeitalter hat sich so intensiv und detailliert um die emotionale und affektive Seite der Religion verdient gemacht. Und während Rudolf Otto vor allem Schleiermacher das Verdienst zuschreibt, hier neue Wege eingeschlagen zu haben, läßt sich auch diese Lesart einer erneuten Prüfung unterwerfen.[2]

Schon Leibniz hat unmißverständlich festgehalten: »la véritable piété consiste dans les sentiments et dans la pratique«,[3] und so soll in den folgenden Ausführungen anhand der englischen und der deutschen Aufklärungstheologie diese These profiliert und erörtert werden. Die Theorie der Emotionen hatte vom Mittelalter bis hinein in den Rationalismus bereits eine lange und differenzierte Geschichte.[4] Weitreichende und hochstufige *Theorien* zum Gefühl oder auch nur zum Verhältnis von Religion und Gefühl hat die theologische Aufklärung freilich nicht entwickelt. Die entsprechenden Großgebäude des siebzehnten Jahrhunderts von Descartes, Hobbes und Spinoza wurden studiert und diskutiert, aber nicht entscheidend weiterentwickelt. Wie man in diesem Zusammenhang die aufgeklärte Neuscholastik eines Christian Wolff einschätzt,

---

1 Rudolf Otto, Sünde und Urschuld, München 1932, 126.
2 Vgl. Claus-Dieter Osthövener, Schleiermachers kritisches Verhältnis zur theologischen Aufklärung, in: Ulrich Barth u. a. (Hg.), Aufgeklärte Religion und ihre Probleme, Berlin/New York 2013, 513–541; ders., Ottos Auseinandersetzung mit Schleiermacher. Religionstheorie als Zeitdiagnose, in: Jörg Lauster u. a. (Hg.), Rudolf Otto. Theologie – Religionsphilosophie – Religionsgeschichte, Berlin/New York 2013, 179–190.
3 Gottfried Wilhelm Leibniz, Théodicée, Préface; Die Theodizee I. Philosophische Schriften 2.1, hg. v. Herbert Herring, Frankfurt a. M. 1996, 2. Freilich kann ›sentiment‹ mancherlei bedeuten, wie schon an den verschiedenen Übersetzungen sichtbar wird: ›Erkenntniß‹ (Gottsched), ›Gesinnung‹ (Herring) und ›Empfindung‹ (Buchenau).
4 Vgl. Dominik Perler, Transformationen der Gefühle. Philosophische Emotionstheorien 1270–1670, Frankfurt a. M. 2011.

mag dahingestellt bleiben, auf die hier im Mittelpunkt stehenden Autoren hatte sie (von Siegmund Jacob Baumgarten einmal abgesehen) keinen bedeutenden Einfluß.

Viel wichtiger ist die sehr erhebliche Bandbreite der Diskussionen und Lösungsvorschläge *in concreto*. Also die vielfachen und spannungsreichen Versuche, Religion, Vernunft und Gefühl in ihrem konkreten Vorkommen einerseits und in ihrem idealen Zusammenspiel andererseits zu verstehen und zu würdigen. Das war insofern auch religiös und theologisch von erheblicher Relevanz, da das Christentum über einen sehr emphatischen Begriff von konkretem Ist-Zustand und idealem Soll-Zustand verfügte, nämlich in seiner Soteriologie, der Lehre von der Bekehrung, Wiedergeburt, Rechtfertigung, Erlösung, wie immer die Termini hier lauten mögen. In fast allen Spielarten schlägt sich dieser Prozeß der Heilsvermittlung und Heilsaneignung auch, mitunter sogar entscheidend, auf der Ebene der Gefühle nieder. Inwiefern es sich dann bei diesen vielfachen Konstellationen um *aufgeklärte* oder doch zumindest um *der Aufklärung verpflichtete* Positionen handelt, wäre eigens zu thematisieren, was hier jedoch nur am Rande geleistet werden kann. Denn die Forschung der letzten Jahrzehnte hat sowohl in England wie in Deutschland den Begriff der Aufklärung zunehmend weitherziger und inklusiver verstanden. Von einem einseitigen ›Age of Reason‹ ist man abgerückt, das gleiche steht zu hoffen von hierzulande immer noch beliebten Schemata wie ›Vernunft und Offenbarung‹. Die Aufklärung ist eine Sache von Kopf bis Fuß und damit eben auch eine Angelegenheit des Herzens nicht minder als der Vernunft. Für die theologische und theologiegeschichtliche Sicht erfordert das eine sorgfältige Berücksichtigung auch derjenigen Strömungen, die man nicht in erster Linie der Aufklärung zuzurechnen gewohnt ist. In Deutschland betrifft das sowohl die Orthodoxie wie den Pietismus, deren mannigfache Berührungen mit der Theologie der Frühaufklärung nach und nach deutlicher werden. In England ist man auch hierin (wie in allem anderen) erheblich weiter fortgeschritten und daher setze ich hier meinen Schwerpunkt im älteren Dissent eines Isaac Watts und eines Philip Doddridge, die, wie noch zu zeigen sein wird, mancherlei mit dem Pietismus etwa eines August Hermann Francke gemein haben, andererseits aber doch auch (anders als dieser) bewußt in einer schon längeren Tradition der Aufklärung stehen.

Meine sehr exemplarischen und vorläufigen Überlegungen werden daher folgenden Gang nehmen: Zunächst skizziere ich die Ausgangssituation im England des mittleren und späten siebzehnten Jahrhunderts, natürlich immer mit festem Blick auf die Rolle des Gefühls. Danach möchte ich Isaac Watts' und Philip Doddridges äußerst reiche, auch spannungsreiche Konzeptionen des religiösen Umgangs mit Gefühlen vorstellen. Abschließend werfe ich einen Blick auf Deutschland, zunächst am Leitfaden der Rezeption von Watts und Doddridge, die eng mit den Namen Johann Lorenz Mosheim und Siegmund Jacob Baumgarten verbunden ist, danach mit einem Blick auf die genuine Aufklärungstheologie bei Johann Friedrich Wilhelm Jerusalem und einem Kehraus mit Schleiermacher. Ein kurzes Fazit mit einigen Thesen und Ausblicken steht am Ende.

1 England im 17. Jahrhundert – zwischen Enthusiasmus und Hochkirche

In England, dem Mutterland der Aufklärung,[5] hat sich auch in der öffentlichen Wahrnehmung und Reflexion der Religion eine Vielzahl von Optionen, Stilen und Themenfeldern im ausgehenden 17. Jahrhundert neu etabliert, obwohl natürlich all diese Diskussionen weit zurückreichende Wurzeln aufweisen in der sehr bewegten englischen Religionsgeschichte der frühen Neuzeit. Eine vitale Gattung stellen dabei nicht zuletzt die Predigten dar, deren Erschließung in der angelsächsischen Forschung bereits sehr viel weiter gediehen ist als hierzulande.[6] In der Entwicklung einer spezifischen Aufklärungstheologie spielten sowohl die Restaurationstheologen wie auch die sogenannten Latitudinarier eine entscheidende Rolle, nicht zuletzt, weil beide einen Schwerpunkt auf die vernunftgeleitete Reflexion legten: »The stress on reason and good sense, premeditation and control, which characterizes neo-classicism, was due, partly at least, to the reaction against the excesses of enthusiasm in religion in the preceding age«[7]. Alles in allem aber ist es gerade die stets neue Ausbalancierung von Vernunft und Empfindung, die der englischen theologischen Aufklärung das Gepräge gibt. Das wird bereits an der brillanten Darstellung der Epoche durch Isabel Rivers deutlich, die schon in ihrem Titel *(Reason, Grace, and Sentiment)* klarstellt, daß die Aufklärung sehr viel mehr war als ein Zeitalter der Vernunft, und die auch in ihrer Datierung (1660–1780) richtige Akzente setzt.[8]

Im 18. Jahrhundert kommt es dann zu einer neuen Erschließung der Gefühle für die religiöse Mitteilung, für die hier nur James Foster (1697–1753), der berühmte Baptistenprediger, als Beispiel genannt sei, ein Mann, zu dem auch Johann Friedrich Wil-

---

5 Vgl. Gertrude Himmelfarb, The Roads to Modernity. The British, French and American Enlightenments, New York 2004; Roy Porter, Enlightenment. Britain and the creation of the modern world, London 2000.
6 »Sermons, although a very traditional product, played a vital role in creating and sustaining the public sphere after 1660, and this role has been seriously underplayed in most accounts of the age (Tony Claydon, The sermon, the ›public sphere‹ and the political culture of late seventeenth-century England, in: Lori Anne Ferrell / Peter McCullough (Ed.), The English sermon revised. Religion, literature and history 1600–1750, Manchester/New York 2000, 208–234; 211). – Vgl. nun auch die umfassende Darstellung in Peter McCullough (Ed.), The Oxford Handbook of the early modern Sermon, Oxford 2011. Für den deutschen Bereich vgl. Albrecht Beutel, Kommunikation des Evangeliums. Die Predigt als zentrales theologisches Vermittlungsmedium in der Frühen Neuzeit, in: Ders., Spurensicherung. Studien zur Identitätsgeschichte des Protestantismus, Tübingen 2013, 3–17.
7 Irène Simon, Three Restoration Divines Vol. 1, Paris 1967, 37. – Vgl. George Williamson, The Restoration Revolt against Enthusiasm, in: Studies in Philology 30 (1933), 571–604; Frederic B. Burnham, The More-Vaughan Controversy. The Revolt Against Philosophical Enthusiasm, in: Journal of the History of Ideas 35 (1974), 33–49.
8 Isabel Rivers, Reason, Grace, and Sentiment. A study of the language of religion and ethics in England, 1660–1780, 2 Bde., Cambridge 1991/2000.

helm Jerusalem während seines langjährigen Englandaufenthalts weite Wege fuhr, um ihn zu hören.⁹ Er faßt die Aufgabe der Religion in einer seiner Predigten prägnant zusammen:

> It will be found, upon reflection, that the *whole* of *Religion* is little else, besides the right conduct and government of our *Affections* and *Passions*. If these are well regulated, the natural consequence will be *Piety, Order,* and *Happiness*; and, in every case, the manner in which they are allowed to operate, their habitual and prevailing influence, determine the character to be either *vertuous* or *vicious*.¹⁰

Die Predigt, die solchermaßen beginnt, ist dem Zorn gewidmet *(Of Anger)*. Philip Doddridge, mit dem wir uns später näher befassen, führt sie in seinen Vorlesungen als Beispiel dafür an, daß auch Leidenschaften, die als solche zu mißbilligen sind, sowohl für das Individuum wie für die Gesellschaft nützlich, ja sogar notwendig sein können.¹¹ Foster führt diese Grundthese alsbald weiter aus, indem er die Liebe und die Furcht Gottes als die alles regulierenden Merkmale wahrer Frömmigkeit bezeichnet, durch die eben vor allem die *passions* geregelt und geführt werden. Daher ist Selbstbestimmung der entscheidende Punkt, auf dem alle Religion basiert:

> So that the *Love,* and the *Fear* of God, which are the substance of true piety, the foundation and support of a regular, uniform, and inflexible virtue, appear to be nothing more than the proper management and conduct of the *Passion*: Which is an undeniable proof, that we ought to consider *Selfgovernment* as a fundamental and essential point, on which all *Religion* depends.¹²

Man sieht, daß hier eine erhöhte Aufmerksamkeit auf die Affekte *(passions)* gelegt wird, auf das emotionale Innenleben überhaupt, daß zudem eine deutliche Strukturierung und Hierarchisierung des Innenlebens stattfindet und daß in allem auch die Suche nach der regulierenden Instanz *(selfgovernment)* eine Rolle spielt, die diese Erkundung deutlich an die tugendethischen Traditionen der Antike und des Mittelalters anschließen läßt.

---

9 Vgl. Johann Friedrich Wilhelm Jerusalem, Entwurf einer Lebensgeschichte, in: Ders., Nachgelassene Schriften, Bd. 2, hg. v. Ph. Ch. Jerusalem, Braunschweig 1793, 17f.
10 James Foster, Sermon VI: Of Anger (Eph 4, 26), in: Ders., Sermons on various subjects II, London 1737, 117f.
11 »[M]any of the passions, which are disagreeable in their present operations, are usefull and even necessary, both to individuals and societies« (Philip Doddridge, Lectures XIV § 11, Vol. 4, in: Ders., Works in ten volumes, Leeds 1802, 328).
12 James Foster, Of Anger (wie Anm. 10), 119.

1.1 Richard Baxter

Um diese Entwicklung des 18. Jahrhunderts richtig einschätzen zu können, ist es unerläßlich, einen Blick auf das 17. Jahrhundert zu werfen. Hier soll Richard Baxter[13] dazu dienen, den Stand der Dinge, die Gefühle betreffend, darzulegen, und zwar durch eine kurze Erörterung der einschlägigen Passagen seines Werks *Christian Directory* aus dem Jahr 1673.[14]

Das Werk besteht aus vier Teilen in fünf umfangreichen Bänden. Wie der Titel bereits vermuten läßt, handelt es sich um eine theologische Pflichtenlehre, deren erster, umfangreichster Teil die privaten Pflichten unter dem Titel *Christliche Ethik* behandelt. Danach folgen die Familienpflichten, die kirchlichen Pflichten und die öffentlichen Pflichten. Uns interessiert hier vor allem der erste Teil, da hier die Gefühle abgehandelt werden.[15] Baxter schrieb das Buch in den 60er Jahren, in widrigen Umständen. Er war mit einem Predigtverbot belegt und hatte zudem seine Bibliothek nicht zur Verfügung, was, wie er in der Vorrede anmerkt, ihm immerhin den Vorwurf ersparen dürfte, ein Plagiator zu sein. Das Werk richtet sich sowohl an Pfarrer, wie an urteilsfähige Hausväter, aber auch an Privatleute *(private Christians)*. Es ist ein Handbuch, zu dem man in Zweifelsfällen greifen soll, darin aber durchaus praktisch orientiert. Es will der religiösen Lebensführung dienen.

Der erste Teil beginnt interessanterweise mit einem Kapitel, das sich an die Unbekehrten richtet, an die Sünder außerhalb der göttlichen Gnade, um ihnen einen Weg an den mannigfachen Hindernissen vorbei zu weisen. Danach sind die schwachen Christen im Blick, deren Einübung und Wachstum in der Religion befördert wird, schließlich beginnt der Hauptteil, über das Leben mit Gott: ›Walking with God, in a Life of Faith and Holiness‹. Man erkennt unschwer, daß dem Ganzen der Weg der Bekehrung zugrunde liegt und überhaupt die Dynamik und Dramatik des religiösen Lebens, die Fortschritte und die Rückschritte, die Anfechtungen und die Durchbrüche. Wie der Gesamtaufriß ahnen läßt, geht es durchaus nicht nur um das Individuum, sondern auch um die Familie, die soziale Gemeinschaft, die Kirche. Das Dogmatische ist auf ein Minimum reduziert, das Wesentliche des Christentums war für Baxter im Taufbefehl enthalten, hier könne sich ein jeder an einer echt christlichen ›simplicity‹ genügen lassen, ein Stichwort, daß auch in der deutschen Aufklärungstheologie bedeutsam werden sollte. Die Komplikationen ergaben sich nicht durch die Spitzfin-

---

13 Vgl. Geoffrey Nuttall, Richard Baxter, London 1965; N. H. Keeble, Richard Baxter, Puritan man of letters, Oxford 1982.
14 Richard Baxter, A Christian Directory or a Sum of Practical Theology and Cases of Conscience. Directing Christians, how to use their Knowledge and Faith; how to improve all Helps and Means, and to perform all Duties; how to overcome Temptations, and to escape or mortify every Sin (1673). – Im Folgenden zitiert nach: The Practical Works of Richard Baxter, London 1825.
15 Richard Baxter, Christian Directory, Part I: Christian Ethics (or Private Duties). Chapter VII: The Government of the Passions (aaO. 3, 256–344).

digkeiten der lehrhaften Begriffsgebäude, sondern durch die Uneindeutigkeiten des religiösen Lebens. Schon deswegen liegt es auf der Hand, daß die Gemütsbewegungen eine bedeutende Rolle spielen. Dennoch will Baxter auch der Vernunft Genüge tun. Er verweist selbst auf zwei seiner Bücher, *The Reasons of the Christian Religion* (1667) und als Komplement dazu: *The Unreasonableness of Infidelity* (1655), deren ausführliche Auseinandersetzungen mit dem religionsfeindlichen Rationalismus seiner Zeit, etwa in Gestalt von Thomas Hobbes, er hier voraussetzt.

Am Ende dieses ersten Teils nimmt Baxters Pflichtenlehre eine anthropologische Wendung, genauer gesagt eine vermögenspsychologische, indem in drei Kapiteln Regeln für die Leitung der Gedanken, der Gefühle und der Sinne gegeben werden. Die ›Directions for the Government of the Passions‹ möchte ich hier kurz vorstellen und einbetten. Die Gedanken werden von der Vernunft regiert, im Falle eines Christen sollen das die Gedanken über die Angelegenheiten seiner Seele sein *(matters of his soul)*. Vor allem die Melancholie gilt es zu meiden oder zu überwinden, sie ist eine besonders starke Feindin eines geordneten christlichen Gedankenlebens. Auch hier schon werden die *passions* thematisiert, da sie natürlich ebenfalls die Regierung der Vernunft zu untergraben vermögen. Vier werden ausdrücklich genannt: Zorn, Trauer, Furcht und weltliche Freuden. Die Leitung der Sinne wiederum ist deswegen höchst nötig, weil diese, obwohl ursprünglich von Gott als nützliche Diener auf dem Weg durch eine materielle Welt geschaffen, nunmehr das hauptsächliche Einfallstor der Sünde sind, Werkzeuge des Satans, vor allem der *sensitive appetite* wird hervorgehoben, die sinnliche Begierde. In Kürze stellt Baxter das Problem so dar:

> [T]hough the work of grace be primarily in the rational powers, yet secondarily the lower powers themselves also are sanctified, and brought under the government of a renewed mind and will, and so restored to their proper use. And though I cannot say that grace immediately maketh any alteration on the senses, yet mediately it doth, by altering the mind, and so the will, and then the imagination, and so the sensitive appetite, and so in exercise the sense itself.[16]

Und so werden spezielle Regeln für den Gebrauch von Auge und Ohr, Geschmack und Appetit gegeben, mit besonderem Aufmerken auf die Trunkenheit. Aber auch die Zunge wird weiträumig bedacht, da sie das Einfallstor für allerlei unnütze und unheilige Reden ist.

Mitten inne nun kommen die Gefühle zu stehen, die *passions*. Einige Grundlagen skizziert Baxter gleich zu Beginn:

> Passions are not sinful in themselves, for God hath given them to us for his service: and there is none of them but may be sanctified and used for him. But they are sinful, 1. When they are misguided and placed on wrong objects. 2. When they darken reason, and delude the mind, and keep out truth, and seduce to error. 3. When they rebel against the government of the will, and trouble it, and hinder it in its choice or prosecution of good, or urge it violently, to follow their

---

[16] AaO. 345.

brutish inclination. 4. When they are unseasonable. 5. Or immoderate and excessive in degree. 6. Or of too long continuance. 7. And when they tend to evil effects, as to unseemly speeches or actions, or to wrong another.[17]

Weder die Gefühle im Ganzen, noch auch ein einzelnes Gefühl für sich können als sündhaft bezeichnet werden. Ganz selbstverständlich wird der Mensch in seiner natürlichen Verfassung als ein Geschöpf Gottes gewürdigt. Nicht erst das 18. Jahrhundert hat den ›ganzen Menschen‹ entdeckt,[18] hatte doch schon Luther stets und mit Nachdruck den *totus homo* in den Mittelpunkt seiner Überlegungen gerückt. Vielmehr wird gerade im Namen der ›Ganzheit‹ nun auch die religiöse Gefährdung, die im Bereich der Gefühle als Möglichkeit verborgen liegt, ans Licht gezogen. Die sieben genannten Punkte können sämtlich als eine Störung von Balancen verstanden werden, sei es im Blick auf die Vernunft, den Willen, die Gegenstände der Gefühle, ihre Intensität oder ihre Dauer. Alles soll sein eigenes Maß haben, alles eingebunden sein in ein gegliedertes und nur so funktionierendes Ganzes. Das steht zweifellos in einer langen, nicht nur theologischen, Tradition. Doch liegen nicht nur Gefährdungen, sondern auch echte Chancen im Gefühlsleben:

> Passions are holy when they are devoted to God, and exercised upon him or for him. They are good when, 1. They have right objects; 2. And are guided by reason; 3. And are obedient to well-guided will; 4. And quicken and awake the reason and the will to do their duty; 5. And tend to good effects, exciting all the other powers to their office; 6. And exceed not in degree, so as to disturb the brain or body.[19]

Wie man sieht, sind die hier genannten Punkte komplementär zum Vorhergehenden konzipiert. Interessanterweise ergibt sich die Heiligkeit der Gefühle nie im direkten Bezug zu Gott, sondern eben darin, daß sie sich in eine wohlgeformte Struktur menschlichen Daseins einpassen und gerade darin und insofern auch ›devoted to God‹ sind. Daraus ergibt sich aber auch, daß es ebensowenig genuin ›sündhafte‹ wie genuin ›heilige‹ oder überhaupt religiöse Gefühle gibt. Vielmehr wird die religiöse Dimension der Gefühle ausschließlich über Vermittlungsinstanzen reguliert, sei dies nun Verstand und Wille (die selbstredend ihrerseits werthaft beziehbar auf den göttlichen Verstand und Willen sind) oder seien dies Gegenstände oder Handlungen, die wiederum religiöser Normierung und Bewertung unterliegen.

Insgesamt steht Baxter für eine durchweg sehr realistische und differenzierte Sicht des Menschen, der umfassend eingegliedert werden soll in die unterschiedlichen sozialen, theologischen und anthropologischen Bezugssysteme. Im Einzelnen bietet das

---

17 AaO. 256.
18 Vgl. Hans-Jürgen Schings (Hg.), Der ganze Mensch. Anthropologie und Literatur im 18. Jahrhundert, Stuttgart u. a. 1994.
19 Richard Baxter, Christian Directory (wie Anm. 14), 256f.

Christian Directory viele aufschlußreiche und kluge Beobachtungen und Überlegungen, die im Blick auf eine Theologie der Gefühle noch längst nicht ausgeschöpft sind.

2 Der ältere Dissent – Watts und Doddridge

Aus den heftigen politischen und religionspolitischen Auseinandersetzungen in England entwickelte sich am Ende des 17. Jahrhunderts eine vergleichsweise befriedete Religionslandschaft, in der es einigen Gemeinschaften außerhalb der anglikanischen Kirche unter wohldefinierten Bedingungen gestattet war, ihre Gottesdienste und sonstigen Angelegenheiten eigenständig zu ordnen. Wegweisend war insbesondere der *Toleration Act* von 1689. Dieser ältere Dissent, der in vielfacher Weise mit der anglikanischen Kirche, insbesondere den sogenannten Latitudinariern verbunden war, wurde im 18. Jahrhundert zu einem wesentlichen Bestandteil der spezifisch englischen Aufklärung.[20] Man könnte ihn geradezu als ›Enlightened Dissent‹ bezeichnen[21] und er ist in jedem Fall ein interessantes Feld für die Erkundungen der Zusammenhänge von Religion und Aufklärung.

2.1 Isaac Watts

Isaac Watts (1674–1748)[22] ist einer der führenden Köpfe des ›aufgeklärten Dissent‹. Seine zahlreichen Schriften[23] umfassen eine Fülle von Themen, namentlich eine *Doctrine of the Passions* und die *Discourses of the Love of God* (beide 1729). Doch auch eine Anleitung zum Gebet liegt von ihm vor, welche, wie viele andere seiner Schriften, auch ins Deutsche übertragen wurde.[24] Ihm gelang es als einem der ersten, Brücken zu schlagen zwischen der Sphäre der Religion und dem aufgeklärten Geschmack.[25] Aber auch zum deutschen Pietismus gibt es Verbindungslinien: August Hermann Francke

---

20 Vgl. Isabel Rivers, Reason, Grace, and Sentiment (wie Anm. 8), Bd. 1, 165–173; Knud Haakonssen (Hg.), Enlightenment and Religion. Rational Dissent in eighteenth-century Britain, Cambridge 1996. Als Überblick vgl. Michael R. Watts, The Dissenters. From the Reformation to the French Revolution, Oxford 1978.
21 Vgl. Knud Haakonssen, Enlightenment and Religion (wie Anm. 20), 5.
22 Vgl. Arthur Paul Davis, Isaac Watts. His life and works, London 1948.
23 Im folgenden zitiert nach: Isaac Watts, Works in seven Volumes, London ca. 1800.
24 Vgl. Isaac Watts, A Guide to Prayer (1715, 8. Aufl. 1743), die deutsche Übersetzung *Anweisung zum Gebet* (1746) ist mit einer Vorrede Mosheims versehen. Hinzu kommen seine *Prayers for Children*, neben manchen Traktaten zur praktischen Religion.
25 Vgl. Samuel Johnson, zit. nach Isabelle Rivers, Reason, Grace, and Sentiment (wie Anm. 8), Bd. 1, 176: »Dr. Watts was one of the first who taught the Dissenters to write and speak like other men, by shewing them that elegance might consist with piety«. Vgl. auch Hans-Georg Kemper: »Angesichts wenig überzeugender alternativer Erklärungsmodelle für die Genese der Empfindsamkeit erscheint

hat bereits die Schriften von Watts geschätzt[26] und seine Nachfolger knüpften ebenfalls Verbindungen an.[27] Daß dann auch die deutsche Aufklärungstheologie ihn für sich entdeckte, verdankte sich nicht zuletzt seiner gefühlsbezogenen und gleicherweise praxisorientierten Schreibart:

> [D]er deutliche, lebhafte und überzeugende Fürtrag dieses wackern Mannes beschäfftiget und nähret nicht nur die obern und untren Erkenntnißkräfte der Seele, sondern greift auch das Herz an, und setzt die trägesten und unwirksamsten Neigungen deßelben, theils in Verabscheuung des Lasters, theils in Annehmung und Ausübung der Tugend in eine heilsame Bewegung.[28]

Aus seinen Traktaten über die *passions* und die Gottesliebe seien einige charakteristische Passagen zitiert und interpretiert. Einschlägig für die ganze Denkungsart des Mannes ist bereits die achtsame Einhegung des Gebiets der Erforschung der Herzensbewegungen:

> The motions of the heart of man are infinitely various [...] It is hard, almost, to reduce them to a perfect scheme, and to range all their excursions into exact order of science, as it is to bring them under complete government in practice. Yet, since it is of such vast importance in human life, to regulate their motions, that they may not become utterly exorbitant and mischievous, I thought it proper, for this end, to make a diligent enquiry into the nature of these mingled powers of flesh and spirit, to take a survey of them in a comprehensive view, and draw them in a little system.[29]

Die Systematisierung der Gefühle wird sowohl skeptisch betrachtet wie schließlich doch angestrebt. In klarer Erkenntnis der Tatsache, daß wir es hier mit einem Bereich zu tun haben, der kaum trennscharfe Abgrenzungen zuläßt und insofern auch niemals

---

die religiöse Energie der in Europa agierenden ›dissenters‹ [...] nach wie vor als erwägenswerter Faktor« (Deutsche Lyrik der frühen Neuzeit, Bd. 6/1: Empfindsamkeit, Tübingen 1997, 11).
26 Vgl. aus der Vorrede Johann Jacob Rambachs zu Isaac Watts: Tod und Himmel, Halle 1738, 3f: »Hier wird demselben [sc. dem Leser] eine Schrift übergeben, in welcher der in GOTT ruhende seelige Herr Prof. Francke so viel Erbauung und Vergnügen gefunden, daß er noch in dem letzten Jahr seines Lebens einem geschickten Mann [...] aufgetragen, dieselbe aus der Englischen Sprache, darinnen sie zuerst geschrieben ist, in die Teutsche Sprache zu übersetzen, damit auch andre solches heiligen Vergnügens theilhaftig gemacht werden möchten«.
27 »Francke suchte zunächst Beziehungen zu den Religious Societies, [...] seine Nachfolger fanden den adäquateren Partner im Dissent und in der Persönlichkeit Isaac Watts', der als der führende Prediger des Dissent galt« (Udo Sträter, Sonthom, Bayly, Dyke und Hall, Tübingen 1987, 19).
28 Vorbericht des Uebersetzers (unpaginiert), in: Isaac Watts, Die Demuth nach den vornehmsten Quellen und verschiedenen Vortheilen derselben an dem Beyspiele und Character des Apostels Pauli mit beyläufiger Bemerkung des gegenseitigen Lasters fürgestellet. Aus dem Englischen übersetzt durch Elias Caspar Reichard, Braunschweig/Hildesheim 1749.
29 Isaac Watts, The doctrine of the passions explain'd and improv'd: or, a brief and comprehensive scheme of the natural affections Of Mankind, attempted in a plain and easy Method; with an Account of their Names, Nature, Appearances, Effects, and different Uses in human Life: To which are subjoin'd moral and divine rules For the Regulation or Government of them (1729), in: Ders., Works (wie Anm. 23), Vol. 2, 216.

zu einem exakten System vorzudringen in der Lage ist, ist es Watts dennoch wichtig, hier ins Klare zu kommen, sei es auch nur annäherungsweise. Daher läßt er seine eindringlichen Verstehensbemühungen dann doch in ein – immer nur vorläufiges – ordnendes Schema münden. Es sind am Ende praktische Gründe, die hierfür ausschlaggebend sind (›vast importance in human life, to regulate their motions‹). Wie schon bei Baxter, wird nur die Regulierung, nicht etwa die Unterdrückung der Gefühle angestrebt, wobei letzteres mit dem Namen des Stoizismus kritisch belegt wird.[30]

Die Art der Gefühle wird ganz traditionell über die sinnlichen Einwirkungen von Gegenständen bestimmt, womit stets auch Wertungsgesichtspunkte einhergehen.[31] Interessant ist nun aber, daß es keineswegs zu einer so eindeutigen Hierarchisierung innerhalb der menschlichen Vermögen kommt, wie bei Baxter. So ist die Vernunft nicht ausschließlich leitend gegenüber den Gefühlen, sondern oftmals auch auf deren Hilfe angewiesen:

> While we inhabit this sensible world, and are united to flesh, the passions were given us to assist the feeble influences of our reason in the practice of duty, for our own and our neighbour's good. Reason is too often called away from a due attention to a present necessary idea by many sensible objects: But passion serves to fix the attention. Reason is too slow and too weak, to excite a sudden and vigorous activity in many cases; but passion is sudden and strong for this purpose.[32]

Das kraftvolle und reaktionsschnelle Dasein in der Welt wird hier vor allem den Gefühlen, weniger dem Intellekt, zugeschrieben. Hier deutet sich bereits eine zumindest relative Emanzipation und Verselbständigung der emotionalen Sphäre an, eine eigene Aufgabe und Bedeutsamkeit gegenüber den rationalen Vermögen des Menschen. Die Regulierung der Affekte wiederum ist nicht weit von Baxter entfernt. Sie orientiert sich insbesondere an ihrer Gegenstandsbezogenheit und ordnet sie in wertender Weise nach den Wertabstufungen der Objekte.[33]

Am Schluß begegnet uns eine an den Hymnendichter Watts gemahnende Passage, die in einem schwungvollen Ausblick an die Schwelle der künftigen Welt führt:

---

30 »Stoic apathy is not christian virtue. Reason and religion teach us to regulate and govern our passions wisely, but not to erase and abolish them« (aaO. 244).
31 »The passions may be thus described: They are those sensible commotions of our whole nature, both soul and body, which are occasioned by the perception of an object according to some special properties that belong to it. [...] it must be either rare and uncommon, or good and agreeable, or evil and disagreeable: Or at least we must have such an idea and apprehension of it before it can excite any passion in us« (aaO. 218).
32 AaO. 240.
33 »The whole art of regulating the passions, consists in these four things, viz. 1. A power to prevent and subdue all those, which taken together with their objects, can be called unlawful. 2. To excite those, which are innocent and useful to a just degree on proper occasions. 3. To withhold or suppress them, when they go out towards improper objects. And 4. To moderate them when they rise to an irregular degree, or exceed a proper duration, even when the object is lawful« (aaO. 244).

> Happy the soul that has a strong and lively faith of unseen worlds, of future terrors and glories: This will cure the vicious disorders of flesh and sense, appetite and passion: This will raise the spirit on the wings of devout affection, to the borders of paradise, and attemper the soul to the business and the joys of the blessed.[34]

Die Erhebung des Geistes auf den Flügeln der frommen Empfindung: das ist der Kern dieser Theologie der Gefühle, um den sich eine Fülle von Themen und nicht zuletzt von poetischen Ausdrucksformen zu sammeln vermag. Diese beflügelte Empfindung erst gibt der Seele einen Vorgeschmack künftiger Freuden. Man sieht, wie hier die theologische Tugend der Hoffnung, wie sie etwa Luther so markant in den Glaubensbegriff eingezeichnet und mit Leben erfüllt hatte, wiederum eingebunden wird in das reiche Affektleben des frommen Menschen. Beides wird noch deutlich konkretisiert und zugleich religiös fruchtbar gemacht in den Erörterungen zur göttlichen Liebe. Die Liebe nämlich ist die eigentliche Steuerungsinstanz aller Gefühle: »The whole train of affections, both the painful and the pleasant ones, are under the power and regulation of love«.[35] Das gilt es nun auszuführen.

Watts beginnt seine *Discourses of the love of God* mit einer interessanten Betrachtung zur zeitgenössischen Lage der Religion:

> That which inclined me, at last, to draw up these discourses, of the ›Use of Passions in Religion‹, into a more regular form, was the growing deadness and degeneracy of our age in vital religion, though it grew bright in rational and polite learning. [...] We are often told, that this warm and affectionate religion belongs only to the weaker parts of mankind, and is not strong and manly enough for persons of sense and good reasoning. But where the religious use of the passions is renounced and abandoned, we do not find this cold and dry reasoning sufficient to raise virtue and piety to any great and honourable degree, even in their men of sense, without the assistance of pious affections. On the other hand, it must be acknowledged also, there have been many persons who have made their religion to consist too much in the working of their passions, without a due exercise of reason in the things of God. [...] This sort of religion lies very much exposed to all the wild temptations of fancy and enthusiasm.[36]

Eine emotionale Gegenbewegung gegen eine gar zu heftige Rationalisierung des religiösen Feldes, die Erneuerung einer *vital religion*, das ist das Ziel. Dieses wird auch gesellschaftspolitisch reflektiert, da offenkundig die emotionaleren religiösen Formen von führenden Schichten als minderwertig und eher dem niederen Volk angemessen eingeschätzt werden. Zugleich jedoch grenzt sich Watts gegen eine auch von ihm kon-

---

34 AaO. 271.
35 Isaac Watts, Discourses of the love of God and the use and abuse of the passions in religion, with a devout meditation suited to each discourse. To which is prefix'd, a plain and particular account of the natural passions, with rules for the government of them (1729), in: Ders., Works (wie Anm. 23), Vol. 2, 472. – Ders., Reden von der Liebe Gottes und ihrem Einfluß in alle menschliche Leidenschaften, auch derselben Gebrauch und Misbrauch aus dem Englischen übersetzt genau durchgesehen und mit einer Vorrede herausgegeben von Siegmund Jacob Baumgarten, Frankfurt/Leipzig 1740.
36 AaO. 272.

zedierte Übertreibung der Gefühle ab, namentlich unter dem Titel des *enthusiasm*, dem ja schon Locke in der dritten Auflage seines *Essay* ein eigenes, kritisches Kapitel widmete.[37] Gefühlstheologie als Vermittlungstheologie also, eine offenbar fruchtbare Stellung zwischen den mancherlei Stühlen der englischen Gesellschaft. Doch hängt noch mehr daran als nur eine soziale Rolle oder Funktion, es geht geradezu um die Wahrhaftigkeit gelebten Christentums:

> It is the influence of religion on the passions, that doth in a great measure make the difference between the true christian and the mere outward professor: The mere professor may know as much of the doctrines of religion, and of the duties of it, as the most religious man; but he doth not fear and love, and desire and hoe, and mourn and rejoice, as the true christian doth.[38]

Weder die bloße Kenntnis von Glaubenssätzen noch Befolgung von Riten weist den Christen als Christen aus, sondern die ernsthafte emotionale Beteiligung. Wem die Religion nicht zu Herzen geht, der wird diagnostisch an die Peripherie verschoben, er ist nur Äußerlichkeiten verpflichtet und braucht daher nicht weiter ernst genommen zu werden. Das eigentliche Zentrum christlichen Lebens aber sind eben nicht Doktrinen und Riten, sondern das Gebet.[39]

Und auch diese Überlegungen münden in Passagen ein, die ihrerseits als Ausdrucksformen emotional gefärbter Frömmigkeit angesehen werden können und müssen. Hier wird nicht bloß über die Religion nachgedacht, sondern sie selbst mit all ihrem affektiven Reichtum manifestiert sich in diesen Sätzen. Zunächst wird noch eine Anweisung gegeben, wie sich der fromme Mensch dem Ewigen zuwendet und zugleich der Welt entsagt:

> If you constantly look on yourselves as dying creatures, and place yourselves on the borders of eternity, you will then take leave daily of sensible things, and live by the faith of things invisible. [...] Then this world will be as a dead thing to your eyes; it will have very little power to work on your passions, and to draw you aside from God.[40]

Das ist selbstredend ganz traditionell, aber dennoch aufschlußreich, da sich hier zeigt, daß der ursprüngliche Ausgang von der Bestimmung der Gefühle als objektbezogen und gegenstandsorientiert sublimiert wird zu einer von der sinnlichen Erfahrung der Welt unterschiedenen Gefühlswelt, die sich nicht der Welt, sondern eben Gott zuwendet. Darin kündigt sich eine Verselbständigung der Gefühle als genuin

---

37 John Locke, An Essay concerning Human Understanding, hg. v. Peter H. Nidditch, Oxford 1988, 697–706.
38 Isaac Watts, Works (wie Anm. 23), Vol. 2, 301.
39 »While the pious affections are duly engaged in prayer, even a common christian is enabled to make divine work of it: Our minds never want matter, nor our tongues expression. Sense and language are very much at the call of the devout passions, where the mind is tolerably furnished with the principles of religion; and then the soul converses with its Maker with unknown delight« (aaO. 303).
40 AaO. 348.

religiöser Gefühle an, wobei es eine offene (und soweit ich sehe, von Watts auch offen gelassene) Frage ist, ob es nicht doch wiederum die Gegenstandsbestimmtheit des Fühlens ist, die für ihre religiöse Valenz sorgt, sei es auch, wie in diesem Falle, eine Bestimmung durch nicht-empirische ›Gegenstände‹, namentlich eben Gott.

Doch nun zum Schluß: der Autor selbst ermuntert sich zu dem von ihm verheißenen Ausblick in die Ewigkeit:

> Come, my soul, rouse thyself from thy dull and lethargic temper: shake off the dust of this earth, that hangs heavy upon thy better powers. [...] Lift up thy head with chearfulness and eager hope; look out with longing eyes, beyond the shadowy region of death, and salute the dawning of thy eternal day: Stretch out thy arms of intense desire, and send a flight of devout wishes across the dark valley, to met the approaching joys of immortality.[41]

Gefühle, so zeigt dieser hymnische Passus, wollen nicht nur reguliert werden zu sozialer Balance und kraftvollem Tun, sie wollen auch angeregt und aufgemuntert, ja evoziert werden, verwiesen auf Gegenstände, die außerhalb der Welt geahnt und geglaubt werden. Sie überwinden im Wortsinne die Abgründe des Todes und der Verdammnis, darin wiederum der christlichen Hoffnung wider die Hoffnung vergleichbar. Doch repräsentieren sie bereits jetzt, zumindest abgeschattet, die Freuden der Unsterblichkeit. Der Freiheitshymnus ist zugleich auch ein Freiheitserlebnis. Und Watts läßt Leserinnen und Leser an diesem Erlebnis teilhaben. Diese Traktate sind eben nicht nur thematisch gebundene Abhandlungen und reflektierte Erkundungen, sondern veritable Erbauungsliteratur, nicht anders als Schleiermachers *Reden* und Rudolf Ottos *Das Heilige*.

2.2 Philip Doddridge

Auf der von seinem Lehrer Isaac Watts gefestigten Grundlage hat Philip Doddridge (1702–1751) weitergebaut, er durchmaß mit seinen Schriften ein breites akademisches Spektrum.[42] Er ist weit über die Grenzen des Königreichs hinaus bekannt geworden, insbesondere mit seiner Schrift *The rise and progress of religion in the soul* (1745).[43] Noch 1763 hat Johann Friedrich Wilhelm Jerusalem einen langen Brief an den jungen

---

41 AaO. 354.
42 Vgl. Malcom Deacon, Philip Doddridge of Northampton, Northampton 1980. – Doddridges Schriften werden im Folgenden zitiert nach Works in ten Volumes, Leeds 1802.
43 Philip Doddridge, The rise and progress of religion in the soul: illustrated in a course of serious and practical addresses, suited to persons of every character and circumstance: With a Devout Meditation or Prayer added to each Chapter (1745), in: Ders., Works (wie Anm. 42), Vol. 2, 211–466. In Deutschland erschien das Buch unter dem Titel *Anfang und Fortgang Wahrer Gottseligkeit, in der menschlichen Seele* (im Folgenden zitiert nach der vierten Ausgabe, aus dem Englischen übersetzt und nebst einer Vorrede Herrn Canzlers von Mosheim zum viertenmal herausgegeben von M. Gottlieb Ludolf Münter, Hannover 1763).

Adolph Franz Carl von Seckendorff, in dem er ein ausführliches Curriculum für dessen Studium entwarf, folgendermaßen beschlossen: »Zu Ihren Privat Gebrauch recommandire ich Ihnen [...] 2 Bücher: Die gantze Pflicht des Menschen und Doddridgen, Anfang und Fortgang wahrer Glückseeligkeit. Zwey fürtreffl Bücher«.[44]

Doddridge wirft in seiner Schrift – wie Watts – zunächst einen durchaus kritischen Blick auf seine religiöse Zeitgenossenschaft:

> Religion, in its most general view, is such a sense of God on the soul, and such a conviction of our obligation to him, and of our dependence upon him, as shall engage us to make it our great care, to conduct ourselves in a manner, which we have reason to believe will be pleasing to him. [...] When we view the conduct of the generality of people at home, in a christian and protestant nation, [...] will any one presume to say, that religion has an universal reign among us? Will any one suppose, that it prevails in every life? that it reigns in every heart?[45]

Im Namen des Gefühls wird die Universalität der Religion problematisiert, im Namen einer Religion, die die Verbindlichkeit gegen Gott und die Abhängigkeit von ihm als eine Empfindung der Seele kennt.[46] Nachdem solcherart das Fundament gelegt ist, entwirft Doddridge in dreißig Kapiteln eine äußerst feinsinnige, am Leitfaden der Bekehrung des Sünders orientierte Betrachtung, die stets die affektive Dimension der Religion berücksichtigt. Dabei wird jedoch nicht nur eine äußere Darstellung einer beliebigen Seele angestrebt, sondern der Leser wird immer wieder mit einbezogen, nicht zuletzt durch jeweils angehängte Meditationen und Gebete. Auch die Seele selbst tritt redend auf und gibt authentische Auskunft über ihren Stand, ihre Hoffnungen und Zweifel. Anfechtungen und Rückschritte in diesem inneren Prozeß fehlen selbstverständlich nicht, doch wird bis hin zur schließlichen Todesstunde alles zu einem guten Ende geführt. Wir haben es hier insgesamt mit einer sehr aufschlußreichen Verbindung von puritanischer Tradition und moderner Psychologie zu tun.[47] Einige wenige

---

44 Johann Friedrich Wilhelm Jerusalem, Brief vom 14. Mai 1763; Abschrift, Thüringisches Staatsarchiv Altenburg, Familienarchiv von Seckendorff, Nr. 1138, 84r-87r [87r]. – Es ist anzunehmen, daß ›Glückseeligkeit‹ statt ›Gottseeligkeit‹ zu Lasten des Abschreibers geht. Andererseits konnte Jerusalem auch von einer »ewigen Glückseeligkeit« sprechen (Die Vornemsten Regeln wie die Erziehung der Jugend muß beschaffen seyn, wen sie soll Glücklich und Gesegnet seyn, am 1. Sonntage nach Epiphania über Das Evangelium. Luc: 2.; Nachschrift, SLUB Dresden, Mscr. k 186, 101–126 [102v]). – »Die gantze Pflicht des Menschen« bezieht sich auf eine ebenfalls berühmte englische Erbauungsschrift (aus dem Jahr 1658), die dem Restaurationstheologen Richard Allestree zugeschrieben wird (vgl. Charles James Stranks, Anglican Devotion. Studies in the Spiritual Life of the Church of England between the Reformation and the Oxford Movement, London 1961, 123–148).
45 Philip Doddridge, The rise and progress of religion in the soul, in: Ders., Works (wie Anm. 42), Vol. 1, 217f.
46 »Eine Empfindung von GOtt in unserer Seele, eine Ueberzeugung unserer Verbindlichkeiten gegen denselben und unsrer Abhängigkeit von ihm«, so heißt es in der deutschen Übersetzung (aaO. 4).
47 Isabel Rivers, Reason, Grace, and Sentiment (wie Anm. 8), Bd. 1, 185: »[A]n attempt both to revive in an eighteenth-century context certain characteristics of the puritan tradition, and to strengthen those characteristics by basing them on a new religious psychology«.

Stationen dieser erlebnisreichen Reise durch die religiösen Binnenwelten seien hier kurz skizziert.

Der Weg der Seele nimmt seinen Anfang, wie schon bei Baxter, beim Unbekehrten, dem sorglosen Sünder, dessen Erwachen zu religiöser Einsicht geschildert wird (›The careless sinner awakened‹; Kap. 2). Die Ursprungssituation wird im nachfolgenden ausgeführt und vertieft (Kap. 3–7). In diese durchaus reformatorische Bußsituation der Sündenerkenntnis hinein wird dann zunächst die *fides historica* aufgerufen, durch die Nachricht von der Erlösung der Sünder durch Christus (›News of salvation by Christ brought to the convinced and condemned sinner‹; Kap. 8). Diese Wendung der Dinge wird ebenfalls vertiefend gewürdigt (Kap. 9–13). Es schließt sich eine interessante Zwischenbetrachtung an, die den Blick nicht zuletzt direkt auf den Leser richtet (Kap. 14–15). Danach wird die Bekehrung skizziert (›The Christian Convert warned of, and animated against, those discouragements which he must expect to meet with, when entering on a religious course‹; Kap. 16), auch hier schließen sich ausführende Passagen an (Kap. 17–20). Für lebensweltlichen Realismus sorgen die nun ins Spiel kommenden Anfechtungen und Rückschritte (Kap. 21–25), hierin der Funktion der Anfechtung bei Luther (etwa im *Sermon von den guten Werken*) nicht unähnlich. Der Schluß schildert deren Überwindung und die fortgesetzte Heiligung bis zum Tode (Kap. 26–30).

Für den Umgang mit den Gefühlen seien vor allem die Übergänge in den Blick genommen. Das achte Kapitel beginnt mit den Worten: »My dear Reader! It is the great design of the gospel, and wherever it is cordially received, it is the glorious effect of it, to fill the heart with sentiments of love; to teach us to abhor all unnecessary rigor and severity, and to delight not in the grief, but in the happiness of our fellow creatures«.[48] Auffällig ist hier vor allem die Ablehnung von *unnötigem* Rigorismus und Ernst. Man könnte meinen, Doddridge hätte bestimmte Ausprägungen des deutschen Pietismus vor Augen gehabt: »Dis Leben soll nichts anders seyn / denn ein Haß über den alten Menschen / und ein Suchen und Verlangen des Lebens in dem neuen Menschen. Darum ist besser weinen / klagen, seufzen / denn lachen und frölich seyn / singen / Ruhe / Friede und Gemach haben«.[49] Die an den Leser adressierte gute Nachricht jedenfalls wird weiter ausgeführt, biblisch fundiert und immer wieder dem Leser ans Herz gelegt. Am Schluß verabschiedet er sich, wie sich ein guter Freund und wohlwollender Zeitgenosse nach einem Gespräch verabschiedet (›With this joyful message I leave thee‹), der Anhang zu diesem Kapitel ist dann der Nachzeichnung des nun folgenden Selbstgesprächs gewidmet: »The Sinner's Reflection on this good News« (277f). Und nicht nur die Philosophie fängt mit dem Staunen an, sondern auch die Bekehrung: »Oh my soul, how astonishing is the message which thou hast this

---

48 Philip Doddridge, Works (wie Anm. 42), Vol. 1, 272.
49 Johann Anastasius Freylinghausen, Grundlegung der Theologie. Darinn die Glaubens-Lehren Aus Göttlichem Wort deutlich fürgetragen / und zum Thätigen Christenthum / Wie auch Evangelischen Trost angewendet werden, Fünfte Edition, Halle 1716, 295.

day received! I have indeed often heard it before; and it is grown so common to me, that the surprise is not sensible« (277). Eine sehr feinsinnige Differenzierung wird hier zwischen dem Sünder und seiner Seele gemacht: Denn so neu und erstaunlich die Botschaft für die Seele ist, dem Sünder ist sie wohlbekannt, ja geradezu gewöhnlich und ohne Überraschung. Aber weiter als bis zu den Ohren (mit Luther zu reden) ist die Nachricht eben bislang nicht vorgedrungen.[50] Und nun erst hat auch die Seele ›gehört‹, mit der ihr eigenen Aufnahmefähigkeit. Und nach einiger Zeit formen sich die Reflexionen des Sünders zum flehenden Gebet an Gott: »O impress this gospel upon my soul, till its saving virtue be diffused over every faculty! Let it not only be heard, and acknowledged, and professed, but felt!« (277f). Gefühlt muß es sein, das Evangelium, nicht nur gehört, gekannt und bekannt. Der Bekenner muß vielmehr auch ein Fühlender sein, sonst taugt auch das Bekennen nichts. Und doch läßt sich der erwachende Mensch nicht bedingungslos auf die neue Situation ein: »I feel a sudden glow in mine heart, while these tidings are sounding in mine ears: but Oh, let it not be a slight superficial transport [...] O teach me to secure this mighty blessing, this glorious hope, in the method which thou hast appointed« (278). Auch und gerade Gefühlen gegenüber ist Skepsis am Platz, wie leicht könnte es sich um eine bloß oberfächliche Berührung handeln, ein bald wieder verschwindendes kurzes Glimmen. Und so bedarf dieses ungekannte Gefühl der methodischen Sicherung, einer Stabilisierung, für die es selbst nicht einstehen kann.

All diese Erörterungen bieten ein dicht geflochtenes Netz von Verkündigung (Leseranrede), von Meditation (Selbstgespräch), von biblischer Botschaft und psychologischer Einsicht. Man mag wohl glauben, daß die Leserin oder der Leser beim Durchgang durch dieses Buch vielfältig zu eigenem Bedenken angeregt werden, sich in die dargebotenen Sprachmuster und Reflexionsprozesse hineinbegeben, sie auf ihre Weise und für sich selbst weiterverfolgen, vielleicht dann auch wiederum im Gespräch mit anderen, auf anderen Stufen dieses verschlungenen Weges befindlichen Menschen. Denn darum ist es offenkundig zu tun, um die Verständigung, mit sich selbst, mit andern, mit der christlichen Tradition, um die historische, reflektierende und eben auch emotionale Vertiefung in die je eigene religiöse Verfassung. Der leitende Ton dabei ist durchweg werbend, zwar auch leitend, anleitend, aber nicht dominant einen Weg weisend, sondern dessen gewahr, daß die Wege der Frömmigkeit vielfach sein können. Auch die Erbauungsliteratur kennt einen fruchtbaren Pluralismus.

Dieser innere Pluralismus wird in der erwähnten Zwischenbetrachtung (Kap. 14) weiter ausgeführt: »A more particular View of the several Branches of the Christian Temper; by which the Reader may be farther assisted, in judging what he is, and what he should endeavour to be« (316). Diese Verzweigungen christlicher Gestimmtheit werden interessanterweise nach dem gleichen Prinzip gegliedert wie die Pflich-

---

[50] Vgl. die sog. Invocavitpredigten: Luthers Werke in Auswahl. Siebenter Band: Predigten, hg. v. Emanuel Hirsch, 3. Auflage, Berlin 1962, 362–387; bes. 363. 368.

ten: in Bezug auf sich selbst, in Bezug auf Gott und in Bezug auf die Menschen. Nur daß hier eben Stimmungen und Haltungen, nicht Normen und Verpflichtungen leitend sind. Die Stimmungen gegenüber Gott werden trinitarisch differenziert: ›Fear, Affection, and Obedience‹ gegenüber Gott dem Vater, ›Faith and Love‹ sowie ›Joy‹ gegenüber Jesus Christus, ›a Spirit of Adoption, and of Courage‹ im Blick auf den Heiligen Geist: Eine ökumenische Trinität der Gefühlslandschaften. Solche wohlstrukturierten und balancierten Innenwelten entstehen freilich nicht über Nacht, sie bedürfen, nicht anders als die aristotelischen Tugenden, der Zeit, der Entwicklung, der Einübung wohl auch, vor allem jedoch des göttlichen Beistandes. Daher schließt sich das nächste Kapitel passend an: »The Reader is reminded how much he needs the Assistance of the Spirit of God, to form him to the Temper described above, and what Encouragement he has to expect it« (330). Es ist nicht zuletzt die innere Schönheit und Vollkommenheit, die dieses Tableau von Stimmungen so einleuchtend und nachahmenswert erscheinen läßt.[51] Freilich wird nachhaltig eingeschärft, daß es keineswegs die eigene Anstrengung ist, die hier zum Ziele führt. Aber es bedarf doch auch des religiös beflügelten Engagements (›devoting yourself to God, and engaging in a religious life‹). Das alles wird in den abschließenden Wunsch gekleidet: »may your heart be quickened to the most earnest desire, after the blessings I have now been recommending to your pursuit! May you be stirred up to pour your soul before God, in such holy breathings as these! and may they be your daily language in his gracious presence« (334). Daran fügt sich als Anhang eine Art Mustergebet, die eben dieses Ziel der ›daily language‹ in der Gegenwart Gottes formuliert und dem Leser an die Hand gibt.

Diese beiden Beispiele mögen genügen, um einen Einblick in dieses erstaunliche Werk zu geben, das in freier Weise die ältere Tradition erbaulicher Literatur aufgreift und unter den Bedingungen des 18. Jahrhunderts reformuliert. Es sind dies ›Reden über die Religion‹ (und aus der Religion), die an emotionaler und sprachlicher Vielfalt und Sorgsamkeit nicht leicht ihresgleichen finden dürften, und es ist kein Wunder, daß sie auch in Deutschland eifrig gelesen wurden. Und so sei nun das weitläufige Terrain der deutschen theologischen Aufklärung an diesem Leitfaden in den Blick genommen.

---

51 Philip Doddridge, Works (wie Anm. 42), Vol. 1, 330: »I have now laid before you a plan of that temper and character, which the gospel requires, and which, if you are a true christian, you will desire and pursue. Surely there is in the very description of it something which must powerfully strike every mind, which has any taste for what is truly beautiful and excellent«.

3 Schlaglichter auf die deutsche Aufklärungstheologie

In der germanistischen Forschung ist schon seit langem bekannt, daß man die Aufklärung zu einer Kultur der Gefühle nicht in einen unfruchtbaren Gegensatz bringen sollte.[52] Dagegen hat die theologische Aufklärungsforschung allzuoft den oberflächlichen Schematismus Karl Aners übernommen, der sich für die Strukturierung dieses reichen Zeitalters nicht anders zu helfen wußte als mit einer Art kombinatorischem Abzählreim aus Vernunft und Offenbarung.[53] Hier sollen nun zumindest einige Schlaglichter auf den Umgang der theologischen Aufklärung mit Gefühlen geworfen werden, vor allem auf die in der Theologiegeschichtsschreibung noch immer weitgehend vernachlässigte Frühaufklärung. So wie in England Richard Baxter dazu diente, die Tradition, auf deren Grundlage sich das vergleichsweise Neue entwickelte, deutlich zu machen, soll hier Johann Franz Budde den Stand der Dinge markieren.

3.1 Johann Franz Budde

Budde, der erste bedeutende Theologe der deutschen Aufklärung,[54] Kollege und Mitarbeiter von Christian Thomasius in Halle, später Theologieprofessor in Jena, hat die Theologie durch seine intellektuelle Kraft, aber auch durch seine sorgsame Äquidistanz zu Orthodoxie und Pietismus geprägt, ihr aber damit auch Wege eröffnet, die er selbst nur anfangsweise beschritten hat. Für unser Thema seien zwei kurze Blicke in seine philosophischen und theologischen Behandlungen des Gefühls geworfen.

Die *Elementa philosophiae practicae*[55] behandeln in ihrem Zweiten Kapitel ›De natura hominis‹, und zwar 1. Geist, 2. Geist und Körper, 3. Körper (das ist durchaus mit dem Vorgehen Baxters vergleichbar). Als rein geistige Vermögen werden Verstand, Wille, und Gedächtnis namhaft gemacht, gemischte Vermögen dagegen sind Einbil-

---

52 Vgl. Hermann Boeschenstein, Deutsche Gefühlskultur 1. Die Grundlagen 1770–1830, Bern 1954, 7 und 15.
53 Vgl. Karl Aner, Die Theologie der Lessingzeit, Halle 1929, 4. Für dieses Buch gilt ohne weiteres Friedrich Loofs' Urteil zu Aners Habilitationsschrift über Joh. Fr. Wilh. Jerusalem: »sorgfältig, aber da, wo die eigentliche Arbeit beginnen sollte, langweilig, ohne die rechte Fragestellung« (7. März 1923 an Adolf von Harnack; Nachlaß Adolf von Harnack: Staatsbibliothek Berlin – Preußischer Kulturbesitz, Kasten 36, Bl. 222).
54 Vgl. die nach wie vor den Stand der Forschung markierende Monographie von Arnold F. Stolzenburg, Die Theologie des Jo. Franc. Buddeus und des Chr. Matth. Pfaff. Ein Beitrag zur Geschichte der Aufklärung in Deutschland, Berlin 1927.
55 Johann Franz Budde, Elementa philosophiae practicae. Editio qvarta priori correctior, Halle/Magdeburg 1710 (zuerst 1697).

dungskraft, sinnliches Begehren *(appetitus sensitivus)* und sinnliches Gedächtnis. Die beiden Grundaffekte Liebe und Haß sind Akte des Willens (sect. 1 § 45f), eine detaillierte Affektenlehre wird darauf aufgebaut (sect. 2, § 22–87; vgl. auch im Index das Stichwort ›affectus‹). Im sechsten Kapitel schließlich wird eine auf diesen Grundlagen fußende ›Medicina mentis‹ geboten.

Die *Institutiones Theologiae Moralis*[56] verorten das Thema naheliegend genug im Spannungsfeld von Natur und Gnade. Sie erörtern deren vielfältigen Beziehungen 1. Im Allgemeinen, 2. In Bezug auf den Intellekt, 3. In Bezug auf das Gewissen, 4. In Bezug auf den Willen und die Tugenden, 5. In Bezug auf die Einbildungskraft, 6. In Bezug auf die Neigung und die Affekte, 7. In Bezug auf den Körper und die Gewohnheiten. Das Wachsen in der Heiligkeit wird begleitet durch eine einzige und dauernde Freude, verbunden mit Seelenruhe (›gaudium singulare & constans, cum animi tranquillitate coniunctum‹; 293). In der praktischen Philosophie war die Seelenruhe als die Folge und Begleiterin der höchsten Glückseligkeit charakterisiert worden (155). Sie geht einher mit dem ›amor Numinis‹ (ebd.; zur amor Dei vgl. 144ff). In diesem Zustand unterwirft man sich nicht den Affekten, sondern bändigt sie (›non utcunque subigere adfectus, atque coercere‹).

Man wird sagen können, daß Buddeus in vieler Hinsicht den Diskussionsstand des frühen 18. Jahrhunderts wiedergibt, seine der Gattung des soliden Lehrbuchs verpflichteten akademischen Werke wollen nicht originell sein, sondern die Tradition zur Geltung aber auch zum Leuchten bringen. Eine Verselbständigung der Gefühle läßt sich nicht feststellen, aber ihre sorgsame Beachtung liegt auf der Hand. Das Leben des Christen spielt sich eben gut lutherisch im ›ganzen Menschen‹ ab, von Kopf bis Fuß gleichsam. Neue Akzente setzen dagegen die Theologien von Mosheim, Baumgarten und Jerusalem, je auf ihre Weise.

3.2 Johann Lorenz Mosheim

Die deutsche theologische Aufklärung verdankt der englischen Tradition recht viel[57] und sie dokumentiert dies durch eine rege Übersetzungstätigkeit. Die großen Theologen befördern diesen Kulturtransfer und begleiten ihn etwa durch Vorworte, die zuweilen kleinere Abhandlungen darstellen. Aber auch in ihren eigenen Werken läßt sich der neue Geist identifizieren und in seinen Wirkungen beobachten.

---

56 Johann Franz Budde, Institvtiones theologiae moralis variis observationibvs illvstratae, Leipzig 1727.

57 Udo Sträter, Sonthom (wie Anm. 27), 20: »Latitudinarier wie Tillotson und Stillingfleet, aufklärerisch in der Grundhaltung, zugleich Meister der Predigt wie der antideistischen Apologie, waren der deutschen Entwicklung eine Generation voraus, die Rezeption ihrer Schriften vermittelte aber der deutschen Apologetik des 18. Jahrhunderts ein Reservoir an Erfahrung«.

Johann Lorenz Mosheim, die überragende theologische Gestalt nicht nur des frühen 18. Jahrhunderts, wußte sehr genau um die Bedeutung einer Berücksichtigung und eines gezielten Einsatzes der Emotionen, hatte er doch bereits 1727 die gebildeten Verächter der Religion als eine wichtige Zielgruppe seiner Predigten namhaft gemacht:

> Es giebt viele, die nichts von geistlichen Büchern lesen, und alles verachten, was zur Religion gehöret, aber dennoch aus den Versammlungen der Heiligen nicht bleiben, damit sie nicht in den Verdacht des Unglaubens kommen. Wie soll man diesen Leuten die heimlichen Gedanken benehmen, die ihrer Bekehrung im Wege stehen, wenn man nicht von der Kanzel auf den Grund ihres Herzens dringt und ihre verborgenen Winkel untersuchet.[58]

Nicht nur mit rationalen apologetischen Argumenten also muß man diesen neuen Skeptikern beizukommen suchen, sondern eben auch durch solche Predigten, die dem Geschmack der Zeit entsprechen, ohne sich ihm zu unterwerfen: »Eine Predigt ist eine Abhandlung von einer Glaubens- oder Lebens-Lehre in einer etwas aufgeweckteren Schreib-Art, als diejenige, der man sich in andern Schrifften bedienet.«[59]

Und so lobt Mosheim die schon besprochene Schrift von Doddridge eben auch unter diesem Aspekt:

> In der That sieht sein Buch überhaupt einer Erzählung oder Geschichte gleich, die durch lebhafte Anreden, gottselige Betrachtungen und geistreiche Gebeter unterbrochen wird. Er beschreibet den Anfang, den Fortgang, die Vollendung der Bekehrung, die Folge derer Veränderungen, welche die Gnade in den Seelen der Menschen hervorbringet, die sich ihrer Regierung überlassen. Und er beschreibt alle diese Dinge so lebhaft, so ungekünstelt, so munter, daß man nicht müde wird ihn zu lesen, und sich mit Vergnügen von ihm leiten lässet. Allein unter dieser äusserlichen Freyheit, Anmuth und Lebhaftigkeit verbirget sich eine Ordnung, eine Ueberzeugung, ein Beweis, der dem schwächsten Verstande nicht zu hoch und dem stärksten nicht zu niedrig und ohnmächtig scheinen kann.[60]

›Freiheit, Anmut, Lebhaftigkeit‹ sind zweifellos Stichworte, die auch die sich neu entwickelnde Nationalliteratur beschäftigen. Zugleich möchte Mosheim nicht nur auf die

---

[58] Johann Lorenz Mosheim, Heilige Reden, Vorrede zur ersten Auflage des zweiten Bandes, zit. nach Heilige Reden über wichtige Wahrheiten der Lehre Jesu Christi, Bd. 1, Hamburg 1757, 20. – Gustav Schwab beginnt seine Darstellung zur deutschen Prosa mit einem Auszug aus einer Predigt Mosheims. Er charakterisiert ihn als »durch Takt Kraft und Geschmack erster Bildner der neudeutschen Gesellschaftsrede des 18. Jahrhunderts« (Gustav Schwab, Die deutsche Prosa von Mosheim bis auf unsere Tage. Eine Mustersammlung mit Rücksicht auf höhere Lehr-Anstalten. Erster Theil. Von Mosheim bis Wilhelm von Humboldt, Stuttgart 1843, 3). Und niemand Geringerer als Christoph Martin Wieland bemerkte im Gespräch: »Meinen prosaischen Stil habe ich vorzüglich nach *Mosheim* gebildet. Dieser bleibt in seiner Art noch immer ein Muster« (Karl August Böttiger, Literarische Zustände und Zeitgenossen. Begegnungen und Gespräche im klassischen Weimar, hg. v. Klaus Gerlach und René Sternke, Berlin 1998, 157).
[59] Johann Lorenz Mosheim, Heilige Reden (wie Anm. 58), 1.–3. Teil, Hamburg 1732; Vorrede 17.
[60] Johann Lorenz Mosheim, Vorrede (wie Anm. 43).

gesellschaftlichen Eliten zielen, sondern alle Schichten ansprechen. Auch die Erbauung, ja gerade sie, soll zugänglich und im guten Sinne volkstümlich sein. Eine gründliche Untersuchung der Predigten Mosheims unter dem hier verhandelten Thema wäre ein lohnendes Unterfangen.

Ein weiteres deutschsprachiges Großunternehmen wurde Mosheims *Sitten-Lehre der Heiligen Schrifft*. Er begann es im Jahr 1735, sollte es jedoch nicht mehr vollenden, obgleich er immerhin fünf umfangreiche Bände bis zu seinem Tode herausbrachte. Die Bände 6 bis 9 wurden posthum von Johann Peter Miller aufgrund von Aufzeichnungen Mosheims herausgegeben.[61] Mosheim wendet sich auch hier ausdrücklich nicht an die Gelehrten, sondern eben an die Gebildeten:

> Wir wollen unser weniges Wissen bloß Leuten mittheilen, die uns am Verstande und Hertzen gleichen, die weder zu den Gelehrten, noch zu den Einfältigsten gehören, und den Rath des Höchsten von der Seligkeit der Menschen nur so weit verstehen wollen, daß sie Unglauben und Aberglauben von der Gemeine unsers Heylandes abhalten, und ihre Brüder zu einer zwar einfältigen, aber gründlichen Wissenschafft der Religion und zu einer wahren Gottseligkeit anführen mögen.[62]

Mosheim selbst hat seine Sittenlehre ganz traditionell als eine Folge der Glaubenslehre verstanden, als erbaut auf deren Grundlage, und er hat ausdrücklich darauf hingewiesen, daß eigentlich beide zusammengehören und es nur eine, wenngleich nützliche und verständliche, neuere Entwicklung sei, beide getrennt vorzutragen. Schaut man aber genauer hin, so zeigt sich, daß der gesamte erste Teil dieser Sittenlehre nichts anderes darstellt, als eine soteriologisch fokussierte Dogmatik: ›Von der innerlichen Heiligkeit der Seele welche die Schrift fordert‹. Nicht weniger als die ersten vier Bände benötigt Mosheim, um diese Grundlagen zu exponieren, bevor er dann zum zweiten Teil übergeht: ›Von der äusserlichen Heiligung des Lebens oder von den Pflichten des Wandels, die das Gesetz vorschreibt‹, der die übrigen Bände füllt. Der erste, soteriologische Teil verschmilzt in seiner Beschreibung ›Von dem Stande der Gnade‹ mit einer am Tugendbegriff orientierten Darstellung des Menschen (Band 3), dem aber

---

61 Ein Überblick über das gesamte Werk ist in der Vorrede zum sechsten Band zu finden: Johann Lorenz Mosheim, Sitten-Lehre der Heiligen Schrift. Sechster Theil, Helmstädt 1762, Vorrede, c1^v. Der neunte und letzte Band enthält ein Gesamtregister. – Die theologische Forschung ist bislang an dem Werk vorbeigegangen, vgl. aber den eindringlichen Aufsatz von Friedrich Vollhardt, Christliche Moral und civiles Ethos. Mosheims ›Sitten-Lehre der Heiligen Schrifft‹, in: Martin Mulsow u. a. (Hg.): Johann Lorenz Mosheim (1693–1755). Theologie im Spannungsfeld von Philosophie, Philologie und Geschichte, Wiesbaden 1997, 347–372.
62 Johann Lorenz Mosheim, Sitten-Lehre, Band 1., Helmstädt 1735, Vorrede, d3^r. – »Wir haben denen Welt-Weisen und Forschern der Natur ihre besondere Art zu lehren und zu beweisen gelassen, weil wir wahrgenommen, daß die wenigsten Gemüther sich in dieselbe schicken können. Die meisten vernünftigen Anmerckungen, die wir zur Bestärckung und Erläuterung der Lehren der Schrifft gebrauchet, sind mitten aus der Welt, aus der Schule der Erfahrung, aus der Zahl der Dinge, die dem Menschen durch die Empfindung, durch die Sinne, durch die Beobachtung der Bewegungen seines Hertzens, kund werden können, hergenommen« (aaO. d1^v).

die Sündenlehre und die Lehre von der Buße (Band 1 und 2) vorausgehen. Wie man sieht, umfaßt diese Lebenslehre nicht nur das äußere, sondern eben auch das gesamte innere Leben und nur die zur ›Theologie‹, also zur Gotteslehre im engeren Sinne gehörenden Themen der Dogmatik wurden ausgespart. Insofern darf dieses monumentale Werk durchaus angesprochen werden als der Versuch einer Gesamtdarstellung des Christlichen in einer veränderten Welt, ein nahezu unausschöpfliches Werk, das zweifellos zu den bedeutendsten Hervorbringungen der theologischen Aufklärung zu zählen ist.

Im ersten Band der Sitten-Lehre hat Mosheim auch eine grundlegende Affektenlehre eingebunden, bezeichnenderweise innerhalb der Untersuchungen über das Verderben des Menschen, das gleichermaßen im Verstand, im Willen, in den Affekten und in der Körperlichkeit aufgesucht und beschrieben wird. »§ 15. Das Verderben des Willens zeiget sich auch in denen hefftigen Bewegungen desselben, die man Affecten nennet. Beschreibung und Ursprung der Affecten«, so lautet die Überschrift im Inhaltsverzeichnis zum einleitenden Paragraphen.[63] Wie Baxter weist auch Mosheim darauf hin, daß die Begierden an sich nicht böse sind, sondern an den Verderbnissen des Willens nach dem Fall partizipieren. Es wäre eine eigene Untersuchung wert, den Weg der Affektenlehre von diesen bereits stark soteriologisch geprägten Anfängen durch die weitere Entwicklung über den Gnadenstand bis zu den mannigfaltigen Handlungsfeldern nachzuzeichnen.

3.3 Siegmund Jacob Baumgarten

Auch Baumgarten gehört zu den Theologen, die durch eigene und angeregte Übersetzungen den Austausch vor allem mit England befördert haben.[64] Auch er trägt seinen Teil zur soteriologischen Akzentuierung der theologischen Aufklärung bei. Die Heilsaneignung wird von ihm ausführlich erörtert unter dem Gesichtspunkt Gottes[65] und

---

63 AaO. § 15 (1, 224). Mosheims Erörterungen umfassen die §§ 15–20 (224–271).
64 So zum Beispiel Isaac Watts, Reden von der Liebe Gottes und ihrem Einfluss in alle menschliche Leidenschaften, auch derselben Gebrauch und Misbrauch, aus dem Englischen übersetzt, genau durchgesehen und mit einer Vorrede herausgegeben von Siegmund Jacob Baumgarten, Frankfurt/Leipzig 1740. – Zu Baumgarten liegt bislang erst eine, allerdings brillante, Monographie vor: Martin Schloemann, Siegmund Jacob Baumgarten. System und Geschichte in der Theologie des Übergangs zum Neuprotestantismus, Göttingen 1974. Schloemann verzeichnet in seiner Bibliographie zwischen 1734 und 1756 eine reiche Anzahl von Übersetzungen aus dem Englischen, davon allein drei Bücher von Isaac Watts (vgl. Martin Schloemann, Bibliographie Nr. 17. 27. 32. 35. 39. 41. 48. 49. 77. 85. 108. 115. 125. 161. 175).
65 Siegmund Jacob Baumgarten, Evangelische Glaubenslehre. 3 Bde., hg. v. Joh. Sal. Semler, Halle 1759–1760, Bd. 2, 675–916.

des Menschen[66] sowie in der theologischen Moral.[67] Seine Berücksichtigung der Gefühlsdimension der Frömmigkeit soll nun in seiner theologischen Moral in den Blick genommen werden.

Baumgarten veröffentlichte die *Theologische Moral* erstmals 1738, eine vierte Auflage erschien 1750. Er widmet sich zunächst der genaueren Bestimmung der Verfassung des religiösen Menschen, oder, wie er es nennt, der ›Einrichtung eines Christen‹:

> Wenn die Zukehr des Menschen zu etwas, so er für gut hält, und die Abkehr von etwas, so er für böse hält, aus undeutlichen Vorstellungen entstehen; werden sie sinnliche *Begierden* genant, und merckliche Grade derselben *Affecten*: deren es also zwey Arten geben mus, angeneme und unangeneme. Das Vermögen der Menschen zu dergleichen sinlichen Gemüthsbewegungen ist an sich gut (§ 17). Entstehet diese Zukehr und Abkehr aus deutlicher Vorstellung des Guten oder Bösen: so werden sie vernünftige Begierden genant. Eine jede derselben sowol, als der sinlichen, mus nach der Richtigkeit der Vorstellung, daraus sie entstanden, beurtheilet werden. Wenn diese verschiedene Vorstellungen einander wiedersprechen: entstehet ein Streit der Sinlichkeit und Vernunft (§ 18).

Danach werden Pflichtenlehre und Tugendlehre verhandelt. Sie sind parallel konzipiert und überschneiden sich (nach Auskunft des Autors in der Vorrede) in mancherlei Hinsicht, weswegen die Tugendlehre vieles von der Pflichtenlehre voraussetzt. So werden auch die Tugenden nach den Hinsichten gegen Gott, gegen sich selbst und gegen den Nächsten eingeteilt (wie es für die Pflichten üblich war). Während aber die Pflichten dann in den öffentlichen Raum überführt werden, geht die Tugendlehre in den Abschnitt von der Vereinigung mit Gott über, gefolgt von der Asketik und der Klugheitslehre. Die Vereinigung mit Gott ist der höchste Zweck aller Pflichten und Tugenden. Weiter heißt es:

> Weil wir auch aus der Unendlichkeit unserer Begierden, die durch den Genus zufälliger, eingeschränckter und endlicher Dinge nicht völlig gesättiget werden können, leicht abnemen mögen, daß wir zum Genus GOttes des unendlichen Guts erschaffen und eingerichtet seyn, oder für ihn und zu ihm gemacht worden; die gantze götliche Besserung der Menschen aber in der Wiederherstellung derselben zu dem ersten Zweck ihrer anfänglichen Einrichtung und Schöpfung bestehet: so mus dieselbe notwendig auf diese Vereinigung derselben mit GOtt abzielen (§ 275; 672).

Interessant ist hier vor allem die innere Angelegtheit der Begierden auf eine Vereinigung mit Gott. Gerade die Endlichkeit und Unerschöpflichkeit der Begierden durch innerweltliche Gegenstände wird religiös gewendet und damit dem überweltlichen und

---

66 AaO. Bd. 3, 395–559.
67 Siegmund Jacob Baumgarten, Unterricht vom rechtmäßigen Verhalten eines Christen, oder Theologische Moral. Vierte Auflage, Halle 1750, 314–372; 1483–1516. Vgl. Martin Schloemann, Baumgarten (wie Anm. 64), 62f – »Erst bei Baumgarten ist der Gedanke der Vereinigung der Menschen mit Gott in die Definition des Theologiebegriffs selbst aufgenommen, zum bestimmenden Gedanken des Systems erhoben und nach allen Seiten gewendet worden, so daß alle Einzellehren mit ihm verknüpft sind« (aaO. 91; vgl. aaO. 79–95).

unendlichen Bereich Gottes zugänglich gemacht und geöffnet. Baumgarten kann unter dieser Perspektive auch die mystischen Traditionen des Seelengrundes aufgreifen und integrieren.[68]

Das Verhältnis Gottes zum Menschen, das in der Vereinigung mit ihm statthat und das »in dem Inbegrif und Zusammenhang der innern Wirckungen im Menschen« besteht, kann auf vierfache Weise beschrieben werden, die vom allgemeinen zum besonderen fortschreitet: als geistliches übernatürliches Leben, als Mitteilung der Kraft zum Guten,

> drittens die allerbesonderste Regierung, Verschaffung, Einschränckung und gantze Richtung ihrer einzeln innern Veränderungen, daß GOtt sowol heilsame Einsichten, Uberzeugungen, Bewegungen und Entschliessungen derselben wircke, durch Bekantmachung, und erweckte auch erneuerte Vorstellung der Warheiten der Heilsordnung, und der dazu gehörigen Vorschriften und kräftigen Bewegungsgründe; als auch nötige heilsame Empfindungen zur Vermerung des Eindrucks der Wirckung solcher Warheiten veranstalte, verschaffe und hervorbringe (§ 279, 684).[69]

Baumgarten erörtert an dieser Stelle auch die Ausdrucksmittel für dieses reiche Gefühlsleben. Es ist begrifflich gar nicht deutlich zu erfassen und ist daher zwingend auf poetische und metaphorische Sprache angewiesen.[70] Die Wirkungen aber dieser Vereinigung sind

> die erneuerte und wachsende Aenlichkeit und Gleichförmigkeit mit GOtt, dadurch ein Mensch nicht nur in seinen eigentlichen Handlungen GOtt nachamet, sondern auch einen ihm gemässen und übereinstimmenden Sin und Willen erlanget, so sich durch eine dem götlichen Verhalten

---

68 Siegmund Jacob Baumgarten, Theologische Moral (wie Anm. 67), § 277, 680: »Weil die Empfindungen in undeutlichen Vorstellungen bestehen, auch viele dunckele dabey vorgehen, deren sich ein Mensch nicht unmittelbar bewust ist noch werden mag, die man ihrer Tiefe und Unmöglichkeit des bewustwerdens halbe den innern verborgenen Grund der Sele nennen kann: die innere Wirckung GOttes aber sich nicht nur auf deutliche Vorstellungen, und folglich obere Kräfte der Sele, sondern auch auf undeutliche und dunckele erstreckt, die sowol bey erwachsenen Personen den nötigen Eindruck der deutlichen Erkentnis ins Gemüt verursachen, als sonderlich bey Kindern vor dem Gebrauch des Verstandes unentberlich sind, und die Abwesenheit deutlicher Erkentnis ersetzen: so werden daraus die ansich richtigen Redensarten der mystischen Lehrer begreiflicher, daß die Vereinigung mit GOtt gröstentheils im innersten des Menschen, oder in dem Selengrunde vorgehen, sich auch weiter erstrecke als die Vernunft und der Verstand des Menschen reichet, darauf die Unbegreiflichkeit derselben beruhet«.
69 Baumgarten verweist hier auf folgende Paragraphen zurück: § 65: Unterschied der Natur und Gnade bey Christen (99); § 88: Einwonung GOttes und seines Geistes; § 89: genaueste Vorsorge GOttes und Regierung aller Dinge zum Besten (aaO. 160ff).
70 »Weil aber der Mensch sich nicht nur seiner dunckeln Vorstellungen, oder dessen was im Grunde der Selen vorgehet, gar nicht bewust ist; sondern auch in seinen Empfindungen nichts deutlich erkennet, wodurch doch ein grosser Theil dieser götlichen Wirckungen geschiehet: so ist niemand im Stande solche Empfindungen andern deutlich zu entdecken und begreiflich vorzustellen; daher sich auch die Schrift selbst in dergleichen Fällen sinlicher und uneigentlicher Ausdrücke von leiblichen Dingen und deren äussern Empfindung hergenommen, bedienet« (aaO. 688).

änliche Art des innern und äussern Verfarens, auch ruhige Unterwerfung und Zufriedenheit gegen denselben äussert (§ 239. 242); und drittens die aus allen diesen Stücken entstehende hohe Würde der also mit GOtt vereinigten Menschen (§ 280, 690).

Maßvoll ist also auch hier die religiöse Dimension der Gefühle. Ruhe und Zufriedenheit sind die Merkmale einer gelingenden Vereinigung mit Gott, nicht etwa emotionale Exaltiertheiten oder Dynamiken.

Weiter führt Baumgarten nun Stufen und Grade ein, und zwar sowohl hinsichtlich der tatsächlichen Gegenwart Gottes im Menschen als auch hinsichtlich der »Mercklichkeit und des Bewustseyns« (691):

> Weil ferner diese Uberzeugung oder Versicherung solcher Vereinigung mit GOtt von zwiefacher Art ist, indem sie theils auf unmittelbarer Empfindung der dazu gehörigen gegenseitigen innern Wirckungen, und dem Bewustseyn derselben beruhet; theils aber auf gläubiger Annemung des götlichen Zeugnisses der heiligen Schrift, und der darin enthaltenen Versicherungen auch Zusagen GOttes von seinem Verhältnis gegen die Menschen nach ihrer genau bezeichneten richtigen Beschaffenheit; beide Arten der Versicherung aber grösser und geringer seyn können: so mus drittens, die unmittelbare Empfindungsgewisheit von der mittelbaren Glaubensversicherung unterschieden seyn, auch beide Arten derselben ihr verschiedene Stufen haben (692).

Baumgarten führt mit dieser ›Empfindungsgewißheit‹ nicht weniger ein, als eine dem Schriftzeugnis nebengeordnete Instanz, die allerdings niemals an dessen Stelle treten kann, schon weil sie (wegen der temporären Art von Gefühlen) nicht die Beständigkeit der Offenbarungstradition zu erlangen vermag.[71] Dennoch zeigt sich hier eine sehr bemerkenswerte theologisch reflektierte Aufmerksamkeit auf die Gefühlswelten religiöser Überzeugungen, die sich auch in der Verkündigungskultur der theologischen Aufklärung niederschlägt, wie nun am Beispiel Johann Friedrich Wilhelm Jerusalems gezeigt werden soll.

3.4 Johann Friedrich Wilhelm Jerusalem

Jerusalem, der nach seinem Studium in Leipzig mehrere Jahre in den Niederlanden und in England verbrachte, gehört zweifellos zu den weltläufigsten Theologen des aufgeklärten Deutschland. Neben eigener Predigttätigkeit (in Den Haag) hat er später in England auch fleißig die Predigten anderer angehört, nicht zuletzt auch der am Rande der offiziellen Kirchen stehenden Prediger, wie etwa James Foster und anderen damaligen Berühmtheiten. Als er im Jahre 1742 in sein künftiges Wirkungsfeld, das Herzogtum Braunschweig, berufen wurde, hatte er sich bereits, ohne bislang irgendetwas veröffentlicht zu haben, einen durchaus beachtenswerten Namen gemacht. So wissen die *Hamburgischen Berichte von gelehrten Sachen* von Jerusalems Berufung

---

71 »Die Empfindungsgewisheit kan nicht von beständiger Dauer und gleichem Grad bleiben« (aaO. 695), mit Verweis auf § 14: »Veränderungen des Menschen und Veränderungsgesetze«.

nach Wolfenbütttel zu berichten und melden bei dieser Gelegenheit auch, daß dieser »grossen Ruhm von mancherlei Wissenschaften, Sprachen, und insond. einer seltenen geistl. Beredsamkeit erlanget hat«.[72]

Mit dieser geistlichen Beredsamkeit[73] erfreute nun der Hofprediger Jerusalem in den nächsten Jahren ein Publikum, dem man durchaus gedanklich anspruchsvollere Themen zumuten konnte, eine Lizenz, die der Kanzelredner weidlich ausgeschöpft hat. Noch Herder hat ihn daher im Kreise der berühmten Aufklärungsprediger folgendermaßen charakterisieren können: »*Spaldings* Predigten [...] haben eine so redliche *Einfalt* und *Würde*, die Predigten *Ernesti* eine dogmatische Festigkeit und Bestimmtheit, *Jerusalem* eine schöne philosophische Klarheit, *Cramers* einen Strom der Beredsamkeit«.[74] Insgesamt gilt er in der Geschichte der Predigt mit Mosheim und Spalding als Bahnbrecher eines neuen Stils.[75]

Ich möchte nur einen kleinen thematischen Ausschnitt aus dieser Predigttätigkeit vorstellen, nämlich den Umgang mit dem Thema Gefühl und Sinnlichkeit. Als Quellen zur Behandlung dieser Frage kommen vor allem die beiden von Jerusalem selbst veröffentlichten Predigtbände in Betracht, erstmals erschienen 1745 und 1753, danach bis zu einer letzten, erweiterten Auflage, kurz vor seinem Tode 1788 und 1789 in vielen, teils verbesserten, Auflagen nachgedruckt. Noch in den vierziger Jahren erschienen einige dieser Predigten in französischer Sprache. Nachdem er 1752 von seiner regelmäßigen Predigttätigkeit entbunden wurde, um sich den Aufgaben der Erziehung und der Bildung stärker widmen zu können, sprach er nur noch hin und wieder bei offiziellen Anlässen von der Kanzel. Eine Homiletik, wie wir sie etwa von Mosheim kennen, hat er nie verfaßt, als Reflexionen über das Predigen können einige verstreute Texte und Vorreden aber gute Dienste leisten. Alles andere muß man den Predigten

---

72 Hamburgische Berichte von den neuesten gelehrten Sachen, Nr. 59 (1742), 475: »Aus Wolfenbüttel erhält man die Nachricht, daß daselbst Herr Magister Jerusalem aus Osnabrück, welcher bisher einen jungen Freiherrn von dem Busch als Hofmeister auf Universiteten u. in fremde Länder geführet / und grossen Ruhm von mancherlei Wissenschaften, Sprachen, und insond. einer seltenen geistl. Beredsamkeit erlanget hat, bei der fürstl. Hofgemeinde, als zweiter Hofdiaconus wie auch Cabinet- und Reiseprediger bestellet worden, und habe derselbe nach der bereits am Sontage Reminiscere mit vielem Beifal verrichteten Gast- und Probepredigt: von dem standhaften Vertrauen zu der götl. Versehung, als einem wahren Mittel sich in allen Widerwertigkeiten zu beruhigen, nunmehro am nechstverwichenen Johannisfest, seine wirkliche Antrittsrede: über Jos. XXI 20–24 von den Pflichten eines treuen Nachfolgers JEsu gehalten«.
73 Vgl. auch seine spätere Schrift über die deutsche Literatur (NS 2, 376f).
74 Johann Gottfried Herder, Briefe, das Studium der Theologie betreffend, 3. Brief; Werke 9/1, 44. Brief; Werke 9/1, 540; vgl. auch Lessings Briefe, die neueste Litteratur betreffend (13. Brief vom 1.2.1759), wo er »unsere Mosheims und Sacks, unsere Jerusalems und Cramers« als Kanzelredner verteidigt.
75 »Hervorragende und zugleich maßvolle Vertreter der neuen Richtung der Zeit sind Johann Friedrich Wilhelm Jerusalem und Johann Joachim Spalding« (Martin Schian, Art. Geschichte der christlichen Predigt, in: Realencyklopädie für protestantische Theologie und Kirche. Dritte Auflage. Fünfzehnter Band, Leipzig 1904, 623–747; 693). Vgl. auch Richard Rothe, Geschichte der Predigt von den Anfängen bis auf Schleiermacher, hg. v. August Trümpelmann, Bremen 1881, 422–429.

selbst entnehmen. Manuskripte sowie Nachschriften von Jerusalems Predigten sind in Wolfenbüttel und in Dresden vorhanden.

Im späten Rückblick verknüpft Jerusalem die Erinnerung an die wohlwollende Aufnahme seiner Predigten mit einigen homiletischen Überlegungen. Er schreibt:

> [D]ieser allgemeine Beyfall kam größtentheils von der damaligen Lage der Zeit, und dem darinn so allgemein herrschenden, entweder zu trocknen, und unfruchtbaren scholastischen, oder finstern und mystischen Religionsvortrage her, wodurch die allgemeine Menschenvernunft zur Erkenntniß und Empfindung der Fürtreflichkeit und Wohlthätigkeit dieser göttlichen Religion in ihrer Simplicität nicht genug erweckt wurde, und diese ihr herrliches Licht in eben dieser himmlischen Simplicität und Klarheit, worinn es von dem Erlöser zur allgemeinen Erleuchtung der Menschen auf die Erde gebracht war, der Vernunft zu ihrer Aufklärung, Befriedigung und Stärkung auch nicht genug mittheilen konnte.[76]

Am ausführlichsten äußert er sich zum Predigen selbst in einer Vorrede zu einer Predigtsammlung von Pierre Coste, Prediger der fanzösischen Gemeinde zu Leipzig, aus dem Jahr 1755. Er strukturiert seinen Beitrag durch drei Eigenschaften, die ein guter Prediger aufweisen sollte:

> Die erste ist: Ein Prediger muß von den Wahrheiten der Religion die er lehrt, selber eine deutliche und gründliche Erkenntniß haben.
> Die andere: Er muß die Wahrheit, die Wichtigkeit und Göttlichkeit seiner Religion, selber lebendig bey sich empfinden.
> Die dritte: Er muß eine redliche Liebe zu seiner Gemeine, und nächst der Ehre Gottes, keine andere Absicht bey seinen predigen [!] haben, als in seinen Zuhörern eben diese seligen Empfindungen von der Wahrheit der Religion zu erwecken, und sie dadurch mit sich einer Seligkeit theilhaftig zu machen (3*).

Die deutliche und gründliche Erkenntnis orientiert sich an den damaligen Grundsätzen begrifflicher Klarheit. Wichtiger für unser Thema ist der zweite Punkt. Wenn die lebendige Empfindung beim Prediger selber fehlt, dann kommt es zu folgender Situation:

> Er wird auch hier die Gedanken und Redensarten anderer borgen, und sie mit Hülfe einer lebhaften Einbildung schmücken können. Der Zuhörer wird dadurch aufmerksam werden, er wird sich freuen, eine Anweisung für den Zustand seiner Seele zu bekommen, er wird schmachtend darauf hoffen, aber er wird nichts als leere Worte, als unbestimmte Beschreibungen und allgemeine Ausdrücke hören, die seine Ohren und Einbildung füllen, aber das Herz leer lassen. Denn wie will er ihn mit Erfahrungen bekannt machen die ihm selbst fremd sind? (9*)

Und vor allem kommt es drittens darauf an, die Seele des Hörers zu bewegen.

---

76 Johann Friedrich Wilhelm Jerusalem, Sammlung einiger Predigten. Neueste, mit einigen Predigten verm. Aufl., Braunschweig 1788, XII–XIII.

> In dem Unterrichte vom thätigen Christenthum, wird der Vortrag des erleuchteten Lehrers die Fruchtbarkeit seines Vortrags noch glücklicher beweisen. Denn hier ist alles eigene Erfahrung. Erfahrungen für den natürlichen Menschen, für den Anfänger im Christenthum, für den Versuchten, für den Gefallenen, für den Schwachen, für den Starken. Ein jeder Zuhörer wird in diesem Vortrage die Geschichte seiner eigenen Seele finden. Sein Lehrer ist mit allen seinen Empfindungen bekannt. [...] Er geht in alle diese Empfindungen mit seinem Zuhörer hinein; der Zuhörer fühlte sie, und wußte sie nicht zu nennen, aber sein Lehrer sagt sie ihm, und es sind dieselbigen (14*–15*).

Also eine Selbstdistanz nicht nur des Predigers selbst ist gefordert, sondern auch die Fähigkeit, dem Hörer zu eben dieser erschließenden Selbstdistanz zu verhelfen, ineins mit hermeneutischen Deutungsvorschlägen für dessen je eigene Innenwelt.

Exemplarisch soll hier eine Predigt über die sinnlichen Begierden betrachtet werden.[77] Jerusalem nimmt verschiedene wichtige Differenzierungen vor. Er unterscheidet Grade der Empfindsamkeit, er differenziert zwischen unterschiedlichen Begriffen von den sinnlichen Begierden und er weist auf die Unterschiede der äußerlichen Umstände hin.

Als den Endzweck der Lehre des Heilands gibt Jerusalem an, »die menschliche Natur zu der ersten Vollkommenheit und Würde wieder zu erheben, die der Mensch hatte, wie er seinem Schöpfer noch ähnlich war, und die wahre Glückseligkeit wieder unter uns herzustellen, die mit diesem göttlichen Ebenbilde verknüpft war« (156). Diesem allgemeinen Ziel ist auch seine Lehre von den Begierden eingeordnet.

Vor der Entfaltung dieser Lehre gibt Jerusalem eine Definition des grundlegenden Begriffs der Begierde: »[E]in jedes heftiges Verlangen, dasjenige zu besitzen oder zu genießen, was wir uns als gut vorstellen; und in diesem Verstande ist es eine wesentliche Eigenschaft unserer Seele, die wir sonst den Willen nennen« (157f). In einer engeren Bedeutung bedeutet Begierde »das heftige Verlangen nach solchen Dingen [...], die uns nach unsern sinnlichen Empfindungen als angenehm und gut vorkommen« (158). Dies sind dann die sinnlichen Begierden, die aber ebenso in unserer Natur gegründet sind und den Absichten Gottes gemäß.

Selbstverständlich stellen die Begierden nur einen Teil der menschlichen Fähigkeiten dar und daher wird deren Beurteilung und vernünftige Beherrschung der Begierden nachdrücklich hervorgehoben.

> Er vereinigte mit dem sinnlichen Leibe die Natur der Engel, und gab uns eine Vernunft, die unsere niedrigern Empfindungen beständig beherrschen; die die Natur der Güter, die sich unsern Sinnen anbieten, untersuchen; die ihren verschiedenen Werth gegen einander abwiegen; die dieselben wiederum zusammen mit der grossen Bestimmung unserer Natur vergleichen; und uns ihren Ge-

---

[77] Erstmals erschienen in: Johann Friedrich Wilhelm Jerusalem, Zweyte Sammlung einiger Predigten, Braunschweig 1753, 189–292. Hier zitiert nach der Ausgabe von 1774, 149–230 (Seitenzahlen im fortlaufenden Text).

nuß nur alsdann, und niemals weiter erlauben sollte, als der grosse Endzweck unserer Natur, unsere wahre und beständige Glückseligkeit, es erlaubte (159).

In dieser kurzen Passage steckt eine Vielzahl von Urteilshinsichten. Zunächst einmal eine grundsätzlich Subordination (Herrschaft der Vernunft), sodann die Prüfung der begehrten Objekte (Natur der Güter), weiter eine Abwägung in einer Wertperspektive (Werth abwiegen) und schließlich die Einordnung und Vergleichung mit der Bestimmung des Menschen im Ganzen. Daraus ergibt sich dann am Ende eine eindeutige deontologische Stellungnahme, deren Grundprädikat das ›Erlaubte‹ ist.

Jerusalem erläutert diese anthropologische Basiserklärung anhand einer sinnreichen Ausdeutung der Paradieserzählung (159–168). Diese ist nämlich »keine alte erdichtete Geschichte«, sondern es ist »die Geschichte der Natur, wovon wir die deutlichsten Urkunden in unserer eigenen Seele haben« (168). Da wir nun aber die eigentlich zureichenden Kräfte unserer ursprünglichen Natur nicht genügend haben nutzen können und uns so selbst in das Verderben gestürzt haben, tritt Jesus Christus als »der grosse Mittler der Natur« auf den Plan (169), nachdem bereits zuvor die Offenbarung Gottes der durch die Sinnlichkeit geschwächten Vernunft zu Hilfe gekommen war (vgl. 170). Die Wiederherstellung des Menschen zu seiner »ersten Vollkommenheit und Würde« bedurfte nun eines besonderen ›Unterrichts‹ und dieser »grosse Unterricht beruhete vornehmlich auf der Lehre von den Begierden« (171).

Diese Lehre besteht im Wesentlichen aus drei markanten Sätzen:

Erstlich: *Daß die angenehmen und unangenehmen Empfindungen unserer Sinne, und die damit verknüpften Begierden, an sich nicht verdammlich, sondern zur Erhaltung und Vergnügung unsers Lebens uns vergönnet sind. Daß wir uns aber, zweytens, diesen Begierden nicht blindlings überlassen, sondern sie unter die Herrschaft einer gereinigten Vernunft beständig erhalten sollen*; und drittens, (welches der eigentliche Satz dieser göttlichen Sittenlehre ist) daß wir uns in der Erfüllung dieser Begierden überhaupt, und *auch da schon mäßigen sollen, wo sie wirklich noch erlaubt und unschuldig scheinen möchten* (172).

Der Erläuterung und differenzierten Entfaltung dieser drei Sätze ist der Rest der Predigt gewidmet.

Wie man sieht, ist bereits um 1750 ein reiches Tableau theologisch reflektierter und religiös durchdrungener Empfindungen entfaltet worden. Die Folgezeit hat diese Anfänge dann in mancherlei Richtungen weiterentwickelt (hier wäre besonders an Johann Gottfried Herder zu denken), aber zum Teil auch verkümmern lassen. Nicht zuletzt ist hier die dynamische Entwicklung der deutschen Literatur zu bedenken, die sich nach und nach nationale Geltung zu verschaffen wußte und nicht mehr ohne weiteres in lebendigem Kontakt mit den religiösen Strömungen bleiben mochte.

Kaum ein Theologe konnte oder wollte die Empfindungswelt unbeachtet lassen. Neben der Schöpfungsfrömmigkeit war es vor allem das Kerngebiet christlicher Religion, das Themenfeld von Sünde und Gnade, das die hier aufgerufenen Binnenwelten in reichem Maße geprägt und vertieft hat. Auffällig ist auch die aufmerksam und behutsam ins Werk gesetzte lebensbegleitende Erbauung, die sich hier zeigt. Der ›ganze Mensch‹ war eben immer auch biographisch zu seiner Ganzheit unterwegs und je genauer er sich seiner vielfachen Vermögen vor den Augen Gottes versicherte, desto umfassender und eindringlicher vermochte er auch sein Leben im Ganzen, in Fortschritten, in Rückschritten, in Kreisbewegungen allmählich der religiösen Deutung zugänglich machen, bis hin zum Tode. Die hierfür erforderte lebenspraktische Konkretheit überträgt sich im sorgsamen Aufmerken auf die Gefühle und ihre vielfältigen Erscheinungsformen und Ausdrucksgestalten. Doddridges Buch überzeugt schließlich nicht zuletzt darin, daß es in virtuoser Weise verschiedene Ebenen der Betrachtung mit verschiedenen Genres religiöser Sprachkultur in einen fruchtbaren Kontakt bringt. Mit all dem war ein hoher Standard gesetzt, dem die Folgezeit zu entsprechen suchte, solange sie sich seiner bewußt blieb. Freilich gerieten diese Ansätze nach und nach in Vergessenheit, zum Teil bis zum heutigen Tage. Spätere Zeiten begannen dann wieder unter anderen Bedingungen und in anderen Konstellationen, diese Sphären zu bearbeiten und zu erschließen. Das sei nun in einem Kehraus mit Schleiermacher zumindest im Ansatz noch angedeutet.

3.5 Kehraus mit Schleiermacher

Schleiermacher hat von der Aufklärung in mancherlei Weise Abschied genommen,[78] nicht zuletzt durch seine Abstraktion von der emotionalen Ebene der menschlichen Religiosität. Die Ansätze der *Reden*, der Anschauung des Universums mit einer konkreten Analyse religiöser Gefühle innere Tiefe zu verleihen, werden in der *Glaubenslehre* gänzlich verlassen, zugunsten einer rein formalen Bezugnahme auf die Ebene konkreter Gefühlswelten. Dieser Punkt wird oft genug übersehen, weil Schleiermacher seinen subjektivitätstheoretischen Grundbegriff, das ›unmittelbare Selbstbewußtsein‹, als ›Gefühl‹ bezeichnet. Wie auch immer es um die Plausibilität dieser Bezeichnung stehen möge, mit Gefühlen, wie sie das 18. (und das 21.) Jahrhundert aufgefaßt hat, hat sie wenig zu tun. Diese kommen vielmehr erst in dem sogenannten ›niederen‹ Selbstbewußtsein ins Spiel. Doch werden sie gerade nicht in der Fülle ihrer Konkretion, wie etwa bei Watts und Doddridge oder auch bei Baumgarten, gewürdigt, sondern nur in ihrem bloß formalen Vorhandensein. Ausdrücklich will Schleiermacher selbst von der elementarsten Differenz, dem Angenehmen und Unangenehmen, absehen, wenn es um die Konstruktion konkreter Religiosität geht. Nur die Art und Weise der Einigung des höheren und niederen Selbstbewußtseins überhaupt soll darin eingehen. Der daran angeknüpfte Erlösungsbegriff hat also keinerlei Verankerung im emotionalen Seelenleben des frommen Subjekts. Es wäre eine eigene Aufgabe, in der materialen Durchführung der Glaubenslehre nach Residuen konkreter Emotiona-

---

[78] Vgl. Claus-Dieter Osthövener, Schleiermachers kritisches Verhältnis zur theologischen Aufklärung (wie Anm. 2).

lität zu fahnden. Vermutlich aber ist man dafür vor allem auf die Predigten verwiesen, die bekanntlich in mancher Hinsicht ein wesentliches Komplement der *Glaubenslehre* darstellen.

Um so erstaunlicher ist es, daß auch die *Reden* und ihr Umfeld, besonders die nun editorisch mustergültig aufbereiteten Predigten,[79] hinsichtlich ihrer Behandlung der religiösen Gefühlswelten noch wenig erforscht sind. Zwar gibt es eine Vielzahl von Untersuchungen zum Gefühl als komplementärem Leitbegriff zur meist wichtiger genommenen Anschauung. Aber die vielen längeren und kürzeren Passagen, in denen Schleiermacher die konkreten emotionalen Tableaus des frommen Menschen betrachtet, fristen ein Schattendasein. Ich möchte hier eine dieser unbeachteten Passagen vorstellen, weil sie Gedanken enthält, die tatsächlich neue Wege weisen (Hervorhebungen von mir):

> An einer heiligen Person ist alles bedeutend, an einem anerkannten Priester der Religion hat alles einen kanonischen Sinn. So mögen sie denn *das Wesen* derselben *darstellen* in allen ihren Bewegungen, nichts möge verloren gehen auch in den gemeinen Verhältnissen des Lebens von dem *Ausdruck eines frommen Sinnes*, die *heilige Innigkeit* mit der sie Alles behandeln zeige, daß auch bei Kleinigkeiten, über die ein profanes Gemüt leichtsinnig hinweggleitet, die Musik erhabener Gefühle in ihnen ertöne; die *majestätische Ruhe*, mit der sie Großes und Kleines gleichsetzen, beweise, daß sie Alles auf das Unwandelbare beziehn, und in Allem auf gleiche Weise die Gottheit erblicken; die *lächelnde Heiterkeit*, mit der sie an jeder Spur der Vergänglichkeit vorübergehen offenbare Jedem, wie sie über der Zeit und über der Welt leben; die *gewandteste Selbstverleugnung* deute an, wieviel sie schon vernichtet haben von den Schranken der Persönlichkeit; und der *immer rege und offne Sinn*, dem das Seltenste und das Gemeinste nicht entgeht, zeige, wie unermüdet sie das Universum suchen und seine Äußerungen belauschen. Wenn so ihr ganzes Leben und jede *Bewegung ihrer innern und äußern Gestalt* ein priesterliches Kunstwerk ist, so wird vielleicht durch diese *stumme Sprache* manchen der Sinn aufgehn für das was in ihnen wohnt.[80]

Hier wird ein sehr gewichtiges Strukturelement der religiösen Gefühle bewahrt und zugleich transformiert: Die präreflexive und vor allem vorprädikative Eigenart der Gefühle, die vor aller sprachlichen Artikulation da sind, sie tritt auch hier in einer ›stummen Sprache‹ hervor. Doch die Identifizierbarkeit und die Verständlichkeit dieser Sprache wird nun unterstützt durch Ausdrucksmittel, die zwar ebenfalls der expliziten Worte und Gedanken entraten, die jedoch durch Gesten und Bewegungen, vor allem aber durch Haltungen und Gestimmtheiten sich deutlich machen. Damit ist ein sehr interessanter Zwischenbereich angesprochen, der weit in die Moderne vor-

---

[79] Friedrich Daniel Ernst Schleiermacher, Predigten 1790–1808, in: Ders., Kritische Gesamtausgabe III/3, hg. v. Günter Meckenstock, Berlin/New York 2013.
[80] Friedrich Daniel Ernst Schleiermacher, Über die Religion. Reden an die Gebildeten unter ihren Verächtern (1799, 1806, 1821), hg. v. Niklaus Peter u. a., Zürich 2012, 183f (Erstausgabe 227f).

ausweist, etwa auf Überlegungen Robert Musils.⁸¹ Noch weiter zusammengedrängt ist eine solche stumme Sprache am Beginn der fünften Rede:

> [S]o würdet Ihr doch Demjenigen Achtung und Ehrfurcht nicht versagen können, dessen Organe dem Universum geöffnet sind, und der, [...] von den Einwirkungen desselben durchdrungen und Eins mit ihm geworden, wenn Ihr ihn in diesem köstlichen Moment des menschlichen Daseins betrachtet, den himmlischen Strahl unverfälscht auf Euch zurückwirft. ⁸²

Es wäre reizvoll, diese Ausführungen einmal mit den von Doddridge ausgeführten ›Branches of the Christian Temper‹ in ein Verhältnis zu setzen. Erst durch solche ebenso vorausweisenden wie auch zurückreichenden Verknüpfungen könnte Schleiermacher ein theologiegeschichtlich fundierter Ort angewiesen werden.

4 Fazit

Leibniz' eingangs zitierte These, daß die wahre Religion in ›sentiments et pratique‹ zu finden sei, hat eine eindrucksvolle Bestätigung erfahren. Allerdings hat sich auch die Bedeutungsvielfalt von ›sentiment‹ bewährt. Der Bezug auf Gefühle kann sehr elementar ausfallen, aber auch hochstufige Reflexionsgestalten mitumfassen. Im christlichen Kontext wird so gut wie immer die große Erzählung der Erlösung mitgeführt, die in ihren biblischen und erbaulich aneignenden Ausformungen eine Fülle von Deutungsperspektiven und Zuordungshinsichten bereitstellt, sie wird aber auch ihrerseits von wechselnden Bedürfnissen geformt und akzentuiert.

Zum Schluß seien die hier gewonnenen Einsichten in einige Thesen verdichtet. (1) Die Religion umspannt den gesamten Bereich des emotionalen Spektrums. Die Emphase der englischen und deutschen Aufklärung gilt dem ›ganzen Menschen‹. Daher muß auch die gesamte Bandbreite der Gefühle in religiöser Hinsicht integriert werden können. (2) Die Religion kennt verschiedene Integrationsinstanzen, die auch für die förderliche Gestalt des emotionalen Ensembles notwendig sind. Das kann die Vernunft sein, der Glaube, die Seele oder die Liebe. (3) Es sind weniger die elementaren Gefühle, die von Interesse sind, sondern ihre Kombination, ihre Entwicklung (Übergänge) und ihre Konstellationen. Das hängt eng mit der spezifisch christlichen So-

---

81 Vgl. Claus-Dieter Osthövener, Die Ästhetik Schleiermachers im Kontext der modernen Poetologie, in: Internationales Jahrbuch des Deutschen Idealismus 4 (2006), 225–255; ders., Literarische und religiöse Deutungskultur im Werk Robert Musils, in: Protestantismus zwischen Aufklärung und Moderne, hg. v. Roderich Barth / Claus-Dieter Osthövener / Arnulf von Scheliha, Frankfurt a. M. 2005, 286–300.
82 Friedrich Daniel Ernst Schleiermacher, Reden (wie Anm. 80), 207 (237). – In eben diesem Sinne sagt Rudolf Otto vom numinosen Gefühl als dem ›Hinter- und Untergrund‹ der Religion: »In feierlicher Haltung, Gebärde, Ton der Stimme und Miene, im Ausdruck der seltsamen Wichtigkeit der Sache, in der feierlichen Sammlung und Andacht der betenden Gemeinde lebt mehr davon als in all den Worten und negativen Benennungen, die wir selber gefunden haben« (Das Heilige, Breslau 1917, 62).

teriologie zusammen, der stets ein dynamisches, teils teleologisches Moment innewohnt. Sie thematisiert die Kontraste von Sünde und Erlösung in einer lebensweltlich anschlußfähigen Folge und Beziehung. (4) Die Religiosität von Gefühlen wird allererst auf einer hochstufigen Komplexität des Gefühlslebens deutlich. Sie kann objektiv (Geist, Gott) oder subjektiv (Heil, Glück) akzentuiert sein. Die Aufklärung hat nicht nach genuin religiösen Gefühlen gefahndet, dieses Problem blieb eine späteren Zeit vorbehalten. (5) Gottseligkeit und Glückseligkeit sind eng verwandt (›Grenze zur Ewigkeit‹), die diesseitige Welt wird nicht strikt gegen die jenseitige abgesetzt. Daher mußten dann auch die innerweltlichen Gefühle und Begierden nicht im Namen einer jenseitigen Welt abgewertet werden. Der ehemalige harte Kontrast vom weltlichen Jammertal zu den überirdischen Freuden wird abgemildert zu einem Verhältnis von Vorbereitung und Erfüllung, wobei letztere immer schon ihr besänftigendes Licht ins Diesseits scheinen läßt. (6) Die Aufklärung ist eine der interessantesten und lehrreichsten Epochen für eine Theologie der Gefühle. Es bedarf noch vieler Arbeit, um diese These hinreichend zu profilieren. Gerade die profilierende Beziehung zum Pietismus um 1700 und der Erweckungsbewegungen im frühen 19. Jahrhundert könnte neben dem Blick nach England viele Aufschlüße bringen.

Das frühe 20. Jahrhundert hat, wie das einleitende Zitat von Rudolf Otto zeigte, sich nur zögernd ein neues Verständnis der Aufklärung erschlossen. Dabei ist natürlich für eine Theologie der Gefühle Rudolf Otto eine entscheidende Gestalt, wie immer man die Plausibilität seiner Religionsphänomenologie auch einschätzen mag. Die von ihm in *Das Heilige* vorgelegte Skizze ist zumindest bislang nicht ausgeschöpft in ihrem theoretischen und praktischen Potential, das scheint sich in letzter Zeit sowohl in der Theologie wie in der Religionswissenschaft wieder herumzusprechen. Für die hier verfolgte Fragestellung wäre es von besonderer Bedeutung, Ottos These genuin religiöser Gefühle in den Blick zu nehmen. Eine gründliche Untersuchung dieser vielfach verzweigten These kann hier nicht erfolgen, es sei jedoch die Vermutung ausgesprochen, daß Otto die Plausibilität seiner diesbezüglichen These überschätzt hat. Ich zumindest neige dazu, *Das Heilige* von seinem Ende her aufzuzäumen und weniger den vermeintlich synthetischen Weg des allmählichen Aufbaus der religiösen Gefühle über ihre Ausdrucksmittel bis zur Religionsgeschichte zu gehen, als vielmehr die Schlußausführungen zur ›Divination‹ für den eigentlichen Haltepunkt von Ottos Theorie anzusehen. Erst von hier aus ergibt sich die je konkrete Ausformung von Ausdrucksmitteln einerseits und geprägten (nämlich ideogrammatisch geprägten) Gefühlsmomenten andererseits. Mir scheint vor allem, daß nur auf diese Weise auch die interkulturellen Differenzen produktiv in den Blick genommen werden können, wobei die von Otto in unversalistischer Absicht vorgetragenen Argumente für eine kulturübergreifende Religiosität nicht gering geschätzt werden sollten. Neuere Forschungen jedenfalls legen es nahe, auch die elementaren Verschiedenheiten deutlicher zu betonen.[83]

Für die Einschätzung der Gegenwartsbedeutung der gefühlsbezogenen Theologie der Aufklärung bedeutet dies, daß sie ohne weiteres an die gegenwärtigen Debatten anschlußfähig ist, da sie weniger an einer kulturübergreifenden Entfaltung des Religiösen interessiert war, sondern an der Verankerung und Plausibilisierung der christlichen Religion im je konkreten Individuum, das wiederum in je konkreten Deutungswelten lebte. Daß hierbei der Terminus ›Plausibilisierung‹ nicht kognitiv enggeführt werden darf, versteht sich von selbst. Vielmehr ist es den hier genannten Autoren durchweg, wenngleich in unterschiedlicher Weise, um die Herausarbeitung einer Stimmigkeit zu tun, die sich nicht allein auf sprachliche oder gar gedankliche Aspekte des Christentums bezieht, sondern diese stets in die Lebensbewegungen des ›ganzen Menschen‹ einzubinden versucht. Und hierfür sind die Gefühle eine unverzichtbare Hilfe, so wie umgekehrt diese Gefühle erst im Zusammenhang und im Zusammenklang mit den kognitiven und voluntativen Aspekten religiöser Lebensführung ihre christliche Bestimmtheit gewinnen. Sie leisten damit einen Beitrag zum modernen Umgang des Individuums mit seinen je lebenspraktisch zu erprobenden Gestimmtheiten, die sich nicht nur in einer religiösen, sondern dann später auch in einer religionsaffinen und ästhetischen Dimension manifestieren.[84] Die Aufklärung zeigt sich auch in dieser Hinsicht weniger als eine festumrissene Epoche, denn als ein Experimentierfeld, dessen verschiedene Projekte immer noch reizvoll und weiterführend sind. Die aufklärende Erkundung der ›Affectionate Religion‹ gehört ohne Frage zu diesem Ensemble unabgeschlossener Projekte hinzu.

---

83 Vgl. Owen M. Lynch, The Social Construction of Emotion in India, in: Ders. (Hg.): Divine Passions. The Social Construction of Emotion in India, Berkeley/Los Angeles/Oxford 1990, 3–34; Annette Wilke, »Stimmungen« und »Zustände«. Indische Ästhetik und Gefühlsreligiosität, in: Axel Michaels u. a. (Hg.), Noch eine Chance für die Religionsphänomenologie?, Bern u. a. 2001, 103–126.

84 Vgl. Claus-Dieter Osthövener, Erscheinungsformen der Frömmigkeit in der klassischen Moderne, in: Andreas Kubik (Hg.), Protestantismus – Aufklärung – Frömmigkeit. Historische, systematische und praktisch-theologische Zugänge, Göttingen 2011, 133–152.

Christopher Voigt-Goy
Das ›amerikanische‹ religiöse Gefühl

Jonathan Edwards und das ›Great Awakening‹

> [...] die Lutheraner, sie können nicht über das hinaus bewegt werden, was Luther sah. Denn welchen weiterführenden Teil seines Willens Gott Calvin auch immer eingoss und offenbarte, sie [scil. die Lutheraner] würden eher sterben als ihn [scil. diesen Teil] mit offenen Armen aufzunehmen; und so auch [...] die Calvinisten, sie stecken dort fest, wo er [Calvin] sie verlassen hat. Das ist ein höchst beklagenswertes Elend. Denn obwohl sie [scil. Luther und Calvin] wertvolle, strahlende Lichter ihrer Zeiten waren, hat Gott ihnen doch nicht seinen ganzen Willen offenbart. Und würden sie heutzutage leben, wären sie ebenso bereit wie willens dankbar weiteres Licht anzunehmen, als sie einst empfingen.[1]

Mit diesem Blick auf eine unvollendete Reformation verabschiedete der Dissenter John Robinson einen kleinen Teil seiner Leidener Gemeinde, welcher im Juli 1620 in Delfshaven nach Neuengland aufbrach und es nach einigen Wirrungen auf der *Mayflower* auch erreichte. John Robinson starb, bevor er mit dem Rest seiner Gemeinde die lange und entbehrungsreiche Fahrt antreten konnte. Seine Botschaft, dass man bei dem, was andere einmal erreicht und empfangen haben, nicht stehen bleiben dürfe, schrieb sich aber dem Gedächtnis der Nachkommen der *Mayflower*-Pilger ein: 120 Jahre später spaltete sie die bereits zeitgenössisch ›a Time of Great Awakenings‹ genannte Erweckungswelle, die in den 1730er und 1740er Jahren vor allem durch die Nord- und Mittelkolonien Neuenglands rollte, in Vertreter des *Old Light* und solche des *New Light*.[2]

Angesichts der neueren Forschungen zum ›Great Awakening‹, welche das Bild einer nationalen Revolution *avant la lettre* plausibel erschüttert haben, wird man sich von allzu weitläufigen Einschätzungen der Bedeutung und des Umfangs der Erweckungsbewegung in den nordamerikanischen Kolonien besser fernhalten. Hermann

---

1 The Works of John Robinson, Pastor of the Pilgrim Fathers, Bd. 1, ed. by Robert Ashton, London 1851, xliv: »[...] the Lutherans, they cannot be drawn to go beyond what Luther saw; for whatever part of God's will he had further imparted and revealed to Calvin, they will rather die than embrace it. And so also [...] the Calvinists, they stick fast where they were he left them; a misery much to be lamented; for though they were precious shining lights in their times, yet God has not revealed his whole will to them; and were they now living, [...] they would be as ready and willing to embrace further light, as they had received«. Die Rede von Robinson ist uns nur indirekt überliefert.
2 Vgl. dazu vor allem Hermann Wellenreuther, Ausbildung und Neubildung. Die Geschichte Nordamerikas vom Ausgang des 17. Jahrhunderts bis zum Ausbruch der Amerikanischen Religion 1775 (Geschichte Nordamerikas in atlantischer Perspektive von den Anfängen bis zur Gegenwart Bd. 2), Münster u. a. 2001, 314–351. Weiterhin: Mark A. Noll, America's God. From Jonathan Edwards to Abraham Lincoln, New York 2002, 31–50. Zur Theologiegeschichte vor allem E. Brooks Holifield, Theology in America. Christian Thought from the Age of the Puritans to the Civil War, New Haven/London 2003, 25–156.

Wellenreuther hat in seiner fulminanten Geschichte Nordamerikas daher vorgeschlagen, zumindest zwei Ebenen in der historischen Betrachtung auseinanderzuhalten: *Einmal* eine überregionale ›Erweckungsbewegung‹, die durch die Verbreitung erwecklich-religiösen Schrifttums und durch koloniendurchziehende Erweckungsprediger konstituiert wird. Diese ›Bewegung‹ trug zusammen mit der durch sie provozierten überregionalen religiösen Opposition zu einer »breitgestreute[n] allgemeinen Sensibilisierung für religiöse Fragen«[3] bei. Davon sind, *sodann*, die mit dem ersten Phänomenbereich verschlungenen, gleichwohl ihren eigenen Antriebskräften und Traditionen folgenden Entwicklungen innerhalb des kolonialen Denominationalismus zu unterscheiden; dass Wellenreuther in diesem Zusammenhang gerne von ›Konfessionalisierung‹ spricht, halte ich übrigens für weniger glücklich.[4] Es ist diese zweite Ebene, die uns im Folgenden beschäftigen soll: Denn es war nicht das erste Mal, dass der von den sog. ›Pilgervätern‹ herkommende Kongregationalismus Neuenglands von ›Erweckungen‹ erfasst wurde. Neu waren allerdings die hochgepeitschten Erwartungen, die sich hier an das ›Great Awakening‹ hafteten, sowie das Ausmaß der hier im Zeitraum des ›Great Awakening‹ sich dutzendfach neu bildenden, vom Einfluss der herumziehenden Erweckungsprediger aber selten berührten Gemeinden.

Zumindest umrisshaft müssen wir uns deshalb im ersten Teil unserer Überlegungen die innere Entwicklung des neuengländischen Kongregationalismus vor Augen stellen, bevor wir uns dann dem Startheologen des *New Light*, Jonathan Edwards,[5] zuwenden. Der diagnostizierte auf dem Höhepunkt des Konflikt zwischen *Old* und *New Light* nämlich, dass alle falschen Auffassungen von einer Erweckung aus einer falschen Auffassung des *sense of the heart* herrühren. Diesem Herzenssinn widmete Edwards eine Predigtreihe, aus der dann *A Treatise concerning Religious Affections* erwuchs.[6] Das Buch wurde 1746 gedruckt und erfreut sich im amerikanischen Protestantismus der Neuzeit nachhaltiger Wertschätzung, zumindest dort, wo der Evangelikalismus nicht in das Stadium traditionsvergessener Dumpfheit eingetreten ist.[7] Und wir werden am Schluss zu überlegen haben, welchen Beitrag Edwards' Herzenssinn zur neuzeitlichen ›Entdeckung des religiösen Gefühls‹ leistete.

---

3 Hermann Wellenreuther, Ausbildung und Neubildung (wie Anm. 2), bes. 318–329, Zitat 334 [im Original gesperrt, CVG].
4 Vgl. aaO. 329–332.
5 Vgl. zu ihm die hervorragende Biographie von George M. Marsden, Jonathan Edwards. A Life, New Haven 2004. Gute Ein- und Überblicke in die Forschungen geben die beiden Handbücher: Sang Hyun Lee (Hg.), The Princeton Companion to Jonathan Edwards, Princeton 2005; Stephen J. Stein (Hg.), The Cambridge Companion to Jonathan Edwards, Cambridge 2006. Aus der deutschen Edwards-Literatur ist vor allem zu nennen: Caroline Schröder, Glaubenswahrnehmung und Selbsterkenntnis. Jonathan Edwards' theologia experimentalis (FSÖTh Bd. 81), Göttingen 1998.
6 Ich verwende folgende Edition: Jonathan Edwards, A Treatise concerning Religious Affections (The Works of Jonathan Edwards Vol. 2), New Haven 2009, im Folgenden zit. als: Affections.
7 Vgl. zur Geschichte des evangelikalen Antiintellektualismus Mark A. Noll, The Scandal of the Evangelical Mind, Grand Rapids 1994.

1 ›Half-Way Covenant‹: Konversion und Kirchenzucht

Mit der Ankunft der ersten Pilger nahm die aus dem englischen Independentismus stammende Tradition der *Gathered Churches* in den Kolonien rigide Formen an, indem allein die schriftlich dokumentierte Berührung mit der göttlichen Erwählungsgnade *(relation)* den Einzelnen zur vollen Gemeindegliedschaft qualifizierte.[8] Diese Bestimmung, die den *Church Covenant* auf *Visible Saints* restringierte, veränderte sich aber im Übergang von der zweiten zur dritten Generation der Kolonisten. Das zentrale Problem war dabei die Zulassung zur Taufe: Denn nur Vollmitglieder konnten ihre Kinder taufen lassen. Die so Getauften wurden zwar aufgrund des elterlichen Gnadenzeugnisses als Gemeindeglieder behandelt, aber so lange nicht zum Abendmahl – dem Sakrament der vollen Gemeindegliedschaft – zugelassen, bis sie selbst als Erwachsene in einer *relation* ihre individuelle Erwählung bezeugten und dem Gemeindevertrag beitraten.

Doch was sollte man tun, wenn, wie es dann zur Enttäuschung vieler auch geschah, das individuelle Gnadenzeugnis bei den heranwachsenden Getauften ausblieb? Theoretisch zumindest, so bestimmte es noch die *Cambridge Platform* von 1648, war den Kindern solcher Menschen die Taufe verwehrt.[9] Die zwischen 1657 und 1662 gegen viele Widerstände durchgesetzte Vorstellung des *Half-Way Covenant* entwarf dazu einen Kompromiss: Der einmal geschlossene Bund von Gemeindegliedern sollte hinsichtlich der Taufzulassung für alle ihre Nachkommen gelten, so dass also auch Getaufte, aber von der Gnade Unberührte ihre Kinder taufen lassen konnten usf.[10]

Jonathan Mitchell, einer der führenden Theologen der zweiten Auswanderergeneration, verteidigte diesen Kompromiss in einer Deutlichkeit, die nichts zu wünschen übrig ließ:

> Der Herr hat keine Kirchen errichtet, nur damit ein paar alte Christen sich darin warm halten können, wenn sie leben, und die Kirche dann mit sich in ihre kaltes Grab nehmen, wenn sie sterben: Nein!, sondern damit sie fürsorglich [...] eine andere, auf sie folgende Generation von

---

[8] Die klassische Studie hierzu ist: Perry Miller, The New England Mind. The Seventeenth Century, Cambridge, Mass. u. a. 1982 (zuerst 1939).
[9] Vgl. A Platform of church discipline gathered out of the Word of God, and agreed upon by the elders, and messengers of the Churches, assembled in the Synod at Cambridge in New England, to be presented to the churches and Generall Court for their consideration and acceptance in the Lord, the eighth moneth, anno 1649, Cambridge, Mass.: Printed by S. G. at Cambridge in New England 1649.
[10] Vgl. Perry Miller, The New England Mind. From Colony to Province, Cambridge, Mass. u. a. 1981 (zuerst 1953), 93–104.

Untertanen Christi heranziehen, die in seinem Königreich aufstehen können, wenn sie gegangen sind.[11]

Dabei verteidigte Mitchell, dass erst eine auf die Taufe folgende Bekehrung die Zulassung zum Abendmahl, also die Vollmitgliedschaft, ermögliche. Mitchells Auffassung vom *Half-Way Covenant*, die an der Bekehrung als Erbe der Väter festhielt, die eigenen Gemeinden aber nicht vollends an die Täufer bzw. Anglikaner oder Presbyterianer verlieren wollte, bildete in der Folgezeit die eine Richtung in den kongregationalistischen Gemeinden. Mitchells Schüler in Harvard, Increase Mather, schuf ihr als siebter Präsident Harvards und einflussreicher Pfarrer der Second Boston Church breiten Rückhalt in den folgenden Generationen.

Doch Mather geriet dadurch in einen jahrzehntelangen Streit mit seinem Schwager Solomon Stoddard,[12] der als langlebiger Patriarchenpfarrer Northamptons (Mass.) den Spotttitel ›Papst des Connecticut Valley‹ erhielt. Zwar leugnete Stoddard die Notwendigkeit der Bekehrung zur Erlangung des Heils nicht und hatte als Erweckungsprediger viel beachteten, weit größeren Erfolg als Mather. Doch er entkoppelte inneres Zeugnis der Gnade und formale Gemeindegliedschaft, weil jenes für ihn unerkennbar war. Ein moralischer Lebenswandel der Gemeindeglieder und ihre aufrichtige Mühe um die Religion – durch Gemeindezucht und Katechese überwacht – waren für ihn die einzig erkennbaren und daher hinreichenden Äußerlichkeiten, ihnen das Abendmahl nicht zu verwehren. Und damit vertrat er die andere auf den *Half-Way Covenant* aufbauende, durch die Verwischungen mit dem Presbyterianismus Neuenglands unterstützte Richtung in den kongregationalistischen Gemeinden.

Seine Auffassung legte Stoddard in kondensierter Form im Jahr 1700 in seinem Buch *The Doctrine of Instituted Churches* vor, das mit dem Satz eröffnet: »The Word of God gives us sufficient Light, to direct us about Instituted Churches and all Administrations therein«.[13] Increase Mather hingegen verteidigte im selben Jahr in seinem Buch *The Order of the Gospel* den ›old New England way‹ und unkte in Richtung Northampton, dass, wenn es so weiter gehe, wie dort gewollt, es in dreißig Jahren fällig werde »to gather Churches out of Churches«.[14]

Es war der Enkel Stoddards, Jonathan Edwards (geb. 1703), welcher sich der Aufgabe annahm, die Increase Mather den Folgegenerationen in Aussicht gestellt hatte.[15] Doch wie Edwards die Aufgabe anging, zeigt dann doch ganz eigene Züge – bei al-

---

11 Zit. bei Edmund S. Morgan, Visible Saints. The History of a Puritan Idea, Ithaca 1963, 138. Meine Übersetzung.
12 Vgl. dazu E. Brooks Holifield, Theology (wie Anm. 2), 66–69.
13 Solomon Stoddard, The doctrine of instituted churches explained and proved from the word of God, London 1700, 1.
14 Increase Mather, The Order of the Gospel, Boston 1700, 12.
15 Die Zusammenfassung basiert auf der Anm. 5 angeführten Literatur. Eine gute Übersicht über Edwards' Theologie bietet E. Brooks Holifield, Theology (wie Anm. 2), 101–126.

ler Familienähnlichkeit, die ihn mit seiner Sippe verband. Neben seiner individuellen Begabung spielten seinem Aufstieg zu einem weithin beachteten Prediger und Theologen wohl auch äußere Umstände in die Hand: Als Edwards 1729 nach 60jährigem Regiment Stoddards die Pfarrstelle seines Großvaters übernahm, war die Zeit für etwas Neues reif und das Bedürfnis nach etwas Neuem groß. Und dieses ›Neue‹ bestand bei Edwards in seinem Versuch, die klassischen religiösen Traditionen und Vorstellungswelten der ersten kolonialen *Gathered Churches* wieder zur Geltung zu bringen. Allerdings pflegte Edwards die Hoffnung, dass es möglich sei, die bestehende Form verkirchlichter Gemeindegliedschaft von innen heraus in das religiös-elitäre Niveau früherer Zustände der ›Herrschaft der Heiligen‹ umzubilden. Um es vorweg zu nehmen: In seiner eigenen Gemeinde scheiterte diese Hoffnung nach einigen Anfangserfolgen kläglich. Edwards' Gemeinde wurde nach und nach das Treiben ihres Pfarrers zu bunt, der die Schrauben der Kirchenzucht und des katechetischen Verhörs mächtig anzog und sogar anfing, Unbekehrten die Taufe ihrer Kinder zu verweigern: 1750 verlängerte die Gemeinde mit überwältigender Mehrheit den Dienst von Edwards nicht weiter, woraufhin dieser nach einem Engagement in Stockbridge 1758 als Präsident an das College of New Jersey gerufen wurde, das von der Erweckung gegründet worden war und später Princeton heißt. Dort starb Edwards am 22. März 1758, kurz nach seiner Ankunft, in Folge einer Pockenimpfung.

Edwards' *A Treatise concerning Religious Affections* von 1746 ist die theoretische Programmschrift seines Anliegens. Ihr wenden wir uns in den nächsten beiden Abschnitten zu. Das tun wir, indem wir uns *zunächst* die erkenntnis- und affekttheoretischen Grundbestimmungen Edwards' klar machen, um *darauf* die religiös-elitäre Tendenz von Edwards' Konzeption zu betrachten.

2 ›Sense of the Heart‹: Affektlagen und Intensitätsgrade

Dass Edwards ein aufmerksamer Beobachter der englischen erkenntnis- und moralpsychologischen Debatten war, zeigt schon seine Einordnung des ›Herzenssinns‹ in den menschlichen Erkenntnisapparat: In kritischer Umformung von Lockes Konzeption des *inner sense* – den Locke als ›irgendwie‹ analog zur äußeren Sinneswahrnehmung bestimmte[16] – unterscheidet Edwards zwei Beziehungen, die das Bewusstsein zu einer ›Idee‹ bzw. deren mentaler Repräsentation aufnehmen kann: Die erste, für Edwards zugleich unwichtigste, ist die vernünftige Betrachtung durch das *understan-*

---

[16] Vgl. John Locke, An Essay concerning Human Understanding, hg. v. Peter H. Nidditch, Oxford 1975, 2.1.4. Vgl. die frühen Reflexionen Edwards': Jonathan Edwards, The »Miscellanies«, Entry Nos. 501–832 (The Works of Jonathan Edwards Vol. 18), New Haven 2000, No. 782, 452–466.

ding genannte Seelenvermögen – d. i. eine Verknüpfung, Vergleichung und Beurteilung innerlich vergegenständlichter Ideen.[17] Die zweite Beziehung ist affektiv grundiert, indem das Bewusstsein zu einer Idee in ein Verhältnis der Neigung bzw. Abneigung, Anerkennung bzw. Ablehnung etc. tritt, und wird von Edwards das Vermögen der *inclination* oder auch einfacher: *sense* genannt. Mitnichten ist dieses Vermögen nach Edwards als ein gleichsam formales Additiv zu den inneren Objektivationen aufzufassen, die das *understanding* leistet, weshalb es auch nicht wie ein *assensus* bzw. *dissensus* zu einer *notitia* hinzutritt. Vielmehr ist es eine Erkenntnisquelle eigener Art, die man wohl am besten als eine affektgeleitete, rationale Komponenten integrierende Erschließung der Ideen bzw. ihrer mentalen Repräsentationen beschreibt. Sie tritt dabei in zwei Formen auf: Insofern aus dieser Erschließung handlungsleitende Motive entspringen, wird der *sense* als *Wille* angesprochen, insofern daraus erkenntnisleitende Motive resultieren als *Herz*.[18] Die mit dem *sense* umfasste voluntativ-rationale Gemengelage umschreibt Edwards gelegentlich mit dem Bild: Wo Hitze ist, da ist auch Licht.[19]

Natürlich sind diese Grundbestimmungen mit einem ganzen Bündel von Problemen verbunden. Damit brauchen wir uns hier aber nicht aufzuhalten. Wichtiger als diese Probleme ist nämlich, wie Edwards nun den *sense* – der ›Herzenssinn‹ steht bei Edwards oft *pars pro toto* – zum Zentrum seiner Überlegungen erhebt. Das geschieht in der Verbindung wiederum zweier Problemkreise: *Einmal* lassen sich die vom *sense* hervorgebrachten Affekte nach Intensitätsgraden unterscheiden. Sie reichen vom ganz rudimentären Erwachen eines Interesses bis hin zu massiven, körperliche Reaktionen einschließenden Bekundungen der Begierde oder des Hasses.[20] Dieses Spektrum versucht Edwards, *sodann*, mit der Differenz von nicht-religiösen und religiösen Affekten zu koordinieren.[21] Diese Absicht Edwards' könnte nun bei uns die Annahme befördern, dass Edwards darauf aus ist, auf einer Affektenskala denjenigen Umschlagspunkt zu erfassen, der nicht-religiöse von religiösen Affekten trennt und damit einen ›religiösen‹ *sense* identifizierbar macht. Diese Annahme ist zwar nicht gänzlich falsch und doch, wie es bei nicht ganz falschen Sachen zu sein pflegt, auch nicht richtig. Warum das nicht richtig ist, wird deutlich, wenn wir danach fragen, was für Edwards überhaupt die Differenz zwischen einem religiösen und nicht-religiösen Affekt ist.

Als Beschreibung eines religiösen Affekts setzt Edwards seinem Buch das Zitat von 1. Petr 1, 8 voran: »Den ihr nicht gesehen habt, liebt ihr: an ihn, obwohl ihr ihn jetzt nicht seht, glaubt ihr doch, ihr erfreut euch an unsagbarer Freude, und voll von

---

17 Vgl. Jonathan Edwards, Affections (wie Anm. 6), 96.
18 Vgl. aaO. 96f.
19 Vgl. nur aaO. 266.
20 Vgl. aaO. 97ff.
21 Vgl. aaO. 99f.

Herrlichkeit«.²² Auffällig an dieser Stelle ist vor allem, und das ist zugleich Edwards Ansicht der ›Religiosität‹ von Affekten, dass es sich um eine Konstellation verschiedener Affekte handelt. Und es ist, wie Edwards dann in großräumigen, durchaus gewundenen Einzelüberlegungen hinzufügt, eine Konstellation, die insgesamt durch stete Anhänglichkeit an eine Idee, feste Überzeugung von der Idee und dauernde individuelle Erfüllung durch die Idee gekennzeichnet ist.²³ Damit bestimmt Edwards ganz zeitgemäß die Religion am Ort des Individuums als Glückseligkeit.²⁴ Doch er verbleibt noch insofern völlig ›voraufklärerisch‹, indem er als religionsproduktive Größe nicht den *sense* ansieht, sondern allein – strukturell gesprochen – die ›Idee‹.

Allerdings gewinnt Edwards dadurch, dass er die Kriterienlast der Religionsbestimmung von der Ebene der Affekte selbst entfernt, einen ziemlich unverstellten Blick auf das religiöse Gefühlsleben seiner Zeitgenossen. Allzumal seine Einsicht, dass die religionsproduktive Grundidee ein ganzes Bündel von gleichzeitig wirksamen Affekten umschließt, stimmt ihn gegen einige Ansichten kritisch, die in den populären Konversionsvorstellungen seiner Tage von tragender Bedeutung waren. Der gesamte zweite Teil von Edwards' Abhandlung ist ihnen gewidmet. Eine bis heute Aufmerksamkeit auf sich ziehende Kritik Edwards' gilt dabei der Ansicht, dass eine Konversion zum wahren Glauben eine bestimmte Stufenfolge von Affekten umfassen muss. Diese im englischen Independentismus bis in das frühe 17. Jahrhundert zurückreichende Tradition feierte bekanntlich im entstehenden Methodismus fröhliche Urständ.²⁵ Diese Vorstellung seziert Edwards, der nach dieser Ansicht auch nicht als erweckt gegolten hätte, augenscheinlich genüsslich: Sowenig nämlich ein Einzelaffekt selbst noch sein Intensitätsgrad für Religiosität bürgt, sondern – sollte man sich darauf verlassen – dem religiösen Selbstbetrug Vorschub leiste, sowenig könne eine Reihung solcher Einzelaffekte und ihrer Intensitätsgrade den religiösen Selbstbetrug hindern: »Wenn der Teufel A, B und C machen kann, ist es für ihn ebenso einfach, A an die erste, B an die nächste, C wieder an die nächste Stelle zu setzen, wie sie in umgekehrter Reihenfolge zu ordnen«.²⁶

Doch Edwards unverstellter Blick auf die Affekte eröffnet noch eine andere, ungleich interessantere Pointe: Er ist nämlich in der Lage, die religiöse Affektkonstellation selbst als eine variable, auf verschiedenen Intensitätsebenen vorliegende Größe zu denken und daher bestimmte Entwicklungsprozesse innerhalb der Religiosität des Einzelnen anzunehmen. Weil der *sense* dabei ja emotive wie kognitive Komponenten umfasst, bedeutet das individuelle Hineinwachsen in die ›religiöse Idee‹ neben einer Intensivierung der Glückseligkeitserfahrung auch eine immer weiter fortschreitende

---

22 AaO. 93. Meine Übersetzung hier nach der King James Bible, die Edwards zitiert.
23 Zusammenfassend vgl. aaO. 118f.
24 Edwards spricht von einem »foretaste of heavenly happiness«, aaO. 133 u. ö.
25 Vgl. zu den historischen Hintergründen: D. Bruce Hindmarsh, The Evangelical Conversion Narrative. Spiritual Autobiography in Early Modern England, Oxford 2007.
26 Jonathan Edwards, Affections (wie Anm. 6), 159.

Durchdringung des Gott-, Welt- und Selbstverhältnisses des religiösen Menschen. Den Begriff der ›Perfektibilität‹ hat Edwards allerdings, soweit ich weiß, nie gebraucht und er hätte das wohl nie getan. Doch er hat das individuelle Streben nach Glückseligkeit bzw. deren innerweltlicher Vermehrung ebenfalls nicht, wie viele andere Theologen vor, neben und nach ihm, als letztlich doch noch sündige, der wahren Religion unangemessene Selbstverfangenheit des Menschen angesehen.

An dieser Stelle müssen wir aber festhalten: Edwards Theorie ist alles andere als eine ›freiere theologische Lehrart‹. Denn Edwards kennt – wie bereits angedeutet – nur eine wahre Religion, nur eine ›Idee‹, die den Zustand der Glückseligkeit hervorrufen kann. Das ist, wie das Eingangszitat von 1. Petr 1, 8 nicht anders erwarten lässt, natürlich Christus. Und mit Händen und Füßen verteidigt Edwards die These, dass die Erfassung Christi durch den *sense* einzig und allein das Werk des Heiligen Geistes ist, die Eingießung eines ›supernatural and divine light‹.[27] Ausgebildet an der damaligen Hochburg des orthodoxen Calvinismus Neuenglands, Yale, geht Edwards jeder Gedanke menschlicher Selbstbestimmung (nicht nur) in der Religion ebenso ab, wie religiöses Mitleid mit den nichterwählten Kreaturen. Allerdings werden wir nun sehen, wie gerade diese religiöse Mitleidlosigkeit nach Edwards selbst für den Erleuchteten das ›business of religion‹ zum harten Geschäft macht.

3 ›Business of Religion‹: Erleuchtung und Erwählung

Dass die Eingießung des übernatürlichen Lichtes das Herz und den Willen des betroffenen Menschen bewegt, ist in Edwards' Definition des *sense* angelegt. Hieraus gewinnt Edwards dann doch eine Möglichkeit, eine Minimalbedingung für die Intensität einer religiösen Affektenlage zu erheben: Glückseligkeit ist nämlich für Edwards weder in einer reinen Intellektuellenreligiosität noch in bloßen religiösen Aktivismen, weder in einer schwachen religiösen Aufmerksamkeit des Bewusstseins noch in den schwersten körperlichen Bußkämpfen zu finden. Die verschiedenen Intensitätsgrade der religiösen Affektenlage vom ›babe in Christ‹ bis hin zum innerweltlichen ›saint‹ verbindet ihre je gleichmäßige Anregung von Wille und Herz, die allerdings prinzipiell so stark ist, dass der Erleuchtete durch den *sense* Christus nicht nur innerlich, sondern auch äußerlich (also: in Werken) zu ergreifen sucht.[28] Diese ganz traditionelle Auffassung, dass ein Glaube, der keine Früchte trägt, ein toter Glaube ist, bildet den Ausgangspunkt für die These, mit der Edwards seinen Traktat beschließt. Ihr Kontext sei kurz skizziert:

---

[27] So der Titel der bereits 1733 gehaltenen Predigt von Edwards: Jonathan Edwards, A Divine and Supernatural Light, in: Ders., Sermons and Discourses 1730–1733 (The Works of Jonathan Edwards Vol. 17), New Haven 1999, 405–427. Vgl. nur Jonathan Edwards, Affections (wie Anm. 6), 94f.
[28] Vgl. zur direkten Verbindung von Glaube und Werk vor allem aaO. 398f.

Im gesamten dritten Teil seiner Abhandlung beschreibt Edwards die ›distinguishing signs‹, die einen Affekt als ›truly gracious‹ ausweisen.[29] Das ist nun nicht so zu verstehen, dass Edwards plötzlich – seine ganze vorige Argumentation aussetzend – die religiöse Affektkonstellation vergegenständlicht und so etwas wie eine objektive Checkliste der Heiligungszeichen entwirft, obwohl das wiederum nicht ganz falsch ist. Trickreich an Edwards' Verfahren ist vielmehr, dass sich immer wieder in seinen Ausführungen zwei Ebenen unterscheiden lassen: Eine in der Tat deskriptiv-objektivierende Rekonstruktion der religiösen Affektzeichen auf der einen Ebene und eine normativ-individualisierende Rekonstruktion der religiösen Deutung der Affektlagen durch den Erleuchteten auf der anderen. Zugespitzt formuliert: Edwards legt in seinem dritten Teil eine theologische und religiöse Psychologie des Innenlebens eines bekehrten Christen vor.

Ganz genau das lässt sich an dem letzten und wichtigsten ›Zeichen‹ nachvollziehen: Wenn nämlich jemand, so führt Edwards aus, nach einem Zeichen für einen religiösen Affekt verlangt, kann er ihn am sichersten in der durchgängigen und lebenslangen Gestaltung der individuellen Lebensführung des Gläubigen durch christliche Normen und Werte ergreifen.[30] Oder anders und auf das erleuchtete Individuum bezogen formuliert: Jeder Erweckte wird sein Leben als »business of religion«[31] treiben und damit das Ideal eines ›visible saint‹ in seinem Leben zu verwirklichen suchen.

Doch just dieses sicherste Zeichen der Erleuchtung ist für Edwards der Ort, der Reflexion der Unsicherheiten und Ungewissheiten breiten Raum zu gewähren, denen der Erleuchtete ausgesetzt ist. Dabei tritt ein ganz und gar eigenartiger Sachverhalt hervor: Edwards unterscheidet zwischen der Unsicherheit des Erleuchteten hinsichtlich seines Erleuchtungsgrades, und der Ungewissheit hinsichtlich seines Erwählungsstandes, wobei erstere das gemeinschaftliche Motiv der frommen Sektenbildung freilegt, die zweite hingegen die Sektenbildung noch einmal auf ein individuelles religiöses Motiv zurückführt. Allerdings bleibt bei Edwards die Verbindung dieser beiden Motive eigenartig unausgewogen, so dass sich uns – von Edwards unbemerkt und ungewollt – noch eine andere Ableitung der Sektenbildungsmotive nahe legen kann.

Im Einzelnen: Die Unsicherheit des Erleuchteten hinsichtlich seines Erleuchtungsgrades gilt für Edwards, der sich hier stark von Gedanken seines Großvaters Stoddard leiten lässt, zunächst einmal ›objektiv‹ aus der Beobachterperspektive. Für einen Beobachter bleibt nämlich selbst der von den intensivsten Affekten getragene Lebenswandel eines Erleuchteten immer der eines sich bemühenden Bekenners Christi, eines ›professing Christian‹, wohingegen die innere Qualität des Lebenswan-

---

29 Vgl. aaO. 291.
30 Vgl. aaO. 383f.
31 Vgl. aaO. 387. Der Begriff schon aaO. 100 u. ö.

dels ihm verborgen ist.³² Für das betroffene Individuum selbst sieht das natürlich etwas anders aus, weil hier von einer Verborgenheit der eigenen Handlungsmotive zumindest für einen Erleuchteten nicht geredet werden kann. Entsprechend vermag sich ein erleuchtetes Individuum zwar subjektiv grundsätzlich seiner Erleuchtung zu versichern und sich ebenso subjektiv bestimmten anderen Lebensstilen und Lebensführungen überlegen zu wissen. Doch besonders in der Gesellschaft anderer ›professing Christians‹ bleibt diesem Individuum das Ausmaß seiner Erleuchtung schlechterdings unklar.³³

Hiermit sieht sich Edwards keineswegs genötigt, eine verkirchlichte Gemeinde – ein *corpus permixtum* – von vielen bloß äußerlichen und einigen Erleuchteten Christen hinzunehmen, wie es sein Großvater tat und wollte. Denn, wie Edwards dann viel ausgiebiger in späteren Schriften weiter ausführen wird, jeder subjektiv Erleuchtete wird freiwillig an der – durch Kirchenzucht und Katechese gebildeten – Schraube der Verschärfung der Lebensstilanforderungen mitdrehen, um das Ideal des innerweltlichen Heiligen zu erreichen.³⁴ Das heißt für die Übrigen freilich, dass sie sich entweder der Herrschaft der Heiligen beugen oder auf der Strecke bleiben, was bei ihnen – mit Blick auf die Ewigkeit – dann ohnehin zu vermuten ist.

Diese stete Steigerung der individuellen Lebensstilanforderungen verknüpft Edwards nun mit dem vom Individuum geführten Bewährungskampf, durch den es sich gegen seine Ungewissheit hinsichtlich seines Erwählungsstandes aufbäumt. Und hier liegt das erste, allerdings in Neuengland lang schwelende Problem:³⁵ Denn obwohl Edwards immer wieder die Notwendigkeit der Erleuchtung zur Erlösung betont und die durch die Erleuchtung erfahrene Glückseligkeit als Vorgeschmack des Himmelschors charakterisiert, vermag die moralische Steigerung des Lebensstils die individuelle Heilsungewissheit für ihn prinzipiell nicht zu überwinden.³⁶ Die Heiligung der Lebensführung verbleibt damit für den Erleuchteten höchst zwiespältig: Sie ist zwar, *einerseits*, für den von Christus Berufenen die einzige Chance auf ein ewiges Leben. Gleichwohl ist es dem Erleuchteten, *andererseits*, klar, dass es gut möglich ist, dass die innerweltlich erfahrene Glückseligkeit die einzige Glückseligkeitserfahrung ist, die ihm auf immer bleiben wird: Nur im zeitlichen Augenblick der Bewährung, so be-

---

32 Schon aaO. 181: »The true saints have not such a spirit of discerning, that they can certainly determine who are godly, and who are not. For though they know experimentally what true religion is, in the internal exercise o fit; yet these are what they can neither feel, nor see, in the heart of another«.
33 Vgl. aaO. 418ff.
34 Vgl. aaO. 461.
35 Vgl. dazu Peter Thuesen, Predestination. The American Career of a Contentious Doctrine, New York 2009, 44–72.
36 Vgl. Jonathan Edwards, Affections (wie Anm. 6), 193–196 sowie 441f.

tont Edwards, ist sich der Erleuchtete der Richtigkeit seines Handelns und Strebens glückselig machend gewiss.[37]

Das heißt aber umgekehrt Folgendes – und das ist ein bislang unbekanntes Problemmerkmal: Die individuelle Heilsungewissheit durchschlägt bei Edwards auch nicht grundsätzlich die Sphäre innerweltlicher Glückseligkeitserfahrung. Deren Selbstzweckhaftigkeit bekommt damit – was Edwards nicht gesehen hat – einen ganz anderen Ton. Und dieser Ton lässt es nicht unangebracht erscheinen, dass wir Edwards' Anliegen der Sammlung der Erleuchteten noch einmal anders betrachten können: Ermöglicht doch erst die Sammlung der Bewährungswilligen die stete Steigerung der Lebensstilanforderungen, damit den allmählichen Aufstieg vom ›babe in Christ‹ zum ›saint‹, und damit die überhaupt denkbar größte Intensivierung möglicher innerweltlicher Glückseligkeit. In Umrissen wird hiermit ein Sektentypus sichtbar, in dem die Jenseitsorientierung als Antrieb der frommen Vergemeinschaftung zugunsten der Maximierung diesseitigen Glückserwerbs zurücktritt. Dass diese tendenziell rein innerweltliche religiöse Glückseligkeitskonzeption völlig antihedonistisch ist und von höchster asketischer Strenge und Disziplin geprägt, versteht sich von selbst. Doch gerade darin ist sie eben eine zutiefst elitäre Konzeption, zu der nur die Fähigen bzw. ihre Vergemeinschaftungen geeignet sind.

4 Tragisch-realistische Frömmigkeit

Jonathan Edwards füllt mit seiner Konzeption des religiösen Affekts eine Lücke, die Max Weber in seiner Studie zur protestantischen Ethik offen gelassen hatte.[38] Ist es doch bei Weber undurchsichtig, wie es möglich ist, dass die religiöse Sehnsucht des Individuums vom Jenseits auf das Diesseits umgelenkt wird und so ein völlig innerweltlich orientiertes, gleichwohl durch und durch asketisches Berufsmenschentum entsteht – das dann vielleicht irgendwann für seinen Lebensentwurf auf die Religion auch verzichten kann.[39] Sollte unsere letzte Beobachtung weiterer Prüfung stand halten, so legt es sich nahe, selbst diesen Schritt der nochmaligen Verdiesseitigung

---

37 Vgl. nur aaO. 443 und 447. Besonders interessant ist dabei, dass Edwards in diesem Kontext dafür den Begriff der ›experimental religion‹ gebraucht, vgl. aaO. 452.
38 Die historische Konstruktion des ›Puritanismus‹ bei Weber ist natürlich umstritten; eine kritische Würdigung jetzt bei Peter Ghosh, Max Weber's Idea of ›Puritanism‹. A case study in the empirical construction of the *Protestant Ethic*, in: Ders., A Historian Reads Max Weber. Essays on the Protestant Ethics (Kultur- und sozialwissenschaftliche Studien Bd. 1), Wiesbaden 2008, 5–49.
39 Es geht mir hier rein um die Frage der inneren Dynamik der ›Versachlichung‹ der Lebensbeziehungen durch den Erwählungsgedanken; vgl. Max Weber, Die protestantische Ethik und der Geist des Kapitalismus. Vollständige Ausgabe, hg. und eingel. v. Dirk Kaesler, München ²2006, 145–153. Dass diese ›Versachlichung‹ sowohl der Differenzierung, teils auch Relativierung gerade mit Blick auf den Bereich menschlicher Intimität bedarf, nichtsdestoweniger gerade in der Vorstellung der puritanischen

der Weltbeziehung des Einzelnen als ein, natürlich sekundäres und ungewolltes, Produkt des religiös motivierten heroischen Individualismus zu begreifen, der schon den ersten ›puritanischen Sekten‹, wie Weber sie nannte, eigen war. Auf jeden Fall aber zeigt sich: Die nicht seltenen Beschreibungen der amerikanischen ›Erweckung‹ als eines Aufstandes gegen die ›Entzauberung der Welt‹ sind beeindruckend unterkomplex; sie sind viel zu einseitig normativ an einer schwärmerisch-gewissheitstriefenden Erweckungsvorstellung orientiert, die den für Edwards so typischen Zug der tragisch-realistischen Frömmigkeit gar nicht zu integrieren vermag.

Dass die von Edwards umrissene tragisch-realistische Frömmigkeit eine zutiefst aporetische Gestalt des neuzeitlichen Protestantismus darstellt, wird man schlecht in Abrede stellen können. In aller Deutlichkeit fließen ja in Edwards Konzeption traditionelle Vorstellungswelten mit all ihren Objektivitätsanmutungen ungebrochen ein, wie Edwards ihnen auch neue, die religiöse Produktivität des Subjekts betonende Vorstellungswelten zur Seite stellt: Sein dogmatistisches Festklammern an theologischen Supranaturalismen und seine oft einfühlsamen Beobachtungen, die seine religiöse Psychologie durchziehen, stehen in unauflöslicher Spannung zueinander. Edwards' Bestimmung des ›religiösen Gefühls‹ bleibt daher zerrissen, weil sie sich sowohl der Forderung nach der ›Wahrheit‹ der Religion anschmiegt, wie sie sich auch dem ›Sinn‹ der Religion für das Subjekt verpflichtet weiß. Doch es wäre viel zu viel verlangt, wenn man von dem bedeutendsten theologischen Protagonisten der ›Umformungskrise‹ in den nordamerikanischen Kolonien gleich eine Lösung dieses zentralen Problems von ›religiöser Wahrheit‹ und ›religiösem Sinn‹ erwarten würde.

Vielleicht wäre John Robinson überrascht gewesen, welchen Weg die Vorsehung für die nordamerikanischen Kolonisten bestimmt hat. Jonathan Edwards hat allerdings mit seinen Überlegungen zum ›Herzenssinn‹ jener innerlich zutiefst beunruhigten, rastlosen protestantischen Frömmigkeit Ausdruck verliehen, die Robinson von den Auswanderern einst gefordert hatte. Man muss diese Frömmigkeit nicht mögen. Doch man wird ihr als Versuch der konsequenten Ausgestaltung evangelischer Religiosität die Anerkennung nicht verweigern dürfen.

Ehe ihre Spuren hinterlassen hat, zeigt Edmund Leites, The Puritan Conscience and Modern Sexuality, New Haven 1986.

Michael Moxter
Gefühl und Ausdruck
Nicht nur ein Problem der Schleiermacherinterpretation

Im druckfahnenkorrigierten, aber von Musil nicht zur Veröffentlichung freigegebenen dritten Teil des Romans *Mann ohne Eigenschaften* liest Agathe heimlich in einem Manuskript ihres Bruders Ulrich, das unabgeschlossen, mit Randglossen versehen und in Fragmente mündend, immerhin drei Kapitel dieses Teils einnimmt. Es handelt sich um Skizzen zu einer Psychologie, mit denen sich Musil seit dem Philosophiestudium bei Carl Stumpf in Berlin befasst hat und die er nun als Texte seiner Romanfigur kaschiert.

Ulrich bringt in ihnen gegen die ältere Vermögenspsychologie die Beobachtung zur Geltung, »daß das Fühlen aufs innigste mit dem Handeln und dem Ausdruck verbunden«[1] sei, und fordert darum, das Gefühl im Zusammenhang mit dessen Ursprüngen *und* seinen Äußerungen zu betrachten. Damit wird ein kontinuierlicher Prozess fokussiert, der einbezieht, was aus einem anderen Blickwinkel als bloße Vorgeschichte bzw. als Epiphänomen erschiene.

In Musils Perspektivierung kommt das Gefühl folglich zunächst nicht als ein bestimmtes Einzelgefühl in Betracht. Fühlen vollziehe sich schon, bevor *etwas bestimmtes* gefühlt werde. Zwar ist Bewusstsein intentional verfasst und also immer Bewusstsein von etwas, aber dennoch sei die primäre Form der Manifestation des Fühlens im Bewusstseinsleben nicht ein Einzelgefühl in spezifischer Bestimmtheit, sondern eine sich verändernde Größe, ein Feld »eine[r] unbestimmte[n] Anzahl wechselnder Gefühle«[2].

Das Entstehen eines Gefühls solle man sich daher unter dem Bild des Wachsens eines Waldes vorstellen, nicht unter dem eines Baumes[3]: Eine Birke sei nämlich von Anfang an eine Birke, ein Birken*wald* dagegen wachse als Mischwald und werde erst in einem langen Prozess zu dem, was er schließlich darstellt.

Entsprechend sei schwankende Mutation dem Gefühlsleben wesentlich. Die gewöhnliche Auffassung, derzufolge jedes Gefühl ein bestimmtes sei, nur dass wir es nicht immer gleich als solches (in seiner Reinheit) erkennen könnten, sei irrig. Es komme darauf an, ›Unbestimmtheit‹ als Basisphänomen des Fühlens zu begreifen.

Musil stellt mit dieser Behauptung nicht in Abrede, dass wir beispielsweise das Gefühl des Zorns von dem der Müdigkeit unterscheiden, aber er schlägt vor, das Fühlen primär als etwas Unfertiges, Werdendes zu begreifen, das Potentiale enthält, die

---
[1] Robert Musil, Der Mann ohne Eigenschaften, Bd. 2: Aus dem Nachlaß, hg. v. Adolf Frisé, Reinbek bei Hamburg 1978, 1139.
[2] AaO. 1140.
[3] Vgl. aaO. 1171.

sich in unterschiedlichen Gemütslagen sozusagen ausfällen. Aus dem Fühlen entstehen Gefühle und zwar in einem Prozess, der stets auch noch in andere Richtungen ausschlagen könnte: »Gefühle kommen nie rein, sondern stets bloß in annähernder Verwirklichung zustande«.[4] Sie verfestigen sich nie endgültig, sondern bleiben für Veränderungen (also etwa für das Verrauchen des Zorns) offen. Die Grundthese lautet also, Gefühle seien im Fluss, ihr Quellengebiet und ihre Ausmündung bildeten einen kontinuierlichen Zusammenhang, aber nichts, was zur Einheit einer geschlossenen Form tauglich sei.[5]

Musils Überlegungen betreffen das Verhältnis von Gefühl und Ausdruck, denn sie betrachten es unter der Voraussetzung, dass Gefühle nicht einfach durch äußere Reize ausgelöst werden (gleichsam als eine Art passiver Reflex) und dass ihre Ausdrucksformen keine bloß äußeren Formen sind. Gefühle sind nichts Inneres, das durch Äußeres ausgelöst sich hernach im Äußeren manifestiert. Sie gehen Musil zufolge vielmehr mit der »leidenschaftlichen Bestrebung« einher, »die Reize abzuändern, denen sie ihre Entstehung verdanken, und sie zu beseitigen oder zu begünstigen«.[6] Zugleich aber sind sie mit ihrer eigenen Äußerung vermittelt, so dass man das Gefühl in eins »ein inneres und äußeres Verhalten« nennen müsse.[7] Der Prozess der »gegenseitigen Verstärkung und Resonanz« sei als »ein schwellendes Ineinanderfassen« zu denken, in dem sich beide Seiten, Innen und Außen, verändern. Der Ausdruck des Gefühls sei ein Prozess der Übersetzung und zwar in dem Sinne, dass in ihm »wie bei jeder Übersetzung, einiges neu hinzukommt und einiges verlorengeht«.[8]

Kurz: Der Übergang der Gefühle ineinander, ihre wechselseitige Ablösbarkeit und damit ihre Plastizität sei die Voraussetzung und der Hintergrund ihrer Artikuliertheit, wie sie sich in der Fülle möglicher Ausdrucksformen und sprachlicher Unterscheidungen zeigt.

Musils These, dass das Gefühl sich verändert, indem es sich ausdrückt bzw. sich transformiert, indem es sich manifestiert, möchte ich im Folgenden in einigen Bemerkungen zu Schleiermachers sogenannter Gefühlstheologie aufnehmen. Mein systematisches Ziel ist es dabei, die Aufmerksamkeit auf den Prozess zu lenken, in dem es zu einer spezifischen Formierung der Stimmung eines Subjektes und zwar aufgrund der Präsenz des höheren Selbstbewusstseins, also des Gefühls schlechthinniger Abhängigkeit kommt. Frömmigkeit – so könnte man sagen – ist eine das Gefühlsleben variierende und transformierende Kraft.

---

4 AaO. 1169.
5 Vgl. aaO. 1168f.
6 AaO. 1157.
7 AaO. 1163.
8 AaO. 1166.

1 Einleitende Überlegung zu Schleiermacher

Es ist eine klassische Aufgabe der Schleiermacherforschung, die Differenzen und Kontinuitäten in Schleiermachers Verwendung des Gefühlsbegriffs zwischen den *Reden über die Religion* von 1799 und der *Glaubenslehre* von 1821 bzw. 1830 herauszuarbeiten.[9] Ich fasse mich im Blick auf diese Aufgabe kurz, weil es für den gegenwärtigen Kontext wichtiger sein dürfte, den Zusammenhang mit anderen Texten Schleiermachers, insbesondere mit seinen *Vorlesungen zur Psychologie* und zur *Ästhetik* in den Blick zu nehmen. Denn in ihnen finden sich Überlegungen zum Verhältnis von Gefühl und Ausdruck bzw. zum Verhältnis von Ausdruck und Darstellung, die auch für das speziellere Phänomen des religiösen Gefühls bedeutsam sind. Nur soviel sei festgehalten:

Zu den Kontinuitäten zwischen *Reden* und *Glaubenslehre* gehört es, dass Schleiermacher den Gefühlsbegriff religionstheoretisch signifikant gebraucht, hängt doch an diesem die Abgrenzung der Religion von Moral und Metaphysik. Die Selbständigkeit einer Religion, die auf Augenhöhe der Freiheit der Wissenschaften und der Autonomie der Moral begegnet, gründet in der »eigne[n] Provinz im Gemüthe«[10], die sie einnimmt, und näherhin darin, dass sie »Anschauung und Gefühl«[11] bzw. »Gefühl des Unendlichen«[12] am Ort der Anschauung ist. Entsprechend nutzt die zwei Jahrzehnte später entstandene Einleitung der *Glaubenslehre* den Gefühlsbegriff, um Religionsgemeinschaften als soziale Formen auszuzeichnen, die gleichberechtigt neben den wissenschaftlichen, politischen oder bürgerlichen Gemeinschaften stehen.[13] Religionsgemeinschaften kultivieren – so könnte man zusammenfassen – eine Kommunikation, die mit spezifischen Unterscheidungen operiert, die aufgrund eines basalen anthropologischen Sachverhalts unverzichtbar sind, aber aufgrund der Ausdifferenziertheit der Moderne von anderen sozialen Systemen nicht angewandt werden. Sie sind institutionalisierte Formen der intersubjektiven Kommunikation eines Gefühl, das sich

---

[9] Vgl. Ulrich Barth, Die subjektivitätstheoretischen Prämissen der ›Glaubenslehre‹. Eine Replik auf K. Cramers Schleiermacher-Studie, in: Ders., Aufgeklärter Protestantismus, Tübingen 2004, 329–351; Hans-Peter Großhans, Alles (nur) Gefühl? Zur Religionstheorie Friedrich Schleiermachers, in: Christentum – Staat – Kultur: Akten des Kongresses der Internationalen Schleiermacher-Gesellschaft in Berlin, März 2006 (SchlA 22), hg. v. Andreas Arndt u. a., Berlin/NewYork 2008, 547–565; Christian Albrecht, Schleiermachers Theorie der Frömmigkeit. Ihr wissenschaftlicher Ort und ihr systematischer Gehalt in den Reden, in der Glaubenslehre und in der Dialektik (SchlA 15), Berlin/New York 1994.
[10] Friedrich Daniel Ernst Schleiermacher, Über die Religion. Reden an die Gebildeten unter ihren Verächtern [1799], in: Ders., Kritische Gesamtausgabe [= KGA], Bd. I/2: Schriften aus der Berliner Zeit 1796–1799, hg. v. Günter Meckenstock, Berlin/New York 1984, 185–326; 204.
[11] AaO. 211.
[12] AaO. 217.
[13] Vgl. Friedrich Daniel Ernst Schleiermacher, Der christliche Glaube nach den Grundsätzen der evangelischen Kirche im Zusammenhange dargestellt [1821/22], KGA I/7.1, hg. v. Hermann Fischer, Berlin/New York 1980, § 8, 26–30.

von anderen Gefühlen dadurch unterscheidet, dass es als Phänomen des unmittelbaren Selbstbewusstseins gilt.

Sowohl 1799 wie 1821 argumentiert Schleiermacher zugunsten der Selbständig- bzw. Eigentümlichkeit der Religion, indem er Gefühlslagen identifiziert, die nicht zu kennen oder nicht zu haben, kein über sich selbst aufgeklärtes Subjekt behaupten wird. Das Leitmotiv besteht in beiden Varianten in der Behauptung gleichursprünglicher, aber nicht aufeinander reduzierbarer Dimensionen menschlicher Erfahrung. Doch abgesehen von der Kontinuität dieser quasi-transzendentalphänomenologischen Grundfigur unterscheiden sich die beiden Texte hinsichtlich ihrer Beschreibung der Gefühle erheblich.

Zwar betonen auch die *Reden*, dass das Religion konstituierende Gefühl nie in ursprünglicher Reinheit und Unmittelbarkeit gegeben ist, sondern von der Reflexion immer schon mit Unterscheidungen überformt wird, so dass nicht dieses selbst, sondern nur »Anschauungen und Gefühle« beschrieben werden können, »die sich aus solchen Momenten entwikeln«.[14] Aber trotz dieses Vorbehalts sparen die *Reden* nicht an der Ausschilderung angeblich weit verbreiteter religiöser Gefühle. Ehrfurcht, innige Zuneigung, Dankbarkeit, Mitleid, zerknirschende Reue, sehnlichstes Verlangen werden genannt mit dem Fazit: »Alle diese Gefühle sind Religion«.[15] Die Liste ist nicht vollständig, sondern für Ergänzungen offen, aber sie steht unter einer Regel, unter der man religiöse Gefühle von anderen Phänomenen unterscheiden können soll. Bemerkenswert ist, dass Schleiermacher diese Gefühle nicht einfach nur aufzählt, sondern sie unbeschadet der Voraussetzung, dass diese allen Menschen bekannt seien, mit durchaus erkennbarem rhetorischen Aufwand erläutert. So betont er, dass nicht alles zerknirschende Reue ist, was das kirchliche Bußinstitut unter diesem Titel fasst, sondern allererst diejenige Diskrepanzerfahrung, in der ein vernünftiges Subjekt merkt, wie sehr es das Niveau des in der Fortschrittsgeschichte der Menschheit schon Möglichen als Individuum noch unterschreitet. Das Beispiel zeigt, dass die Identifikation religiöser Gefühle durchaus im Horizont einer berichtigenden Feststellung erfolgt, worin diese in Wahrheit bestehen. Aber diese kritische Operation richtet sich in den Reden auf eine Vielzahl religiöser Gefühle.

Daran gemessen scheint die *Glaubenslehre* sozusagen in Gestalt einer phänomenologischen Reduktion an einem einzigen Grundbestand orientiert zu sein. Einschlägig ist in ihr das Gefühl schlechthinniger Abhängigkeit, dessen Sonderstellungsmerkmal es ist, ein Phänomen des unmittelbaren Selbstbewusstseins zu sein.[16] Als solches hat es eine konstitutive Funktion für die Einheit des Bewusstseins und damit für den Übergang von Denken in Wollen et vice versa. Während die *Reden* mit einer vermö-

---

14 Friedrich Daniel Ernst Schleiermacher, Reden (wie Anm. 10), 222.
15 AaO. 237.
16 Vgl. Friedrich Daniel Ernst Schleiermacher, Der christliche Glaube nach den Grundsätzen der evangelischen Kirche im Zusammenhange dargestellt [1830/31], KGA I/13.1, hg. v. Rolf Schäfer, Berlin/New York 2003, § 3, 19–32.

genspsychologischen Aufteilung der Provinzen des Gemüts gleichsam das Recht der Religion auf eigenen Grund und Boden regional reklamieren, bringt die *Glaubenslehre* eher eine funktionale Perspektive zur Geltung: Frömmigkeit ist ein anthropologisches und darum auch soziales Basisphänomen, weil Subjektivität und Selbstbewusstsein allein im Horizont von Vollzügen zustandekommen, die das Subjekt nicht vollständig in der Hand hat, so dass eine Gemengelage von Aktivität und Passivität, von Spontaneität und Rezeptivität besteht, die sich auch im Erleben selbst bemerkbar macht und zwar als ein Selbstgefühl[17] endlicher Freiheit[18].

Die religionsapologetische Inanspruchnahme des Gefühlbegriffs operiert also auf zwei Weisen: einerseits in Gestalt einer transzendental- oder quasi-transzendentalphilosophischen Konstruktion, in der das Gefühl als ein Drittes neben Wissen und Wollen tritt und andererseits in Gestalt einer psychologischen bzw. anthropologischen Beschreibung, in der Phänomene identifiziert werden, in denen sich dieses Dritte tatsächlich manifestiert. In der *Glaubenslehre* wird sogar nur ein einziges Phänomen ausgezeichnet, das aber hernach auf das gesamte Bewusstseinsleben ausstrahlt. ›Gefühl‹ ist so einerseits ein Titel und Platzhalter für diejenige Dimension, ohne die theoretisches und praktisches Bewusstsein nicht zur Einheit eines Selbstbewusstseins kämen, andererseits aber ein Oberbegriff für unterschiedliche psychische Zustände, die Tatsachenstatus haben. Es ist nicht zuletzt diese Kombination heterogener Theoriemotive, die Schleiermachers Rede vom Gefühl interessant macht – die diesen aber auch zwingt, gegenüber unmittelbaren Bezugnahmen auf die Themen empirischer Emotionsforschung und zeitgenössischer Gefühlstheorien, also gegenüber ›Empfindung‹, ›sensation‹ oder ›emotion‹, auf Distanz zu gehen. Schleiermachers Interesse am Gefühl entfaltet sich – so könnte man sagen – mit einer zunehmenden Abwehr einer realistischen Identifikation oder Interpretation religiöser Gefühle.

Das hat vor allem für die Debatte um deren Intentionalität Konsequenzen. Wenn sich Gefühle immer auf *etwas* beziehen, ein religiöses Gefühl beispielsweise als Gefühl der Ehrfurcht sich auf den Gott bezieht, der in seiner Welt überlegenen Heiligkeit ›gefürchtet‹ und ›geehrt‹ wird, so kann dieses Phänomen so beschrieben werden, als ob aus dem intentionalen Verhältnis von noetischem Akt und noematischem Gehalt die Möglichkeit erwüchse, den gegenständlichen Pol dieses Gefühls (sein *noema*) *auch kausal* für dessen Zustandekommen in Anspruch zu nehmen. Man würde dann nicht nur sagen, dass eine bestimmte Eigenschaft Gottes, etwa seine Unendlichkeit, der Bezugspol des Gefühls wäre, sondern man würde zugleich Gott als die Ursache dieses Gefühls begreifen. Das religiöse Gefühl erscheint dann als eines, das von seinem Referenten ausgelöst wird; sein Zustandekommen im Subjekt wäre eine Wirkung, die mit der Kategorie der Offenbarung als ein Handeln Gottes auf den Menschen beschrieben wer-

---

17 Vgl. zur Geschichte des Begriffs: Manfred Frank, Selbstgefühl. Eine historisch-systematische Erkundung, Frankfurt a. M. 2002, 26ff.
18 Vgl. Paul Tillich, Systematische Theologie, Bd. 1, Stuttgart (1954) ⁴1973, 222–225 und Ders., Systematische Theologie, Bd. 2, Stuttgart 1958, 41f.

den könnte. Schleiermachers *Reden über die Religion* setzen eine solche Vorstellung voraus, so unstrittig es ist, dass sie diese Denkfigur zugleich hintertreiben. Aber trotz aller Abwertung des Gottesbegriffs in den *Reden*[19] gilt Religion als »unmittelbare[...] Erfahrung[...] vom Dasein und Handeln des Universums«[20], und daher kann Schleiermacher behaupten: »Alle religiösen Gefühle sind übernatürlich, denn sie sind nur in so fern religiös, als sie durchs Universum unmittelbar gewirkt sind«.[21] Der Kontext des Zitats mag darauf abzielen, die pietistisch-erweckliche Fixierung auf besondere Gnadenwirkungen und Geistesgaben zu überwinden und dem religiösen Individuum den Blick für die Vielfalt religiöser Erfahrung zu eröffnen: »ob sie religiös sind in Jemand, das muß er doch am besten beurtheilen«.[22] Aber dieser Zug der Befreiung erfolgt doch auf einem Spielfeld, auf dem die Vorstellung einer Einwirkung des Universums aufs Seelenleben, der Transzendenz aufs Gefühl, selbstverständlich vorausgesetzt ist.

Dass Gefühle insofern religiös sind, als sie vom Universum oder von Gott gewirkt sind, wird man jedoch nicht umstandslos behaupten wollen – und unter Schleiermachers Voraussetzungen auch nicht behaupten können. Insofern reduziert die *Glaubenslehre* nicht nur die Vielfalt der religiösen Gefühle, wie sie in den Reden vorkommen, sondern sie radikalisiert zugleich ein nicht-realistisches, vielmehr immanentes Verständnis des unmittelbaren Selbstbewusstseins. Das zeigt sich vor allem am Begriff des Ausdrucks.

2 Zum Verhältnis von Gefühl und Ausdruck bei Schleiermacher

In den Blick zu nehmen ist im folgenden die Manifestation des Gefühls unter der Bedingung der Zeitlichkeit des Seelenlebens, dem es angehört. Wenn der Paragraph 4 der *Glaubenslehre* mit der Feststellung beginnt: »In keinem wirklichen Selbstbewußtsein, gleichviel ob es nur ein Denken oder Thun begleitet, oder ob es einen Moment für sich erfüllt, sind wir uns unsres Selbst an und für sich, wie es immer dasselbe ist, allein bewußt, sondern immer zugleich einer wechselnden Bestimmtheit desselben«[23], so ist die basale Rolle der Veränderung und also auch der Zeitlichkeit für das Selbstbewusstsein klar benannt, die zur Wirklichkeit des Selbstbewusstseins gehören. Alle Beschreibungen, die Schleiermacher von letzterem gibt, gelten einem ›Sein in der Zeit‹. Das gilt auch für die Auskunft, dass das Gottesbewusstsein in das Selbstbewusstsein

---

19 Vgl. dazu Friedrich Daniel Ernst Schleiermacher, Reden (wie Anm. 10), 247.
20 AaO. 215.
21 AaO. 241.
22 Ebd.
23 Friedrich Daniel Ernst Schleiermacher, Glaubenslehre (wie Anm. 16), § 4.1, 33.

eingeschlossen sei. Die Form des Einschlusses ist eine der Repräsentation und diese ist wiederum an Zeitlichkeit gebunden. Das ist näher zu erläutern.

Das Selbstbewusstsein repräsentiert einen ihm voraus- und zugleich mitgesetzten Grund, sofern in jedem Sich-selbst-Setzen ein Sich-selbst-nicht-so-gesetzt-Haben wirklich wird. Es kann diesen Grund aber nicht vergegenständlichen, weder, indem es die Abhängigkeit seiner Freiheit auf die Wechselwirkung mit einschränkenden Naturbedingungen zurückführt noch indem es einer Gottesvorstellung Raum gibt, die ›Gott‹ als einen Gegenstand nach Maßgabe anderer im Feld der Erfahrung objektiv gegebener Gegenstände fasst. Ein solches Verfahren widerspräche dem Ausgangspunkt beim Phänomen des unmittelbaren Selbstbewusstseins, aber auch der Absicht Schleiermachers, alle relevanten Gehalte der religiösen Erfahrung zu entwickeln, ohne bereits auf ein vorausgesetztes Wissen um Gott bzw. ohne auf einen Gottesbegriff zu rekurrieren. Anders ließe sich ja auch die Kritik des Gottesgedankens, in Sonderheit der Anthropomorphismusvorwurf, nicht produktiv aufnehmen: Schleiermacher hält solche Kritik für legitim, sieht sie aber auf die Seite einer gegenständlichen Interpretation des religiösen Urphänomens bezogen, die mit diesem nicht verwechselt werden darf.[24]

Anthropomorphismus- und Theismuskritik richten sich – so könnte man sagen – gegen den Ausdruck, in dem sich das religiöse Gefühl manifestiert, nicht aber gegen dieses selbst. Auf der Linie dieser Argumentation könnte man fordern, die Theologie solle sich auf die Grundform einer Beschreibung religiösen Seelenlebens beschränken und alle Sätze vermeiden, die quasi objektivistisch über Gott und die Welt sprechen; nur auf die unmittelbaren Aussagen des frommen Selbstbewusstseins komme es an.[25]

Allerdings ist diese Forderung nicht so leicht umzusetzen, wie es zunächst scheint: Die Verwendung des Wortes ›Ausdruck‹ im Sinne einer bloßen, uneigentlichen und insofern nur beiherspielenden äußeren Form verkennt nämlich die interne Vermitteltheit von Innerem und Äußerem, die Zusammengehörigkeit von Leib und Seele, zugunsten derer Schleiermacher in maßgeblichen Texten argumentiert. Allenfalls ein ausschließlich im Sandkasten bewährtes Verhältnis von Form und Inhalt gestattete es, die Ausdrucksform für eine den Inhalt nicht berührende sekundäre Prägung zu erklären. Wenn aber mit dem Paragraphen 4 gelten soll: »Das schlechthinnige Abhängigkeitsgefühl wird nur ein klares Selbstbewußtsein, indem zugleich diese Vorstellung [sc. die Gottesvorstellung] wird«[26], so stellt sich der Zusammenhang komplexer dar.

Der zeitliche Prozess der Entwicklung des zugrundeliegenden Gefühls hin zu einem Selbstbewusstsein, das diesen Namen verdient, vermittelt sich über die Ausbildung der Gottesvorstellung. Der Klarheit des Selbstbewusstseins ist deshalb der Ausdruck wesentlich.

---

24 Vgl. ebd.
25 Vgl. aaO. §§ 30f. mit § 110.
26 AaO. § 4.4, 40. Anmerkung von mir.

Der in der Einleitung der *Glaubenslehre* folgende Paragraph rückt aus diesem Grund die Kontinuität des Bewusstseinslebens in den Mittelpunkt der Erörterung und zwar im Sinne der Leitüberzeugung, dass sich das menschliche Bewusstsein aus einem anfänglichen Zustand der Verworrenheit zu immer klarerer Unterscheidung von Gefühl und Anschauung entwickele. Mögen im frühkindlichen Bewusstsein, im Traum und in den Übergängen zwischen Wachzustand und Schlaf die gegenständliche Außen- und die nur mit sich befasste Selbstbeziehung »nicht gehörig auseinander treten, sondern noch unentwikkelt in einander«[27] liegen, so vollzieht sich die Ausbildung von Selbstbewusstsein als allmähliches Verschwinden dieses Seelenzustandes. Diese Genese des Selbstbewusstseins ist keine Angelegenheit in einer Elfenbeinturmwelt geistiger Innerlichkeit, sondern der Aufbau eines »sinnlichen Menschenlebens«, in dem äußere Wahrnehmungen, soziale Erfahrungen »Bestimmtheiten des Selbstbewußtseins«[28] manifestieren. In diesem Sinne sind alle Gefühle, handele es sich um gesellige, um Selbstgefühle oder um Freiheits- wie Abhängigkeitsgefühle ›sinnlich‹. Wobei ›sinnlich‹ besagt: Ihre Bestimmtheit ist logisch über Gegensätzlichkeit und real durch Wechselwirkung bestimmt.

Es ergibt sich eine Stufentheorie des Bewusstseinslebens, das vom noch nicht entwickelten Gegensatz über Formen der Ausdifferenzierung schließlich zur Transzendierung der Gegensätzlichkeit führt. Schleiermacher will mit dieser Stufungstheorie allerdings nicht behaupten, dass im Durchgang durch die Differenzstufe sinnlicher Bestimmtheit und klarer Ausdifferenzierung die Gegensätze zu guter Letzt im Gefühl schlechthinniger Abhängigkeit als der obersten Stufe des höheren Selbstbewusstseins gleichsam in Gestalt eines Alleinheitsgefühl wieder verschwänden. Das Gegenteil ist der Fall: Das Gefühl schlechthinniger Abhängigkeit kann nur deshalb und nur insoweit »zeitlich hervortreten«, als »das sinnliche Selbstbewußtsein gesetzt«[29] ist und sich sinnliches und höheres Selbstbewusstsein produktiv aufeinander beziehen.

Daraus ergibt sich eine kategoriale Differenz zwischen der *Glaubenslehre* und den *Reden*. Man versteht nämlich nun, warum Schleiermacher im dogmatischen Hauptwerk anders als in den *Reden* nicht bestimmte Fälle sinnlicher Gefühle (wie Dankbarkeit oder Ehrfurcht) als ›religiös‹ identifiziert. Das Gefühl schlechthinniger Abhängigkeit ist sozusagen ein Gefühl zweiter Ordnung, eine Stimmung oder Tonart, das sinnliche Gefühle voraussetzt, zu denen es sich verhält. Ein religiöses Gefühl ist folglich nicht ein spezifisches Gefühl neben anderen Gefühlen, sondern eine charakteristische Tönung oder Färbung sämtlicher Konturen, die sich im Gefühlsleben vorfinden. Religion ist gleichsam eine ›Erfahrung mit der Erfahrung‹[30], das höhere Selbstbewusstsein sozusagen die Kraft, der Vielfalt menschlicher Gefühle eine eigentümliche Prägnanz

---

27 AaO. § 5.1, 42.
28 Ebd.
29 AaO. § 5.3, 45f.
30 Vgl. Gerhard Ebeling, Die Klage über das Erfahrungsdefizit in der Theologie als Frage nach ihrer Sache [1974], in: Ders., Wort und Glaube, Bd. 3: Beiträge zur Fundamentaltheologie, Soteriologie und

zu geben. Stellt sich die Eigenart des christlichen Selbstbewusstseins beispielsweise als das einer als Erlösungsreligion bestimmten Kommunikationsgemeinschaft dar, so modifiziert sich die Vielfalt der Gefühle religiös als Kräftigung des höheren Selbstbewusstseins. Diese besteht freilich nicht in bloßer ›Aufheiterung‹ des Selbstbewusstseins, da ja die Abgründe der Sündenerfahrung und also die Endlichkeitsforcierung zu diesem spezifischen Selbstbewusstsein gleichursprünglich und gleichwesentlich gehören.

Bevor wir jedoch nach einer angemessenen Beschreibung des Gefühls schlechthinniger Abhängigkeit fragen, ist es wichtig, die bestimmtheitstheoretische Generalthese klar vor Augen zu haben. Diese erhält eine doppelte Pointe: Einerseits würde dem schlechthinnigen Abhängigkeitsgefühl »die Begrenztheit und Klarheit fehlen, welche aus der Beziehung auf die Bestimmtheit des sinnlichen Selbstbewußtseins entsteht«[31], und andererseits zerfiele umgekehrt das sinnliche Selbstbewusstsein ohne Präsenz des schlechthinnigen Abhängigkeitsgefühls in eine Reihe heterogener und häufig punktueller Gefühlslagen, die nicht in die Einheit eines subjektiven Lebens integrierbar wären. Das Gefühlsleben torkelte gleichsam zwischen Lust und Unlust hin und her.

Kommt es also auf das Zusammenspiel zwischen sinnlichem und höherem Selbstbewusstsein an, so ist ausgeschlossen, dass irgendein sinnliches Gefühl (z. B. Freude oder Niedergeschlagenheit) an ihm selbst bereits als religiös qualifiziert wäre oder so, wie es von Haus aus vorkommt, das religiöse Selbstbewusstsein direkt prägen könnte. Alle Gefühle werden vielmehr durch das höhere Selbstbewusstsein modifiziert und zwar schon dadurch, dass dieses das Ineinander bzw. die Gleichzeitigkeit von Lust und Unlust in jede der beiden Momente einschreibt. Das höhere Selbstbewusstsein verbündet sich also nicht mit der Lust gegen die Unlust, sondern manifestiert sich an beiden und steigert sich, je gründlicher es diese in die Einheit eines Gesamtlebens zu integrieren vermag. Seligkeit ist demnach für Schleiermacher nicht die Steigerung sinnlicher Lust – was sollte man auch von einem reformierten Theologen anderes erwarten![32] Insofern zeigt sich die Eigenart des höheren Selbstbewusstseins bzw. einer durch das Gefühl schlechthinniger Abhängigkeit geprägten Bewusstseinslehre an dessen ›leichtem Hervortreten‹ bzw. gegenläufig an dessen ›Hemmung‹ angesichts des Gegenübers von Lust oder Unlust, die anders wirken, wenn das Bewusstseins an der ursprünglichen Kräftigkeit des Gottesbewusstseins des Erlösers noch nicht partizipiert. Dies ist auch deshalb zu beachten, weil man die häufig vorausgesetzte Unter-

---

Ekklesiologie, Tübingen 1975, 3–28; 22 und Eberhard Jüngel, Gott als Geheimnis der Welt. Zur Begründung der Theologie des Gekreuzigten im Streit zwischen Theismus und Atheismus, Tübingen 1977, 225.
31 Friedrich Daniel Ernst Schleiermacher, Glaubenslehre (wie Anm. 16), § 5.3, 47.
32 Schleiermacher notiert: »Seligkeit nicht Maximum der Lust, sondern darüber« (aaO. § 5.4, 49 Anm.) und beschreibt die Eigenart dieser Bestimmtheit insofern als »stärkste[n] Gefühlsgehalt«, als dieser annäherungsweise als »fast wieder-Verschwinden jenes Gegensazes aus der höheren Lebensstufe« erscheint (aaO. 50).

stellung bestreiten kann, alle Gefühle ließen sich in Lust oder Unlust aufteilen. Robert Musil und Hermann Schmitz[33] haben eine solche Rubrizierbarkeit der Ökonomie der Gefühle bestritten und ihr gefühlsphänomenologisch in etwa den Stellenwert gegeben, der biologisch die Aufteilung aller Gewächse in Kraut und Unkraut zukommt. Recht betrachtet zeigt sich, dass Schleiermachers Theorieanlage komplexer ist und einer Klassifikation aller Gefühle in Lust und Unlust nicht bedarf, um ihre systematische Pointe zur Geltung zu bringen. Nicht Lust oder Unlust, sondern die Art der Integration beider macht die Frömmigkeit aus.

Das auf diese Weise charakterisierte Verhältnis zwischen höherem und sinnlichem Selbstbewusstsein ist die Form, in der das schlechthinnige Abhängigkeitsgefühl sich zeitlich manifestiert und also einen spezifischen Moment im Bewusstseinsleben einnimmt. Letzteres tritt nie rein, sondern immer nur als Modifikation des sinnlichen Bewusstseins auf. Das führt uns zum Ausdrucksbegriff zurück. Der Zusatz zum Paragraphen 5 behauptet nämlich, dass das Gefühl schlechthinniger Abhängigkeit »jedesmal wenn es zu einer gewissen Klarheit gelangt«, von einem »unmittelbare[n] innere[n] Aussprechen« begleitet wird.[34] Ich lese die Formel »jedesmal wenn« im Sinne eines *genau insofern als* und begründe diese Interpretation mit Feststellungen, die Schleiermacher im Paragraphen 15 trifft. Dort heißt es:

> Alle frommen Erregungen [...] haben dieses mit allen andern Modifikationen des bewegten Selbstbewußtseins gemein, daß sie sich, so wie sie einen gewissen Grad und eine gewisse Bestimmtheit erreicht haben, auch äußerlich kund geben, am unmittelbarsten und ursprünglichsten mimisch durch Gesichtszüge und Bewegungen sowol Töne und Gebehrden welche wir als den Ausdrukk derselben betrachten.[35]

Schleiermacher ergänzt diese Auskunft mit dem Hinweis, dass die Wiederholbarkeit von Gemütslagen im Subjekt und erst recht die intersubjektive Partizipation an Gemütszuständen erst dadurch ermöglicht wird, dass »die Elemente jenes natürlichen Ausdrukks zusammengestellt werden zu heiligen Zeichen und symbolischen Handlungen, ohne daß eben so wahrnehmbar der Gedanke dazwischen getreten wäre«.[36] Auch im Blick auf den letzten Teil dieses Satzes ist eine Präzisierung hilfreich. Schleiermacher unterstellt nicht, dass wir es in Zeichenprozessen oder in Ritualen mit Ausdrucksformen zu tun haben, die vom Denken unberührt, gleichsam gedankenlos, gefunden werden, sondern nur, dass die Mitwirkung des Gedankens nicht gleich bzw. nicht leicht erkennbar ist. Faktisch nämlich lässt sich eine so mangelhafte und sparsame Ausbildung der Sprache gar nicht denken, dass nicht jedes Bewusstsein immer schon in seinen Ausdruck auch die ›Form des Gedankens‹ einträgt. Schleiermacher

---

33 Vgl. Hermann Schmitz, Jenseits des Naturalismus (= Neue Phänomenologie Bd. 14), München 2010, 161.
34 Friedrich Daniel Ernst Schleiermacher, Glaubenslehre (wie Anm. 16), § 5 Zusaz, 51.
35 AaO. § 15.1, 127.
36 AaO. § 15.1, 128.

ergänzt deshalb den Hinweis auf das interne Verhältnis von Denken und Sprache im Sinne des Humboldtschen Artikulationsaxioms, das gleich noch erläutert werden soll. Zunächst gilt es jedoch festzuhalten, dass Schleiermacher die ›äußerliche Darstellung in bestimmter Rede‹ als einen Prozess denkt, durch den das schwankende Brüten bloß innerlicher Seelenzustände allererst diejenige Bestimmtheit erhält, die eine Kommunikation, einen Umlauf des frommen Gefühls, ermöglicht. Der Übergang des Gefühls in die Kommunikation verschafft diesem einen größeren Resonanzraum als es »durch den unmittelbaren Ausdrukk möglich«[37] wäre.

Es besteht – das sollten die zitierten Stellen verdeutlichen – ein Verhältnis zwischen innerem Gefühl und äußerem Ausdruck. Letzterer wird dabei nicht als ein bloß naturhaftes, gleichsam symptomhaftes Phänomen konzipiert, sondern gehört von vorneherein dem Bereich sozio-kultureller Kundgabeformen an. Darum ist der Ausdruck des Gefühls stets kontinuierbar in Zeichen, die verstanden werden (können). Die Wahl der Zeichen, Gebärden und Ausdrucksformen ist folglich Sache der Kultur. Deshalb kommt Schleiermacher zu der auch religionssoziologisch anschlussfähigen Bemerkung, dass die vorhandene Vielfalt der Darstellungsformen »nicht sowol ein Zeugniß ab[legt] von dem Grade der Frömmigkeit, sondern vielmehr von dem Charakter einer Gesellschaft und von ihrem Gereiftsein zur Besinnung und Betrachtung«.[38] Auch die Formen, in denen sich das Gefühl ausdrückt und darstellt, sind sozio-kulturell vermittelt.

Der Vorstellung eines naturalistisch interpretierten Zusammenhangs von Gefühl und Ausdruck wird man also entgegenhalten dürfen, dass das bewegte Selbstbewusstsein in seinen ›Modifikationen‹ – so Schleiermachers Begriff – auf kulturelle Ausdrucksformen zurückgreift, in denen es sich ›wiederfinden‹ kann. Dass der Hund bei Schmerzen winselt oder durch Schwanzwedeln Freude ausdrückt, ist folglich nicht derjenige Zusammenhang, der sich für die Rekonstruktion des Verhältnisses von frommem Gefühl und Ausdruck nahelegt. Im Gegenteil: Eine systematische Bearbeitung dieses Verhältnisses sollte an dieser Stelle die Aufgabe annehmen, die Aby Warburg in seinem Vortrag auf dem 10. Internationalen Kunsthistorikerkongress in Rom als das Desiderat einer »historische[n] Psychologie des menschlichen Ausdrucks«[39] beschrieben hat: Auch wenn es ein natürliches Repertoire von Ausdrucksformen geben mag, so sind auch diese in einen Prozess kultureller Transformationen eingebettet, in denen bewegtes Seelenleben in Formen seinen Ausdruck findet. Der Rückgriff auf bereitliegende Formen erfolgt zugleich im Willen, das Spezifische der eigenen Gegenwart zu manifestieren. Insofern werden ›vorgeprägte Ausdruckswerte‹ – wie Warburg sagt – »einverseelt«[40] und darin zugleich abgewandelt. Die Erinnerung greift auf Ausdrucks-

---

37 Ebd.
38 AaO. § 15.2, 129.
39 Aby Warburg, Italienische Kunst und Internationale Astrologie im Palazzo Schifonoja zu Ferrara [1912], in: Ders., Werke in einem Band, hg. v. Martin Treml u. a., Berlin 2010, 373–297; 396.
40 Aby Warburg, Mnemosyne. Einleitung, in: Werke (wie Anm. 39), 629–639; 630.

formen zurück, auf Vorprägungen, in die das intensive Gefühl des subjektiv Erlebten eingeschrieben wird. An der Kunstgeschichte zeigt sich etwas Exemplarisches für die Arbeit der Kultur.

Dieser Umstand will auch religionstheoretisch bedacht sein. Wenn Schleiermacher in diesem Zusammenhang stets das Phänomen der Andacht thematisiert, so ist dieses nicht unter der Rubrik eines natürlichen Ausdrucks innerer frommer Gestimmtheit zu begreifen. Es bedarf einer Ausdruckslehre, die zeigt, dass und wie Prägnanz aus dem Vorrat kultureller Formen stammt und in deren Gebrauch zugleich auch erzeugt wird. Bereits ein Blick auf die unterschiedlichen Gebetshaltungen von Christen, Juden und Muslimen macht deutlich, wie signifikant die Formen des Ausdrucks für die Bemühung um eine Theologie der Gefühle sind.

Wie also verhält sich das Gefühl zum Ausdruck und in welcher Relation stehen beide zu den kulturellen Darstellungsformen? Wir können diese Frage hier nur unter dem Gesichtspunkt aufnehmen, wie Schleiermacher dieses Verhältnis denkt.

3 Gefühl, Ausdruck, Darstellung

Dass es natürliches Ausdrucksverhalten gibt, lässt sich angesichts von Schmerzensschrei, Angstschweiß oder Seufzen schlecht bestreiten. Doch schon die für Schleiermacher wie für Plessner[41] basalen Phänomene Lachen und Weinen machen deutlich, dass sich anthropologisch gehaltvolle Beziehungen zwischen Gefühl und Ausdruck nicht in der Dichotomie ›Natur oder Kultur‹ beschreiben lassen. Es ist mit komplexeren Verhältnissen selbst dort zu rechnen, wo Gefühle direkte Auslöser von Ausdruck sind. Mit kultureller Prägung bzw. mit einer zweiten Natur ist immer zu rechnen, selbst typische Symptombildungen werden überformt. Schleiermacher spricht daher nicht nur von Gefühl und Ausdruck, sondern von Gefühl, Ausdruck und Darstellung – bei nicht immer exakt durchgehaltener Terminologie. Er unterstellt, dass die Darstellung die quasi-naturhafte Unmittelbarkeit von Gefühl und Ausdruck unterbricht und zugleich deren Zusammenhang durch Unterbrechung steigert. Das ist für die Ästhetik und in der Folge für die Religionstheorie – denn Kunst ist die Sprache der Religion[42] – von ausschlaggebender Bedeutung. Der Künstler gibt nicht einfach seinen Gefühlen freien Lauf, indem er diese in einem Flow-Erlebnis in Ausdrucksformen sozusagen sprudeln lässt, sondern er bezieht Gefühle auf Stimmungen und konfrontiert sein innerliches Bewegtsein mit der Macht der Besinnung und transformiert damit das subjektive Verhältnis von Eindruck und Ausdruck zu einer Darstellung, die allgemein-

---

41 Vgl. Helmuth Plessner, Lachen und Weinen. Eine Untersuchung der Grenzen menschlichen Verhaltens [1941], hg. v. Günter Dux, Frankfurt a. M. 1970.
42 Vgl. Friedrich Daniel Ernst Schleiermacher, Ethik 1812/13. Mit späteren Fassungen der Einleitung, Güterlehre und Pflichtenlehre, hg. v. Hans-Joachim Birkner, Hamburg 1990, 74f.

heitsfähig oder zumindest für andere Subjekte anknüpfungstauglich ist.[43] Der Unterschied zwischen Ausdruck und dargestelltem Ausdruck besteht darin, dass bei allen Formen der Darstellung das Bewusstsein, sich an andere zu adressieren, konstitutiv ist. Mit der Darstellung wird das Gefühl kommuniziert, während das Zusammensein mit anderen Subjekten beim Lachen und Weinen kontingent erscheint, also den Vorgang nicht immer bereits spezifisch bestimmt. Für beide Fälle gilt jedoch, dass wir es mit einem wesentlichen Verhältnis zwischen Innerem und Äußerem zu tun haben. Eine Beschreibung des Verhältnisses von Gefühl und Ausdruck nach Maßgabe einer dualistischen Entgegensetzung von Innen und Außen weist Schleiermacher durchgängig ab. Folglich öffnet sich die Manifestation des Gefühls immer auch für Prozesse seiner Transformation und Bearbeitung.

In der Akademieabhandlung *Ueber den Begriff des Höchsten Gutes* wird diese Voraussetzung in ihrer allgemeinsten Form mit der Behauptung skizziert, die »Mittheilung des Bewußtseins« komme nicht »als ein zweites zu dem Bewußtsein selbst als einem ersten hinzu, sondern ursprünglich schon ist beides eins; denn es giebt keine Form des Bewußtseins, die anders als mit ihrer Leiblichkeit zugleich hervortreten könnte«.[44] Diese These begründet Schleiermacher vor allem in den Psychologievorlesungen. Sie ist sozusagen die Angel einer Anthropologie, die sich um die Aufgabe dreht, eine dualistische, amphibientheoretische Deutung des Menschen als eines Wesens zweier Welten zu überwinden. Das Zusammensein von Innen und Außen betont Schleiermacher in Nachbarschaft zu Humboldts Artikulationsbegriff immer dann besonders, wenn er sich zum Verhältnis von Sprache und Denken äußert. Bekanntlich begreift Wilhelm von Humboldt die Sprache als »das bildende Organ des Gedankens« und zwar so, dass die äußere Artikulation, nicht nur als Laut-Werden, sondern als eine für das Denken konstitutive »Verbindung mit dem Sprachlaute« begriffen wird: »das Denken kann sonst nicht zur Deutlichkeit gelangen«.[45] Ohne Atmosphäre, ohne Luft, die bewegt wird,[46] ohne sinnliches Sprechen, lässt sich die innere Denktätigkeit nicht präzisieren. Denken lernen wir, indem wir uns selbst sprechen hören[47] und indem wir mit anderen kommunizieren. Die konstruktive, selbsttätige Leistung des Denkens steht folglich in einem inneren Verhältnis zur äußeren Form. Denken ist ›geistige

---

43 Vgl. Michael Moxter, Arbeit am Unübertragbaren. Schleiermachers Bestimmung des Ästhetischen, in: Schleiermacher und Kierkegaard. Subjektivität und Wahrheit, Akten des Schleiermacher-Kierkegaard-Kongresses in Kopenhagen, Oktober 2003 (Kierkegaard Studies 11/SchlA 21), hg. v. Niels Jorgen Cappelorn u. a., Berlin/New York 2006, 53–72.
44 Friedrich Daniel Ernst Schleiermacher, Über den Begriff des höchsten Gutes, Zweite Abhandlung 1830, in: Ders., KGA I/11: Schriften und Entwürfe, hg. v. Martin Rössler, Berlin/New York 2002, 659–677; 672.
45 Vgl. Wilhelm von Humboldt, Ueber die Verschiedenheit des menschlichen Sprachbaues und ihren Einfluss auf die geistige Entwicklung des Menschengeschlechts [1830–35], in: Ders., Werke, Bd. 3, hg. v. Andreas Flitner u. Klaus Giel, Darmstadt [4] 1972, 368–756; 426.
46 Vgl. aaO. 427.
47 Vgl. aaO. 428.

Handlung‹ nur, indem es im Wechselspiel von Anregung und Mitteilung zur leiblichen Äußerung antreibt. Insofern ist sprachliche Artikulation eine notwendige Bedingung für ein Denken, das über Unterscheidungen prozediert.[48]

Schleiermacher hat diese These – wer sie in Berlin zuerst in die Debatte eingeführt hat, bleibt offen – 1816/17 in der letzten Bearbeitung der Güterlehre auf die Formel gebracht: »Das Sprechen [...] hängt dem Denken so wesentlich an, daß kein Gedanke fertig ist, ehe er Wort geworden ist«.[49] Wie grundlegend diese These für seine Sprachphilosophie ist, kann man in den Psychologie- und Hermeneutikvorlesungen immer wieder studieren. Unter dem Fertigwerden bzw. Verfertigen des Gedankens[50] ist kein Abschluss zum Behufe der Mitteilung gemeint, sondern kommt diejenige Bestimmtheit in den Blick, die den Gedanken als solchen auszeichnet. Es fragt sich, ob Entsprechendes auch für das Verhältnis von Gefühl und Ausdruck gilt. Kennen oder haben wir nur Gefühle, die sich ausdrücken lassen, und empfinden wir so, wie wir es tun, weil wir über mimische und gestische, lyrische und hymnische, ikonische und cinematographische Ausdrucksformen verfügen? Bleibt der Gefühlshaushalt unbestimmt, solange wir den Ausdruck nicht gefunden haben? Und wie verhalten sich sprachliche Artikulation und ästhetische Darstellungsform zueinander?

Matthias Jung hat in seiner kürzlich erschienenen *Anthropologie der Artikulation*[51] die Unterscheidung zwischen einer engeren und einer weiteren Lesart dieser Fragen zur Geltung gebracht.[52] Die Bedeutung und Funktion der Ausdrucksmedien wäre zu eng umschrieben, wenn man behaupten wollte, dass sich alles, was sich ausdrücken lässt, auch sprachlich explizieren lässt. Mit dieser Behauptung hätte man die Humboldt-Schleiermachersche Artikulationsthese zur Matrix aller Symbolisierungs- und Ausdrucksprozesse gemacht. Demgegenüber besagt die von Jung bevorzugte weitere These, dass sich die menschliche Fähigkeit zur Artikulation nicht als eine zusätzliche Leistung, gleichsam als oberes Stockwerk mentaler Kapazitäten, auf das primatentypische Ausdrucksverhalten aufpfropft, sondern eine Dimension zur Geltung bringt, die das gesamte Verhalten, auch das Verhältnis von Gefühl und Ausdruck, verändert. Im Sinne dieser weiteren Lesart erscheint die Regel, jedes Gefühl müsse versprachlicht werden (können), als Stipulation. Behauptet aber darf werden, dass die spezifisch sprachliche Artikulation zu einem Gestalt*switch* führt, der auch den Stil des Gefühlausdrucks ändere.[53]

---

48 Vgl. Wilhelm von Humboldt, Ueber die Verschiedenheit des menschlichen Sprachbaues [1827–1829], in: Werke (wie Anm. 45), 144–367; 195f.
49 Friedrich Daniel Ernst Schleiermacher, Ethik (wie Anm. 42), 256.
50 Kleists Schrift *Über die allmähliche Verfertigung der Gedanken beim Reden* (1805/06) wurde erst in der zweiten Hälfte des 19. Jahrhunderts publiziert.
51 Vgl. Matthias Jung, Der bewusste Ausdruck. Anthropologie der Artikulation (Humanprojekt: Interdisziplinäre Anthropologie 4), Berlin/New York 2009.
52 In Anschluss an Michael N. Forster, vgl. aaO. 68f.
53 Vgl. aaO. 59; 69.

Schleiermachers Psychologie hat – noch unberührt von evolutionsbiologischen Einsichten – für den Vergleich »des menschlichen mit dem thierischen« die Vorstellung zurückgewiesen,

> als ob beides bis auf einen bestimmten Punkt ganz gleich sei und dann das menschliche zu dem animalischen hinzukäme, sondern es sind vielmehr beide Operationen bei beiden von Anfang an ganz verschieden, und der Vergleich ist nur so anzustellen, daß der Punkt ermittelt wird, wo das eigenthümlich menschliche in den Operationen zu latitiren aufhört.[54]

Unterstellt wird damit, dass sich alle Sinnestätigkeiten prägnant wandeln, sobald sich die Struktur des Selbstbewusstseins manifestiert. Subjektive Empfindung und Gegenstandsbewusstsein treten in Spannung zueinander, so dass sich das Verhältnis von Rezeptivität und Spontaneität wandelt. Damit ist bereits bei Schleiermacher im Blick, worauf es einer ›Anthropologie der Artikulation‹ wesentlich ankommt. Die sachliche Übereinstimmung ist nicht zufällig, denn sie dürfte sich auf die jeweilige Herderlektüre zurückführen lassen. Bereits Herder geht davon aus, dass sich mit der menschlichen Sprache die Fähigkeit zur Besonnenheit – und also zur zögernden Unterbrechung des naturhaften Zusammenhangs von Eindruck und Ausdruck – entwickelt und dass diese Entwicklung den Haushalt des Gefühlslebens von Grund auf verändert.[55]

Nach Schleiermacher machen sich in diesem Prozess zwei Kräfte bemerkbar: einerseits das Hervortreten eines Selbstverhältnisses, eines Selbstgefühls (dessen also, was die *Glaubenslehre* ›unmittelbares Selbstbewusstsein‹ nennt), andererseits die Ausbildung eines Gattungsbewusstseins, mit dem ein sozialer Prozess der Kommunikation subjektiver Gefühle in Form der anregenden ästhetischen Mitteilung eröffnet wird. Sind diese formativen Kräfte am Werk, so beeinflussen und verändern sie die gesamte Ökonomie der Gefühle.

Darin scheint mir der systematische Grund zu liegen, der den Übergang von Schleiermachers romantischen *Reden* zur kultur- und subjektivitätstheoretisch ausgearbeiteten *Glaubenslehre* in bezeichnendes Licht stellt. In den *Reden* ging es um spezifisch religiöse Gefühle, deren Identifikation der anthropologischen Legitimation der Religion dienen sollten. In der *Glaubenslehre* macht sich dagegen eine komplexere Theorieanlage bemerkbar. Sie benennt zwar auch empirische Gefühle, aber lässt das Gefühl schlechthinniger Abhängigkeit nicht unmittelbar mit diesen zusammenfallen, sondern erkennt dessen Eigenart darin, dass und wie es das subjektive Leben in Wissen, Wollen und Fühlen modifiziert. Die Darstellung des frommen Selbstbewusstseins vollzieht sich in Gebärden, Körperhaltungen, Liedern, Symbolen, Liturgien und Pre-

---

54 Friedrich Daniel Ernst Schleiermacher, Psychologie, Sämtliche Werke, Bd. III, 6.4, hg. v. Leopold George, Berlin 1862, 84.
55 Vgl. Matthias Jung, Anthropologie (wie Anm. 51). Herder und Schleiermacher stehen mit diesem Ausdrucksbegriff in der Rezeptionsgeschichte des von Leibniz artikulierten Kraftbegriffs bzw. der inneren substantiellen Form. Vgl. Johann Gottfried Herder, Vom Erkennen und Empfinden [1778], in: Ders., Werke, Bd. II, hg. v. Wolfgang Pross, Darmstadt 1987, 543–723; 689.

digten, und ist in allen diesen Formen durchgängig ästhetisch geprägt. Zugleich wirkt die Frömmigkeit in ihren Darstellungsformen auf das subjektive Gefühl zurück. Weil ästhetische Prägung den unmittelbaren Ausdruck unterbricht (und auf diese Weise das Selbstbewusstsein ästhetisch anregt), verbinden sich Religion und Ästhetik zu einer Kultur der Innerlichkeit, zugleich aber auch zu einer kulturexternen symbolischen Ausdrucksform.[56] Es liegt im Begriff solcher Kulturreligion, dass sie individuelle Religiosität nur ausbilden kann, insofern sie diese in öffentlicher Kommunikation, also beispielsweise im protestantischen Gottesdienst, darstellt.

Insofern kommt an dieser Stelle die Grundlegung der Gottesdiensttheorie in den Blick, wie sie Schleiermachers *Christliche Sittenlehre* unter dem Leitbegriff ›darstellendes Handeln‹ leistet. In der Vorlesung von 1824/25 heißt es über Weinen und Jauchzen: »Ein solches Äußerlichwerden der Lust und der Unlust ist ein rein unwillkührliches, und dann ein Aufgehen im Momente [...], so daß der handelnde eigentlich nichts ist, als ein Product des Momentes, der ihn afficirt; oder wenn es ein gewolltes ist: so hat es auch nicht mehr die Grundbedeutung des darstellenden Handelns« – es wäre dann ja wirksames Handeln, also ein auf einen bestimmten Zweck bezogenes Tun –

> Wir aber wollen hier ein darstellendes Handeln, das kein rein unwillkührliches sein muß, um ein darstellendes zu bleiben, das nicht der Anhang ist eines Empfindungsmomentes, bloß Begleitung, sondern ein reines Handeln, also ein Darstellen in dem Zustande reiner und voller Besinnung, ein immer leidenschaftsloses und gemessenes. Die Aeußerungen, mit denen wir es hier nicht zu thun haben, beruhen nur auf dem Momente; wogegen die, welche uns hier angehen, nur aus dem gesammten Selbstbewußtsein erklärt werden können und nicht allein auf einem Innerlich afficirt sein beruhen, sondern auch darauf, daß ein Moment der Besinnung dazwischen getreten ist. Freilich wird das Selbstbewußtsein nie ganz rein sein von Bewußtlosigkeit, aber das relativ bewußtlose wird immer mehr in bewußtes verwandelt.[57]

Hier findet sich alles, was aus Schleiermachers Perspektive über das Verhältnis von Gefühl und Ausdruck gesagt werden muss, aber auch das Problem, dass seine Ausführungen bereiten. Zum einen die Abwehr der Erwartung, der man in der Religionskultur häufig begegnet – der Erwartung, es möge unmittelbar, spontan und in diesem Sinne ›geistbewegt‹ zugehen und solche Lebensnähe von Religion und Theologie sei durch Steigerung der Affekte zu gewinnen. Schleiermachers diesbezüglicher Einwand lautet, dass jede Vorherrschaft des unmittelbaren Ausdruckslebens zu Lasten des Subjektes bzw. des Selbstbewusstseins geht. Wer sich besinnungslos mitreißen lasse, setze sich selbst zu einem Produkt und Anhang des ihn affizierenden Momentes herab, nichte sich als Handelnder. Das Interesse lebendiger Erfahrung kann daher nur in der

---

56 Vgl. Roderich Barth, Innerlichkeit und Ausdruck. Aufgeklärte Frömmigkeit im Anschluß an Herder, in: Protestantismus – Aufklärung – Frömmigkeit. Historische, systematische und praktisch-theologische Zugänge (APTh 66), hg. v. Andreas Kubik, Göttingen 2011, 22–37.
57 Friedrich Daniel Ernst Schleiermacher, Die christliche Sitte nach den Grundsätzen der evangelischen Kirche im Zusammenhang dargestellt, Berlin 1884, 509. Beilage.

Vielfalt und Intensivierung ästhetischer Darstellungsformen zum Zuge kommen. Diese zeichnen sich dadurch aus, dass sie nicht besinnungslos, sondern im Gegenteil durch Steigerung von Besinnung das Gefühlsleben prägen. Momentane Emotionen auszuagieren, führt Unfreiheit herauf. Der Gewinn von Distanz durch produktive Unterbrechung ist insofern Mittel für die Kultur der Gefühle. In ihr die Einheit von Präsenz und Distanz zu stiften, ist Sache der ästhetischen Form. Distanzgewinn dankt sich also nicht einer aufgeklärten Reflexion oder romantischer Ironie, wohl aber einer Besinnung, die darin wirksam wird, dass sie das »gesamte[...] Selbstbewußtsein«, also die Einheit eines subjektiven Lebens und eines intersubjektiven Gesamtlebens, zum Zuge bringt.

Zugleich aber sieht man, wie problematisch und fremd uns Schleiermachers Ausführungen bleiben. Denn seine Pointe, nur durch Einbeziehung des ganzen, ungeteilten Selbstseins könne die Pluralität der Gefühle religiös prägnant zur Geltung kommen, verbindet sich mit einem geradezu klassischen Programm der Gefühlskontrolle, der Mäßigung und der Leidenschaftslosigkeit mitten im Pathos. Die Einsicht, dass das Selbstbewusstsein nie frei von den Strömen und Abgründen vorbewusst-unterbewusster Affekte ist, wird nur insoweit aufgenommen, als sich die Sphäre der Gefühle unter die Botmäßigkeit einer regulativen Idee bringen lässt: Wenn Bewusstlosigkeit (im Schleiermacherschen Sinne) die Leidenschaft auch immer begleitet, dann doch nur als ein Kandidat für den allmählichen weiteren Abbau. Die Drift führt zur Mäßigung der Affekte zugunsten von Selbstbesinnung und anwachsendem Ich-Bewusstsein. Die Alternative zu solcher Affektkontrolle und Zensur ist freilich nicht das freie Flottieren der Gefühlswelten, sondern die von Cassirer formulierte Einsicht – der Schleiermacher an vielen Stellen entspricht und die seine Pneumatologie auch bestimmt – »that a passion can only be overcome by a stronger passion«.[58]

---

[58] Vgl. John Michael Krois, »A passion can only be overcome by a stronger passion«. Philosophical Anthropology before and after Ernst Cassirer, Occasional Papers of the Swedish Ernst Cassirer Society 1 (2004).

Markus Buntfuß
Begeisterung – Ergebung – Andacht
Zur Gefühlskultur des Christentums bei Fries und De Wette

Auch wenn die theologische Reflexion auf religiöse Gefühle eine neuzeitspezifische Fragestellung voraussetzt, bzw. erst vor dem Hintergrund der neuzeitlichen Religions- und Christentumsgeschichte in ihrer ganzen Bedeutung erkannt und entfaltet werden kann, ist das Thema der christlich-religiösen Emotionalität doch nicht neu, sondern so alt wie das Christentum selbst. Schon der Apostel Paulus reflektiert in seinen Briefen auf die affektiven Regungen der vom Evangelium bewegten Seele und auf die eigenen Gefühle bei den Bemühungen um die Verkündigung des Evangeliums von Jesus Christus.[1] Und spätestens mit Augustin betritt einer der ersten großen Gefühlstheologen die Bühne der Geschichte. In den *Confessiones* etwa spielen Emotionen eine zentrale Rolle. Vor allem die Liebe, aber auch die Traurigkeit, die Demut und die Reue. Man hat in diesem Zusammenhang sogar von einer »christlichen Rehabilitation der Affekte«[2] gesprochen, die Augustin mit seiner impliziten Kritik an der emotionsfeindlichen Stoa zu verdanken sei.

Trotzdem ist eine Theologie der *Gefühle* im genuinen Sinn ein neuzeitliches Projekt. Das wird vor allem an der terminologischen Umstellung von den klassischen Begriffen *pathos/passio* und *affectus/Affekt* hin zum Begriff des Gefühls deutlich. Denn während in der klassischen Lehre von den Affekten, die innerhalb der Rhetorik verhandelt wird, die Vorstellung von einer passiv bewegten Seele vorherrscht, weshalb man im Deutschen auch von Leidenschaften spricht, kommen mit dem neuzeitlichen Gefühlsbegriff ein aktives und ein selbstreflexives Moment ins Spiel. Ging es in der antiken rhetorischen Tradition seit Cicero vor allem um das instrumentelle *movere* (bewegen), so geht es in der Neuzeit um das selbstbewusste und selbstbestimmte *sentire* (fühlen). Ge-*fühle* in diesem aktiven und selbstreflexiven Sinn müssen deshalb auch nicht mehr als etwas bloß Zustoßendes kontrolliert oder gar therapiert werden, wie in der antiken Tradition der pathischen Leidenschaften, sondern dürfen bewusst und aktiv kultiviert werden, wie etwa in der modernen Literatur der Empfindsamkeit.

In die Mitte des 18. Jahrhunderts fallen deshalb nicht nur die Geburtsstunde des modernen Gefühlsbegriffs, sondern auch die ersten prominenten Dokumente einer theoretischen Reflexion auf den konstitutiven Zusammenhang zwischen Gefühl und Selbstbewusstsein. Auf den Schultern der englischen Moralisten (Shaftesbury, Hutcheson) und geprägt durch die Leibniz-Wolff-Baumgarten-Schule sowie vor dem

---
1 Vgl. Jürgen Becker, Paulus. Der Apostel der Völker, Tübingen 1989, 178.
2 Johannes Brachtendorf, Augustinus. Die Ambivalenz der Affekte zwischen Natürlichkeit und Tyrannei, in: Klassische Emotionstheorien von Platon bis Wittgenstein, hg. v. Hilge Landweer u. Ursula Renz, Berlin/New York 2008, 143.

Hintergrund seiner eigenen Epistemologie der Sinnlichkeit notiert der Philosoph und Theologe der Empfindsamkeit J. G. Herder in einer frühen Skizze mit dem Titel *Zum Sinn des Gefühls*, die um das Jahr 1769 entstanden ist, die programmatische Formel: »*Ich fühle mich! Ich bin!*«[3] Dabei sind vor allem die sinnesphysiologischen Implikationen im engeren Sinne von Bedeutung, denn Herder verbindet die ursprüngliche Verwendung des Gefühlsbegriffs als Terminus für den menschlichen Tastsinn mit epistemologischen Überlegungen zur Genese eines einheitlichen Selbstgefühls.[4] In Herders von ihm selbst so genannter »Philosophie des Gefühls«[5] werden die Dimensionen der Sinnlichkeit, der Ursprünglichkeit und der Innerlichkeit miteinander verbunden. Die Semantik des elementaren ›Begreifens‹ im und durch das Gefühl fungiert bei Herder nicht nur als Ausdruck für das Ganze der sinnlichen Erkenntnis, sondern bezeichnet auch das umfassende »Organ der Seinserfahrung und der in ihr sich bildenden Selbsterfahrung«.[6]

In der zünftigen akademischen Theologie auf der Schwelle zum 19. Jahrhundert blieb dieser neue Gefühlsdiskurs nicht unbemerkt, sondern wurde vor allem von den beiden großen Universaltheologen der Zeit für eine gefühlsbasierte Religionstheologie und Christentumstheorie fruchtbar gemacht. Bei Friedrich Schleiermacher und seinem Berliner Fakultätskollegen Wilhelm Martin Leberecht De Wette erfüllt die theologische Berufung auf das Gefühl nicht nur didaktische Funktionen der Verlebendigung oder Veranschaulichung, sondern übernimmt die genetische Funktion einer fundamentalanthropologischen Begründung der Religion. Neben Schleiermachers Fundierung der Religion in Anschauung und Gefühl sowie seiner Umformung der Dogmatik in eine zusammenhängende Darstellung der christlichen Glaubenssätzen als Ausdruck der christlich frommen Gemütszustände ist auch De Wettes ästhetische Theologie der christlich-religiösen Gefühle einschlägig für die gefühlstheologische Umformung der protestantischen Theologie im ersten Drittel des 19. Jahrhunderts.

Diese gefühlstheologische Umformung vollzieht sich im Kontext einer umfassenden Ästhetisierung des modernen Protestantismus. Seit dem 17. Jahrhundert gehen protestantische Religion und ästhetische Erfahrung vielfältige Allianzen ein, um dem christlichen Glauben eine seiner neuzeitlichen Verfassung entsprechende Erscheinungsform und Ausdrucksgestalt zu geben. Ich skizziere im Folgenden De Wettes Beitrag zu dieser Entwicklung.

---

3 Johann Gottfried Herder, Werke in zehn Bänden, hg. v. Günter Arnold, Martin Bollacher u. a., Frankfurt a. M. 1985–2000, Bd. 4, 236.
4 Vgl. Markus Buntfuß, Die Erscheinungsform des Christentums. Zur ästhetischen Neugestaltung der Religionstheologie bei Herder, Wackenroder und De Wette, Berlin/New York 2004.
5 Johann Gottfried Herder, Werke (wie Anm. 3), Bd. 2, 294.
6 Jürgen Brummack, Stellenkommentar, in: Johann Gottfried Herder, Werke (wie Anm. 3), Bd. 4, 986.

1 Die religiös-ästhetische Weltsicht des Christentums

Bekanntlich hat sich De Wette in seiner Theologie umfassend inspirieren lassen durch die Philosophie von Jakob Friedrich Fries, der seinerseits die Kantische Transzendentalphilosophie mit der Glaubensphilosophie Friedrich Heinrich Jacobis zu einer Theorie der religiös-ästhetischen Weltsicht verbunden hat. Die *Neue oder anthropologische Kritik der Vernunft* (1807) von Fries versteht sich insofern als Weiterentwicklung der Kantischen Kritiken zu einer phänomenologischen Anthropologie der menschlichen Überzeugungsweisen. Dabei unterscheidet Fries die drei Grundformen Wissen, Glauben und Ahnden:

> Wissen heißt nur die Überzeugung einer vollständigen Erkenntnis, deren Gegenstände durch Anschauung erkannt werden; Glaube hingegen ist eine notwendige Überzeugung aus bloßer Vernunft, welche uns nur in Begriffen, das heißt in Ideen zum Bewußtsein kommen kann; Ahndung aber ist eine notwendige Überzeugung aus bloßem Gefühl.[7]

Diese Unterscheidung einer »verständigen, idealen und ästhetischen Ueberzeugung«[8] lieferte De Wette die gedanklichen und terminologischen Mittel für sein eigenes theologisches Programm, in dem er die Verbindung von Religions- und Christentumstheorie mit der Ästhetik für eine zeitgemäße Auslegung der christlich-religiösen Glaubensvorstellungen fruchtbar gemacht hat.

Wie für Fries ist die Religion auch für De Wette eine »eigenthümliche Ueberzeugungsweise des Menschen«[9], die nicht im Wissen, sondern im Glauben und in der Ahndung verortet wird. Religion gründet sich nicht auf die Erkenntnisse der natürlichen Weltsicht, sondern auf die Ideen der idealen und die Gefühle der religiös-ästhetischen Weltsicht. Ich gebe einen kurzen Überblick über die Zuordnung dieser drei Überzeugungsweisen in Gestalt ihrer Rezeption durch De Wette.

1.1 Das Wissen

Die als Inbegriff klarer und deutlicher Erkenntnis geltende Überzeugungsweise ist das Wissen, das durch äußere und innere Anschauung vermittelt und auf die empirisch-endliche Welt beschränkt ist. Die Leistung dieser natürlichen Weltsicht besteht darin, objektiv sichere und intersubjektiv nachprüfbare Erkenntnis zu stiften. Sie findet ih-

---

[7] Jakob Friedrich Fries, Wissen, Glaube und Ahndung, Jena 1805, neu hg. v. Leonhard Nelson, 2. Aufl. Göttingen 1931, 64.
[8] Wilhelm Martin Leberecht De Wette, Ueber Religion und Theologie. Erläuterungen zu seinem Lehrbuch der Dogmatik (1815), 2. Aufl., Berlin 1821, IV (ich beziehe mich auf diese zweite Auflage).
[9] AaO. 2.

re natürliche Grenze jedoch darin, unabschließbar und letztlich nicht befriedigend zu sein. Dies gilt für die äußere Anschauung, insofern diese immer fragmentarisch bleibt und die Wirklichkeit weder vollständig noch als Ganzes erfassen kann. Gleichwohl darf der Gedanke der Einheit und Ganzheit nicht aufgegeben werden, weil er als Bezugspunkt für alle Einzelerkenntnisse immer schon vorausgesetzt ist und sich als notwendiger Gedanke der Vernunft erweist. Wenn er aber im Bereich des Wissens nicht zur Anwendung gelangen kann, dann stellt sich die Frage nach der Möglichkeit einer umfassenderen Überzeugungsweise, in der die Einheits- und Ganzheitsperspektive erstens möglich und zweitens sinnvoll ist.

Ebenso wie die äußere Anschauung lässt sich auch die innere Anschauung des geistigen Lebens nicht auf einzelne Seelensachverhalte und deren Ursache-Wirkungs-Zusammenhänge reduzieren, sondern führt von einer mechanisch-psychischen zu einer ideal-intelligiblen Ansicht, in der z. B. die Ideen der Willensfreiheit und der Menschenwürde in den Blick treten. Insofern mit diesen Ideen der Bereich des Wissens verlassen wird, da Freiheit und Menschenwürde keine möglichen Gegenstände der Anschauung sind, hält das natürliche Wissen Anknüpfungspunkte bereit, die auf eine umfassendere Wirklichkeitsperspektive zielen. Das endliche Wissen führt gleichsam »von selbst«[10] auf eine höhere Betrachtungsweise. Diese Perspektive wird im Glauben realisiert und durch Ideen begründet.

1.2 Der Glaube

Der Glaube bezeichnet bei Fries und De Wette keinen Grad des Wissens, z. B. als Meinen mit geringerer Gewissheit oder als Antwort auf Offenbarung mit höherer Gewissheit, sondern dient als Terminus für die Überzeugung von Ideen, die weder auf Anschauung beruhen noch durch Anschauung verifiziert werden können. Diese Glaubensideen resultieren aus der Negation aller möglichen Anschauung, insofern sie der Realität der zeitlich und räumlich beschränkten Welt das Unbedingte und Absolute, das Ewige und Unendliche gegenüberstellen. Die ideale Weltsicht des Glaubens fußt also auf einer Operation der Vernunft, deren Ergebnis zunächst nur durch die formale Entgegensetzung zum Wissen bestimmt wird. Doch bei dieser Gegenüberstellung zwischen Wissen und Glauben kann die Ökonomie der menschlichen Überzeugungsweisen nicht stehen bleiben, weil sie dem Zustandekommen der Ideen widersprechen würde, die auf die Einheit und Ganzheit der Wirklichkeit abzielen. Die Realisierung der Ideen ist demnach für den Menschen unverzichtbar. »Was hülfe es ihm, an Gott, Freiheit und Ewigkeit zu glauben, wenn er diese Ideen nicht in der Welt selbst wiederfinden, und aus ihnen die Räthsel derselben lösen könnte? [...] Und würde nicht Alles kalt und stumm um ihn her bleiben, wenn er nicht mit dem Einzelnen sich zu befreun-

---

10 AaO. 8.

den, und in ihm den Ausdruck des Ewigen und Uebersinnlichen zu deuten verstände?«[11] In der religiösen Vermittlung zwischen Wissen und Glauben besteht deshalb nach Fries und De Wette die Aufgabe der dritten menschlichen Überzeugungsweise, der Ahndung.

1.3 Ahndung

Die Ahndung bezeichnet das Vermögen, empirische Anschauungen und vernünftige Ideen aufeinander zu beziehen und das Ewige im Endlichen zu erblicken. Diese Vermittlungsleistung wird im Medium des religiös-ästhetischen Gefühls erbracht:

> Nur im Gefühle, nach dem Gesetze der Ahnung, daß das Ewige im Zeitlichen zur Erscheinung kommt, können wir die Dinge unter die religiösen Ideen unterordnen. Ein Gefühls- oder ästhetisches Urtheil ist ein solches, welches die Unterordnung des Besonderen unter eine nach Begriffen unaussprechliche Regel macht, im Gegensatz des verständigen Urtheils, welches nach einer bestimmten Regel geschieht.[12]

Die Ahndung begründet somit kein begriffliches Wissen vom Ewigen und Unendlichen, sondern ein Gefühl, das der Darstellung und Mitteilung durch religiös-ästhetische Symbole bedarf.

Auf der Basis der drei genannten Überzeugungsweisen gelangt Fries zur Aufstellung einer Kategorientafel, in der er den theoretischen und praktischen Glaubensideen jeweils ein religiöses Gefühl zuordnet, sowie eine ästhetische Gattung angibt, in der diese Glaubensideen und ihre religiösen Gefühle zur symbolischen Darstellung kommen.

Theoretische Idee	Praktische Idee	Religiöses Gefühl	Ästhetische Gattung
Seele	Bestimmung des Menschen	Begeisterung	Episch
Welt	Gut und Böse	Ergebung	Dramatisch
Gott	Vorsehung	Andacht	Lyrisch

Während die Zusammenstellungen der theoretischen und praktischen Ideen der vom Deismus geprägten Religionsphilosophie Kants entnommen sind und die Trias der ästhetischen Gattungen auf Goethes Bestimmung der drei Naturformen der Poesie zu-

---

11 AaO. 12.
12 Wilhelm Martin Leberecht De Wette, Lehrbuch der christlichen Dogmatik in ihrer historischen Entwickelung dargestellt, I. Biblische Dogmatik Alten und Neuen Testaments (1813), 3. Aufl., Berlin 1831, II. Dogmatik der evangelisch-lutherischen Kirche nach den symbolischen Büchern und den älteren Dogmatikern (1816), 2. Aufl., Berlin 1821; aaO. I., § 28, 17.

rückgeht, stellt der von Fries konfigurierte religiöse Gefühlskanon eine Verbindung aus recht unterschiedlichen Traditions- und Theoriesträngen dar.

Mit der Begeisterung knüpft Fries an die englische Rezeption des antiken *enthusiasmos* an, die im aufgeklärten Europa vor allem von Shaftesbury in seinem *Letter Concerning Enthusiasm* (1708) einflussreich geworden ist. Shaftesbury grenzt sich darin von religiöser Schwärmerei und Fanatismus ab, und stellt ihnen einen edlen Enthusiasmus für die göttlich geordnete Natur gegenüber. Konsequenterweise wird dann auch Fries in der ästhetischen Naturbetrachtung eine Form der Verwirklichung seiner religiös-ästhetischen Weltsicht finden.

Die Ergebung oder – wie Fries auch sagen kann – Resignation ist ein Begriff, der sowohl griechisch-stoischem als auch jüdisch-christlichem Gedankengut entspringt, je nachdem, ob damit ein Sich-Fügen in das Schicksal oder den Willen Gottes gemeint ist. Fries konnte den Begriff und die damit verbundene Einstellung in den philosophischen Romanen Jakobis finden, die ihm nach eigenem Bekunden die wichtigste literarische Quelle für die Ausbildung seiner persönlichen Frömmigkeit geworden waren.

Mit dem Begriff der Andacht schließlich greift der herrnhutisch erzogene Fries auf genuin pietistisches Gedankengut und ein echt zinzendorfisches Wort zurück, wie es sich dann auch in den Schriften der vom Pietismus beeinflussten, aber seiner geistigen Enge entwachsenen neueren protestantischen Denker findet, allen voran bei Kant und Schleiermacher.

Die Verbindung von antikem und christlichem, aufgeklärtem und pietistischem Erbe in der Gefühlstrias von Begeisterung, Ergebung und Andacht übernimmt De Wette von Fries, ebenso wie dessen Ableitung religiöser Gefühle und ästhetischer Gattungen aus theoretischen und praktischen Glaubensideen. Während jedoch bei Fries der Charakter eines rationalistischen Begriffsschemas überwiegt, das sich dem deistischen Zuschnitt der kantischen Religionsphilosophie verdankt und seine Veranschaulichung im Medium der ästhetischen Naturerfahrung findet, bemüht sich De Wette um eine religionspsychologische Plausibilisierung dieser Gefühlstrias und zeichnet sie in den geschichtlichen Horizont der christlichen Glaubensvorstellungen und Verhaltensweisen ein.

De Wette historisiert, psychologisiert und spiritualisiert die Kategorientafel von Fries und transformiert sie so in ein Koordinatensystem zur Beschreibung der christlichen Frömmigkeit. Er synthetisiert damit seinerseits die Friesische Religionsphilosophie mit denjenigen Einflüssen, die ihm in der Theologie vor allem durch J. G. Herder wichtig geworden sind, insbesondere dessen geschichtlicher Sinn, seine Fähigkeit sich in fremde und ferne Nationen und Kulturen einzufühlen und ihren jeweiligen Ausdrucksformen in Kunst, Literatur und Religion möglichst gerecht zu werden.

In der konkreten Durchführung heißt das, dass De Wette sowohl in seinen exegetischen Arbeiten zum Alten und Neuen Testament, als auch in seinen dogmatischen und ethischen Schriften um den Nachweis bemüht ist, dass das Christentum von seinen biblischen Quellenschriften über seine symbolische Glaubensüberlieferung bis hin zu seiner sittlichen Lebensführungspraxis auf den Gefühlsakkord von Begeisterung, Ergebung und Andacht gestimmt ist. Dabei kann er sich die unterschiedliche Gewichtung dieser drei Gefühlsmomente auch für eine religionsgeschichtliche und konfessionstheologische Typologisierung zunutze machen, etwa wenn er die reinste Ausformung der Begeisterung in der Botschaft der Propheten und der Predigt Jesu vom Reiche Gottes erkennt, oder wenn er den protestantischen Gefühlshaushalt mehr durch Resignation und Andacht gekennzeichnet sieht, während ihm der Katholizismus stärker durch das Gefühl der Begeisterung bestimmt erscheint.

Mir geht es im Folgenden aber weniger um die systematische Rekonstruktion des Zusammenhangs zwischen Glaubensideen, religiösen Gefühlen und ästhetischen Gattungen, obwohl ich diese Einbettung einer Theologie der Gefühle in den umfassenden Zusammenhang der christlichen Glaubensvorstellungen und ihrer symbolischen Ausdrucksformen für eine besondere Stärke der friesisch-deweteschen Gefühlstheologie halte, sondern konzentriere mich auf die Analyse der von De Wette als charakteristisch für das Christentum behaupteten drei Grundgefühle.

Zwar behandelt De Wette diesen zentralen Bestandteil seiner Theologie in beinahe allen Schriften. Besonders aussagekräftig sind für unsere Zwecke aber seine populären *Vorlesungen über die Sittenlehre*,[13] die er in den Wintersemestern 1822/23 und 1823/24 vor einem gemischten Publikum aller Stände in Basel gehalten hat, weil er in diesen allgemeinverständlichen Vorträgen nicht die schulische Lehrform wählt, sondern eine literarisch-didaktische, um nicht zu sagen maieutische Form der Vermittlung zur Anwendung bringt. Der Redner will seinem Publikum in diesen Vorträgen die christlich-religiösen Gefühle nicht andemonstrieren, sondern aus dem Kreis der Hörerinnen und Hörer heraus entwickeln: »Was ich ausspreche, soll in Ihrem Gemüthe wiederklingen; ich möchte der Ausleger Ihrer innersten, eigensten Gefühle seyn, und, was in Ihrem Herzen lebt, hervor in das Licht der gemeinsamen Betrachtung ziehen.« (I,1, 66) De Wette richtet sich dabei auch nicht an unwissende Laien, die die Einsichten des Fachmanns bloß noch zur Kenntnis zu nehmen hätten, sondern an ein in christlich-religiösen Lebensfragen erfahrenes Publikum, »in welchem offene, rührbare, zartgestimmte Gemüther jeder Anregung, jedem Anklang des Gefühls, jedem Pulsschlag der Empfindung, entgegenwallen.« (II,1, 1f.)

Der Theologe des Gefühls spricht über die christlich-religiösen Gefühle in der Sprache der Empfindsamkeit zu einem in Gefühlsdingen sachkundigen, weil lebenserfahrenen Publikum. Diese Kongruenz zwischen Inhalt, Form und Hörerbezug machen die *Vorlesungen über die Sittenlehre* für eine Untersuchung von De Wettes Gefühlstheologie m. E. besonders interessant.

---

13 Wilhelm Martin Leberecht De Wette, Vorlesungen über die Sittenlehre, 2 in 4 Bden, Berlin 1823/24 (die Seitenzahlen im Haupttext beziehen sich auf dieses Werk).

2 Die christlich-religiösen Gefühle

Im Gesamtaufbau der Sittenlehre behandelt De Wette die christlich-religiösen Gefühle in der Lehre von der Frömmigkeit als der christlichen Grundpflicht, die ihrerseits ein Ausdruck der christlichen Tugend ist. Die Pflichtenlehre im zweiten Hauptteil des Werkes, die die besondere Sittenlehre zum Gegenstand hat, dient der Ableitung ethischer Konkretionen und die Lehre von der Frömmigkeit umfasst die Darstellung des tugendhaften christlichen Lebens. Dort also, wo sich die christliche Sittlichkeit im täglichen Leben bewähren soll, kommt die christliche Frömmigkeit zum Tragen, die ihrerseits auf den christlich-religiösen Gefühlen basiert. Von daher versteht sich auch De Wettes Bestimmung der christlichen Frömmigkeit als »sittliche Gefühlsstimmung.« (II,1, 141) Mit dieser anthropologischen Verknüpfung von Gefühl und Gesinnung steht De Wette mit Fries in der Tradition der englischen Theorie des *moral sense*, die von Shaftesbury und Hutcheson als Grund der menschlichen Sittlichkeit entwickelt worden ist. An diesem Punkt meinen die beiden Kantianer Fries und De Wette auch Kritik am verehrten Lehrer üben zu müssen. De Wette bemerkt etwa diesbezüglich: »Es war eine der unglückseligsten Verirrungen der Kantischen Philosophie, daß sie die Sittlichkeit ganz vom Gefühl unabhängig machen wollte.« (II,1, 145)

Die Fundierung der christlichen Sittlichkeit und Frömmigkeit im Gefühl führt De Wette zu der Definition einer christlichen Grundstimmung, aus der heraus sich alle weiteren Gefühle, Glaubensüberzeugungen und Lebensäußerungen des Christentums sollen verstehen lassen. Diese sittliche Grundstimmung der christlichen Frömmigkeit basiert bei allen geschichtlichen, konfessionellen und individuellen Varianten des Christentums auf dem Gefühl der sittlichen Weltordnung (II,1, 149) und ihrem Verhältnis zum Menschen, der »mit all seinen Gefühlen und Trieben sich harmonisch in den Einklang der göttlichen Weltordnung fügt.« (149) Indem De Wette das Wesen des Christentums mit einer Grundstimmung umreißt, die von der Vorstellung der Welt als harmonisch geordneter und sinnvoll verfasster Ganzheit bestimmt ist, zu der sich das menschliche Leben in einem Verhältnis der Entsprechung befindet, bahnt De Wette den Weg zu einem modernen, undogmatischen Christentumsverständnis, zumal er die unmittelbare sittliche Frömmigkeit von der mittelbaren kirchlichen Frömmigkeit unterscheidet und diese gegenüber jener als sekundär einstuft. Im Zentrum der christlichen Frömmigkeit stehen De Wette zufolge weder Glaubenssätze noch Bekenntnisse, sondern eine religiöse Lebens- und Weltanschauung, deren Grundstimmung harmonisch-teleologisch getönt ist und sich dreifach modifiziert, als Begeisterung, Ergebung und Andacht.

2.1 Die Begeisterung

Das religiöse Gefühl der Begeisterung entzündet sich an »dem unvertilglichen, geistigen Selbstgefühl« (153) und ist mit der Vorstellung von der Würde und der Bestimmung des Menschen zur Freiheit des Geistes und zur Unsterblichkeit der Seele verbunden. Im Modus der Begeisterung fühlt sich der Mensch als geistiges Wesen und erhebt sich über die endlichen Belange zum Ewigen und Unvergänglichen, um daraus die Kraft zum sittlichen und tätigen Leben zu schöpfen. Innerhalb der christlichen Glaubensüberlieferung entspricht diesem Gefühl die Vorstellung von der Gottebenbildlichkeit des Menschen. Das komplexe Gefühl der Begeisterung lässt sich deshalb noch in folgende Einzelmomente unterteilen: den *himmlischen Sinn* für alles Höhere und Geistige (a), den *frohen Mut* und die *heitere Zuversicht* (b), sowie die *begeisterte Teilnahme* am Mitmenschen (c). Den spezifisch sittlichen Charakter der Begeisterung kann De Wette deshalb auch mit dem Gefühl der Menschenwürde erläutern, das seinem Verständnis zufolge auf einer emphatischen Übertragung des ursprünglichen Selbstgefühls auf den Mitmenschen beruht.

Das Gefühl der Menschenwürde, christlich-religiös gefasst, bedeutet, im Mitmenschen das Ebenbild Gottes und einen Bürger des Gottesreiches zu erkennen. Von daher kann De Wette die Begeisterung auch als das sittlich-religiöse Gefühl schlechthin charakterisieren (II,1, 172). Doch das Gefühl der Begeisterung für das Gute kann in dieser Welt und in diesem Leben nicht allein herrschen, sondern wird getrübt durch den Widerstreit zwischen Gut und Böse, der das Gefühl der Ergebung in uns weckt.

2.2 Die Ergebung

Die Ergebung oder wie Fries auch sagt ›Resignation‹ wird durch den schmerzlichen Misston geweckt, der durch den sittlichen Zwiespalt in uns selbst sowie den Widerstreit zwischen Gut und Böse in der Welt hervorgerufen wird. Kann die Begeisterung als das sittliche Gefühl schlechthin gelten, so ist sie als solche doch nicht frei von Selbstsucht und Selbstüberhebung. Das Gefühl der Ergebung dient deshalb nicht zuletzt als Korrektiv einer sich selbst verabsolutierenden Begeisterung. Im Gefühl der Ergebung wird sich die fromme Seele ihrer eigenen Ambivalenz ansichtig und wehrt der Überheblichkeit, die aus einer verabsolutierten Begeisterung folgen würde. In den *Vorlesungen über die Sittenlehre* bezeichnet De Wette das Gefühl der Ergebung deshalb auch als *Selbstverleugnung*. Dem begeisterten Selbstvertrauen korrespondiert in der christlichen Frömmigkeit die ergebene Selbstverleugnung. Erst beide zusammen, das Gefühl der eigenen sittlichen Würde und der eigenen sittlichen Unwürdigkeit charakterisieren den komplexen christlich-religiösen Gefühlshaushalt.

Im Zusammenhang der christlichen Glaubensüberlieferung entspricht dem Gefühl der Selbstverleugnung die Vorstellung von der Sündhaftigkeit des Menschen und seinem Hang zum Bösen. Im Einzelnen umfasst das komplexe Gefühl der Ergebung außerdem die Gefühlsmomente der *Demut* (a), des *Verzichts* auf die Befriedigung der Selbstsucht (b), der *Hilfsbereitschaft* (c) und der *Fügung* in Gottes Willen (d). Doch damit sich die christlich-religiöse Ergebung nicht bis zur Verzweiflung oder einer krankhaften Weltverachtung steigert – eine Gefahr, die De Wette in der Geschichte des Christentums immer wieder erkennt –, bedarf es der den Gegensatz von Begeisterung und Ergebung vermittelnden Grundstimmung der Andacht.

2.3 Die Andacht

Das religiöse Gefühl der Andacht wird durch die Hinwendung zum Übersinnlichen, Ewigen und Göttlichen geweckt und führt uns aus dem emotionalen Wechselbad zwischen Begeisterung und Ergebung hinaus, in das uns die Selbstbesinnung und die Weltbetrachtung immer wieder zurückwirft. Die Andacht stellt somit den vermittelnden Ruhepol der christlich-religiösen Gefühlsstimmungen dar und kann von De Wette »als das Gefühl der Harmonie des Weltganzen« (II,1, 204) bezeichnet werden. Im Modus der Andacht gelangt die fromme Seele zur heiligen Ruhe, die sie über allen Streit erhebt, mit den Ambivalenzen der eigenen Persönlichkeit sowie mit den Widrigkeiten des Lebens und der Welt versöhnt und von allen irdischen Bindungen erlöst. Die Einzelmomente der Andacht erkennt De Wette in der *Ehrfurcht vor Gott* (a), dem *Vertrauen auf seine Gnade* (b), in der daraus fließenden *Glückseligkeit* (c), sowie der *unzerstörbaren Seelenruhe* (d).

3 De Wettes gefühlstheologische Umformung der protestantischen Dogmatik

Soweit in knapper Form eine Darstellung von De Wettes Theologie der christlich-religiösen Gefühle. Bei näherer Betrachtung fällt erstens auf, dass es sich hierbei nicht um sinnliche Empfindungen wie Lust oder Schmerz handelt und auch nicht um elementare Gefühle wie Scham oder Freude, sondern um komplexe und zusammengesetzte Gefühle, die immer schon mit bestimmten Vorstellungen verbunden sind. Dazu ist es wichtig sich die Genese des friesisch-dewetteschen Gefühlsbegriffs aus Kants *Kritik der Urteilskraft* in Erinnerung zu rufen. Denn Gefühle sind vor diesem Hintergrund gerade keine sinnlichen Empfindungen, sondern eine basale Formen des Urteilens: »Ein Gefühls- oder ästhetisches Urtheil ist ein solches, welches die Unterordnung des Besonderen unter eine nach Begriffen unaussprechliche Regel macht.«[14] De Wettes Gefühlstheologie hat deshalb auch nichts mit sentimentaler Gefühligkeit

---
14 Ebd.

oder einem reduktionistischen Sensualismus zu tun, sondern sucht die Religion im Gefolge von Herder und Kant an dem Ort im Menschen auf, wo sich dieser in einer elementaren Schicht seiner selbst, seiner Mitwelt und der ihn umgebenden Umwelt bewusst wird, ohne sich darüber schon Rechenschaft im Medium der verständigen Reflexion in Gestalt von verständigen Urteilen gegeben zu haben.

Zweitens basieren die angeführten christlich-religiösen Gefühlsurteile auch nicht auf spontanen Erregungen oder plötzlichen Eingebungen, sondern bezeichnen so etwas wie habitualisierte Stimmungen und Gesinnungen. An manchen Stellen kann De Wette sogar vom ›christlichen Charakter‹ sprechen, der sich im Medium der christlich-religiösen Gefühlskultur herausbildet. Und auch, wenn damit nicht der spontane Charakter einer aufbrechenden religiösen Begeisterung geleugnet werden soll, handelt es sich doch nach De Wettes Verständnis bei den christlichen Gefühlen eher um stimmungsmäßige Haltungen oder Mentalitäten als um spontane und kurzfristige Erregungen.

Drittens scheint mir die dialektisch-triadische Struktur des friesisch-dewetteschen Gefühlskanons bemerkenswert. Mit der Begeisterung und der Ergebung stehen sich zwei dramatische Gefühle in einem Spannungsverhältnis gegenüber, das durch die Andacht als einem irenischen Gefühl zum Ausgleich gebracht wird. Zwar lässt sich in dieser Struktur auch die bis auf die Antike zurückgehende Unterscheidung zwischen Lust und Unlust erkennen, aus der dann bekanntlich Schleiermacher seine religionspsychologische Grundunterscheidung zwischen Sündenbewusstsein und Gnadenbewusstsein ableitet. Bei De Wette speist sich die Dynamik des christlichen Gefühlshaushalts dagegen eher aus der Differenz zwischen Unruhe und Ruhe, also zwischen dem *cor nostrum inquietum* (Augustin), das zwischen Selbstvertrauen und Selbstverleugnung hin und her schwankt, und der frommen Seele, die ihre andächtige Ruhe in Gott findet.

4 Fazit

De Wettes gefühlstheologische Umformung der protestantischen Theologie ist im Hinblick auf die theologische Umformungskrise der Neuzeit und ihre kritische Arbeit am kirchlichen Dogma nicht spektakulär. Das hat ein kritischer Beobachter wie Ferdinand Christian Baur schon bald gesehen und notiert. Oftmals versucht De Wette mehr oder weniger überzeugend zwischen altprotestantischer Lehrbildung und neuprotestantischer Religionspraxis auszugleichen und zu vermitteln. Trotzdem erscheint mir seine ästhetische Religions- und Christentumstheorie nicht nur ihrer theologiegeschichtlichen Bedeutung wegen als erinnernswert, sondern auch systematisch als bedenkenswert, weil er exemplarisch vorführt, wie in der protestantischen Theologie der Neuzeit Humanum und Christianum in methodisch innovativer Weise aufeinander bezogen und füreinander fruchtbar gemacht worden sind und werden können. Das belegt auch die Rezeption der friesisch-dewetteschen Religions- und Christentumstheorie etwa in Ernst Friedrich Apelts *Religionsphilosophie* (1860) sowie in Rudolf Ottos Buch *Kantisch-Fries'sche Religionsphilosophie und ihre Anwendung auf die Theologie* (1909), das dem Programm der religiös-ästhetischen Weltsicht ein Jahrhundert später ein inzwischen ebenfalls historisches, aber gleichfalls erinnerungswürdiges und lesenswertes Denkmal gesetzt hat.

Teil III: **Theologische Konkretionen**

Notger Slenczka
Neid

Vom theologischen Ertrag einer Phänomenologie negativer Selbstverhältnisse

»*invidia est tristitia de alienis bonis*« (Thomas von Aquin, STh II-II q 36 a 2resp)

1 Methodisches

1.1 Emotionen – Theorie und vortheoretische Selbstwahrnehmung

Man kann sich dem Phänomen der ›Emotionen‹ oder ›Gefühle‹ in mindestens zweifacher Weise nähern: Entweder so, daß man eine Emotionstheorie entwirft und dem Phänomenbereich einen Ort im Haushalt der Subjektivität und ihres Selbst- oder wahlweise Weltverhältnisses anweist; man würde sich dann beispielsweise der Analyse der *passiones* bei Thomas von Aquin[1] oder der Verortungen des Gefühls in nachneuzeitlichen Subjektivitätstheorien[2] als Leitfaden versichern können, die eben so verfahren, daß sie einer Analyse einzelner Emotionen oder Tugenden bzw. Laster – ich lasse das genaue Verhältnis beider hier unentschieden – eine Theorie der Emotionen vorausschicken.[3]

---

[1] Man würde hier in der Theologischen Summe (STh) im tractatus über die *passiones animae* einerseits (STh II-I) und in der Tugend bzw. Lasterlehre in der II-II der STh fündig werden, der Thomas selbst eine anthropologische Verortung der *passiones* bzw. Tugenden in der Handlungstheorie der p II vorausschickt. Ich verwende hier und im folgenden die Ausgabe: Claude-Joseph Drioux u.a. (Hgg.), Summa theologica, 8 Bde., 12. Aufl. Luxemburg 1880 – das ist unschädlich, da ich in der üblichen Weise nach der Bucheinteilung zitiere, die in jeder Ausgabe identifizierbar ist.
[2] Ich verweise hier nur auf John Locke, An Essay concerning Human Understanding, London ⁴1700, Buch II chapt 20 (ed. by Peter H. Nidditch, Oxford 1975, 229–233) und auf Adam Smith, The Theory of Moral Sentiments, ed. by Knud Haakonssen, Cambridge 2002, hier 54f; 287 [dt. Theorie der ethischen Gefühle, übers. v. Walther Eckstein, Hamburg 2004, 55 und 411 f]. Immanuel Kant, Metaphysik der Sitten. Tugendlehre § 36 (A 133 f).
[3] Neuere Ansätze: Peter Goldie, The Emotions. A Philosophical Exploration, Oxford 2000; Martha Nussbaum, Upheavals of Thought. The Intelligence of our Emotions, Cambridge 2001; Robert C. Roberts, Emotions. An Essay in Aid of Moral Psychology, Cambridge 2003; Sabine A. Döring, Philosophie der Gefühle, Frankfurt a. M. 2009; dazu: Notger Slenczka, Rudolf Ottos Theorie religiöser Gefühle und die aktuelle Debatte zum Gefühlsbegriff, in: Jörg Lauster u. a. (Hg.), Rudolf Otto. Theologie – Religionsphilosophie – Religionsgeschichte, Berlin 2013, 277–293, dort weitere Lit.

Eine derartige Emotionstheorie und deren Verortung im Gefüge weiterer selbstreferentieller oder intentionaler Vollzüge und im Ganzen menschlicher Subjektivität ist nicht der Entdeckungsgrund dessen, was eine Emotion ist, sondern setzt voraus, daß derjenige, der diese Theorie entwirft, bereits eingeführt ist in das Phänomen der Emotionen; nur wenn man weiß, was Emotionen sind, kann man eine Emotionstheorie entwerfen und eine subjektivitätstheoretische Zuordnung vornehmen.

Dies legt den Gedanken nahe, umgekehrt zu verfahren und zunächst die Erfahrung zu beschreiben, die wir machen, wenn wir ›Emotionen‹ haben oder diese uns überfallen. Eine Emotionstheorie ›von unten‹ wäre das, die der Tatsache Rechnung trägt, daß wir keiner Theorie bedürfen, um zu wissen, daß Scham, Liebe, Stolz, Neid, Eifersucht, Haß, Zorn und anderes Emotionen sind; und wir wissen auch, wie es sich anfühlt oder wie es bei anderen aussieht, wenn sie emotionalen ›fits‹ unterworfen sind.[4]

Wer aber so ansetzen wollte, wird sogleich darauf aufmerksam, daß er, um etwa im Ausgang vom Phänomen der ›Scham‹ oder der ›Liebe‹ exemplarisch eine Emotion zu beschreiben, bereits wissen muß, zu welchen Phänomenen er greifen muß. Er weiß somit bereits, daß ›Scham‹ oder ›Neid‹ eine Emotion ist, muß sie bereits unterschieden haben von Willensregungen oder explizit kognitiven Welt- und Selbstverhältnissen. Eine solche implizite Emotionstheorie ist somit nicht die Folge einer Beschreibung einzelner, exemplarischer Emotionen, so daß man im Durchgang durch diese Beschreibung sie gewönne, sondern sie ist in der Beschreibung immer schon vorausgesetzt.

Dem entspricht es, daß wir die Emotionen, die wir zum Gegenstand einer Beschreibung machen, niemals im Zuge dieser Beschreibung erst kennenlernen. Das Seitenlinienorgan des Fisches erlebt kein Mensch in actu; er nimmt es nicht selbst, sondern nur seine Effekte wahr, wenn er sich über die Orientierungsleistungen wundert, die es dem Fisch ermöglicht. Erst unter dem Mikroskop lernt er es kennen und erfaßt seine Wirkungsweise. Emotionen hingegen lernen wir nicht auf dem Weg wissenschaftlicher Bearbeitung kennen. Vielmehr setzt jede wissenschaftliche Bearbeitung – sei das nun eine physiologische oder neurophysiologische oder eine phänomenologische Deskription von Emotionen – ein Wissen darum voraus, was Emotionen sind. Dieses Wissen ist implizit – es handelt sich natürlich nicht um eine Theorie der Emotionen, wohl aber um eine präkognitive und vorthematische Vertrautheit mit dem Phänomen, die Heidegger auf den Begriff der ›Erschlossenheit‹ gebracht hat.[5]

Diese Vertrautheit teilt das Phänomen der Emotion mit allen subjektiven Verhältnissen, Verhältnissen also, die wir mit dem Vorzeichen ›Ich‹ versehen in dem Sinne,

---

4 Einsatz bei einzelnen Emotionen: Robert J. Edelmann, The Psychology of Embarrassment, Chichester 1987; Aurel Kolnai u. a. (Hg.), Ekel, Hochmut, Haß. Zur Phänomenologie feindlicher Gefühle, Frankfurt a. M. 2007; Winfried Menninghaus, Ekel. Theorie und Geschichte einer starken Empfindung, Frankfurt a. M. 2002.
5 Vgl. Martin Heidegger, Sein und Zeit, Tübingen [15]1979, § 29 (134 f); vgl. § 4 (11–15).

daß sie entweder ›wir selbst‹ oder ›etwas an uns‹ sind. Wir wissen in demselben Sinne, was ein ›Ich‹ ist, was subjektive Vollzüge wie das ›Wollen‹ oder das ›Denken‹ oder das ›Sehen‹ sind: Wir wissen darum, ohne dieses Wissen in einer Theorie aussprechen zu können. Aber dieses Wissen ist gleichsam das Wahrheitskriterium für jede Theorie; es befähigt uns dazu, jede Theorie der Emotionen oder sonstiger subjektiver Verhaltungen, Einstellungen zu begleiten mit der Frage, ob sie die Vertrautheit, die wir bezüglich ihrer unterhalten, zur Sprache bringt oder mit ihr nicht vereinbar ist – we may not know what it is like to be a bat, but we know what it is to be envious.[6]

Diese Vertrautheit ist allerdings auch nicht vortheoretisch unmittelbar. Das reine, vorbegriffliche Verstehen der Emotion oder anderer ichhafter Phänomene im Vollzug – im Sinne des heideggerschen ›Verstehen als Können‹[7] – kommt unter Personen, die Teil einer Kommunikationsgemeinschaft sind, nicht vor. Die Phänomene des Subjektiven kommen immer schon als formulierte und ausgesprochene vor; das Wissen um sie manifestiert sich in den semantischen Gehalten und Konnotationen der Worte, die es uns erlauben, diese Phänomene auszusprechen. Die Sprache im Sinne der ›langue‹[8] gibt uns uns selbst zu verstehen und ist gleichzeitig der Ort, durch den deutlich wird, daß das Wissen um uns selbst immer schon den Charakter des ›Man‹ hat, verallgemeinertes Wissen ist, von Selbstverständlichkeiten des Selbstverständnisses getragen ist, die, so jedenfalls Heidegger[9] und so der Platonische Sokrates,[10] dem Verdacht unterliegen, das, was wir immer schon im Vollzug wissen (bzw. in der Terminologie des platonischen Sokrates: das, was wir in einer vorgeburtlichen Schau der Ideen erfaßt haben), zu verdrehen und niederzuhalten.

Dieser Hermeneutik des Verdachts liegt die zutreffende Feststellung zugrunde, daß das vorthematische ›Wissen um uns selbst‹ sich in der Sprache der Gemeinschaft manifestiert, der wir angehören. In der Sprache, in den Konnotationen und im semantischen Hof der Begriffe wie in den Bahnen ihrer Verknüpfung, stellt sich eine Kultur der Selbstwahrnehmung dar, die jede individuelle Selbstwahrnehmung immer schon bestimmt. Die genannten Vertreter einer ›Hermeneutik des Verdachts‹ haben sicher darin Recht, daß diese Kultur der Selbstwahrnehmung eine Tendenz zur Nivellierung der Selbstwahrnehmung und eine Tendenz zur Objektivierung des Subjektiven in den Gestalten der expliziten oder gar wissenschaftlichen Rede von Subjektivem aufweist, über die hinaus in den existentialphänomenologischen Subjektivitätstheorien eine zugrundeliegende ursprüngliche Vertrautheit des Subjekts mit sich selbst

---

6 Thomas Nagel, What is it Like to be a Bat, in: Ders., Mortal Questions, Cambridge [14]2009, 165–180.
7 AaO. § 31 (143), vgl. § 9 (41–45).
8 Vgl. Ferdinand de Saussure, Cours de linguistique générale, frz.-dt. Ausgabe, hg. v. Peter Wunderli, Tübingen 2013, 70–82 [dt. 71–83].
9 Vgl. Martin Heidegger, Sein und Zeit (wie Anm. 6), § 5 (15–19); § 9 (42 f); § 10 (45–52); § 27 (126–130) u. ö.
10 Etwa Platon, Phaidros 249 d 4–250 d 8.

erarbeitet wird;[11] stets weist sich aber diese Entlarvung der ›Verdeckungstendenz der durchschnittlichen Ausgelegtheit des Daseins‹ dadurch aus, daß sie den sprachlichen Manifestationen der Rede über sich selbst präzise nachgeht und dort Eigentümlichkeiten wahrnimmt, die durchschnittlicherweise übersehen werden, sich aber als überraschend angemessene Phänomenbeschreibungen erweisen. Die sprachlich sich manifestierende Kultur der Selbstwahrnehmung – die Art und Weise, wie wir Emotionen versprachlichen – eignet sich als Leitfaden und heuristisches Medium der Erschließung dessen, was wir schon wissen, wenn wir beginnen, uns über Emotionen (oder andere subjektive Phänomene) zu verständigen – darin sind sich auch die Hermeneuten des Verdachts, Platon und Heidegger,[12] einig.

Der Vorschlag, nicht mit einer Theorie der Emotionen zu beginnen und von dort aus sich der konkreten Emotionen deutend zu bemächtigen, sondern umgekehrt zu verfahren: mit einer Beschreibung konkreter Emotionen zu beginnen und eine Theorie der Emotionen auf diesem Wege zu erarbeiten, gewinnt so den methodischen Charakter einer von möglichst genau wahrgenommenen Versprachlichungen geleiteten Phänomenbeschreibung. Dieser Zugang ist höchst voraussetzungsreich, könnte problematisiert werden und ist vielfach problematisiert worden. Ich markiere diese möglichen Problematisierungen, lasse sie dann aber alsbald liegen und kümmere mich darum nicht, denn mir scheint, daß der Thematisierungsgewinn einer solchen Phänomenbeschreibung auch dann hoch ist, wenn sie methodische Fragen aufwirft.

1.2 Emotion und Theologie

Die Annahme, daß das Thematisieren von Emotionen theologisch ertragreich ist, folgt in modifizierter Form dem methodischen Grundansatz Schleiermachers.[13] Dies ist nicht so zu verstehen, daß sein Einsatz beim ›Gefühl schlechthinniger Abhängigkeit‹ nun tumultuarisch heruntergebrochen werden sollte auf die Vermutung, daß nicht nur mit dieser transzendentalen Struktur, sondern auch mit der Beschreibung von empirischen ›Gefühlen‹ oder ›Emotionen‹ in einem landläufigen Sinne theologisch etwas zu gewinnen wäre. Vielmehr ist die Grundeinsicht Schleiermachers wegweisend, daß landläufig als Gegenstandsbeschreibungen einhergehende theologische Begriffe – etwa der Begriff ›Gott‹ – keine Gegenstände beschreiben, sondern in ihren semantischen Gehalten Strukturen thematisieren, die in menschlicher Selbsterfahrung mitgesetzt sind. Das Bewußtsein schlechthinniger Abhängigkeit kann nur thematisiert werden, wenn man der Struktur der Erfahrung ›Abhängigkeit‹ folgend

---

[11] Etwa Martin Heidegger, Sein und Zeit (wie Anm. 6), § 10 (45–50).
[12] Beide wären nicht erbaut darüber, hier in einem Atemzug genannt zu werden.
[13] Für das folgende verweise ich statt vieler Belege auf: Notger Slenczka, Sich-Schämen. Zum Sinn und theologischen Ertrag einer Phänomenologie negativer Selbstverhältnisse, in: Cornelia Richter (Hg.), Dogmatik im Gespräch, Leipzig 2014, 241–261.

ein ›Woher‹ dieser Abhängigkeit mitsetzt und in den semantischen Gehalten eines Begriffs zusammenfaßt. Schleiermacher thematisiert dies Moment so, daß er davon spricht, daß das Bewußtsein der schlechthinnigen Abhängigkeit diese auf ein ›Woher‹ »zurückschiebt«.[14] Die Frage, mit welchem Begriff man dieses ›Woher‹ angemessen zur Sprache bringt, beantwortet Schleiermacher so, daß er nach dem Begriff ›Gott‹ greift, weil dessen in der Sprach- und Kulturgeschichte elaborierte semantische Gehalte es erlauben, genau dies – ein Woher absoluter, gegenwirkungsfreier Abhängigkeit – zur Sprache zu bringen, denn klassischerweise benennt der Begriff eine Ursache, die ohne Voraussetzungen und Gegenwirkungen etwas setzt: Dafür steht der klassischerweise mit dem Begriff ›Gott‹ verbundene Aspekt der ›Schöpfung‹ bzw. der ›Schöpfung aus dem Nichts‹. Nicht darum geht es, aus dem Selbstverhältnis schlechthinniger Abhängigkeit die Existenz eines solchen Wesens zu erschließen, sondern darum, den Punkt menschlicher Selbsterfahrung zu identifizieren, der durch diese im Begriff ›Gott‹ zusammengefaßten semantischen Momente thematisiert werden kann. Auf der anderen Seite hat diese Entdeckung eine disziplinierende Wirkung für die mit dem Begriff ›Gott‹ verbundenen semantischen Gehalte, die damit unter das strenge Kriterium treten, sich als Aussprache dieses Selbstverhältnisses in ihrem Recht ausweisen zu müssen.[15]

Dem liegt die breitere Beobachtung zugrunde, daß auch dann, wenn man theologische Begriffe als Hinweiszeichen auf Sachverhalte (einen ›Gott‹, wie immer der zu beschreiben wäre) versteht, diese Sachverhalte in einer religiösen Sprachkultur semantisch so verfaßt sind, daß sie mit menschlichen Emotionen engstens verbunden sind. Die Rede von Gott im Kontext des Christentums ist ohne die Emotionen der Dankbarkeit, der Furcht, des Entsetzens, des Glücks, der Liebe, der Zerknirschung oder Reue nicht denkbar, und göttliche Eigenschaften und Attribute (semantische Gehalte) korrelieren solchen Emotionen: Schöpfer; Richter; Erhalter und Bewahrer; Retter (Heiland); Vollkommenheit; Liebe; Gericht usw. Es bietet sich an, nach diesen Emotionen zu fragen und damit zu fragen, ob der Zusammenhang dieser Emotionen und der Rede von Gott wirklich dann korrekt beschrieben ist, wenn man davon ausgeht, daß der Sachverhalt, der möglicherweise unter den semantischen Gehalten des Begriffs Gott beschrieben wird, diese Emotionen hervorbringt; oder ob der Zusammenhang nicht so aussehen könnte, daß der Begriff ›Gott‹ sich um jene Emotionen dreht, so daß diese Emotionen, genau betrachtet, sich als derart verfaßt erweisen, daß sie zur Aussprache ihrer selbst der semantischen Gehalte bedürfen, die der Begriff ›Gott‹ in sich zusammenfaßt.

---

14 Friedrich Daniel Ernst Schleiermacher, Der christliche Glaube [²1831], hg. v. Rolf Schäfer, Berlin 2008 (text- und seitenidentisch mit KGA I.13, Teilbde. 1 und 2), hier § 4.4 [39 f, Begriff 40 Zeile 2 f].
15 Vgl. aaO. Randnotiz im Handexemplar zu § 4.4 [ebd. 38 Anm.]. Dazu Claus-Dieter Osthoevener, Die Lehre von Gottes Eigenschaften bei Friedrich Schleiermacher und Karl Barth, Berlin 1996, 12–27.

1.3 Verzicht auf vorgreifende Rechtfertigungen

Das Interesse an der Beschreibung von Emotionen verbietet es wieder, diesen höchst voraussetzungsreichen Zugang gegen Mißverständnisse abzugrenzen und in die gegenwärtige theologische Landschaft einzuordnen. Ich überlasse das späteren Weiterführungen und erlaube mir den Luxus, mit einer Beschreibung anzufangen und zu sehen, ob sie nur zu einer zustimmungsfähigen Verständigung über das Phänomen des Neides führt, oder ob sie theologisch ertragreich ist.

Daß ich ausgerechnet das Phänomen des ›Neides‹ ausgewählt habe, liegt daran, daß ich bei der Durchführung anderer Beschreibungen den Eindruck gewonnen habe, daß emotionale *Selbst*verhältnisse (im Unterschied zu auf den ersten Blick primär intentionalen Emotionen wie der ›Furcht‹ oder der ›Liebe‹) im Blick auf die Nötigung, zu den semantischen Gehalten religiöser Begriffe zu greifen, vielversprechend sind. Auch dies wird nicht vorgreifend begründet, sondern wird sich im Verlauf erweisen – oder auch nicht. Inwiefern ›Neid‹ ein Selbstverhältnis ist, wird gleich deutlich werden.

Ich verzichte ebenfalls auf eine Übersicht über die inzwischen sehr breite Literatur über Emotionen im Allgemeinen und den Neid im Besonderen, die mir zum Teil eine Lesehilfe für die Phänomene geboten hat.[16] Neben Arbeiten zum Neid als literarischem bzw. kulturgeschichtlichem Phänomen[17] stehen systematische Entwürfe wie die berühmte kulturkritische Analyse des Neides als sozialem Phänomen und als Gegeninstanz des schöpferischen Willens zur Individualität von Gonzalo Fernández de la Mora;[18] zu nennen sind ferner etwa die psychoanalytische Deutung des Neides von Frank John Ninivaggi[19] und die systematischen Diskussionen im Sammelband von Bir-

---

16 Ich habe mich bemüht, Parallelen zu eigenen Beobachtungen oder Ideengeber im folgenden zu notieren; die wichtigsten der herangezogenen Arbeiten sind in den folgenden Anmerkungen genannt.
17 Vgl. Thomas Rakoczy, Böser Blick, Macht des Auges und Neid der Götter. Eine Untersuchung zur Kraft des Blickes in der griechischen Literatur, Tübingen 1996; Klaus Grubmüller, Historische Semantik und Diskursgeschichte. Zorn, nît und haz, in: Ingrid Kasten u. a. (Hg.), Codierungen von Emotionen im Mittelalter, Berlin u. a. 2003, 47–69; Tillmann Kreuzer u. a. (Hg.), Invidia – Eifersucht und Neid in Kultur und Literatur, Gießen 2011; vgl. die Arbeiten in: Martin Baisch u. a. (Hg.), Rache – Zorn – Neid. Zur Faszination negativer Emotionen in der Kultur und Literatur des Mittelalters, Göttingen 2014, hier bes. die Arbeit von Eva Lieberich, ›Â Tristan, waere ich also duo!‹ – Tristan und die neidische Hofgesellschaft, aaO. 209–237.
18 Vgl. Gonzalo Fernández de la Mora, La envidia igualitaria. El mal de nuestro tiempo: rechazar mérito y excelencia [¹1984], Madrid 2011; zur Zielrichtung vgl. 179–260. Vgl. die Einleitung durch Pedro González Cuevas, aaO. 11–19. Im Hintergrund stehen eine biologistische Grundlegung (etwa 179–216), die metaphysisch begründet wird, und geistesgeschichtliche Positionen: Nicht nur Nietzsche und Schopenhauer, sondern eben auch die konservative Kulturkritik von Donoso Cortés bis Ortega y Gasset.
19 Vgl. Frank John Ninivaggi, Envy Theory. Perspectives on the Psychology of Envy, Lanham u. a. 2010; Ninivaggi analysiert den Neid als Gegenemotion zur Liebe (32f u. ö.) und führt die akuten und aktuellen Neidsituationen lebensgeschichtlich zurück auf einen frühkindlichen ›nuclear envy‹ (73–118 im Anschluß an Melanie Kleins Konzept eines ›inborn envy‹, vgl. die entwicklungspsychologische Ein-

git Harreß,[20] in René Girards Analyse des ›mimetic desire‹ in den Dramen Shakespeares[21] sowie in der ideengeschichtlichen Arbeit von Olaf Lippke.[22]

2 Phänomenologie des Neides

2.1 Emotion

Daß es sich beim ›Neid‹ um eine Emotion handelt, ist nicht strittig.[23] Wir gruppieren den Neid sprachlich problemlos zusammen mit ›Furcht‹, ›Freude‹, ›Haß‹, ›Zorn‹ und anderen. Warum und in welchem Sinne das zutreffend ist und was die genannten Haltungen gemeinsam haben, wird noch gefragt werden.[24]

2.2 Klassische theologische Zuordnung

In der vorreformatorischen Tradition, insbesondere in den Emotionslehren der großen Rhetorik-Lehrbücher,[25] wird der Neid als eines der sieben Hauptlaster identifiziert;[26] streng genommen handelt es sich bei Lastern um den Tugenden negativ entsprechende Grundhaltungen, aus denen dem göttlichen Gesetz entgegengesetzte Taten hervorgehen. Wie die Tugenden möglicherweise durch Übung erworbene, dann aber der Wahl entzogene Handlungsdispositionen sind, so gilt das auch von den *vitia*.[27] Und wie die Tugenden die Disposition bezeichnen, die menschlichen Triebe *(passiones)*

---

ordnung 119–179); sein Ziel ist es, die Möglichkeiten einer positiven Bewältigung dieser unbewußten Neidstruktur zu untersuchen (287–335).
20 Vgl. Birgit Harreß (Hg.), Neid. Darstellung und Deutung in den Wissenschaften und Künsten, Münster 2010.
21 Vgl. René Girard, A Theater of Envy. William Shakespeare, New York u. a. 1991.
22 Vgl. Olaf Lippke, Anatomie des Neides, Duisburg 2006.
23 Vgl. allerdings die Diskussion bei Frank John Ninivaggi, Envy Theory (wie Anm. 19), 182.
24 Vgl. Aristoteles, Rhetorik 1387 b 23–29; Knut Eming, Logik des Neids. Aristoteles über das an uns nagende Gefühl der Ungleichheit, in: Birgit Harreß, Neid (wie Anm. 20), 17–31, hier 23.
25 Vgl. etwa: Lorenzo Stramusoli, Apparato dell' eloquenza italiano (etc.), 4 Bde., Padua 1699 ff, Tema CCCLXXI, Bd. II, Padua 1700, 1057–1073 (*http://books.google.de/books?id=R5ZMAAAAcAAJ&printsec=frontcover* – zuletzt eingesehen am 9. März 2015).
26 Neben *superbia, avaritia, gula, ira, luxuria* und *acedia* gehört die *invidia* zu den sieben Hauptlastern und Gegeninstanzen der Kardinaltugenden – in dieser Zusammenstellung erstmals bei Gregor d. Gr. Ich verweise auf lexikonartige Zusammenstellungen, in denen unter anderem Emotionen, und unter anderem der Neid behandelt wird; etwa der bereits genannte Stramusoli, Apparato (wie Anm. 25), Bd. II, 1057–1073.
27 Dazu Notger Slenczka, ›Virtutibus nemo male utitur‹, in: Dietrich Korsch u. a. (Hg.), Systematische Theologie heute, Gütersloh 2004, 170–192. Zu den *vitia* vgl. Thomas von Aquin, STh II-I q 71 a 1resp und sqq.

am Maßstab der Vernunft auszurichten, so ist das *vitium* die rein negative Disposition, sich mit Bezug auf die eigene Triebstruktur ohne Leitung durch die Vernunft zu orientieren bzw. besser: sich von den Trieben bestimmen zu lassen.[28]

Thomas von Aquin, der im Rahmen seiner speziellen Tugendlehre die Laster jeweils als Gegensatz bestimmten Tugenden zuordnet, sortiert den Neid in den Traktat zur *charitas*/Liebe ein unter die Haltungen, die der Liebe entgegengesetzt sind, und zwar genauer: Das Laster des Hasses ist der Liebe direkt entgegengesetzt;[29] die Liebe gegenüber Gott und gegenüber dem Nächsten hat aber emotionale Folgen,[30] nämlich die Freude *(gaudium)* am ›bonum – dem Gut oder dem Wohlergehen‹ des Geliebten.[31] Diese Freude am *bonum* des Geliebten hat gegenüber Gott die Gestalt der Freude an der *bonitas* Gottes und in der Teilhabe an dieser *bonitas*; ihr entgegengesetzt ist das Laster der ›acedia – der Niedergeschlagenheit‹.[32] Mit Bezug auf den Nächsten hat die Freude die doppelte Gestalt der Freude am Nächsten und der Freude am *bonum* des Nächsten, daran also, daß es dem Nächsten wohlergeht; dem entgegengesetzt ist die ›invidia – der Neid‹.[33] Dieser Neid, so stellt Thomas fest,[34] sei damit eine Form der Traurigkeit. Eigentlich sei, so Thomas, der Gegenstand der Traurigkeit ein eigenes (im Sinne von: *proprium*, dem selbst eigenes) Übel. Der Neid sei die Haltung, in der ein fremdes *bonum* als eigenes *malum* aufgefaßt wird, und zwar nicht so, daß beispielsweise das *bonum* in der Hand des Feindes als Gefahr erfaßt wird – das sei kein Neid, sondern eine Gestalt des *timor*.[35] Vielmehr liege Neid dann vor, wenn das fremde *bonum* als Minderung des eigenen Ruhms und der eigenen Herrlichkeit betrachtet wird *(diminutivum propriae gloriae vel excellentiae)* – und so sei vornehmlich das, was einem Menschen Anerkennung und Ansehen bringt, Gegenstand des Neides.[36]

Damit deutet sich an, daß der Neid in der Tat in die Klasse der emotionalen Haltungen gehören könnte, die Selbstverhältnisse darstellen, und zwar solche Selbstverhältnisse, die genau dadurch interessant sind, daß sie vermittelt sind, nicht nur ein fremdes Subjekt, sondern dieses als konstitutives Moment des eigenen Selbstverhältnisses einschließen.[37] Ich komme darauf zurück (2.8).

---

28 Etwa: STh II-I q 71 a 2resp.
29 STh II-II q 34 alle a.
30 Alle Emotionen sind – darin folgt Thomas Aristoteles – Gestalten der Freude einerseits und des Schmerzes andererseits: vgl. II-I q 23 a 1resp und bes. q 25 a 1–3 jew. resp., dazu II-II q 28 a 1resp.
31 STh II-II 28 a 1resp.
32 AaO. q 35prooem und a 1resp und a 2resp.
33 AaO. q 36prooem und a 1resp.
34 Zum folgenden vgl. aaO. a 1resp.
35 Ebd.
36 AaO. q 36 a 1resp.
37 Dazu: Notger Slenczka, Sich-Schämen (wie Anm. 13).

2.3 Beobachtungen – Neid als Intentionalität

Damit zu einigen phänomenologischen Beobachtungen;[38] ich schicke voraus, daß manche der im folgenden vorläufig getroffenen Feststellungen im Laufe der weiteren Überlegungen präzisiert oder aufgegeben werden.

2.3.1 Der Blick

Zunächst einmal aber ist Neid ›intentional‹, nicht unmittelbar ein Selbstverhältnis, sondern bezogen auf etwas, was der Neidische von sich unterscheidet. Neidisch ist man ›auf jemanden‹ oder ›auf etwas‹.[39] Dazu fügt sich, daß ›Neid‹ engstens verbunden ist mit einem Akt des Sehens – im Lateinischen ist ›invidia‹ das ›Ansehen‹; der Blick gilt als Gestalt der Intentionalität par excellence. ›Neidisch‹ kommt häufig als Adverb vor und qualifiziert dabei häufig einen Blick, zuweilen auch eine Stimme. Nicht mehr gebräuchlich, aber durch Luthers Bibelübersetzung im kulturellen Gedächtnis ist das entsprechende Adverb ›scheel‹ – der neidische Blick ist der ›scheele‹ Blick: »Siehst du scheel drein, weil ich so gütig bin?« (Mt 20, 15), übersetzt Luther die Auskunft des Hausherrn an diejenigen Knechte, die murren, als sie für viele Stunden Arbeit nicht mehr erhalten als diejenigen, die nur eine Stunden gearbeitet haben. Das Wort ›sche[e]l‹, das ursprünglich ›schief‹ oder ›krumm‹ bedeutet, wird, so das Grimmsche Wörterbuch, im neueren Sprachgebrauch nicht mehr in eigentlicher Bedeutung gebraucht, sondern auf die Qualifikation des Blickes, des Sehens oder des ›Gesichts‹ limitiert, und hier überwiegend in der übertragenen Bedeutung eines ›neidischen‹ oder ›mißgünstigen‹ Blickes;[40] diese Qualifikation des Blickes wird dann, so stellt das Grimmsche Wörterbuch es dar, erweitert auf den Gesichtsausdruck (scheele Miene) bzw. auf den Gesamtcharakter (ein ›scheeler Mensch‹).[41]

Der ›scheele‹ Blick ist dabei der schielende, der seitwärts gehende Blick;[42] ähnliche Qualifikationen des Blickes durch emotionale Attribute – ein wütender, zorniger

---

[38] Zu den hier vorausgesetzten methodischen und theoretischen Implikationen eines phänomenologischen Ansatzes vgl. Notger Slenczka, Realpräsenz und Ontologie, Göttingen 1993, 344–541; ders., Art. Phänomenologie, in: Birgit Weyel u. a. (Hg.), Handbuch Praktische Theologie, Gütersloh 2007, 770–782.
[39] Üblicherweise wird der Neid als ›trianguläres‹ Verhältnis gefaßt – ich komme darauf zurück: Kathrin Weber, Einleitung. Eifersucht und Neid zwischen Literatur und sozialer Situation, in: Tillmann Kreuzer, Invidia (wie Anm. 17), 7–39, hier 13.
[40] Deutsches Wörterbuch von Jacob und Wilhelm Grimm [DWB] 14, Sp. 2486 (nach: *http://woerterbuchnetz.de/DWB/?sigle=DWB&mode=Vernetzung&hitlist=&patternlist=&lemid=GS06492* – zuletzt eingesehen 9. März 2015). Vgl. Knut Eming, Logik (wie Anm. 24), hier 17.
[41] AaO. 2487 f.
[42] Dazu Olaf Lippke, Anatomie (wie Anm. 22) 205–209 mit Bildbeispielen 208 ff. Vgl. Thomas Rakoczy, Blick (wie Anm. 17), pss.

oder liebevoller Blick – setzen meistens die Situation voraus oder schließen jedenfalls die Situation nicht aus, daß derjenige, dem der Blick gilt, direkt angesehen wird. Der scheele Blick ist ein ›seitwärts‹-Sehen; das Gesicht ist anders ausgerichtet als der Blick, der scheele Blick hat ein Moment der Heimlichkeit oder des Täuschenden. Man sieht den anderen nicht an, obwohl das Gesicht ihm zugewendet ist, oder umgekehrt: Der Blick kann heimlich auf den Gegenstand der Mißgunst fallen, oder er weicht dem Gegenstand der Mißgunst aus, obwohl er ihn anzusehen scheint. ›Invidia‹ ist genau dieser scheele, nicht oder verdeckt sehende Blick. Der direkte Blick auf den anderen wird entweder verdeckt oder vermieden. Die Situation ist ambivalent – entweder hält der scheel Blickende den Anblick des anderen nicht aus, oder er sucht den Anblick des anderen, ohne sich auf einen Blickwechsel einzulassen. In beiden Fällen ist die Wirklichkeit verborgen, der Neid ist, so zeigt der neidische Blick, wesentlich eine Emotion, die sich zu verbergen sucht.[43] Der Neid führt ein Moment der Unwahrheit mit sich. Entsprechend hat das Attribut ›scheel‹ auch den Beiklang der ›Verschlagenheit‹,[44] des ›Hintergedankens‹.

Dem entspricht es, wenn der Neid häufig in Situationen beheimatet ist, in denen jemand sein Glück ›zeigt‹, es – als ›privates‹ – der Mitwelt entzogenes – anderen deutlich ›vor Augen‹ stellt. Gegenstand des Neides wird nicht nur, aber insbesondere der ›Angeber‹; er fordert den Neid geradezu heraus.[45]

2.3.2 Neid und Heimlichkeit

›Neid‹ ist ursprünglich ein Begriff, der eine mit Eifer in die Tat umgesetzte negative Einstellung gegenüber einem anderen kennzeichnet, darin dem Haß verwandt und mit diesem Wort häufig gemeinsam verwendet.[46] Der Begriff ›Neid‹ ist allerdings begleitet vom Moment der Heimlichkeit, das vieldeutig ist und auf das ich noch mehrfach zurückkommen werde. Diese Heimlichkeit kann dem Haß auch eignen, muß dann aber ausdrücklich hinzugefügt werden: Man spricht von ›offenem‹ oder ›heimlichem‹ Haß, während der Neid dieser Näherbestimmung nicht bedarf: Er ist immer heimlich.

---

43 Ich werde darauf zurückkommen, vgl. zunächst René Girard, Theater (wie Anm. 21), 4 u. ö.
44 DWB 14 (wie Anm. 40), Sp. 2488.
45 Vgl. Olaf Lippke, Anatomie (wie Anm. 22), 35–53.
46 Dazu DWB 13 (wie Anm. 40), Sp. 550 und 551, vgl. dazu auch Martin Baisch u. a., Einleitung, in: Ders., Rache (wie Anm. 17), 9–25, hier 15 f. Daß nicht der Haß, sondern der Neid die Gegeninstanz der Liebe sei, hebt Frank John Ninivaggi hervor: Envy-Theory (wie Anm. 19), 19 f u. ö.; Thomas von Aquin allerdings betrachtet den Neid als Ursprung des Hasses, der die Vollendung des Gegensatzes zur Liebe sei, der im Verhältnis zum Mitmenschen mit dem Neid anhebt (STh II-II q 34 a 6resp).

2.3.3 ›Etwas‹ Neiden – das Neidobjekt

Zweitens ist der Neid begleitet von einem positiven Wunsch, der dem Haß nicht eignet. ›Haß‹ kann sich in der Negation des Gehassten erschöpfen; der Neid will etwas für sich selbst. Wir sind nie nur auf jemanden, sondern immer zugleich ›auf etwas‹ neidisch. Sprachlich kann ›Neid‹ als Verb auftreten – es ist möglich, jemanden zu beneiden, oder jemandem *etwas* zu neiden. ›Neid‹ hat einerseits notwendig ein personales Gegenüber – den Beneideten: Nie ist das Beneidete ein Gegenstand – man kann der Sonne ihren Glanz nur neiden, wenn man sie personifiziert. Andererseits hat der Neid immer einen Gegenstand, der von dieser Person unterscheidbar ist, ihr aber eignet. In der Literatur wird der Neid daher als ›trianguläre‹ Emotion – ich bin auf jemanden wegen etwas neidisch – gefaßt. Das ›etwas‹ wird im folgenden als ›Neidobjekt‹, das Subjekt des Neides als ›Neider/in‹ oder ›der/die Neidische‹ und die beneidete Person als ›Beneidete/r‹ geführt.[47] Das Neidobjekt ist durchschnittlicherweise nicht mit der Person des Beneideten identisch, und es handelt sich meistens überhaupt nicht um eine Person – es sei denn, wir neiden in der Spielart der Eifersucht jemandem die Zuneigung oder Bewunderung eines dritten Menschen: Nur dann haftet der Neid an einer, dieser dritten Person. Aber auch dann ist der eigentliche Gegenstand des Neides etwas ›am‹ Beneideten: In diesem Fall die Zuneigung dieses dritten Menschen; oder in anderen Fällen eben der Besitz, die Eigenschaften und körperlichen, geistigen oder charakterlichen Vorzüge, das Glück oder das Wohlergehen des anderen. Beim Neidobjekt handelt es sich wesentlich um Attribute, um Etwas, was einem Menschen zugeschrieben werden kann und wodurch ein Mensch qualifiziert werden kann. Der Neid ist ein negatives Verhältnis nicht einfach zum Beneideten, und auch nicht zum Neidobjekt, sondern Neid ist ein negatives Verhältnis zu dieser Attribution: Darauf, daß das Neidobjekt einem anderen gehört, richtet sich der Neid: auf jemanden wegen … . Der Neid ist darin der ›Mißgunst‹ verwandt, der Negation des ›Gönnens‹. Mit dem ›Gönnen‹ ist entweder der Vollzug des Zueignens von etwas, oder die billigende, anerkennende innere Haltung gegenüber demjenigen, was dem anderen als Besitz zugeeignet ist, gemeint.[48] Die Mißgunst verweigert diese Attribution bzw. diese Anerkennung.

---

[47] Ich verzichte im folgenden in der Regel auf inklusive Sprache, da dies den Text unlesbar machen würde.
[48] Dazu DWB 8 (wie Anm. 40), Sp. 893 f.

2.4 Abgrenzungen

2.4.1 Neid und Habgier

Dabei ist Neid nicht einfach Habgier.[49] Das Ziel des Neides ist nicht einfach der Wunsch an sich, etwas zu besitzen, sondern der Neid haftet am Besitz des anderen: Daß der andere das Erstrebte hat, ist das, woran der Neid Anstoß nimmt; das unterscheidet den Neid von der Habgier. Damit setzt der Neid aber die Struktur der Privatheit voraus, den Vorgang, daß Ausschnitte der Wirklichkeit – materielle Dinge oder körperliche bzw. geistige Vorzüge – einem Individuum vornehmlich eignen und nicht allen anderen. Was dem anderen zugehört, ist mir entzogen; ohne ein Bewußtsein sowohl der eigenen und fremden Individualität gibt es keinen Neid.[50] Der Neid haftet allerdings nicht eigentlich am Objekt als solchem, sondern daran, daß das Neidobjekt dem anderen gehört. Der Neid ist eine Mischung von Habgier und Haß – er richtet sich auf den Beneideten um des Neidobjekts willen. Der Haß allein braucht kein vom Gehaßten unterschiedenes Objekt (Eigenschaft; Besitz); die Habgier allein braucht keinen, dem der erstrebte Besitz gehört, sondern es genügt ein Konkurrent mit schwachen Besitzansprüchen. Nur der Neid ist ›triangulär‹ – aber er zielt – um des Neidobjektes willen – auf die Person des Beneideten. Der Neid haßt den Beneideten als Besitzer.[51]

2.4.2 Neid und Empörung

Der Neid wird in seiner Struktur deutlicher, wenn man ihn auf der anderen Seite gegen die Empörung abgrenzt, die in einigen Gestalten Ähnlichkeit mit dem Neid hat und zuweilen auch mit dem Neid durch ein Übergangsfeld verbunden ist.[52] Ein Grund der Empörung kann ein Unrecht sein, sei es, daß wir es selbst erfahren, oder daß wir

---

49 Auch Frank John Ninivaggi, Envy Theory (wie Anm. 19), nimmt derartige Abgrenzungen des Neides vor dem phänomenologischen Feld negativer intentionaler Emotionen vor: aaO. 181–214, hier bes. 194–200.

50 Dies ist der Phänomenhintergrund der anti-egalitaristischen, zugleich antisozialistischen Analyse von Gonzalo Fernández de la Mora: Envidia (wie Anm. 18), 246–256. Auch Olaf Lippke, Anatomie (wie Anm. 22) ordnet den Neid als ›Institution‹ in den gesellschaftlichen Umgang mit Eigentumsverhältnissen ein (148–164).

51 Es wäre hier in einer genaueren Analyse der von Scheler diagnostizierte ›Existentialneid‹ einzuordnen (Max Scheler, Das Ressentiment im Aufbau der Moralen, in: Ders., Vom Umsturz der Werte, Gesammelte Werke 3, hg. v. Maria Scheler, Bern ⁴1955, 33–147, hier 44–49; 59–64 u.ö.; zum Existentialneid: 45); ich würde dies Phänomen wegen der fehlenden Triangularität eigentlich nicht mehr unter die Formen des Neides einordnen. Vgl. auch George M. Foster, The Anatomy of Envy. A Study in Symbolic Behaviour, in: Current Anthropology 13 (1972), 165–202, hier 168.

52 Vgl. Knut Eming, Logik (wie Anm. 24), 28–30. Vgl. Aristoteles, Rhetorik II, 9 (1386 b 20 ff).

Zeuge werden, wenn es anderen widerfährt. Das Wohlergehen des Gottlosen ist für die Beter mancher Psalmen ein Anlaß der Empörung (Ps 73; Hi 21), die sich festmacht an der Diskrepanz zwischen dem Lebensglück und der Moralität des Glücklichen. Der so begründete emotionale Aufruhr wird von demjenigen, der ihn erfährt, nicht als Neid anerkannt werden, wiewohl der Verdacht, er sei ja ›nur neidisch‹, sich rasch einstellt.[53] Das ›nur‹ zeigt, daß der Unterschied in der Motivation liegt: Während der Empörte überzeugt ist, daß er zu Recht beim anderen eine Differenz zwischen Glück und Glückswürdigkeit diagnostiziert, und beansprucht, daß sein Aufruhr ausschließlich dadurch motiviert ist, ist der Neid grundlos. Von Neid spricht man, wenn das Mißgönnen grundlos ist, die Reinform des Neides richtet sich gegen das Wohlergehen des Glückswürdigen,[54] und die Motivation ist eben zunächst die Böswilligkeit gegenüber dem anderen aufgrund seines Wohlergehens.

2.4.3 Die Heimlichkeit des Neides – Neid und Scham

Damit hängt die bereits notierte Heimlichkeit des Neides zusammen. Die Empörung strebt danach, sich mitzuteilen und die eigene Bewertung allgemein zu machen, indem die Empörung durch den Bezug auf allgemein geteilte Kriterien des Angemessenen motiviert und nachvollziehbar gemacht wird. Der Neidische hingegen weiß um die Unangemessenheit der Emotion, die sich in der bereits erinnerten entlarvenden Wendung »Du bist ja ›nur‹ neidisch« manifestiert. Der Neid widerspricht den allgemein geteilten Kriterien des Angemessenen (s. u. 2.5) und ist sich dessen bewußt. Daher taugt ›Neid‹ nicht als Selbstbezeichnung, oder: Neidisch sind immer die anderen. Des Neides schämt man sich, und man versucht, ihn zu verbergen.[55] In solchen Fällen dienen die Motive der Empörung als Mantel für die Nacktheit des Neides.

Und im Neid fühlen wir uns in der Tat nackt, weil der Neid mehr ist als eine Tat oder eine vorübergehende Gestimmtheit. Der Neid hat die Tendenz zum Charakterzug. Der Neid zieht auch dann, wenn er sich nur auf eine Person richtet oder in einer bestimmten Situation entsteht, die ganze Person und ihr Selbsturteil bzw. das Urteil anderer über sie in Mitleidenschaft. Die Diagnose, daß jemand neidisch ist, offenbart einen Charakterfehler, keine vorübergehende Anwandlung. Darauf werde ich zurückkommen (2.9 und 3).

---

[53] Von diesem Verdacht leben diejenigen Positionen, die die Empörung über Ungleichheitsverhältnisse als ›Neiddebatten‹ qualifizieren; die (im Vergleich mit solchen Vorwürfen ungleich niveauvollere) Analyse des Neides als movens des politischen und wirtschaftlichen Egalitarismus bei Gonzalo Fernández de la Mora, Envidia (wie Anm. 18) lebt auch von dieser Nähe von Empörung und Neid.
[54] So zu Recht Adam Smith, Theory (wie Anm. 2), 287 [dt. 411].
[55] Vgl. Gonzalo Fernández de la Mora, Envidia (wie Anm. 18), 114–116; darauf basiert auch die These Lippkes von der Institutionalität des Neides: Olaf Lippke, Anatomie (wie Anm. 22), 185–219, hier 213 f.

2.5 Neid als Bewunderung

Aber nicht jede Böswilligkeit, nicht jeder Wunsch, dem anderen zu schaden, ist Neid. Der Neid ist intentional, ist aber verbunden mit einer reflexiven Struktur. Diese wird nun zunächst einmal benannt (2.5.1), um die intentionale Struktur besser zu verstehen: sie ist wesentlich Bewunderung (2.5.2–3). Die reflexive Struktur wird dann später genauer erhoben.

2.5.1 Neid und der doppelte Blick

Der Neid hat eine eigentümliche reflexive Struktur, die mit einer Beschreibung dieser Haltung durch Kant am besten faßbar wird:

> Der Neid (*livor*) als Hang, das Wohl anderer mit Schmerz wahrzunehmen, ob zwar dem seinigen dadurch kein Abbruch geschieht, [...] ist doch nur eine indirect-bösartige Gesinnung, nämlich ein Unwille, unser eigen Wohl durch das Wohl anderer in Schatten gestellt zu sehen, weil wir den Maßstab desselben nicht in dessen innerem Werth, sondern nur in der Vergleichung mit dem Wohl anderer, zu schätzen, und diese Schätzung zu versinnlichen wissen [...]. Die Regungen des Neides liegen also in der Natur des Menschen, und nur der Ausbruch derselben macht sie zu dem scheußlichen Laster einer grämischen, sich selbst folternden und auf Zerstörung des Glücks anderer, wenigstens dem Wunsche nach, gerichteten Leidenschaft, ist mithin der Pflicht des Menschen gegen sich selbst so wohl, als gegen andere entgegengesetzt.[56]

Der Neid schließt nicht nur den Blick auf den anderen, sondern auch auf sich selbst ein. Nicht einfach der mißgünstige Blick auf das Gut oder Glück des anderen ist dem Neid eigentümlich, sondern von Neid sprechen wir, wenn der Blick auf den anderen begleitet ist vom Blick des Neidischen auf sich selbst, dem Vergleich mit dem eigenen Zustand. Dieser Blick auf sich selbst hat das von Thomas von Aquin hervorgehobene Moment der Traurigkeit, das Kant als ›Schmerz‹ apostrophiert: Der Neid ist nicht einfach Trauer über das Glück des anderen, sondern in eins Trauer darüber, daß dieses Glück dem Neidischen selbst fehlt oder in geringerem Maße zukommt.

Der Neid schließt mit diesem Vergleich wesentlich ein Moment der Anerkennung im Sinne von Bewunderung des Fremden ein.[57] Auch dies unterscheidet den Neid vom

---

56 Immanuel Kant, Metaphysik der Sitten, Tugendlehre, § 36 (A 133 f).
57 Hervorgehoben in der Beschreibung des Neides als Grundlage der Tristan-Analyse von Eva Lieberich, Tristan (wie Anm. 17), 224–228; sie verweist auch auf Kierkegaard, dessen Neidanalyse in der Tat die Nähe von Neid und Liebe bzw. Bewunderung und Faszination erstmals herausgestellt hat und dabei den Neid, wie dies auch im folgenden geschieht, als Form der Verzweiflung und damit als Selbstverhältnis gefaßt hat – Sören Kierkegaard, Die Krankheit zum Tode, hg. und übers. v. Emanuel Hirsch und Hayo Gerdes, 24./25. Abteilung, Gütersloh ²1982, 85 und Kontext. Vgl. auch die Beschreibung der gesunden Entwicklung des frühkindlichen Neides bei Frank John Ninivaggi als ›admiration‹ (Envy Theory [wie Anm. 19], 287–335).

Haß oder von der Böswilligkeit: Diese richten sich auf die Person des anderen und streben danach, ihn zu vernichten. Der Haß und die Böswilligkeit kann sich mit Verachtung verbinden – Neid schließt Verachtung aus. Neid ist vielmehr eine hohe Form der Anerkennung, die sich auf den anderen aufgrund des Neidobjekts richtet. Diese Anerkennung ist freilich begleitet von dem Schmerz oder der Traurigkeit darüber, daß das Bewunderte nichts dem Neidischen Eigenes ist. Der Vergleich des bewunderten anderen mit dem eigenen Zustand ist dem Neid wesentlich, ohne das ›Sich selbst Sehen im Vergleich mit dem anderen‹ oder das ›vom anderen her auf sich Zurückkommen‹ gibt es keinen Neid. Dabei ist es dem Neid als Emotion eigentümlich, daß er nicht im rational vergleichenden, rechnenden Hin- und Hergehen des Blicks besteht, sondern daß es sich um einen einigen Blick handelt, der ›scheel‹ geht: Indem der Neidische sich selbst sieht, sieht er den anderen und umgekehrt. Man könnte die eigentümliche reflexive Struktur, daß der Neidische mit dem anderen zugleich sich selbst ansieht, als die Phänomengrundlage des ›schiefen (scheelen) Blicks‹ erfassen wollen, der mit dem Neid assoziiert ist. ›Neid‹ bezeichnet eine durch Reflexivität gebrochene Intentionalität, sich selbst vergleichende Bewunderung des anderen. Neid ist eine komplexe Gestalt des Zustands, daß wir im anderen uns selbst und uns selbst im anderen sehen – und darin den anderen bewundern und uns selbst hassen. Darauf ist zurückzukommen (2.8).

2.5.2 Neid und Wertschätzung

Kant stellt im eben gebotenen Zitat zu Recht fest, daß eigentlich durch den Glückszustand des anderen dem eigenen ›kein Abbruch geschieht‹. Die Feststellung des Neidischen, daß der andere etwas hat, was ihm selbst fehlt, muß nicht zum Neid führen. Beim Neid geht es nun aber nicht um den Glückszustand des anderen an sich, sondern genau um die Wertschätzung oder die Bewunderung, die dieser Glückszustand auf sich zieht. Nicht einfach, daß der andere Güter in größerem Umfang als ich besitzt, stimmt traurig. Wenn jemand unvergleichlich viel mehr Schnee oder Sand besitzt als ich, wird er nicht ohne weitere Begleitumstände Gegenstand meines Neides; dies wird er aber genau dann, wenn am Besitz von Sand Anerkennung haftet und sich Bewunderung auf ihn richtet. Gegenstand des Neides sind dann nicht eigentlich die Güter des anderen, sondern die mit ihnen verbundene Anerkennung; im Neid ist Anerkennung oder Bewunderung mitgesetzt – und dies ist es, was Schopenhauer oder Wilhelm Busch zum Lob des Neides motivierte.

Dabei ist es aber zum einen nicht einfach die allgemeine Bewunderung einer sozialen Gruppe, die den Neid weckt, und auch nicht die Bewunderung eines anderen. Neid ist zwar der Eifersucht verwandt, aber wir unterscheiden beides. Eifersucht ist eine Gestalt des Neides, die sich häufig auf die Bewunderung, das Lob, die Zuwendung, die Zuneigung oder die Liebe Dritter richtet. Um eine sehr geistvolle Unterscheidung von Adam Smith[58] aufzunehmen: Der Neid haftet nicht am Lob, das der andere faktisch auf sich zieht, sondern an der Lobwürdigkeit, die *der Neider selbst* am anderen anerkennt; entsprechend definiert Smith den Neid als das Mißfallen, das am berechtigten und als berechtigt anerkannten Vorrang eines anderen haftet.[59] Das ist wesentlich: Ich werde nicht fähig sein, Neid zu empfinden angesichts der Bewunderung und Anerkennung anderer, die sich auf etwas richtet, das ich selbst als minderwertig und nicht erstrebenswert betrachte.[60] Mag die Mehrheit meiner Mitbürger einen bestimmten Moderator bewundern – ich halte seine Vorzüge ganz ernsthaft nicht für erstrebenswert und bin daher unfähig, Neid zu empfinden; bestenfalls wird mich Empörung im oben skizzierten Sinne anwandeln. Neid entsteht, wenn der Neidische selbst in die Schar der Bewunderer des Beneideten einbezogen ist, oder auch, wenn er selbst der einzige Bewunderer ist. Neid bedarf diesbezüglich zunächst keiner Sozialität – in anderer Hinsicht schon, ich komme darauf zurück (2.6). Neid impliziert aber das Bewußtsein, hinter dem Bewunderten zurückzubleiben: Der andere wird zum Spiegel meiner selbst – darauf komme ich ebenfalls zurück (2.9). Der Neid ist eine dadurch eintretende Störung des Blickes des Neiders auf sich selbst, der Neider negiert sich selbst um des am Beneideten Bewunderten willen. Neid entspringt der Störung des Blickes, die der andere verursacht, indem er in den Fokus der Aufmerksamkeit tritt und nicht einfach die Blicke anderer, sondern vor allem meinen eigenen Blick von mir ablenkt.[61] Im Bewundern des anderen werde ich selbst zum Gegenstand meines Widerwillens.

2.5.3 Neid und Erstreben

Das entscheidende Differenzmerkmal zwischen Neid und Bewunderung besteht darin, daß die Bewunderung selbstinteressefrei sein kann, während der Neid das fremde Glück als etwas für den Neider selbst Erstrebenswertes betrachtet. Daß das vom Beneideten Besessene etwas ist, ›was ich mir schon immer gewünscht habe‹, ist wesentlich für den Neid, während die Bewunderung sich auf den Besitz oder den Besitzer richtet, ohne von einem selbstreflexiven Wunsch begleitet zu sein. Die Bewunderung und mehr noch die Faszination ist immer von einem Moment der Selbstvergessenheit begleitet, ist reine Intentionalität. Ihr fehlt die Haltung des vergleichenden Habenwollens oder das Mangelbewußtsein, die den Neid prägen.

---

58 Vgl. zum folgenden Adam Smith, Theory (wie Anm. 2), 132ff [dt. 171 f]
59 Vgl. aaO. 287 [dt. 411].
60 Ich lasse nun den Sonderfall beiseite, daß die Feststellung, ein allgemein bewundertes Gut des anderen sei dieser Bewunderung nicht wert, selbst Ausdruck des Neides sein kann.
61 Man kann darüber debattieren, ob diese Engführung zutreffend ist. Ich werde diesen Aspekt unten, 176–180 noch diskutieren.

2.6 Der soziale Horizont des Neides

Zugleich werden damit soziale Voraussetzungen des Neides deutlich – ich greife nun zurück auf die unter 2.3 notierten Beobachtungen:

2.6.1 Neid und Wertkanon

Der Neid richtet sich auf positiv Bewertetes, Erstrebenswertes. Er ist nicht möglich ohne ein Wissen um Kriterien des Wünschenswerten:[62] Der Neid entsteht, wie gesagt, wenn der andere etwas ist oder hat, was ›ich mir schon immer gewünscht‹ habe. Die auf den anderen gerichtete Bewunderung ist kriteriengeleitet; diesen Kriterien genügt der andere besser als der Neider selbst. Diese Kriterien sind unterschiedlicher Natur – ästhetische, moralische, intellektuelle oder ökonomische. Der Neid impliziert einen Kriterienkanon der Bewunderung, der im Gefühl des Neides aber fungiert und nicht eigens thematisch wahrgenommen oder gar gesetzt wird; ich nenne dies einen ›Wertkanon‹.

Eine Formulierung dieses Kriterienkatalogs könnte der Begriff des ›Ideals‹ im Sinne Kants bilden, der mit diesem Begriff darauf hinweist, daß der Umgang mit individuellen Entitäten in den Synthesisleistungen des Verstandes deren durchgängige Bestimmtheit in einem vorausgesetzten Kanon antithetischer Prädikate impliziert. Der Inbegriff positiver Prädikate, der in diesen Leistungen vorausgesetzt ist, ist die Bedingung der Möglichkeit von Prädikations- bzw. Synthesisleistungen und in diesem Sinne ›transzendental‹.[63] Im gegenwärtigen Kontext kommt es lediglich darauf an, daß die Bewunderung, die dem Neid zugrundeliegt, einen (konkreten und somit empirischen) Begriff des Bewundernswerten und damit des Erstrebenswerten voraussetzt; ›voraussetzt‹ besagt, daß dieser Begriff nicht der Neidsituation entspringt, sondern diese entsteht, weil, wie gesagt, der Neider sich ›etwas schon immer gewünscht‹ hat, was nun der andere hat. Entscheidend ist, daß dieser Wertkanon als nicht vom Neider gesetzt von ihm anerkannt ist. Wer neidet, findet sich ein in einen Kanon des Wertvollen, der ihn selbst leitet und den er anerkennt.

Es gibt eine Form des Neides, in der diese vorausgesetzte Anerkennungsordnung am besten sichtbar wird, nämlich das herabziehende Gerede, in dem das Neidobjekt schlechtgeredet wird, und zwar – das wird wenn nicht vom Neider selbst, so doch von allen Zuhörern empfunden – wider besseres Wissen und wider die Bewunderung, die der Neidische und seine Umgebung empfinden. In dieser lebhaft empfundenen Diskrepanz zeigt sich die Anerkennungsordnung, um die der Neidische weiß, indem er ihr widerspricht.

---

62 Vgl. Gonzalo Fernández de la Mora, Envidia (wie Anm. 18), 105 ff.
63 Immanuel Kant, Kritik der reinen Vernunft B, 599–602.

2.6.2 Der ›Rechtsrahmen‹ des Neides

Das folgende Moment ist nicht nebensächlich, sondern wesentlich: das Neidverhältnis zum anderen ist begleitet von dem Subtext, daß dasjenige, was der andere hat, eigentlich dem Neidischen zusteht. Ohne das begleitende Gefühl, ein Recht auf den Besitz, die Eigenschaften, die Bewunderung des anderen zu haben, gibt es keinen Neid.[64]

Damit ist auch deutlich, daß der Neid der Empörung, gegen die er oben abgegrenzt wurde, doch wieder näher ist als dort festgestellt – die Abgrenzung ist dennoch phänomengerecht: Im Unterschied zum Empörten ist der Neidische sich des Unangemessenen des Gefühls bewußt, weil er um die Glückswürdigkeit des angestammten Besitzers weiß: Der Neid im Vollsinn, so hatte ich gesagt, entsteht im Blick auf erstrebtes Glück, das nicht ein Unwürdiger, sondern ein Glückswürdiger innehat; dieser bewundernde Blick auf das Glück des Glückswürdigen durchbricht das Selbstverhältnis des Neidischen, der nun unter sich selbst oder, was dasselbe ist, unter dem anderen leidet, der ihm zur Quelle des Bewußtseins des eigenen Ungenügens wird. Es ist eine Bedingung der Möglichkeit des Neides, daß eine Asymmetrie besteht zwischen dem Besitzrecht des Beneideten und dem Anspruch des Neiders auf das Neidobjekt. Der Beneidete ist immer und in jeder Hinsicht – rechtlich wie moralisch – in der Rolle des rechtmäßig Besitzenden, und der Neider in der Rolle des Usurpators, der sich im Recht glauben will.

Der Rahmen des ›Privatbesitzes‹, der im Neid vorausgesetzt ist (s. o. 2.4.1), impliziert also Anerkennungsverhältnisse, die der Neidische teilt und anerkennt, indem er ihr in diesem Einzelfall widerspricht.

2.6.3 Die sozialen Bedingungen des Neides als ›vierter Winkel‹?

Die Bedingung der Möglichkeit des Neides sind also zwei ›Rahmenordnungen‹, die im Vollzug des Neides implizit nicht gesetzt, sondern anerkannt sind, nämlich eine Glücksgüter-Ordnung, und eine Rechtmäßigkeitsordnung, die das Glücksgut dem Beneideten zuweist und damit dem Neider abspricht. Es ist wesentlich, daß beide Ordnungen anerkannt sind vom Neider, aber nicht von ihm gesetzt. In diesen Ordnungen enthält der Neid ein Moment der Fremdbestimmung, die zumeist durch eine Gemeinschaft konstituiert und stabilisiert ist. Der Neidische ist in diese Gemeinschaft eingelassen, weiß um ihre Eigentumsordnung und den Kriterienkanon der Bewunderung und vollzieht beide eigens nach, indem er beides in der Emotion des Neides in Frage stellt.

---

64 Dies ist die Phänomengrundlage der von Aristoteles hervorgehobenen Einsicht, daß der Neid die Gleichheit von Beneidetem und Neider voraussetzt – Aristoteles, Rhetorik II, 9, 1387 b 23–29.

Damit gibt es, so scheint mir, auch gute Gründe dafür, mit Lacan[65] anzunehmen, daß der Neid nicht einfach triangulär ist, sondern daß es zum Entstehen des Neides einer vierten Position – der Anerkennung des Beneideten durch einen Repräsentanten des Wertkanons – bedarf. Dann wäre die trianguläre Situation des Neides konstituiert durch die Bezugnahme auf einen Repräsentanten der Anerkennung. Es wäre sozusagen in der Urszene von Gen 4, 3–16 in v. 4b und 5a mit der göttlichen Anerkennung bzw. Ablehnung der Opfer der Brüder die Quelle des Neidkonfliktes benannt; als Repräsentant des Wertkanons und der Anerkennung des Privaten kämen aber auch patriarchale Gestalten oder Kollektive und deren personale oder symbolische Repräsentanten in Frage. Allerdings kann diese Instanz, wie immer man sie benennt, nicht als rein heteronome Instanz angesehen werden – die Spannung des Neides hängt wesentlich damit zusammen, daß diese Ordnungen zwar nicht in der Verfügung des Neidischen liegen, von ihm aber übernommen sind. Die Rechtsordnung anerkennt er, und die Bewunderung vollzieht wesentlich der Neider, und das heißt: die Anerkennung des Rechtes des Beneideten und der Wertkanon hat seinen Sitz im Neider (s. o. 2.5.2). Der Verweis auf externe – individuelle oder kollektive – Repräsentanten bringt nur das Phänomen zur Sprache, daß diese für den Neid konstitutiven Instanzen nicht vom Neider gesetzt, sondern ihm als vorgegeben und nicht verhandelbar bewußt sind.

Der Neid ist jedenfalls in der einen oder anderen Weise – in der ihrer Unwahrheit bewußten Überzeugung vom eigenen Recht, oder in der im herabziehenden Gerede erfolgenden Widerspruch gegen den Wertkanon – begleitet von einem Widerspruch gegen dies Geltende; die Heimlichkeit des Neides, der »unvergebbaren Sünde«[66] ist Indiz auch dafür.

2.7 Der Neid und der Neider

Im Neid, hatten wir gesehen, wird sich der Neider seiner selbst im Spiegel des bewunderten Beneideten bewußt. Diese Implikationen für das Selbstverhältnis sind nun herauszuheben.

2.7.1 Neid und Ohnmacht

Bewunderung kann unterschiedliche Reaktionen herausfordern. Es könnte bei einem Verhältnis der selbstinteressefreien Faszination durch den anderen bleiben – es gibt durchaus Menschen, die zur neidlosen Bewunderung fähig sind. Die Bewunderung könnte auch zu besonderen Anstrengungen motivieren mit dem Ziel, es dem anderen

---

65 Vgl. Bénédicte Vidaillet, Psychoanalytic Contributions to Understanding Envy, in: Richard Smith, Envy. Theory and Research, Oxford 2008, 267–289.
66 Gonzalo Fernández de la Mora, Envidia (wie Anm. 18), 114–116.

gleichzutun.⁶⁷ Der Neid hingegen ist begleitet von einem Bewußtsein der Unfähigkeit, der andere oder wie der andere zu sein:⁶⁸ eine negativ wertende Bezugnahme auf sich selbst, die festgehalten wird in dem bloßen Wunsch, der andere oder wie der andere zu sein, das dem anderen Eigene selbst zu haben – begleitet freilich von dem selbst als Unrecht wahrgenommenen Gefühl, daß dieser Besitz des anderen eigentlich und nach einem höheren Recht dem Neider zusteht, der sich seiner aber als unfähig bewußt ist, dasselbe zu erreichen wie der Beneidete. Der Neid kann übergehen in einen vom Neid geleiteten Übergriff oder Anschlag auf den anderen – aber in diesem Fall ist der Neid nur das Motiv des Anschlags, der Anschlag selbst bleibt dem Neid äußerlich: Man kann durchaus neidisch sein, ohne zur Tat überzugehen und den anderen um das Seine zu bringen. Die Haltung des Neides ist ein Ausgespanntsein zwischen der Gegenwart der Unfähigkeit zur Einheit mit sich selbst und der Unfähigkeit der Einheit mit dem anderen, ein reiner Optativ. Neid ist, aus genau diesem Grund, quälend. Es hat das Moment des irrealen Wunsches, wie der andere zu sein und der Unfähigkeit, sich mit sich selbst zu bescheiden.

2.7.2 Der Wunsch, Gegenstand der Bewunderung zu sein

Neidobjekt ist damit nicht nur der materielle Besitz des anderen im Blick darauf, daß er dem Neider Lebensmöglichkeiten bieten würde. Im Neid geht es insgesamt nicht primär und unmittelbar darum, was der Besitz dem Neider bedeuten und bieten könnte, sondern darum, was er dem Beneideten bietet und daraufhin dem Neider bieten könnte. Natürlich gibt es das Phänomen des Futterneides, das aber gewöhnlich angesichts des vollen eigenen ›Napfes‹ auftritt – geneidet wird das Futter des anderen, weil es diesen sättigt, nicht, weil der Neider nichts hat. Der Neider ist nicht beunruhigt durch eigenen Mangel, der irgendwie lebensbedrohlich wäre; Neid ist ein ruhiges, nicht auf das Beenden einer Notlage abgerichtetes Gefühl, das den Müssigen, nicht den Strebenden befällt.

Aber was genau ist das Neidobjekt? Fernández de la Mora differenziert Gestalten des Neides am Leitfaden der Objekte, die er hat⁶⁹ – aber wir sprechen mit Bezug auf alles dies von einem wesentlich identischen Gefühl oder Zustand. Gemeinsam ist den Objekten dies, daß sie Bewunderung auf sich bzw. auf ihren Inhaber ziehen. Neidobjekt ist alles, was Bewunderung auf sich ziehen kann – neben dem Besitz auch die körperliche, charakterliche oder intellektuelle Ausstattung des anderen, das heißt:

---

67 Vgl. Eva Lieberich, Tristan (wie Anm. 17), 223–228.
68 Vgl. Max Scheler, Ressentiment (wie Anm. 51), 44f und 59; vgl. Friedrich Nietzsche, Morgenröte. Gedanken über moralische Vorurteile, IV 304 [Werke in drei Bänden, hg. v. Karl Schlechta, I, München 1966, 1190]: Die Weltvernichter. Vgl. Gonzalo Fernández de la Mora, Envidia (wie Anm. 18), 111–114.
69 Vgl. Gonzalo Fernández de la Mora, Envidia (wie Anm. 18), 111–114.

Eigentum, das den Besitzer nicht wechseln kann.⁷⁰ Neid impliziert aber nicht interessefreie Bewunderung des anderen, auch nicht nur das Leiden unter der nach Überzeugung des Neidischen auf den anderen fehlgehenden Bewunderung, sondern den Wunsch, die Bewunderung, die am Gut des anderen haftet, auf sich selbst gerichtet zu wissen. Der rein negative Wunsch, das Gut des anderen oder diesen selbst zu zerstören, ist vermutlich nicht die kommunste Art, in der der Neid sich manifestiert – es würde sich dann eher um Haß handeln. Dem rein negativen Wunsch, den bewunderten anderen zu zerstören, fehlt das für den Neid eigentümliche Motiv, den anderen oder dessen Eigentum anzueignen. Zum Neid gehört der Wunsch, das Gut des anderen anzueignen, und dies um der darauf gerichteten, die eigene einschließenden Bewunderung willen. Neid impliziert den Wunsch, in derselben Weise wie der andere Gegenstand der (eigenen) Anerkennung und Bewunderung zu sein.

Neid impliziert in diesem Sinne den Wunsch, der andere zu sein, freilich nicht so, daß man selbst ein anderer zu werden wünscht, sondern der Neider wünscht, daß er selbst *als er selbst* Inhaber der Güter und damit Gegenstand der Anerkennung ist, die jetzt mit den Gütern am anderen haftet. An dieser Struktur hängt einiges: Durchschnittlicherweise wünschen wir als Neider nicht, der andere (und somit nicht wir selbst) zu sein, sondern wir wünschen, wir selbst zu sein unter Einschluß der erstrebens- und bewundernswerten Vorzüge des anderen. Der Neid ist nicht der Wunsch, ein anderer zu sein, sondern der Wunsch, zusätzlich oder steigernd mit dem Bewundernswerten ›bekleidet‹ zu sein, was am anderen haftet und ihm eigen ist.

2.8 Die reflexive Intentionalität des Neides

Es ist nun darauf zu achten, wie sich die Intentionalität des Neides erschließt, wenn man das Moment der Reflexivität einzeichnet.

2.8.1 Neid und Liebe

Neid und Bewunderung sind verbunden, und so ist es nicht abwegig, den Neid gegen die Liebe abzugrenzen. Thomas von Aquin und etwa auch Ninivaggi betrachten den Neid als Gegensatz zur Liebe⁷¹ – aber der Neid kann nur ein Gegensatz sein, weil er ein breites Fundament der Gemeinsamkeit hat. Die vorangegangene Erschließung zeigte unter anderem, daß der Neid eine ähnliche Struktur hat wie diejenige, die Hegel der Liebe zuschreibt:

---

70 Ebd.
71 Zu Thomas von Aquin s. o. 2.2; zu Frank John Ninivaggi: Envy Theory (wie Anm. 19), 17–41.

»Das wahrhafte Wesen der Liebe besteht darin, das Bewußtsein seiner selbst aufzugeben, sich in einem anderen Selbst zu vergessen, doch in diesem Vergehen und Vergessen sich erst selbst zu haben und zu besitzen.«[72]

Vergleicht man mit dieser Struktur diejenige des Neides, so wird der Neid aus dieser Perspektive durchaus nicht einfach als Gegensatz, sondern als Modifikation der Liebe verständlich:[73] Es handelt sich im Moment der Bewunderung, das dem Neid eigen ist, um dieselbe Bewegung auf den anderen hin, die aber gerade nicht, wie die Liebe, sich vergißt und selbstinteressefrei und gleichsam überrascht im Aufgehen im anderen zu sich selbst findet, sich als Moment einer Einheit und nur noch so hat. Vielmehr bleibt der Neid gefangen in der Differenz: Der Neider findet im anderen sich selbst, sieht im Spiegel des Bewunderten sich selbst, d. h. das eigene Defizit. Er sieht sich auf sich selbst zurückgewiesen und wünscht zwar, sich den anderen zuzueignen und einzuverleiben – im anderen bei sich selbst zu sein –, aber eben so, daß der andere und die Zugehörigkeit des Bewunderten zu einem anderen vergessen wird und vergeht. Der Neidische will die Einheit mit dem anderen ohne das Aufgeben der Selbstbezüglichkeit, das der Bewunderung eigentümlich ist. Neid ist eine Gestalt selbstsüchtiger Liebe:

> Neid ist versteckte Bewunderung. Ein Bewunderer, welcher spürt, daß er durch Hingabe nicht glücklich werden kann, er erwählt es, auf das neidisch zu werden, was er bewundert. [...] Bewunderung ist glückliche Selbstverlorenheit, Neid unglückliche Selbstbehauptung.[74]

Die Unterströmung der Traurigkeit oder – mit Kierkegaard – der Verzweiflung, die den Neid begleitet, entspringt der durch das Neidobjekt motivierten Bewunderung für den anderen. Die Anerkennung, daß der andere die Kriterien der Bewunderung besser erfüllt als man selbst, dass er und nicht ich der Bewunderung wert ist, impliziert die Unfähigkeit, mit sich selbst eins zu sein; die festgehaltene Differenz zum anderen hingegen die Unfähigkeit, der andere zu sein. Oder anders: Neid ist die an der Norm des anderen reflektierte Trauer darüber, der nicht sein zu können, der man sein zu müssen glaubt. Neid ist der Gegensatz zur Liebe, gerade weil sein Ziel die vermittelte Einheit mit sich selbst ist, aber im Modus des Scheiterns: der Zustand, daß es der Neider ›im Blick auf‹ den anderen mit sich selbst nicht aushält. Er will im anderen er selbst sein, kann genau dies in der mangelnden Selbstaufgabe, in der festgehaltenen Differenz

---

72 Georg Wilhelm Friedrich Hegel, Vorlesungen über die Ästhetik II, Theorie Werkausgabe 15, Frankfurt a. M. 1970, 155. Vgl. ders., Grundlinien der Philosophie des Rechts, Theorie Werkausgabe 7, Frankfurt 1970, § 158 Zusatz (307f). Es bedarf dessen nicht, die zitierte Definition in den Kontext der Beschreibung des romantischen Kunstkreises einzuordnen, in dem Hegel es bietet – es kommt im folgenden auf den phänomenalen Gehalt dieser Definition an.
73 Dazu Sören Kierkegaard, Krankheit (wie Anm. 56), 85. Diese Einsicht begleitet explizit oder auch implizit viele der hier angezogenen Analysen, vgl. nur Eva Lieberich, Tristan (wie Anm. 17).
74 Sören Kierkegaard, Krankheit (wie Anm. 56), 85.

nicht. Neid entspringt in der Tat, wie Kierkegaard im gebotenen Zitat feststellte, der Selbstbehauptung.

2.8.2 Der störende andere

Dasselbe, einen Schritt weiter geführt: Neidisch ist man *auf* jemanden *wegen* .... Das ›Wegen‹ ist das jeweils als erstrebenswert Bewunderte – der Besitz, die Eigenschaft, die Qualität, die jemand anders innehat. Es ist daher dem Neid wesentlich, daß er zwischen dem anderen und dem, was er an Erstrebenswertem besitzt, unterscheidet. Der Neidische will nicht die Einheit mit dem anderen, sondern er will das, was dem anderen zu Recht eigen ist, seinerseits als eigenes. Die Voraussetzung des Neides, so wurde weiter oben deutlich, ist der Privatbesitz; und es geht dem Neider in der Tat um den *Besitz* des anderen. Die intentionalen Emotionen des Zornes und der Wut, auch der Liebe zielen auf den anderen; der Neid richtet sich auf den anderen um dessentwillen, was sein ist, auf seine Qualitäten und Glücksgüter als Gegenstand der Bewunderung. Es ist dem Neid gerade wesentlich, daß er diese Qualitäten als vom anderen trennbar und als übertragbar betrachtet – die Wunschstruktur des Neides hat genau die Qualität, das dem anderen Geneidete als eigenes zu besitzen.

Der Neid ist der Bewunderung oder der Liebe verwandt, hatte ich hervorgehoben. Die Bewunderung oder die Liebe aber zielt durch alle Eigenschaften, Besitztümer und Qualitäten auf die Person; selbst wenn wir feststellen, daß es diese Liebe, die sich auf den anderen um seiner selbst willen und nicht um seiner Attribute willen richtet, nicht gibt, räumen wir doch ein, daß genau dies die ›wahre‹ Liebe wäre. Wenn wir diagnostizieren, daß jemand einen anderen um des Geldes oder des Aussehens wegen liebt, tendieren wir dazu, dieser Bezugnahme auf den anderen das Prädikat der Liebe zu verweigern und stellen meistens fest, daß diese Liebe – oder Liebe insgesamt – doch ›nur‹ Selbstsucht, Interesse am anderen um der Teilhabe an dem Seinigen willen, ist. In diesem Sinne ist es für den semantischen Gehalt, der sich in unserem Kulturraum mit dem Begriff ›Liebe‹ verbindet, wesentlich, daß es sich um ein selbstinteressefreies Verhältnis handelt, das entsprechend den anderen nicht als Mittel des Selbst, sondern als Zweck wahrnimmt, an ihm also nicht um seiner Eigenschaften und Attribute willen interessiert ist, sondern um seiner selbst willen.

Bewunderung haftet zunächst an bestimmten Qualitäten oder Eigenschaften oder am Eigentum des anderen. Aber bereits derjenige, der bewundert, bleibt nicht bei diesen Qualitäten stehen, sondern er anerkennt *den anderen* um seiner Qualitäten willen – er anerkennt eben die Zugehörigkeit der Qualitäten oder Besitztümer zum anderen und schreibt sie ihm zu, qualifiziert ihn durch sie. Auch dies ist ein Aspekt des ›scheelen‹, des am Gesehenen vorbeigehenden Blickes: Der Neidische sieht den anderen nicht an, sondern das, was ihm eignet – dies aber nun in der Weise, daß er genau diese Attribution in Frage stellt: Der andere als Besitzer ist der Störfaktor, der beseitigt werden müßte – diese Negation des anderen liegt im Neid, auch wenn es diesem nicht wesentlich ist, zur Tat der Beseitigung überzugehen (s. o. 2.7.1). Unter diesem Aspekt verhält sich der Neid zum Haß wie die Bewunderung zur Liebe; es gibt damit gute Gründe dafür, der Konvention zu folgen und den Haß, nicht den Neid, als den eigentlichen Gegenpart der Liebe zu betrachten.[75]

Der Neid ist aber auch darin dem Haß verwandt, daß er – da hat Thomas von Aquin nun doch recht – der Ursprung des Hasses ist:[76] Der Neider strebt danach, in das Bewunderungsgut und in das Eigentum des anderen einzutreten und darin er selbst zu sein. Die Beziehung auf den anderen ist das rein Negative, er soll als anerkannter Inhaber des als bewunderungswürdig erfaßten Neidobjektes verschwinden, damit der Neider er selbst sein kann. Anstelle des anderen im anderen bei sich selbst sein wollen – das ist Neid.

Der Neid schließt allerdings ein zweites Moment des Hasses ein: daß der Neider im Vollzug der Bewunderung unfähig ist, eins zu sein mit sich selbst. Der andere ist nicht nur Gegenstand des Hasses des Neiders, sondern er ist auch der Ursprung des Hasses des Neiders gegen sich selbst. Der Neider, der die Differenz zum anderen festhält, sieht im anderen die eigene Unvollkommenheit reflektiert und haßt seine Gegenwart im Bewundern des Beneideten, mit dem eins zu werden ihm nicht gelingt.

2.9 Der Neid als Selbstzerstörung

Damit kommen die zerstörerischen Implikationen des Neides in den Blick.

2.9.1 Der Neid ist zerstörerisch

Der Neid ist zerstörerisch,[77] und zwar nicht um der unerfreulichen Folgen willen, die eintreten, wenn der Neidische den Beneideten eliminiert und sich des Geneideten bemächtigt. Das sind *Folgen* des Neides – aber der Neid ist auch ohne seine Folgen zerstörerisch.

Dafür ist ein letzter Blick auf das Verhältnis von Intentionalität und Selbstbezüglichkeit notwendig, das den Neid strukturiert: Ich hatte hervorgehoben, daß der Neid sich zunächst wie die Bewunderung auf den Beneideten als Inhaber von Neidobjekten richtet. Kant hatte im oben gebotenen Zitat darauf hingewiesen, daß der

---

75 Mit Thomas von Aquin (s. o.) gegen Ninivaggi, Envy Theory (wie Anm. 19), 10f; 19f u. ö.
76 Thomas von Aquin, STh II-II q 34 a 6resp – allerdings mit einer etwas anderen Begründung als der hier vorgetragenen.
77 Gonzalo Fernández de la Mora, Envidia (wie Anm. 18), 124 f.

Neid den Charakter der Folter oder der Qual hat oder haben kann.[78] Das hängt damit zusammen, daß im Neid der andere in das Selbstverhältnis eingeht: Neid ist ein durch den Blick auf den anderen bestimmtes Selbstverhältnis, in dem der Neidische angesichts des anderen unter sich selbst, weil unter dem anderen, leidet. Neid ist Leiden unter sich selbst im Verhältnis zum anderen, oder ein Leiden unter dem anderen im Verhältnis zu sich selbst. Die Bewunderung für den Beneideten als Träger des Neidobjekts ist vom Haß gegen sich selbst und vom Haß gegen den Beneideten begleitet. Das ›Mit-sich-selbst-nicht-eins-sein-Können‹ oder ›Nicht-das-erstrebte-Selbst-sein-Können‹ hat hier wie anderwärts – bei der Scham, im Gewissen – den Charakter der Qual.[79] Es ist das bewundernd-negierende Bezogensein auf den anderen und das *odium sui*. Man spricht davon, daß jemand vom Neid ›zerfressen‹ ist. Der Neid wird dabei als etwas – eine Macht oder ein Lebewesen – vorgestellt, was den Menschen verzehrt. Die Semantik des ›Verzehrens‹ hat der Neid mit der Sehnsucht, der Liebe, dem Wunsch gemeinsam – sie alle ›verzehren‹ den Menschen, bzw.: in allen diesen emotionalen Haltungen verzehrt ›sich‹ der Mensch. Der Neid ist allerdings, anders als die Liebe oder die Sehnsucht, ein selbstwidersprüchliches Verhältnis: In der Sehnsucht und in der Liebe ist das Verschwinden des Selbst zugunsten des Erstrebten die Erfüllung eines Teils der Emotion – der Liebende oder der Sehnsüchtige hält es allein mit sich selbst ohne den anderen nicht aus und wünscht, im anderen zu vergehen. Der Neid hingegen sucht das bewunderte Neidobjekt sich selbst anzueignen, strebt danach, er selbst zu bleiben, und wird im Wunsch der Aneignung verzehrt. Verzehrend ist der Neid gerade darin, daß der Neidische sich selbst unter dem Vorzeichen der Negation wahrnimmt. Er nimmt wahr, was ihm fehlt, und kann genau darum zur ruhigen Einheit mit sich selbst nicht zusammengehen.

Der Neidische leidet unter der fehlgehenden eigenen Bewunderung. Die Anerkennung, die das Ich, dem konstitutiven fremden Blick folgend,[80] auf sich selbst richtet, wird durch die Bewunderung, die auf den anderen fällt, gestört.

Dem Neidischen ist der Verweis auf das, was der Neider selbst besitzt, kein Trost. Jede eigene Vollkommenheit wird nicht mehr als solche wahrgenommen, sondern tritt hinter dem Spiegel des Bewunderten zurück. Das Verzehrende des Neides ist in der Tat die Struktur, daß über der Bewunderung des anderen eine Anerkennung seiner selbst nicht mehr möglich ist, und daß die Bewunderung des anderen nicht rückhaltlos werden kann, d. h. sich von der Selbstreflexivität nicht lösen kann.

---

[78] S. o. 2.5.1; Gonzalo Fernández de la Mora, Envidia (wie Anm. 18), 124 f; vgl. Frank John Ninivaggi, Envy Theory (Anm. 19), pss., bes. 17–42 und 267–284. Vgl. den bei Thomas von Aquin (II-II q 36 a 2 obj 4) referierten Einwand, dort das Gregor-Zitat, nach dem der Neid nicht Sünde, sondern Strafe sei.
[79] Hier wären selbstverständlich Bezüge zu Kierkegaard auszuziehen.
[80] Dazu Notger Slenczka, Sich-Schämen (wie Anm. 13), 259f.

2.9.2 Totalisierung

Wie viele negative Emotionen, so hat auch der Neid genau damit eine Tendenz zur Totalisierung. Der Neid ist obsessiv, besetzend, er durchdringt das Selbst- und Weltverhältnis, aber in einem anderen Sinne als das etwa beim Gewissen oder bei der Scham der Fall ist. Der Neid hat eine Tendenz dazu, den Neider selbst im Ganzen zu qualifizieren. Wir haben eine Tendenz dazu, den Neid, den wir an uns selbst oder an anderen wahrnehmen, nicht als Einzelereignis wahrzunehmen, sondern die einzelne Neidsituation als Entlarvung eines Persönlichkeitszuges zu betrachten, den wir im Einklang mit anderen negativ beurteilen. Davon legen die kommunen Versuche, Neid als Empörung zu maskieren, Zeugnis ab: Zum Neid stehen wir durchschnittlicherweise nicht. Der Neid selbst tritt nach Möglichkeit nicht in Erscheinung, tritt meistens als intentionales Verhältnis auf, verdeckt seine reflexive Struktur, indem er sich als Verachtung, als Haß oder als Empörung verkleidet.

Ein Vergleich mit den im Falle der genannten anderen Emotionen auftretenden Totalisierungseffekten macht die Besonderheit des Neides deutlich: Die Scham oder der Gewissensbiß ist ein vorübergehendes Ereignis auch dann, wenn wir uns im Schamerlebnis bzw. in der Erfahrung des Gewissensbisses als Person vernichtet wissen. Die Vernichtung richtet sich auf den Menschen als *Gegenstand* der Scham oder des Gewissensbisses. Dieses Moment hat der Neid auch – wer im Spiegel des Bewunderten sich selbst sieht, findet nichts Bewundernswertes mehr an sich selbst.

Der Neid ist aber eben auch selbst, als Emotion und nicht nur durch seinen Gehalt, entlarvend. Es ist der Neidvollzug, der die ganze Person negativ qualifiziert. Das Subjekt des Neides oder der Mensch, soweit er Subjekt des Neides ist, ist negativ qualifiziert, und zwar im Ganzen. Oder anders: Neid zu empfinden oder neidisch zu sein ist selbst Gegenstand der Scham, vielleicht des schlechten Gewissens. Als Gegensatz zur Liebe gilt er eben nicht nur als gelegentliche Fehlhaltung, sondern, wie oben notiert, als entlarvende Aufdeckung einer Grundtendenz des Neiders, als Grundhaltung im Selbst- und Fremdverhältnis, als Charakterfehler. Diese Grundtendenz läßt dabei keine positive Bewertung zu – Neid ist jedenfalls eine negativ bewertete Emotion, und negativ bewertet ist nicht einfach der Vollzug, sondern der Neider selbst.

2.10 Der Neid als Einheit

Zuletzt: Der Neid unterscheidet sich von anderen Emotionen dadurch, daß ihm das Überfallartige fehlt, das das Auftreten anderer Emotionen – der Zorn oder die Wut ohnehin, aber auch das Gewissen, die Freude, die Scham – kennzeichnet. Neid hat etwas Ruhiges, hatte ich gesagt. Er hat etwas Schleichendes, kann wachsen und abnehmen, er stellt sich ein, er durchdringt wie ein Gift oder wie eine Säure das Selbstverhältnis. Und in der Tat ist der Neid und seine Wirkungen mit den semantischen Gehalten der Flüssigkeit – Gift oder Säure – verbunden; die antike und die mittelalterliche Humoralpathologie ordnete den Neid der gelben Galle zu nicht nur darum, weil der Neid die Beziehung zum anderen durchdringt und zerstört, sondern weil er das Verhältnis des Neidischen zu sich selbst zerfrißt.

Damit ist zugleich deutlich, daß der Neid, wie andere Emotionen, nicht gewählt ist, auch selbst kein rationales Verhältnis ist, das eingenommen oder anempfunden werden könnte. Das Auseinanderlegen der Momente des Neides könnte den Eindruck wecken, daß es sich beim Neid um eine Art rationalen Abwägens und Vergleichens handelt.[81] Dies ist selbstverständlich nicht der Fall. Alle skizzierten Momente sind im Gefühl des Neides eins; der Neid ist selbst das Leiden unter sich angesichts des am anderen Bewunderten oder das Leiden am anderen angesichts seiner selbst.

Das heißt eben auch: Neid stellt sich ein, oder man verfällt *ihm* oder *in ihn*. Zumeist hat man auch sein Ende nicht in der Hand – man kann sich zur Ordnung rufen und die Ausdrucksformen des Neides zu kontrollieren suchen – aber man wird den Neid nicht beseitigen können.

Und das liegt eben auch daran, daß man sich den Neid selten eingesteht. Der Neid ist selbst Gegenstand intensiver Scham, bemerkbar, wie gesagt, daran, daß der Neider versucht, seine Emotion zu verbergen.

3 Die Neidsituation als Manifestation einer Grundsituation des Menschen

Ist man mit der Beschreibung der Neidsituation so weit gekommen, dann stellt sich die Frage, welchen Stellenwert dieses vermittelte Selbstverhältnis des Neides hat. Auf der einen Seite könnte man der Meinung sein, daß es sich um einen zwar relativ häufigen, schwer beherrschbaren, aber für das Verständnis des Menschseins nicht weiter relevanten Vorgang handelt, den man in der vorgetragenen Weise beschreiben, aber als eine unter vielen Möglichkeiten des menschlichen Selbstvollzuges fassen kann: Er stellt sich zuweilen ein, und verschwindet dann auch wieder. Auf der anderen Seite aber legt sich gerade in der aufgewiesenen, durch das Motiv des ›vermittelten Selbstseins‹ verbundene Antithetik von Neid und Liebe bzw. Bewunderung der Gedanke nahe, daß sich in dieser Gegensätzlichkeit zwei Typen menschlicher ›Identität in Sozialität‹ darstellen: Das ›Im-anderen-zu-sich-selbst-Kommen‹ im Modus der Negation. Wenn es richtig ist, daß das menschliche Selbstverhältnis durch das Bewußtsein des anderen vermittelt ist, dann ist es eine bedenkenswerte, aber selbstverständlich über das hier Angedeutete hinaus begründungsbedürftige These, daß die beschriebene Antithetik von Neid und Liebe bzw. Bewunderung nicht zufällige Ereignisse, die bestehen oder fehlen können, sondern zwei Modi einer anthropologischen Grundstruktur des ›Im-

---

[81] Gg. Gonzalo Fernández de la Mora, Envidia (wie Anm. 18), 104.

anderen-zu-sich-selbst-Kommens‹ darstellt, die weiter beschreibbar wäre.[82] Die negative Kennzeichnung des Neides (und die positive Wertung der Liebe) ist dann nicht eine billige Moralisierung, sondern die Einsicht in die Problematik, in das Gelingen und Scheitern der Selbstidentität. Die mit dem Neid verbundene intensive Regung der Scham und der Versuch der Verheimlichung ist dann ein Hinweis darauf, daß die Regung des Neides mit einem Bewußtsein der Selbstverfehlung begleitet wird, das zurückweist auf das intentional vermittelte Selbstverhältnis der Liebe (oder der Bewunderung), die zwar den Wunsch nach Heimlichkeit und die Scham auch kennt, aber üblicherweise nicht als schmerzliche Erfahrung, sondern als positiv oder beglückend empfundene Spannung. Daß die Haltung des Neides begleitet ist von Scham, weist selbst zurück auf das Original des vermittelten Selbstverhältnisses, das unter dem Begriff ›Liebe‹ zusammengefaßt ist. Der Neid ist immer als Verlust einer ursprünglichen Einheit bewußt.

In der unter 2.9.2 beschriebenen Totalität des Neides manifestiert sich der Charakter des Neides als Grundstruktur – und es manifestiert sich zugleich der Umstand, daß die Bewältigung dieser Grundstruktur und ihrer Destruktivität und der Übergang in ein nicht-schmerzhaftes intentionales Selbstverhältnis nicht in die Hand dessen gelegt ist, der vom Neid zerfressen wird.

4 Neid und Religion

4.1 Neid Gottes

Daß Religion insgesamt, und daß das Christentum mit der Emotion des Neides verbunden ist, erhellt rasch. Daß der Neid als Hauptlaster eine Rolle in der Ethik spielt und dabei nicht in die Randbereiche der Lasterlehre gehört, sondern durchgängig die Grundverkehrung im Verhältnis zum Nächsten markiert, ist ebenfalls eingangs mit dem Hinweis auf Thomas von Aquin gesagt, der verallgemeinerungsfähig ist.

Während das Pantheon des Polytheismus von untereinander und insbesondere von auf einzelne oder alle Menschen neidische Götter zu berichten weiß,[83] kennen die monotheistischen Religionen zwar den Eifer Gottes und so etwas wie die Eifersucht des einen Gottes, der seinen Anhängern die Verehrung jedes anderen wirklichen oder vermeintlichen Gottes verbietet. Aber den Neid dieses Gottes, der sich mit der für

---

[82] Ich verweise hier nur auf die ähnliche verallgemeinernde Vermutung in meinem Text über die Scham und über das Gewissen bzw. Gericht: Notger Slenczka, Sich Schämen (wie Anm. 13), und: Ders., Gericht, in: Cilliers Breytenbach (Hg.), Der Römerbrief als Vermächtnis an die Kirche, Neukirchen 2012, 161–176; dazu auch: Ders., Quid sum miser tunc dicturus? Die christliche Rede vom Jüngsten Gericht als Beitrag zur Diskussion um die Einheit der Person, in: Trigon 10 (2012), 169–183.
[83] Vgl. Thomas Rakoczy, Böser Blick, Macht des Auges und Neid der Götter. Eine Untersuchung zur Kraft des Blickes in der griechischen Literatur, Tübingen 1996.

den Neid typischen Verschränkung von Reflexivität und Intentionalität am Lebensglück eines Menschen festmachte, kennt jedenfalls die jüdisch-christliche Tradition so wenig wie die philosophische Tradition der Rede von Gott, die diese Züge als des Weltgrundes unwürdig betrachtet.[84] Der Widerspruch des Gottes, von dem die biblischen Schriften berichten, wendet sich in den meisten Texten gegen eine Selbstüberschätzung des Menschen, ist aber in solchem Maße von der Überzeugung der konkurrenzlosen Überlegenheit des Gottes auch in den frühesten Zeugnissen getragen, daß Neid als Haltung Gottes schlechterdings nicht in Frage kommt – dafür könnte man beispielsweise die Geschichte vom Turmbau zu Babel anführen: Die Verfasser beschreiben zunächst den Versuch der Menschen, einen Turm zu bauen, dessen Spitze an den Himmel rührt und ihnen einen unvergeßlichen Namen gibt – die Anklänge an den Ort Gottes einerseits und den heiligen ›Namen‹ sind zweifellos beabsichtigt; im Versuch, dadurch die ›Zerstreuung‹ in alle Länder zu vermeiden, klingt bereits ein Motiv der Exilszeit an, die Zerstreuung, die in den deuteronomistischen Schriften als Strafe Gottes gedeutet ist. Auf der anderen Seite wird der hybride Versuch der Turmbauer in geradezu komischer Weise als zum Scheitern verurteilt beschrieben: Gott ›fährt herab‹, um den Turm überhaupt sehen zu können und um die Sprache zu verwirren. Dadurch wird der Gottesrede jeder Schein eines Neides genommen und dem Leser signalisiert, daß der Mensch als möglicher Konkurrent und als Gegenstand der Bewunderung Gottes nicht in Frage kommt. Grundsätzlich gilt das auch für die anderen Erzählungen, in denen Gott dem menschlichen Streben Grenzen setzt (prominent: Gen 3, 22): Es sind überwiegend Geschichten ohnmächtiger menschlicher Hybris, aber nicht im Ernst Geschichten eines göttlichen Minderwertigkeitsgefühls oder des Bewußtseins einer Bedrohung Gottes durch die Anschläge des Menschen.

4.2 Neid des Menschen

Allerdings kennt die christlich-jüdische Tradition nicht nur das Motiv des Neides des Menschen auf seinesgleichen, sondern das Motiv des Neides des Menschen auf Gott, und zwar an zentraler Stelle. Wenn Luther beispielsweise, darin Augustin folgend, die Sünde als den Wunsch charakterisiert, daß der Mensch nicht wolle, daß Gott Gott sei, sondern vielmehr er, der Mensch, Gott sei,[85] dann fällt damit ein Licht auf die beiden Texte, in denen die christliche Kirche das Verhältnis Gottes und des Menschen grundgelegt sah und der in den ausgestalteten Lehren von den geschöpflichen Vorzügen des Menschen und des Verlustes dieser Vorzüge im ›Sündenfall‹ ausgelegt wurde: die beiden Schöpfungsberichte in Gen 1–2, 4a und 2, 4b–3, 24: Der Fall des Menschen hat seinen Grund in dem Wunsch, ›zu sein wie Gott und um Gut und Böse zu wis-

---

84 Vgl. nur: Aristoteles, Metaphysik I,2, 982 b 32-983 a 4. Dazu Knut Eming, Logik (wie Anm. 24), 17–21.
85 Martin Luther, Disputatio contra scholasticam theologiam Th. 17–23, hier nach: Lat.-dt. Studienausgabe I, 19–33, hier 22/23.

sen‹ (Gen 3, 4); die Schlange, die der biblische Erzähler im Gespräch mit Eva vor Augen malt, bezeichnet Gott zunächst als denjenigen, der das Wissen um Gut und Böse für sich behalten will, und macht ihn damit für Eva zum Gegenstand des Neides. Das Essen des Apfels ist in der Paradieserzählung und von dort aus in der Rezeptionsgeschichte verbunden mit dem Wunsch, im Wissen um Gut und Böse das Wissen Gottes anzueignen. Diesem Neiddrama folgt gleich auf die Paradieserzählung eine weitere Neidgeschichte, die Erzählung von Kains Brudermord an Abel (Gen 4, 1–16), die in charakteristischer Weise vom Motiv des gesenkten Blickes begleitet ist (Gen 4, 5–7).

Geht man dem Gedanken wenige Schritte nach, so legt sich die Deutung nahe, daß der klassische Begriff von Gott, der diesen als ›summum bonum‹, als ›omnitudo realitatis‹, als ›id quo maius cogitari nequit‹ oder als in seiner höchsten Perfektion höchstes Ziel des Strebens aller vernünftigen Kreatur benennt, diesen Gott als den Gegenstand höchster Bewunderung kennzeichnet. Die Rede von Gott stellt alle relativen Abstufungen menschlicher Perfektion, auf die sich die Grade der Bewunderung richten könnten, unter das Vorzeichen einer unüberbietbaren Perfektion und zugleich – etwa bei Platon, Aristoteles oder auch in der Rezeption dieses Begriffes bei Thomas von Aquin – dar als das Ziel menschlicher Annäherung an diese Vollkommenheit: Der Mensch als Bild Gottes ist dazu bestimmt diesem Gott ähnlich zu sein und an ihm teilzuhaben – die *visio beatifica* ist nach Thomas eine Teilhabe am Erkennen Gottes und damit an Gott selbst.[86] Der Begriff von Gott bringt die im Neid mitgesetzte und anerkannte Norm der Vollkommenheit, Gott als Gegenstand höchster Bewunderung und damit als den Gegenstand empfangender Liebe einerseits oder als ultimativen Gegenstand des Neides zur Sprache.

4.3 Der Neid und die Christologie

Damit legt sich die hier nur noch anzudeutende Möglichkeit nahe, die Grundthemen und das in diesen Themen entfaltete heilsgeschichtliche und biographische Drama der christlichen Theologie als Symbolisierung des mit dem anthropologischen Grundthemas des Neides und als Umgang mit ihm zu interpretieren. Es wäre zu fragen, ob es nicht in der Phänomenologie des Neides ebenso wie in der christlichen Hamartiologie die Möglichkeit einer wechselseitigen Erschließung gibt, in der die Grundformulierungen der Hamartiologie als Gestalt einer Phänomenologie des Neides beschreibbar würden.

---

[86] Thomas von Aquin, STh I q 12 a 5resp; vgl. q 93, bes. a 8resp und II-I q 2 a 8resp. Es geht hier darum, daß Thomas die Erfüllung des menschlichen Lebens als eine Teilhabe an Gott nicht als Gegenstand, sondern als eine Aufnahme in das Selbstverhältnis Gottes faßt – das ›Im-anderen-bei-sich-selbst-Sein‹. Das müßte im Verhältnis zur vorgeführten Phänomenologie des Neides noch weiter ausgeführt werden.

Das beginnt in der eigentümlichen Konzeption der Zwei-Naturen-Lehre und der darin implizierten Gedankenfigur der ›communicatio idiomatum‹, in der die göttliche Natur teilgibt an sich und die menschliche Natur sie selbst ist im anderen ihrer selbst – eine hochinteressante strukturelle Gegenfigur des Neides. Daß Gott Liebe ist, findet in diesen christologischen (und trinitarischen) Gedankenfiguren ihren Ausdruck.

Naheliegend ist das nicht nur aufgrund der skizzierten Deutung der Sündenfallgeschichte, sondern auch darum, weil die Kreuzigung Jesu selbst, wie sie bei den Evangelisten erzählt wird, andeutungsweise Züge eines Neiddramas aufweist: Die bei allen Evangelisten betonte Haltlosigkeit der Vorwürfe, die dem Todesurteil zugrundeliegen, unterstreichen die Tendenz des Neides, sich als Empörung zu maskieren, und unterstreichen die nach der Darstellung der Evangelisten von den Gegnern Jesu selbst empfundene Haltlosigkeit der Vorwürfe; auf der anderen Seite identifizieren die Evangelisten selbst den Neid der ›Pharisäer und Schriftgelehrten‹ als das eigentliche Motiv des Vorgehens gegen Jesus von Nazareth (etwa Lk 19, 47f und 20, 19f).

Auf der anderen Seite zeichnet sich möglicherweise die eigentümliche Deutung des Kreuzes ein, die nicht bei einer entlarvenden und aufrechnenden Identifizierung des Neides als Todesmotiv stehenbleibt, sondern – so Paulus – das Kreuz als den Ort der Selbsterniedrigung des Beneideten deutet. Der Gottgleiche betrachtet es nicht als ›sein Privateigentum‹, wie Dorothee Sölle Phil 2, 6b übersetzt,[87] Gott gleich zu sein, sondern er gibt diese Gottgleichheit auf, um im anderen seiner selbst – der Gestalt des Knechtes – sich wieder zu finden; und dieser Knecht ist nicht der Neider, sondern findet sich in der Teilhabe an der göttlichen Gestalt und dem Herrennamen: »Darum hat ihn Gott auch erhöht […]«. Daß Gott die Liebe ist, hat mit diesem Drama der selbstvergessenen, gönnenden und gerade nicht neidischen Hingabe zu tun und bringt sie auf den Begriff.

Der Tod Jesu wiederum ist zunächst die äußerste Konsequenz der Neidsituation – die Vernichtung des Beneideten, des Spiegels, mit dem Ziel, daß die Neider wieder zur Einheit mit sich selbst gelangen. Die Botschaft von der Auferstehung sagt die Überwindung dieser Konsequenz und die Restitution zunächst, dann aber die Überwindung der Neidsituation an: Die Zumutung des christlichen Glaubens besteht darin, das Neidobjekt – die *omnitudo realitatis* – als vom Beneideten dem Neider zugeeignet zu verstehen, das heißt: sich selbst aus der fremden Identität des Jesus von Nazareth, des Trägers des ultimativen Neidobjektes her so zu verstehen, daß alles diesem Jesus von Nazareth Eigene dem Glaubenden gehört, ohne aufzuhören, seinen Ort in dieser Person zu haben.[88] Die Zumutung ist diese, sich im anderen zu finden und sich durch das zu identifizieren, was dem ursprünglich Beneideten eignet; das ist die oben skiz-

---

87 Dorothee Sölle, Gottes Selbstentäußerung, in: Dies., Atheistisch an Gott glauben, München 1983, 9–25, hier 18 und 25.
88 Vgl. Notger Slenczka, Die Christologie als Reflex des frommen Selbstbewusstseins. »... darumb wirt die gottheyt Ihesu Christi ... damit bekant, das wir ynn yhn ... glauben« (Luther, WA 7, 215,15), in: Jens Schröter (Hg.), Themen der Theologie: Jesus Christus, Tübingen 2014, 182–241.

zierte Reflexionsstruktur des Neides, der darunter leidet, daß er im anderen sich selbst spiegelt, und danach strebt, im anderen, aber ohne den anderen er selbst und mit sich selbst im Reinen zu sein.

Das Drama der Heilereignisse ist gleichsam das Drehbuch, das nach einer *imitatio Christi* ruft,[89] die sich ihrerseits dessen bewußt ist, daß sie nicht einfach ein eigenständiges Nachspielen, sondern ein Ergriffenwerden und Umgestaltetwerden des eigenen, in der Trennung vom Beneideten vermittelten Selbstverhältnisses durch diesen Bericht ist, der in dieser Gestaltwerdung (und nur so) im Hörer Realität gewinnt – das heißt: »In ipsa fide Christus adest.«[90]

4.4 Religion als objektivierende Symbolisierung des ›Neiddramas‹?

Dies soll hier nur angedeutet werden; es geht nicht darum, Parallelen zwischen dem Heilsdrama, in dem das Christentum sich begründet weiß, und mehr oder weniger grundlegenden anthropologischen Strukturen zusammenzustellen, sondern die tiefergreifende Frage zu stellen: Ist dieses Heilsdrama zunächst eine gegenständliche Wirklichkeit, die dann Folgen auf Seiten des Menschen hat? Oder manifestiert sich im gegenständlichen Heilsdrama des Christentums ein Umgang mit dem fundamentalen vermittelten Selbstkonflikt des Neides, der dann erst recht verstanden ist, wenn alle gegenständlichen Momente des Glaubensbekenntnisses als Objektivationen – Ausdruck und Medium – dieses Dramas begriffen sind und damit verständlich wird, was es bedeutet, daß der christliche Glaube nicht in der Darstellung und Anschauung einer Geschichte, sondern – klassisch gesprochen – im Werk des Heiligen Geistes und das heißt: in der Übersetzung des Gegenständlichen in ein Selbstverhältnis, erfaßt und begriffen ist:

> Si est vera fides, est quaedam certa fiducia cordis et firmus assensus quo Christus apprehenditur, Sic ut Christus sit obiectum fidei, *imo non obiectum, sed, ut dicam, in ipsa fide Christus adest* [...] – wenn es der wahre Glaube ist, ist es ein gewisses Vertrauen des Herzens und eine feste Zustimmung, durch die Christus ergriffen wird, so daß Christus der Gegenstand des Glaubens ist, ja eigentlich nicht der Gegenstand, sondern im Glauben selbst ist Christus gegenwärtig [...].[91]

Dann stellt sich in dem Heilsdrama des Christentums das Drama des Neides und seiner Überwindung dar, um sich im Glaubenden abzuspielen. Nichts anderes als Darstellun-

---

89 Hier müßte man nun Girards Deutung des Neides bei Shakespeare als *mimesis* einzeichnen – vgl. René Girard, Theater (wie Anm. 21).
90 Martin Luther, Galaterkommentar [1535], WA 40/I, 228,34–229,21.
91 AaO. 228, 33–229,15. Man müßte dies nun ins Verhältnis setzen zu Schleiermachers Rede von der Teilgabe am ›Selbstbewußtsein Jesu‹: Friedrich Daniel Ernst Schleiermacher, Glaube (wie Anm. 14), §§ 92; 100; 123–125.

gen, Symbolisierungen dieses scheiternden Selbstverhältnisses und seiner Heilung sind dann die ›Inhalte‹ des Glaubens, verkündigt, um in einem neubestimmten Lebensvollzug im Glaubenden *sich* zu realisieren – und nur so wird eigentlich begriffen, was es heißt, daß ›Gott die Liebe‹ ist – nämlich dies: Daß Liebe etwas ist, was ergreift.

Der christliche Glaube hat es nicht mit der gegenständlichen Bedingung der Möglichkeit des Umganges mit emotionalen Selbstverhältnissen zu tun, sondern alle gegenständlichen Behauptungen sind Darstellungen dieser Selbstverhältnisse, in deren Verlauf es zur Modifikation derselben kommen kann.[92]

---

92 Notger Slenczka, Fides creatrix divinitatis. Zu einer These Luthers und zugleich zum Verhältnis von Theologie und Glaube, in: Johannes von Lüpke u. a. (Hg.), Denkraum Katechismus, Tübingen 2009, 171–195.

Johannes Fischer
Emotionen und die religiöse Dimension der Moral

Zum Reflexionsgegenstand einer Theologischen Ethik

Ich werde in meinem Vortrag drei Thesen vertreten. *Erstens*: Die Moral hat eine religiöse Dimension, und diese ist in der moralischen Erfahrung angelegt und hat mit der emotionalen Fundiertheit der Moral zu tun. Ich unterscheide bei dieser These zwischen der religiösen *Dimension* der Moral und einem religiösen *Glauben*, der in einer inhaltlich bestimmten, durch eine religiöse Überlieferung geprägten Wahrnehmung und reflektierenden Deutung dieser Dimension besteht. Dass die Moral eine religiöse Dimension hat, stößt heute bei den meisten Ethikerinnen und Ethikern auf Unverständnis und Widerspruch. Das wirft die Frage auf, woher dieses Unverständnis kommt. Hierauf bezieht sich meine *zweite These*: Die religiöse Dimension der Moral wird durch eine Moralauffassung in die Latenz abgedrängt, die die Moral auf das menschliche Handeln reduziert, wie dies in der heutigen Ethik Standardauffassung ist, auch in der theologischen. Bei dieser Auffassung verdünnen sich Emotionen zu Motiven für Handlungen, die irgendwie im Inneren des Handelnden lokalisiert zu sein scheinen. Die Folge davon ist die Sentimentalisierung von Emotionen zu bloßen ›Gefühlen‹, die Menschen subjektiv empfinden. Wenn diese zweite These richtig ist, dann kann die religiöse Dimension der Moral nur über eine Kritik dieser Standardauffassung einsichtig gemacht werden. Sie ist, wie ich verdeutlichen will, im Phänomen des emotional bestimmten Verhaltens angelegt, wie freundlichem, fürsorglichem, gütigem oder liebevollem Verhalten. In solchem Verhalten treten Emotionen nach außen in Erscheinung und vermitteln sich *atmosphärisch* an andere weiter. Anders als bei ihren Handlungen sind Menschen in Bezug auf solches Verhalten nicht selbstbestimmt und autonom, sondern abhängig und angewiesen. *Drittens*: Es ist ein Missverständnis der religiösen Dimension der Moral, wenn man meint, in theologisch-ethischer Perspektive die Moral in Voraussetzungen des religiösen Glaubens oder der Weltanschauung fundieren zu sollen. Es geht nicht darum, da, wo die philosophische Ethik Gründe des Wissens aufbietet, theologisch die Moral in Gründen des Glaubens zu fundieren. Vielmehr ist das moralisch Gute auch unter religiösen Vorzeichen eine Sache nicht des Glaubens, sondern der Erkenntnis und des Wissens. Die Beteiligung des Glaubens besteht darin, dass dieser sich auf diejenige Wirklichkeit bezieht, die im Akt dieser Erkenntnis als zu dieser befähigend und bestimmend erfahren wird, und in einem noch zu erläuternden Sinne werde ich diesbezüglich von einer spirituellen Erfahrung sprechen. So weit die drei Thesen.

Ich beginne mit einer Kritik der handlungszentrierten Standardauffassung der Moral, die, wie ich behauptet habe, den Blick auf die religiöse Dimension der Moral verstellt. Nach dieser Auffassung ist für die Moral der Handlungsbezug konstitutiv. Ich zitiere Dieter Birnbacher mit einer Passage aus dessen *Analytischer Einführung in die Ethik*:

> Im Mittelpunkt der Moral stehen Urteile, durch die ein menschliches *Handeln* positiv oder negativ bewertet, gebilligt oder missbilligt wird. Neben Urteilen über Handlungen gehören zur Moral auch Urteile über moralische Verpflichtungen, moralische Urteile über Personen, Motive, Absichten und Verhaltensdispositionen, moralische Emotionen, moralische Ideale und Utopien und bestimmte normative Menschenbilder. Aber alle diese weiteren Stücke aus dem moralischen Repertoire stehen in einem unverkennbaren Bezug zum menschlichen Handeln als ihrem letztlichen Zielpunkt und beinhalten Urteile über dieses Handeln. Personen, Motive, Absichten und Handlungsdispositionen werden als moralisch löblich oder verwerflich beurteilt in dem Maße, in dem sie in der Regel zu moralisch zu billigendem oder zu missbilligendem Handeln führen [...].[1]

Wie sich am Ende dieses Zitats andeutet, korrespondiert der Überzeugung von der Zentralstellung des Handelns in der Moral eine bestimmte Auffassung bezüglich deontischer und evaluativer moralischer Wertungen. Deontische Wertungen – richtig, falsch, geboten, verboten, erlaubt usw. – beziehen sich auf Handlungen. Evaluative Wertungen – gut, schlecht, löblich, verwerflich usw. – beziehen sich demgegenüber auf Motive, Dispositionen oder Charakterzüge von Personen. Hinsichtlich dieser Auffassung besteht in philosophischen Lehrbüchern der Ethik – von Frankena bis Dieter Birnbacher – ein breiter Konsens. Diese Zuordnung evaluativer Wertungen ist die Konsequenz der Meinung, dass sich in der Moral letztlich alles um das Handeln dreht. Als Gegenstand evaluativer Wertungen bleibt dann nämlich nur dasjenige übrig, was zu Handlungen motiviert oder disponiert. Folgerichtig ergibt sich aus dieser Auffassung die These eines epistemischen Primats des Richtigen vor dem Guten, in Bezug auf die ein ebenso breiter Konsens besteht. Wir müssen zuerst wissen, welche Handlungsweisen in welchen Typen von Situationen richtig sind, bevor wir wissen können, welche Motive, Dispositionen und Charakterzüge gut sind, denn sie sind nur dann gut, wenn sie zum richtigen Handeln motivieren bzw. disponieren.

Um sich die Fragwürdigkeit dieser Auffassung zu verdeutlichen und den Blick frei zu bekommen für die Bedeutung von Emotionen für die Moral muss man sich zunächst vergegenwärtigen, was eine Handlung ist, und ich muss daher einen kleinen Ausflug in die Handlungstheorie unternehmen. Will man verstehen, was eine Handlung ist, dann ist die grundlegendste Frage, die hier zu stellen ist, die Frage, wie uns Handlungen gegeben sind. Hierzu muss man sich Folgendes vergegenwärtigen: Ob ein Verhalten, das wir an einem anderen Menschen beobachten, eine Handlung oder zum Beispiel nur eine unwillkürliche Körperbewegung ist, das lässt sich mit letzter Bestimmtheit nur klären, indem wir den Betreffenden fragen. Das bedeutet, dass uns Handlungen in der Verständigung über sie gegeben sind. Hierin liegt die entscheidende Differenz zwischen Handlungen und bloßen Ereignissen. Im Unterschied zu Ereig-

---

[1] Dieter Birnbacher, Analytische Einführung in die Ethik, Berlin 2003, 12f.

nissen sind Handlungen durch die prinzipielle Möglichkeit der Verständigung mit einem Handelnden über das Was und Warum seines Handelns charakterisiert. Diese Möglichkeit muss nicht immer auch faktisch gegeben sein. Aber wenn wir etwas als Handlung im Unterschied zu einem Ereignis thematisieren, dann ist dies mit der Unterstellung verbunden, dass das Betreffende von einem Wesen ausgeht, mit dem im Prinzip eine solche Verständigung möglich ist.

Die konstitutive Bedeutung der Verständigung für das Phänomen des Handelns manifestiert sich vor allem darin, dass es für Handlungen *Gründe* und *Motive* gibt. Gründe und Motive sind nichts anderes als Antworten auf Warum-Fragen.[2] Wir können den Grund einer Handlung nicht anders in Erfahrung bringen als dadurch, dass wir den Betreffenden fragen, und der Grund ist dasjenige, was uns seine Antwort zu verstehen gibt. Gründe und Motive fallen dabei in unterschiedliche Perspektiven. Gründe sind an die Perspektive der Verständigung *mit einem Handelnden* gebunden. Nur er kann mit Bestimmtheit sagen, ob sein Verhalten unwillkürlich war oder ob es einen Grund dafür gibt und worin dieser besteht. Demgegenüber können Motive manchmal von einem anderen besser diagnostiziert werden als vom Handelnden selbst. Sie fallen in die Perspektive der Verständigung *über einen Handelnden*, worin die Verständigung mit ihm über ihn eingeschlossen ist.

Aus alledem wird deutlich, dass es sich bei dem, was wir als Handlungen thematisieren, um *Verständigungskonstrukte* handelt. Das meint: Handlungen sind nicht empirische Tatsachen in der Welt, die unabhängig von unserer Verständigung über sie gegeben sind. Sie sind vielmehr etwas, das erst in der Verständigung über sie konstituiert wird. In der Verständigung über Handlungen und deren Gründe und Motive wird eine Struktur über unser Verhalten gelegt, die dieses im Augenblick seines Vollzugs nicht hat. Wer auf der Straße einem Bekannten spontan zuwinkt, der tut dies nicht intentional ›aus einem Grund‹ im Sinne einer Antwort auf eine vorausgehende Warum-Frage. Denn in diesem Fall wäre das Winken nicht spontan. Aber er kann, wenn man ihn fragt, einen Grund dafür nennen: »Das ist ein guter Bekannter von mir.« Oder man denke an ein anregend geführtes Gespräch, in das die Beteiligten vertieft sind. Jede Äußerung eines solchen Gesprächs kann auf einer reflexiven Ebene als ein Handeln thematisiert und es kann nach einem Grund dafür gefragt werden (»Warum

---

2 Vgl. dazu Josef König, Bemerkungen über den Begriff der Ursache, in: Ders., Vorträge und Aufsätze, hg. v. Günther Patzig, Freiburg i. Br. 1978, 122–255. In kritischer Auseinandersetzung mit den Auffassungen Humes und Kants zeigt König, dass eine Ursache nichts anderes als eine befriedigende Antwort auf eine Warum-Frage ist. Die Antwort ist nicht deshalb befriedigend, weil sie die Ursache angibt. Vielmehr gibt sie die Ursache an, weil sie als Antwort befriedigend ist, d. h. weil sie uns *verstehen* macht. Wird dieses Verstehen gestört, z. B. weil neue Ereignisse auftreten, die eine Warum-Frage aufwerfen, welche durch die zuvor gefundene Antwort nicht befriedigend beantwortet wird, dann muss eine neue Antwort gesucht werden, und diese ist befriedigend und gibt also die Ursache an, wenn sie die Irritation zu beseitigen vermag. Der Begriff der Ursache hat also mit der Frage-Antwort-Struktur unseres Verstehens zu tun. Nicht anders verhält es sich mit Gründen und Motiven.

hast Du das gesagt?«). Aber die Äußerung selbst geschah nicht intentional aus dem Grund heraus, der nachträglich zu ihrer Erklärung angegeben wird, sondern spontan.

Mit Handlungen wird allgemein die Vorstellung von Freiheit und Selbstbestimmung verbunden. Freiheit im Sinne von innerer Handlungsfreiheit – im Unterschied zu äußerer Handlungsfreiheit, die von den äußeren Umständen abhängt – ist in der Perspektive der Verständigung *mit einem Handelnden* verankert, in der es nach dem Gesagten um *Gründe* geht. Kant zufolge besteht Freiheit in dem Vermögen, eine Reihe von Begebenheiten von selbst anfangen zu können. Frei handelt mithin, wer der *Urheber* seines Handelns und seiner Folgen ist. Als Urheber seines Handelns aber betrachten wir den, der sein Handeln hinreichend aus *Gründen* verständlich machen kann, so dass nicht – wie bei psychischen Störungen – hinter ihn zurück nach verhaltensbestimmenden *Ursachen* gefragt werden muss. Dazu reichen nicht irgendwelche Gründe (z. B. Rationalisierungen im psychologischen Sinne), sondern es müssen *befriedigende*, d. h. einsichtige und nachvollziehbare Gründe sein. Handlungsfreiheit manifestiert sich somit in den plausiblen Gründen von Handlungen. In aller Verständigung mit einem anderen über die Gründe seines Handelns ist solche Freiheit unterstellt, und zwar allein dadurch, dass wir uns *mit ihm* verständigen und ihn nach Gründen fragen, statt uns *über ihn* zu verständigen und sein Verhalten aus Ursachen zu erklären.

So viel zunächst zum Verständnis des Handelns. Entscheidend für alles Weitere ist die Einsicht, dass es sich bei Handlungen um Verständigungskonstrukte handelt. Sie wirft die Frage auf, wie dasjenige, was wir in der Verständigung als ein Handeln aus einem Grund oder einem Motiv thematisieren, *jenseits der Verständigungsperspektive* in Erscheinung tritt. Dies führt zu dem, was ich als *Verhalten* bezeichne und von einer Handlung unterscheide. Um das mit diesem Ausdruck Gemeinte in den Blick zu bekommen, möchte ich noch einmal auf die Standardauffassung zurückkommen, wonach deontische Wertungen sich auf Handlungen und evaluative Wertungen sich auf Motive, Dispositionen oder Charakterzüge beziehen. Ich möchte demgegenüber deutlich machen, dass dasjenige, was wir evaluativ bewerten, ein Verhalten ist. Daher liegt in der Reduktion der Moral auf das Handeln eine problematische Verkürzung des Phänomens der Moral, die den Gegenstand evaluativer Wertungen verdunkelt. Was ich als religiöse Dimension der Moral bezeichne, hat es mit dieser Verhaltensdimension zu tun.

Vordergründig hat die Standardauffassung hinsichtlich des Gegenstandes evaluativer Wertungen eine große Plausibilität. Wenn zwei Personen in zwei gleichen Situationen genau gleich handeln, aber aus unterschiedlichen Motiven, die eine z. B. aus Mitgefühl, die andere aus Berechnung und Habgier, dann treffen wir in Bezug auf ihre Handlungen unterschiedliche evaluative Wertungen, und zwar, wie es scheint, weil wir ihre Motive unterschiedlich bewerten. Also scheint sich die evaluative moralische Bewertung ursprünglich auf Handlungsmotive oder Dispositionen und erst von dorther abgeleitet auf die daraus resultierenden Handlungen zu beziehen.

Bei genauem Zusehen jedoch stellt sich der Sachverhalt anders dar. Wenn wir etwas, z. B. Mitleid, als ein Motiv thematisieren, dann thematisieren wir es mit Bezug auf eine Handlung, für die es Motiv ist. Abgesehen davon ist Mitleid ein Gefühlszustand, aber kein Motiv. Daher lässt sich ein Motiv nicht separat von der Handlung evaluativ bewerten, für die es Motiv ist. Angenommen, jemand wird gefragt, warum er einem anderen geholfen hat, und er antwortet: »Ich hatte Mitleid mit ihm.« Diese Äußerung nennt uns das Motiv, dies allerdings nur, wenn sie als Antwort auf die Frage nach dem Warum seines Handelns begriffen wird. Abgesehen davon handelt es sich um die Schilderung eines Gefühlszustands. Wenn wir daher das, was uns diese Antwort zu verstehen gibt, evaluativ als gut bewerten, dann ist dasjenige, was wir bewerten, nicht, dass er Mitleid mit ihm hatte, sondern dasjenige, was diese Äußerung als Antwort auf die gestellte Frage beinhaltet, nämlich dass er dem anderen aus Mitleid geholfen hat. Wir bewerten also nicht zuerst separat von der Handlung ein Motiv und von daher abgeleitet die Handlung, sondern wir bewerten *sein Handeln aus diesem Motiv*. Was wir beispielsweise in der Samaritererzählung (Luk 10, 30 ff.) als moralisch gut bewerten, ist nicht das Mitgefühl des Samariters (rein für sich betrachtet; jemand könnte Mitgefühl empfinden ohne zu helfen) und nicht sein Handeln (rein für sich betrachtet; es könnte auch aus Berechnung und Spekulieren auf Belohnung erfolgen), sondern sein Handeln aus Mitgefühl, d. h. sein barmherziges Verhalten. Während die Rede von Handlungen eine Trennung macht zwischen der Handlung und ihrem Motiv, und zwar eine Trennung, die aus der Frage-Antwort-Struktur der Verständigung über Handlungen resultiert, ist bei der Rede von mitfühlendem, barmherzigem oder eifersüchtigem Verhalten das Mitgefühl, die Barmherzigkeit oder die Eifersucht essentieller Bestandteil des Verhaltens.

Der Unterscheidung zwischen Handlungen und emotional bestimmtem Verhalten kommt vor allem deshalb eminente Bedeutung zu, weil Letzteres Wirkungen hat, die über die Folgen der Handlungen, mit denen es verbunden ist, hinausgehen. In ihm teilt sich atmosphärisch dasjenige anderen mit, was es als Verhalten charakterisiert: Mitgefühl, Wohlwollen, Güte usw. Unser Leben wäre arm, wenn es diese Dimension nicht gäbe und wir es nur mit Handlungen und ihren Folgen zu tun hätten. Wir können etwas freundlich oder unfreundlich, liebevoll oder lieblos, fürsorglich oder gleichgültig tun, und dies hat Auswirkungen auf die Person, der gegenüber wir es tun.

Damit komme ich auf die Bedeutung zu sprechen, die Emotionen in der Moral zukommt. Anders als bei der Thematisierung von Emotionen als Motive für Handlungen, bei denen sie als etwas vorgestellt werden, das im Inneren des Handelnden als des Ursprungs der Handlung lokalisiert ist und von dort her sein Handeln bestimmt, treten in emotional bestimmtem Verhalten Emotionen wie Mitgefühl oder Liebe *nach außen* in Erscheinung und wirken sich solchermaßen *atmosphärisch* auf andere aus. Wir können Liebe in einer Geste der Zärtlichkeit sehen, Zorn kann als Brüllen, Schleudern von Gegenständen einen Raum füllen usw. Ich verweise hier auf Hermann Schmitz' Emotionstheorie, die ›Gefühle als Atmosphären‹ begreift und dabei solche Phänomene im Blick hat. Während bei der Rede von Handlungen die Emotion als etwas erscheint, das von der Handlung getrennt gewissermaßen hinter der Handlung als deren Motiv lokalisiert ist, gibt es hier keine Trennung zwischen der Emotion und dem Verhalten, sondern die Emotion manifestiert sich in dem Verhalten. Illustrativ hierfür ist wiederum die Samaritererzählung, die ein Verhalten schildert, in dem sich vor Augen stellt, was ›Liebe zum Nächsten‹ heißt. Liebe *ist* hier dieses Verhalten, und sie ist nicht etwas davon Getrenntes. Begriffe wie Liebe oder Barmherzigkeit bezeichnen emotional bestimmte Verhaltensgestalten, und das damit Gemeinte kommt in einem Verhalten zur Anschauung. Das ist gegenüber der Sentimentalisierung solcher Phänomene zu betonen, die daraus bloße ›Gefühle‹ macht, die Menschen subjektiv empfinden. Sie ist die Folge der einseitig handlungszentrierten Sicht der Moral.

Aufgrund dieser Manifestation nach außen kann emotional bestimmtes Verhalten für den Betrachter eine erschließende Bedeutung für moralische Phänomene haben. Der australische Philosoph Raimond Gaita verdeutlicht diesen Sachverhalt an einem Beispiel, das in der Literatur auf einige Resonanz gestoßen ist.[3] Als junger Mensch arbeitete er in einer psychiatrischen Klinik, in der schwer psychotische Patienten behandelt wurden. Wie er schreibt, bewunderte er jene Psychiater, die die Überzeugung vertraten, dass auch diese Patienten Menschenwürde haben und darin uns gleich sind. Eines Tages kam eine Nonne in die Klinik, und Gaita beobachtete, wie sie diesen Patienten begegnete. Die Art, wie sie mit ihnen sprach, ihre Mimik und Gestik, ihr ganzes Verhalten drückte aus und machte sichtbar, was es heißt, dass diese Menschen uns gleich sind. Im Vergleich dazu schien das Bekenntnis jener Psychiater zur Menschenwürde dieser Patienten einen Zug von Herablassung zu haben. Für Gaita macht dieses Beispiel deutlich, wie Liebe als etwas, das sich im Verhalten eines Menschen manifestiert, die Würde von Menschen erschließen kann.

Oben wurde bei der Erörterung des Handlungsbegriffs gefragt, wie uns Handlungen gegeben sind, und die Antwort war, dass sie uns über die Verständigungsperspektive gegeben sind. Dieselbe Frage lässt sich im Blick auf das Verhalten stellen, und hier ist die Antwort, dass uns Verhalten als der Gegenstand evaluativer Wertungen in der Anschauung und Erfahrung gegeben ist. Dies wird durch Gaitas Nonnenbeispiel ebenso illustriert wie durch die Samaritererzählung. Verhalten ist uns somit ursprünglicher gegeben als das Handeln. In jeder Kommunikation zwischen Menschen spielt die Verhaltensdimension eine entscheidende Rolle, in der Mimik, Gestik, der Körperhaltung usw. Über die atmosphärische Ausstrahlung dieser Dimension baut sich das Vertrauen auf, auf das Menschen im Umgang miteinander elementar angewiesen sind. Der Unterschied zwischen Handeln und Verhalten schlägt sich nicht zuletzt in einem charakteristischen Unterschied zwischen deontischen und evaluativen Wertungen nieder. Wie gesagt, wird in der Verständigung über Handlungen gemäß der Frage-Antwort-Struktur des Verstehens eine Trennung vollzogen zwischen der Handlung und ihrem

---

[3] Vgl. Raimond Gaita, A Common Humanity. Thinking about Love, Truth and Justice, London/New York ²2000, 17–19.

Grund, als welcher die betreffende Situation thematisch wird. Dies hat für die deontische Wertung zur Folge, dass diese Handlungen *relativ* zu Situationen bewertet: *so* zu handeln ist in einer *solchen* Situation richtig (und in einer anderen falsch). Beim Verhalten gibt es diese Trennung nicht. Vielmehr haben wir hier immer schon ein Verhalten in einer gegebenen Situation vor Augen, und dieses ist es, was wir evaluativ bewerten: Sich *so* in einer *solchen* Situation zu verhalten ist gut. Wenn man sagt, dass das Verhalten des Barmherzigen Samariters gut ist, dann meint man damit nicht, dass es relativ zu der betreffenden Situation gut ist. Vielmehr bewertet man sein Verhalten bereits als ein ›Verhalten in dieser Situation‹, und als solches ist es gut. Das moralisch Gute kommt als ein ›emotional bestimmtes Verhalten in einer gegebenen Situation‹ in dem *Gesamtzusammenhang* zur Anschauung, der in der Verständigung über Handlungen am Leitfaden der Warum-Frage zertrennt wird in die Handlung, ihren Grund in Gestalt der betreffenden Situation sowie ihr Motiv in Gestalt der beteiligten Emotion.

Aus der Einsicht in die Bedeutung der Verhaltensdimension für die Moral ergeben sich zwei wichtige Konsequenzen. Die eine betrifft die Frage des epistemischen Primats. Hier kehren sich die Dinge insofern um, als das deontische Urteilen sich als ein emotional bestimmtes Verhalten begreifen lässt, bei dem Emotionen wie Empathie, Wohlwollen, Vergeltungsdrang, Neid, Missgunst usw. eine Rolle spielen können. Daher müssen wir uns in moralischer Hinsicht zuerst unserer emotionalen Verhaltenseinstellungen vergewissern, von denen wir uns in unserem Urteilen, Entscheiden und Handeln bestimmen lassen, da hiervon abhängt, wie wir urteilen, entscheiden und handeln. Damit ergibt sich ein epistemischer Primat des Guten gegenüber dem Richtigen.

Die andere Konsequenz betrifft das Problem von Freiheit und Abhängigkeit. Handlungsfreiheit, so wurde ausgeführt, ist an die Perspektive der Verständigung mit einem Handelnden gebunden. Sie zeigt sich in den Gründen, die jemand auf die Frage nach dem Warum seines Handelns nennt. Mit ihnen präsentiert er sich als der Urheber seines Handelns. Demgegenüber bezieht sich der Begriff des emotional bestimmten Verhaltens auf etwas, das der Perspektive der Verständigung über Handlungen voraus liegt und bei dem ungetrennt ist, was innerhalb dieser Perspektive entsprechend der Frage-Antwort-Struktur des Verstehens in Handlungen einerseits und deren Gründe und Motive andererseits zertrennt wird. *Das bedeutet, dass es für derartiges Verhalten keine Gründe gibt und somit auch keine Urheberschaft des Sich-Verhaltenden*. Denn all das gibt es nur innerhalb der Perspektive der Verständigung über Handlungen. Wir können in der Samaritererzählung zwar das *Handeln* des Samariters dessen Urheberschaft zuschreiben – und das beruht, wie die Rede von Handlungen überhaupt, auf der fiktiven Unterstellung der Verständigungsperspektive –, nicht aber sein barmherziges *Verhalten*. Wir können dies schon deshalb nicht, weil dieses Verhalten ein Widerfahrnismoment enthält in Gestalt des Affiziertwerdens durch die Situation dessen, den der Samariter auf seinem Weg fand. Das ist nichts, was er in freier Selbstbestimmung tut. Hierin zeigt sich die entscheidende Differenz zwischen Handeln und Verhalten: Während eine Handlung von ihrem emotionalem

Beweggrund bzw. Motiv unterschieden und getrennt ist, ist bei emotional bestimmtem Verhalten die betreffende Emotion dessen konstitutiver Bestandteil. Daher können zwar Handlungen der Urheberschaft des Handelnden zugeschrieben werden, jedoch nicht derartiges Verhalten, da wir über unsere Emotionen nicht selbstbestimmt verfügen. Das bedeutet, dass wir in Bezug auf die eigentlich fundamentale Ebene der Moral nicht selbstbestimmt, sondern abhängig und angewiesen sind. Innerhalb der theologischen Tradition ist diese Abhängigkeit als Unfreiheit des menschlichen Willens thematisiert worden. Anders als in Harry Frankfurts Interpretation der Unfreiheit des Willens geht es dabei nicht um Wünsche, in Bezug auf die Menschen – wie bei Suchtverhalten – auf einer höherstufigen Ebene wünschen, dass sie diese nicht haben, ohne sie korrigieren oder davon loskommen zu können, sondern vielmehr darum, dass Menschen aus sich selbst heraus unfähig sind zu den emotionalen Verhaltenseinstellungen, die sie einander schulden und in denen das menschliche Zusammenleben seine Grundlage hat.

Dies führt mich nun zu dem, was ich die religiöse Dimension der Moral nenne. Ich sagte, dass in emotional bestimmtem Verhalten die betreffende Emotion nach außen in Erscheinung tritt, dass wir z. B. Liebe in einer Geste der Zärtlichkeit sehen können, oder dass Zorn als Brüllen, Schleudern von Gegenständen usw. einen Raum füllen kann. Man stelle sich eine solche Situation vor: Da fliegt nicht einfach nur ein Gegenstand, sondern etwas, das mit demjenigen gewissermaßen behaftet ist, was die Präsenz dieser Situation ausmacht, nämlich Zorn. In seinem Buch *Die Wahrheit des Mythos* hat Kurt Hübner den Begriff der mythischen Substanz geprägt, der diese eigentümliche Verbindung zwischen Materiellem und Ideellem bezeichnet. In den mythischen und religiösen Überlieferungen hat dasjenige, was solchermaßen als präsent und bestimmend erfahren wird, seine sprachliche Artikulation in dem Wort ›Geist‹ *(pneuma)* als Bezeichnung einer numinosen Wirklichkeit, und das Denken in diesen Überlieferungen ist darauf gerichtet zu verstehen, mit welcher Wirklichkeit der Mensch es hier zu tun hat. Sie wird, wie gesagt, aufgrund ihres atmosphärischen Charakters in der Weise ihrer Präsenz erfahren, und das findet darin seinen Niederschlag, dass sie mit Namen verbunden wird, die das jeweils Präsente benennen. Um noch einmal Kurt Hübner zu zitieren: »Die Liebe ist Anwesenheit der Aphrodite, der Krieg Anwesenheit des Ares usf.«[4] Die Narrationen dieser Überlieferungen sind Symbolisierungen dieser Wirklichkeit, die Orientierung im Umgang mit ihr ermöglichen, und sie beziehen ihre Plausibilität daraus, dass das, was sie erzählen, in derartigen Präsenzerfahrungen von Phänomenen wie Krieg, Gewalt, Grausamkeit, Friede usw. wiedererkannt und erlebt wird. Sie sind keine Erklärungen dieser Erfahrungen nach Art von Kausalerklärungen, sondern sie verleihen ihnen Bestimmtheit im Hinblick darauf, was darin erfahren wird, d. h. womit der Mensch es in diesen Erfahrungen zu tun hat und worauf er sich dementsprechend einstellen muss.

---

4 Kurt Hübner, Die Wahrheit des Mythos, München 1985, 128.

Das also ist die hier vertretene These, dass die Verbindung zwischen der Moral und jener Dimension, mit der es die Religion zu tun hat, in der moralischen Erfahrung angelegt ist, nämlich der Erfahrung atmosphärischer Präsenz, wie sie sich in emotional bestimmtem Verhalten in seinen vielfältigen Ausprägungen vermittelt. Die prekäre Situation des Menschen besteht darin, dass er einerseits in seinem Lebensvollzug elementar auf diese Dimension angewiesen, andererseits aber ihrer nicht mächtig ist, und dass diese Dimension sein Leben sowohl zum Guten lenken als auch in Abgründe reißen kann. Die beglückendsten Erfahrungen, die Menschen machen können, haben mit dieser Dimension zu tun, und das gilt nicht nur für den privaten, sondern auch für den politischen und öffentlichen Bereich. So mag man an die Begeisterung denken, die die Menschen beim Fall der Berliner Mauer erfasst hat. Dasselbe gilt jedoch auch für die abgründigsten Erfahrungen, etwa wenn Menschen sich voller Begeisterung in kollektivem Wahn in ihr Unglück stürzen. In mythischer und religiöser Hinsicht führt dies zu der Frage, welche Mächte oder Kräfte es sind, die solchermaßen das menschliche Leben bestimmen, und woran der Mensch sich dementsprechend ausrichten soll. Diesbezüglich schreibt die christliche Überlieferung das Gelingen menschlichen Lebens und Zusammenlebens dem Wirken von Gottes Geist zu: »Die Frucht aber des Geistes ist Liebe, Freude, Friede, Geduld, Freundlichkeit, Gütigkeit, Glaube, Sanftmut, Keuschheit« (Gal 5, 22). Die Rede ist hier nicht von Gefühlszuständen, auch nicht von Handlungen, und übrigens auch nicht von Tugenden, sondern von Gestalten emotional bestimmten Verhaltens, die für den zwischenmenschlichen Umgang von fundamentaler Bedeutung sind, und insofern ist dieser Vers ein Beleg dafür, dass es diese Ebene ist, auf der gerade für die christliche Überlieferung die gesuchte Verbindung zwischen Moral und religiöser Dimension liegt. Wolfhart Pannenberg hat die These vertreten, dass sich vom *pneuma*-Begriff eine direkte genealogische Linie zum physikalischen Feldbegriff ziehen lässt. Wie immer es sich mit dieser Genealogie verhält, als Metapher ist der Feldbegriff hervorragend geeignet, das Eigentümliche solcher Phänomene zu charakterisieren, nämlich als eine Art Schwingungsfeld, das sich im zwischenmenschlichen Umgang wechselseitig überträgt. Das ist auch einer profanen Perspektive nicht schlechterdings fremd. Auch umgangssprachlich können wir vom ›Geist‹ einer Freundschaft, einer Begegnung oder eines Gesprächs sprechen oder von dem ›Geist‹, der in einer Gruppe von Menschen herrscht, und wir meinen damit etwas, worüber wir nicht wie über unsere Handlungen autonom verfügen, sondern das sich im Verhalten von Menschen wechselseitig atmosphärisch überträgt.

Dieser Zusammenhang zwischen der Moral und der Dimension, mit der es die Religion zu tun hat, kommt zum Verschwinden, wenn die Moral auf das menschliche Handeln reduziert wird. Doch es dürfte nach dem Gesagten auch die Aporie deutlich sein, in die dieser Reduktionismus führt. Wird doch das moralisch Gute damit zu einem Rätsel. Denn dieses ist ein Attribut nicht von Handlungen oder Handlungsmotiven, sondern von Verhalten, wie es sich jenseits der Verständigungsperspektive der Anschauung darbietet und solchermaßen im Modus seiner Präsenz in Erscheinung tritt, die eine anziehende Wirkung auf den Betrachter ausübt und ihn zum Guten hingeneigt macht. Erinnert sei an das Nonnenbeispiel von Gaita. Spuren dieses eigentümlichen Charakters der Erfahrung des Guten finden sich noch im philosophischen Nachdenken über die ›Idee‹ des Guten und ihre anziehende Kraft.

Ich wende mich nun den Konsequenzen zu, die sich aus dem Gesagten für die Ethik und insbesondere für die theologische Ethik ergeben. Die erste und wichtigste Folgerung ist, dass in Bezug auf genuin *moralische* Fragen zwischen zwei Ebenen der ethischen Reflexion unterschieden werden muss. Die erste betrifft das moralisch Richtige bzw. Gebotene, d. h. das menschliche Handeln, die zweite das moralisch Gute, d. h. das Verhalten und die Verhaltenseinstellungen, mit denen Menschen sich auf die Wirklichkeit beziehen.

Was zunächst das Handeln und dessen Gründe betrifft, so haben hier nach meiner Überzeugung religiöse oder weltanschauliche ›Gründe‹ nichts zu suchen. Nach dem Gesagten ist eine Handlung moralisch richtig oder falsch relativ zu einer gegebenen Situation, und daher muss ihre Richtigkeit mit Bezug auf diese Situation begründet werden unter der Fragestellung, ob diese Grund gibt, so zu handeln. Die in der Theologie anzutreffende Ableitung moralischer Urteile über richtig und falsch aus Voraussetzungen des christlichen Glaubens wirft demgegenüber ein fundamentaltheologisches Problem auf. Moralische Urteile erheben, wie Urteile überhaupt, einen selbstbezüglichen Anspruch hinsichtlich der Wahrheit der Aussage, die sie formulieren. Hier geht es um *Wissen* um das Richtige und Falsche. Glaubensaussagen sind demgegenüber keine Urteile, und aus ihnen lassen sich daher auch keine anderen Urteile, mithin auch keine moralischen Urteile ableiten. Wo man dies zu unternehmen versucht, da konfundiert man die Sphären des Glaubens und des Wissens. Vielleicht drängt sich hier der Einwand auf, dass doch die Beurteilung der Richtigkeit oder Falschheit einer Handlung in einem weiten Sinne von dem Verständnis der Wirklichkeit abhängt, das ein Mensch hat, und dass daher die Gründe für sein Urteilen, Entscheiden und Handeln letztlich aus diesem Verständnis abgeleitet sind, das religiös geprägt sein kann. Doch muss man sich hier Folgendes vergegenwärtigen. Gewiss kann die Religion die Art der Wahrnehmung von Situationen beeinflussen, und gerade das christliche Liebesethos ist hierfür ein Beispiel. Doch das, was Grund gibt, in einer bestimmten Weise zu handeln, ist die solchermaßen wahrgenommene Situation und nicht die Wahrnehmung als Bewusstseinsphänomen, wie es dem Handelnden als dessen ›Verständnis‹ der Situation zugeschrieben werden kann. Hier liegt das Irrige der Meinung, dass wir uns, wenn wir uns im Handeln orientieren, an einem Wirklichkeitsverständnis orientieren und von dorther die Gründe für unser Handeln beziehen. Ich will dies an der verbreiteten Rede vom ›christlichen Menschenbild‹ verdeutlichen. Man denke sich ein Land, in dem Katzen als heilige Tiere gelten. Einem Fremden, der dies nicht weiß und der es an dem gebotenen Respekt in Bezug auf Katzen fehlen lässt, wird zu verstehen gegeben: »Das sind heilige Tiere!« Er sagt sich: »Diese Menschen verstehen Katzen als heilige Tiere.« Das ist eine deskriptive Aussage über das ›Katzenverständnis‹ oder ›Katzenbild‹ dieser Menschen. Während das Prädikat der Heiligkeit von den Katzen ausgesagt wird, ist dieses Katzenbild etwas, das von den Menschen ausgesagt wird, die es haben. Diese freilich orientieren sich in ihrem Umgang mit Katzen nicht an diesem Katzenbild, sondern daran, dass Katzen heilige Tiere sind. Sie sagen sich nicht: »Weil unser Katzenbild dies vorschreibt, müssen Katzen respektvoll behandelt werden«, sondern: »Weil Katzen heilige Tiere sind, müssen Katzen respektvoll behandelt werden«. Man mag sich an diesem Beispiel die Gefahr verdeutlichen, die in der Rede vom ›christlichen Wirklichkeitsverständnis‹ oder ›christlichen Menschenbild‹ liegen kann. Sie kann dazu verführen, dass an die Stelle der Wirklichkeit in Gestalt der Situationen und Lebenslagen, in denen Menschen sich befinden und von denen ein Anspruch an unsere Einstellung und unser Verhalten ausgeht, ein gedankliches Konstrukt in Gestalt eines ›Verständnisses‹ oder ›Bildes‹ dieser Wirklichkeit tritt, das dann zur höchsten ethischen Instanz aufrückt. Kann dies eine Option für eine evangelische Ethik sein?

Ich komme damit zur zweiten Ebene der ethischen Reflexion, auf der es um das Gute, d. h. um das Verhalten und die Verhaltenseinstellungen geht, die für das menschliche Zusammenleben grundlegend sind. Wie ich ausgeführt habe, kommt dieser Ebene ein epistemischer Primat gegenüber der ersten Ebene zu. Denn unser deontisches Urteilen und Entscheiden lässt sich als ein emotional bestimmtes Verhalten begreifen, von dessen Charakter abhängt, wie wir urteilen und entscheiden. Daher müssen wir uns zuerst der moralischen Qualität unserer emotionalen Verhaltenseinstellungen vergewissern, von denen wir uns in unserem Urteilen, Entscheiden und Handeln bestimmen lassen. Was allerdings diese Qualität betrifft, so zeigte sich, dass sich solche Verhaltenseinstellungen nicht *begründen* lassen, mithin auch nicht moralisch begründen lassen. Gründe gibt es nur innerhalb der Verständigung über Handlungen am Leitfaden der Warum-Frage. Verhalten im hier in Rede stehenden Sinne liegt jedoch dieser Verständigungsperspektive voraus. Das Gutsein des Guten lässt sich daher nicht begründen, und dasselbe gilt für das Schlechtsein des Schlechten. Daher ist die in der philosophisch-ethischen Literatur anzutreffende Meinung so abwegig, dass es Aufgabe der Ethik sei, rationale Begründungen für evaluative Urteile zu liefern von der Art, dass eine Vergewaltigung moralisch schlecht oder dass die Erniedrigung eines Menschen moralisch verwerflich ist. Wir können einander zwar auf bestimmte Aspekte eines Verhaltens und seiner Folgen aufmerksam machen, die uns sein Gutsein oder Schlechtsein *sehen* lassen. Aber das ist etwas anderes als eine Begründung im Sinne der Ableitung des Urteils ›gut‹ oder ›schlecht‹ aus anderen Urteilen. Vielmehr ist das Gute etwas, das in seiner atmosphärischen Präsenz der Anschauung oder Vorstellung gegeben ist, und es übt dabei, wie gesagt, eine anziehende Wirkung auf den Betrachter aus und macht ihn sich selbst zugeneigt. Dasselbe gilt mit umgekehrten Vorzeichen für das moralisch Schlechte und für das Böse. Dies verleiht der denkenden Befassung mit dem Guten ihren spezifischen Charakter: Während es auf der ersten Ebene der ethischen Reflexion um die *Selbstbestimmung* im Handeln durch Gründe geht, geht es auf dieser zweiten Ebene darum, sich durch die anziehende Wirkung dessen, was hier Gegenstand der Reflexion ist, *bestimmen zu lassen*. Darin liegt der Sinn des Nachdenkens über Phänomene wie Menschlichkeit, Liebe,

Vergebung usw.⁵ Und darin liegt ebenso der Sinn des Nachdenkens über Phänomene, die eine entgegengesetzte Wirkung auf uns ausüben, wie Entmenschlichung, Erniedrigung usw.⁶ Solche Phänomene lassen sich nicht von einem distanzierten, desengagierten Standpunkt aus analysieren. Es geht hier nicht darum, mit wissenschaftlicher Objektivität festzustellen, was Menschlichkeit oder was Erniedrigung ist. Vielmehr sind solche Phänomene nur über die Anschauung oder Vorstellung erschlossen. Was zum Beispiel Erniedrigung in moralischer Hinsicht bedeutet, d. h. inwiefern sie ein moralisches Übel ist, das können wir nur verstehen, wenn wir uns fragen, was es für einen Menschen bedeutet, erniedrigt zu werden. Diese Frage evoziert Vorstellungen von entsprechenden Szenarien, und sie beansprucht uns mit unserer Fähigkeit zur Empathie. So mag einem jene Szene in der Reichskristallnacht in den Sinn kommen, als Juden gezwungen wurden, mit Zahnbürsten das Straßenpflaster zu schrubben. Nur über die Vorstellung solcher Szenarien, bei der wir emotional beteiligt sind, kommt die moralische Dimension dessen in den Blick, was Erniedrigung heißt. Sie stellen mit kategorischer Eindringlichkeit vor Augen, dass Menschen nicht erniedrigt werden dürfen. Solche Phänomene denkend in den Blick zu fassen bedeutet, dass man sich der Wirkung aussetzt, die sie auf den Betrachter ausüben. Das Nachdenken über sie lässt den Denkenden nicht unverändert. Es hat etwas von einer *Katharsis* in Bezug auf die eigene moralische Einstellung. In dieser Katharsis liegt der Sinn dieser zweiten Ebene der ethischen Reflexion hinsichtlich des Guten, des Schlechten und des Bösen.

Das, was auf dieser zweiten Ebene Gegenstand der ethischen Reflexion ist, steht im Fokus der religiösen Überlieferung. Hier berührt sich die Moral mit jener Dimension, mit der es die Religion zu tun hat. Die atmosphärische Präsenz des Guten wird hier als eine numinose Wirklichkeit, nämlich als Gegenwart des göttlichen Geistes erfahren. Die Katharsis, die sich in der denkenden Vergegenwärtigung des Guten vollzieht, wird als eine spirituelle Erfahrung dessen Wirken zugeschrieben. Der Charakter des *Sich-Offenbarens*, der dem Guten eigentümlich ist, gewinnt solchermaßen in der Religion eine explizite Gestalt. Allerdings darf dies nicht dahingehend missverstanden werden, dass das Gute unter religiösen Vorzeichen zu einer Angelegenheit des *Glaubens* wird, nämlich als Inhalt einer Offenbarung, die der Gemeinschaft der Glaubenden durch eine transzendente Wirklichkeit mitgeteilt worden ist und an deren Wahrheit und Verbindlichkeit sie glaubt. Auch dies würde wiederum in Richtung jener Auffassung führen, die Moral und Ethik in Prämissen des Glaubens oder der Weltanschauung verankern möchte und die solchermaßen aus Erkennen und Glauben eine Alternative macht. Das Gute ist vielmehr auch unter religiösen Vorzeichen Gegenstand der *Erkenntnis*. Das Offenbarwerden des Guten ist ein Offenbarwerden für die Erkenntnis. Hieraus resultiert ein *Wissen* um das Gute. Der Pharisäer in Luk 10 erkennt und

---

5 Vgl. dazu Raimond Gaita, A Common Humanity (wie Anm. 3).
6 Vgl. dazu Avishai Margalit, Politik der Würde. Über Achtung und Verachtung, 2. Aufl., Berlin 1997.

weiß am Ende der Samaritererzählung, wer der Nächste dessen gewesen ist, der unter die Räuber fiel, d. h. in wessen Verhalten, dem des Priesters, des Levits oder des Samariters, sich das Gute vor Augen stellt. Demgegenüber bezieht sich der religiöse *Glaube* auf dasjenige, was in diesem Offenbarwerden als eine den Erkennenden erleuchtende und verwandelnde Kraft erfahren wird. Das Gute ist bei seinem Offenbarwerden nicht nur Gegenstand der Erkenntnis, sondern zugleich etwas, wovon die Person des Erkennenden im Akt des Erkennens bestimmt und durchdrungen wird. Diese Erfahrung ist es, die religiös als *Geistesgegenwart* gedeutet wird. Der Ort im Menschen, wo sich dies ereignet, ist die ›Seele‹ oder das ›Herz‹.

Die tiefe Abgründigkeit, die der Religion gerade unter den Bedingungen der Moderne anhaftet, hat demgegenüber ihre entscheidende Ursache darin, dass diese Bindung an die Erkenntnis und das Wissen aufgelöst und alles zu einer Frage des Glaubens gemacht wird. Was das Gute ist und woran der Mensch dementsprechend sein Leben ausrichten soll, wird dann zum *Inhalt* einer religiösen Offenbarung, die dem Menschen den Glauben als eine Art des Gehorsams abverlangt. Der solchermaßen ›Glaubende‹ wähnt, umso mehr auf der Seite des Guten zu stehen, je bedingungsloser er sich dem Glauben an diesen Inhalt verschreibt und diesen als verpflichtend für das eigene Leben und Handeln erachtet. Die Frage nach dem Guten wird so zu einer Frage der Rechtgläubigkeit. Dies ist das Charakteristikum des religiösen Fundamentalismus in allen seinen Spielarten, nicht nur des islamistischen, sondern ebenso des christlichen und des jüdisch-orthodoxen im heutigen Israel. Nicht zufällig ist ihm die Tendenz zum Hass gegen Andersdenkende eigentümlich, da er als ein bloßer Glaube, der keinen Halt in der Erkenntnis hat, der gleichwohl aber Geltung beansprucht in Fragen, die in das Gebiet der Erkenntnis und des Wissens fallen, sich durch deren Denken permanent herausgefordert und in Frage gestellt sieht. Wo das Gute zu einer Frage des Glaubens wird, da verkehrt es sich in das Böse, in Zwietracht, Unrecht und Gewalt.

Der religiöse Fundamentalismus ist eine spezifisch moderne Erscheinung. Er ist die Reaktion auf eine Welt, aus der die Vernunfterkenntnis Gott und alles Religiöse verbannt hat. Damit scheint sich der religiöse Glaube nur noch über die polemische Bestreitung der Ansprüche der Vernunft behaupten zu können. Wissen und Glauben werden solchermaßen zu einer Alternative, wie besonders die unsägliche Kreationismus-Debatte illustriert. Auch für das moralisch Richtige und Gute muss dann reklamiert werden, dass es eine Frage nicht der Erkenntnis, sondern des Glaubens oder der Weltanschauung ist. Nur so scheint die Religion verteidigt werden zu können als etwas, das für alle Bereiche des menschlichen Lebens unter Einschluss der Moral maßgebend ist. Die Folge ist jener Irrationalismus, der die Welt der Gegenwart an den Abgrund zu bringen droht. Muss es nicht der protestantischen Theologie zu denken geben, dass sich im christlichen Bereich solcher Fundamentalismus und Irrationalismus gerade im protestantischen Milieu findet, wie insbesondere ein Blick auf die US-amerikanische religiöse Landschaft zeigt? Gewiss, über den Kreationismus fühlt sich die westeuropäische akademische Theologie nach den Kämpfen, die um das naturwissenschaftliche Weltbild geführt worden sind, längst erhaben. Doch wie steht es mit der Moral? Ist sie nicht zum letzten Reservat des Christlichen in Gestalt exklusiv christlicher ›Werte‹ geworden, für die beansprucht wird, dass sie ihre Grundlage in einem Glauben haben, nämlich dem christlichen? Ist es nicht dieser Anspruch, der mit Behauptungen wie jener erhoben wird, dass die Menschenwürde sich nur religiös, nämlich aus der Gottebenbildlichkeit des Menschen ›begründen‹ lässt? Trägt man nicht diesen Anspruch auch mit der Rede vom ›christlichen Menschenbild‹ vor sich her als etwas, das in einem Glauben bzw. einer Weltanschauung fundiert ist? Man sollte freilich sehen, dass dieser fundamentalistische Irrationalismus die Kehrseite eines Rationalismus ist, der ganz ebenso einen Gegensatz zwischen Vernunft und Religion aufmacht und Letztere mit dem Etikett des Irrationalen versieht. Daher ist es so wichtig, sowohl in theologischer als auch in religionsphilosophischer Perspektive den inneren Zusammenhang zu verstehen, der in der religiösen Wahrnehmung des Guten zwischen *Erkennen* und *Glauben* besteht, statt das Kind mit dem Bade auszuschütten und die Religion einseitig dem Gebiet des Glaubens zuzuschlagen. Denn damit setzt man sie mit dem Zerrbild gleich, das der religiöse Fundamentalismus bietet.

Für die christliche Überlieferung wird das Gute in einem Geschehen für die *Erkenntnis* offenbar, das religiös als Offenbarung Gottes in der Geschichte und Verkündigung Jesu Christi gedeutet wird. Daher liegt hier der zentrale Bezugspunkt für das Nachdenken über das Gute. Müsste dies nicht auch für die theologische Ethik der Gegenwart gelten? Dazu freilich müsste das, was dieser Überlieferung als ›Heiliger Geist‹ gegenwärtig war, aus dem Kerker eines dogmatischen Lehrstücks befreit und in die moralische Erfahrung zurückgeholt werden. Ob und wie dies unter heutigen theologischen und kirchlichen Bedingungen noch möglich ist, ist eine offene Frage. Vielleicht ist ja die spirituelle Suche, wie sie heute bei vielen Menschen auch im vermeintlich säkularisierten westlichen Kulturkreis zu beobachten ist, ein Indiz dafür, dass diese Dimension immer noch lebendig ist.[7] Im globalen Horizont betrachtet gilt dies ohne jeden Zweifel. Umso wichtiger ist es, der sich als Folge der Aufklärung nahelegenden Versuchung zu widerstehen, einen Gegensatz zwischen Vernunft und religiösem Glauben aufzumachen, wie dies sowohl die Kritiker der Religion als auch nicht wenige ihrer Apologeten tun, sondern die Religion als etwas zu begreifen, das der vernünftigen Reflexion nicht nur zugänglich ist, sondern das dieser aufgrund seiner tiefen Ambivalenz auch bedarf. Denn Religion kann sowohl eine Quelle des Guten als auch des abgrundtief Bösen sein.

Eine letzte Bemerkung. Meines Erachtens besteht aller Grund zu der Frage, ob nicht gerade der Protestantismus entscheidend zu jener Reduktion der Moral auf das Handeln beigetragen hat, die die poietische Zivilisation der Moderne kennzeichnet. Das hängt mit seinen historischen Ursprüngen zusammen. Die Reformation reagiert auf die spätmittelalterliche Bußpraxis, der die Vorstellung zugrunde liegt, der Mensch

---

[7] Vgl. dazu Charles Taylor, A Secular Age, Cambridge, Mass. 2007.

könne durch ›Werke‹, d. h. durch Handlungen wie Wallfahrten, Geldspenden usw., Gott gnädig stimmen. Damit rückt das Verhältnis von *Glaube und Werken* ins Zentrum der reformatorischen Theologie. Entscheidend für die Werke ist, dass sie im Glauben geschehen, also im Vertrauen auf Gottes Gnade, wodurch sie von soteriologischen Nebenabsichten im Sinne der Gunstbewerbung bei Gott frei werden. So können sie sich ganz und ungeteilt am ›Nutzen‹ des Nächsten orientieren, wie Luther es gerne formulierte. Die christliche Liebe manifestiert sich nach dieser Sicht in einem den Nutzen des Nächsten mehrenden *Handeln* und nicht in einem Verhalten. Denn das Verhalten der Liebe lässt sich nicht an Nutzengesichtspunkten orientieren. Würden zum Beispiel Eltern ihr liebevolles Verhalten zu ihrem Kind damit begründen, dass dies dem Kind nützt oder dass das Kind Liebe braucht, dann würde dies die Frage aufwerfen, ob sie ihr Kind wirklich lieben oder ob ihr Verhalten gegenüber ihrem Kind lediglich mit der Abzweckung erfolgt, diesem das Gefühl geliebt zu werden zu vermitteln und auf diese Weise sein Bedürfnis nach Liebe zu stillen. Was als ein emotional bestimmtes Verhalten erscheint, das setzt sich mit dieser *Begründung* dem Verdacht aus, ein instrumentell auf die Stillung dieses Bedürfnisses gerichtetes *Handeln* zu sein, das sich lediglich als ein solches Verhalten gibt. Denn für das *Verhalten* der Liebe gibt es, wie gesagt, keine Gründe, und schon gar keine instrumentellen. Dies also sei am Ende als Frage notiert, ob nicht der Protestantismus mit seiner Fokussierung auf das *Tun* der Liebe entscheidend dazu beigetragen hat, dass die spirituelle Dimension des *Verhaltens* der Liebe verdunkelt worden ist.

Elisabeth Naurath
Perspektiven einer Praktischen Theologie der Gefühle

1 Eindrücke aus der Praxis: Gefühle als Wege zum Menschen?

Der erste Blick auf das Plakat für den Kirchentag in Dresden (1.–5. Juni 2011) weckt – wahrscheinlich beabsichtigt – deutliches Erstaunen: ›Da wird auch dein Herz sein.‹ Was ist eigentlich die Botschaft auf diesem Werbeplakat? Wer hat sie versteckt und warum? Beim genaueren Nachlesen von Mt 6, 21 wird deutlich: »Denn wo dein Schatz ist, da ist auch dein Herz«. Gemeint sind die Schätze im Himmel, die nicht von Motten gefressen und von Dieben gestohlen werden können. Aber wer weiß das schon beim Blick auf das Plakat? Also entweder ist hier eine geheime Botschaft an Eingeweihte plakatiert – wobei das angesichts der Massenveranstaltung des Evangelischen Kirchentages abwegig erscheint. Oder, und das ist wohl wahrscheinlicher, man verspricht sich anscheinend mehr von einer möglichst inhaltsleeren Einladung oder sollen Inhalte zumindest nicht allzu sehr offenbar werden, bzw. eine eventuell abschreckende Wirkung abfedern? Stattdessen, und das erscheint mir nicht zufällig, wird in Symbol und Wort das Herz angesprochen und damit sublim die Gefühlsebene, die etwas zu entdecken verheißt, von dem wir allerdings noch nicht wissen, was es denn sein kann.

Ein zweites Beispiel zum Thema bezieht sich auf eine Veranstaltung der Evangelischen Familienbildung zum Themenschwerpunkt ›Herzensbildung‹. Eingeladen zu einem Vortrag zum Thema Gewaltprävention bei den LeiterInnen aller evangelischen Familienbildungsstätten Niedersachsens soll ich auf deren Ausbildung Bezug nehmen. In dem Handbuch zur Ausbildung sticht die Konzentration auf den Themenbereich ›Umgang mit Gefühlen‹ deutlich ins Auge. Mit pädagogischem Niveau wird hier vorrangig zu Ärger und Wut, Enttäuschung und Trauer gearbeitet. Sowohl Ausbildung als auch Umsetzung in der Arbeit mit den Familien richtet sich an Wahrnehmungsschulung zu eigenen Gefühlen wie zum konstruktiven Umgang mit negativ besetzten Gefühlen. Allerdings: In diesem durchaus überzeugenden, gefühlsbetonten Konzept evangelischer Familienbildung finden sich weder theologische Grundlegungen noch religionspädagogische Begründungszusammenhänge. Braucht die bereits emotionsorientierte Praxis kirchlich verantworteter Bildungsbemühungen, hier der Familienbildung mit Eltern und Kindern, überhaupt eine Theologie der Gefühle oder kommt sie auch gut ohne aus? Im weiteren Gespräch mit den LeiterInnen der Familienbildungsstätte wurde deutlich der Mangel an theologischen Grundlagen zum Umgang mit Gefühlen zum Ausdruck gebracht.

Und ein letzter Eindruck eines weiteren praktisch-theologischen Handlungsfelds, dem gottesdienstlichen und liturgischen Handeln: Am Kirchenportal zu einem angekündigten Segnungsgottesdienst wird den Teilnehmenden ein Stein in die Hand gedrückt. In einer Meditation werden diese aufgefordert, all das, was ihnen auf der Seele lastet, was ihnen im Leben schwer ist und wie eine Bürde erscheint, in diesen Stein zu legen. Der Stein ist hart und schwer und er hat scharfe Kanten. Mir fällt es recht leicht, im sinnlichen Ertasten dieses Steins belastende Gefühle wachzurufen und die Brücke zu eigenen Lebenserfahrungen zu schlagen. Dennoch habe ich den Eindruck in einem direktiven Verfahren emotionaler Ausrichtung gelenkt zu werden. Was ist mit Menschen, die sich gerade ganz gut fühlen oder – auch das gibt es – Menschen, die gerade lieber ihre Freude und Dankbarkeit in diesen Stein legen würden? Nach diesem gelenkten symbolorientierten Weg zur Wahrnehmung eigener belastender Lebensgefühle lag der rituell angebotene Weg weiter darin, den Stein am Altar unter dem Kreuz abzulegen und sich an einer bestimmten Station im Kirchenraum segnen zu lassen.

Diese Gottesdienstform wählt einen Gefühlsweg mit der Gemeinde, während theologische Inhalte als Wortverkündigung deutlich in den Hintergrund treten. Auffallend: die Andersartigkeit der Gemeindestruktur. Die Sitzbänke sind dicht besetzt, das Durchschnittsalter der GottesdienstbesucherInnen deutlich niedriger als gewohnt. Man bekommt den Eindruck eines offensichtlichen Bedürfnisses nach Gottesdienstformen, die emotionale Dispositionen ins Zentrum stellen bzw. Lebens-Gefühle ansprechen. Konkret: Die Suche nach Trost und Befreiung von belastenden Gefühlen sowie einer spürbaren Heilsvermittlung. Dennoch bleibt ein Unbehagen, dass hier Bedürfnisse bedient werden, die der Selbstreflexivität im Umgang mit Gefühlen ermangeln und von daher bildungstheoretisch fragwürdig sind.

Deutlich stellt sich mit Blick auf diese praxisbezogenen Erfahrungen die Frage: Ist der interdisziplinär verifizierbare Gefühlsboom in Psychologie, Pädagogik, Philosophie und nun auch theologischer Praxis quasi als postmoderne Protestbewegung zu sehen, die alles ans Licht hebt, was die auf Kognition fixierte Moderne verdrängte? Und wenn dem so ist: Braucht die Praxis kirchlichen Handelns eine Theologie der Gefühle, um postmodernen Phänomenen einer religiösen Sinnsuche kritisch und zugleich konstruktiv zu begegnen? Es ist offensichtlich, dass diese Frage aus meiner Sicht eine rhetorische Frage ist, die sich mit der Hoffnung verbindet, dass dieses hier begonnene systematisch-theologische Projekt in der Entwicklung einer ›Theologie der Gefühle‹ vorangeht. Im Folgenden möchte ich einige Gedanken zu Seelsorge und Religionspädagogik entwickeln.[1]

---

[1] Vgl. zum Folgenden auch: Naurath, Elisabeth, Praktische Theologie mit Gefühl. Zur gegenwärtigen Wiederentdeckung der Gefühle in Poimenik und Religionspädagogik, in: PTh 46 (2011), 214–218.

2 Seelsorge als Gefühlsarbeit?

Auch wenn die Poimenik der Handlungsbereich praktischer Theologie ist, der nach der berühmten Formel Baumgartners die »Verbalisierung emotionaler Erlebnisinhalte«[2] intendiert, ist »das emotionale Feld der Seelsorge schnell umschritten, wenn man den expliziten Bezug poimenischer Literatur auf Gefühle zugrunde legt.«[3] Hier besteht also Nachholbedarf.

Dabei bildet die Reflexion der Gefühlsdimensionen quasi den Rahmen der seelsorgerlichen Themen: Wir suchen Seelsorge, wenn wir in Trennungs- oder Trauersituationen sind, in biographisch bedingten körperlichen, psychischen oder auch geistlichen Krisenzeiten. Naturgemäß sind es eher die negativen Gefühle von Enttäuschung, Trauer, Verzweiflung, Depression, Schuld oder auch Orientierungslosigkeit, die in der Seelsorgebeziehung zur Sprache und zum Ausdruck kommen. Da Seelsorge immer Arbeit in und mit Beziehungen ist, die sich in, mit und unter der Wirkung von Gefühlen ereignet, definiert Engemann in seinen neuesten Aufsätzen Seelsorge dezidiert als »Gefühlsarbeit«[4] und fordert eine dezidierte Reflexion der emotionalen Dimension.

Wie ist diese Gefühlsarbeit in Anlehnung an poimenische Grundlagen näher zu beschreiben? Nach Hans van der Geest ist Seelsorge als ›Haltung‹ zu charakterisieren, konkret: »Mit Seelsorge ist alles Zuhören, Mitfühlen, Verstehen, Bestärken und Trösten gemeint, das der eine Mensch dem anderen gewährt.«[5] Anknüpfend an die emotionspsychologischen und theologischen Forschungen zur Entwicklung von Mitgefühl[6] soll im Folgenden der Frage nachgegangen werden: Was bedeutet diese Haltung des Mitfühlen- und Trösten-Könnens für die pastoralpsychologische Professionalisierung der Seelsorger und Seelsorgerinnen?

---

2 Isidor Baumgartner, Pastoralpsychologie. Eine Einführung in die Praxis heilender Seelsorge, Düsseldorf 1990, 456.
3 Wilfried Engemann, Das Lebensgefühl im Blickpunkt der Seelsorge. Zum seelsorgerischen Umgang mit Emotionen, in: WzM 61 (2009), 271–286, 271.
4 AaO. 273. Vgl. auch ders., Die emotionale Dimension des Glaubens als Herausforderung für die Seelsorge, in: WzM 61 (2009), 287–299.
5 Hans van der Geest, zit. nach Christoph Morgenthaler, Seelsorge (Lehrbuch Praktische Theologie Bd. 3), Gütersloh 2009, 26.
6 Vgl. Elisabeth Naurath, Mit Gefühl gegen Gewalt. Mitgefühl als Schlüssel ethischer Bildung in der Religionspädagogik, Neukirchen ³2010.

2.1 Emotionale Kompetenzentwicklung im Kontext seelsorgerlicher Beziehungen

In der poimenischen Literatur wird Empathie als herausragende Kompetenz betont. Wenn mit Carl R. Rogers gekonnte Empathie meint, ganz und gar in der privaten Wahrnehmungswelt des anderen heimisch zu werden, so soll angesichts dieses Anspruchs vor zwei grundlegenden Gefahren gewarnt werden: Erstens der Überforderung der Seelsorger und Seelsorgerinnen, die gegenwärtig für die Kirchen als rasant wachsendes pastorales Burn-out-Phänomen zu einem evidenten Problem wird. Zweitens der Grenzüberschreitung innerhalb der Seelsorgebeziehung, die letztlich einem – wie Henning Luther es nannte – »Defizitmodell«[7] Rechnung trägt. Gemeint ist, dass ein hierarchisches Gefälle zwischen SeelsorgerIn und Seelsorgesuchenden dadurch auszumachen ist, dass der Mensch in der Krise (also der kranke, sterbende, trauernde, scheiternde Mensch) so angesehen wird, als müsse nun quasi von seelsorgerlicher Seite sein defizitärer Zustand behoben werden. Demgegenüber betont Henning Luther einen Perspektivenwechsel: Ist uns nicht der kranke, sterbende oder trauernde Mensch in seinem Erleben (damit auch Fühlen und Reflektieren seiner Situation) einen Schritt voraus? Können und müssen wir nicht eher von ihm oder ihr lernen, wie Leben an seinen Grenzen zu bewältigen ist? Aber: Wie kann in der Seelsorgebeziehung diese hier intendierte antihierarchische Ebene gefunden werden?

Mit dem Rekurs auf den Mitleidsbegriff, der begriffsgeschichtlich einen pejorativen Bedeutungswandel zeigt und deutlich hierarchisch konnotiert ist, lässt sich meines Erachtens nicht zukunftsweisend verfahren. Ausgangspunkt eines im interdisziplinären Diskurs anschlussfähigen Paradigmas ist vielmehr der Terminus ›Mitgefühl‹, dem das christliche Barmherzigkeitsverständnis theologisch korrespondiert.

»Barmherzigkeit wie Nächstenliebe […] erschöpfen sich nicht wie Mitleid in der Gefühlsregung für das Leid anderer, vielmehr gelangen sie erst in der tätigen Hilfe zum Ziel.«[8] Dieses Zitat markiert allerdings eine Problemanzeige: Zum Einen beweist ein Blick in Lexika und Handbücher, dass in theologischen Diskursen der Begriff des Mitleids dominiert, dieser jedoch laut begriffsgeschichtlicher Untersuchungen einen zunehmend pejorativen, d. h. negativen Klang bekommen habe. Zum anderen aber wird eben dieser theologisch gebräuchliche Terminus ›Mitleid‹ als Gefühlsbegriff abgewertet, indem Gefühl und Handlung voneinander getrennt und eine dem Tun motivational zugrunde liegende Emotionalität abgewertet wird. Eine Trennung, die so nach neurophysiologischen Erkenntnissen jedoch kaum aufrecht zu halten ist. Vielmehr beruhen Handlungen auf affektiv bestimmten Impulsen und Gefühle setzen Tätigkeiten in Gang. Hier kommt also eine dualistische Sichtweise zum Vorschein, die Tun und Sein, Handlung und Identität trennt und damit ethisches Handeln unter Ab-

---

7 Henning Luther, Alltagssorge und Seelsorge. Zur Kritik am Defizitmodell des Helfens, in: Ders., Religion und Alltag. Bausteine zu einer Praktischen Theologie des Subjekts, Stuttgart 1992, 224–238.
8 Falk Wagner, Art. Mitleid, in: TRE 23 (1994), 105–110; 105.

sehung emotionaler Bedingungen fordert. Wo dies aber geschieht, haben wir es eher mit einer heteronom bedingten Moral als normativ begründeter Forderung denn mit einer an der Freiheit des Subjekts orientierten Authentizität ethischer Bildung zu tun. Doch wie kann das Mit-fühlen – die emotionale Dimension in der Seelsorge näher bestimmt werden?

Die Emotionspsychologie unterscheidet hier die eher kognitiv konnotierte Perspektivenübernahme: Gegen Ende der Grundschulzeit ist es für die Kinder möglich, sich in die Situation eines anderen gedanklich hineinzuversetzen. Entwicklungsgeschichtlich wesentlich früher und damit elementarer ist die affektive Kompetenz des Mitfühlens bzw. des Mitgefühls anzusetzen.[9]

Zunächst ist die exakte Definition von Mitgefühl schwer: Quer durch alle wissenschaftlichen Disziplinen, die sich mit dem Themenkomplex ›Mitgefühl‹, ›Einfühlung‹, ›Empathie‹, ›Mitleid‹, ›Sympathie‹ beschäftigen, wird die begriffliche Undifferenziertheit beklagt, die auch durch differierende Termini der angelsächsischen Forschung bedingt ist, so dass es fast unmöglich scheint, klare Linien einer terminologischen Entwicklung bzw. Verortung aufzuzeigen.

Im psychologischen Kontext wurde der Begriff ›Einfühlung‹ erstmals 1903 von dem deutschen Psychologen Theodor Lipps verwendet[10] und diente vorrangig der Beschreibung ästhetischer Phänomene. Er wies auf den bekannten und immer wieder frappierenden Nachahmungseffekt durch sensorische Rückkopplung der Gesichtsmuskulatur hin: So fällt in Kommunikationsprozessen auf, dass Mimik und Gestik vom Beobachter häufig imitiert werden, so dass aufgrund der Kohärenz von Leib und Seele auf eine affektive Einfühlung zu schließen ist. Als Titchener, ein Schüler William Wundts, 1909 das deutsche Wort ›Einfühlung‹ ins Englische übersetzte, verwendete er den Begriff *empathy*, der später im deutschen Sprachraum als ›Empathie‹ zum bestimmenden Terminus in Psychologie und Soziologie avancierte.[11] Praktisch-theologisch wurde der Empathiebegriff vor allem seit den 1960er Jahren relevant, als unter dem Einfluss der Gesprächstherapie nach Rogers die Perspektive der Einfühlung für die Seelsorge in den Vordergrund trat, die jedoch weniger das eigene Fühlen als vielmehr das ›Nach-Fühlen‹ im Sinne eines Verstehensprozesses zum Ziel hatte.

---

9 Vgl. Elisabeth Naurath, Die emotionale Entwicklung von Beziehungsfähigkeit fördern. Religionspädagogische Ziele in der Begegnung und im Zusammenleben mit Kindern, in: BiLi 82 (2009), 107–118.
10 Lipps übersetzte auch eines der Hauptwerke David Humes, in dem das Mitgefühl *(sympathy)* eine große Rolle spielt (vgl. Theodor Lipps, Das Wissen von fremden Ichen, in: Ders., Psychologische Untersuchungen I, Leipzig 1907, 694–722).
11 Vgl. zur Begriffsgeschichte auch: Gotthard M. Teutsch, Lernziel Empathie, in: Helmut E. Lück (Hg.): Mitleid, Vertrauen, Verantwortung. Ergebnisse der Erforschung prosozialen Verhaltens, Stuttgart 1977, 145–155; Heinz Harbach, Altruismus und Moral (Studien zur Sozialwissenschaft Bd. 103), Opladen 1992, 90ff; Jutta Kienbaum, Empathisches Mitgefühl und prosoziales Verhalten deutscher und sowjetischer Kindergartenkinder, Regensburg 1993, 4–12.

Nach neuesten emotionspsychologischen Studien wird unter ›Empathie‹ »die *übergeordnete* Kategorie des Sich-Einfühlens in einen anderen verstanden; ein Prozeß, aus dem sich so unterschiedliche Gefühle wie Mitgefühl, aber auch«, man höre und staune, »Schadenfreude [...] entwickeln können«.[12] Allerdings lässt der Hinweis auf den häufigen synonymen Gebrauch der Begriffe ›Empathie‹ und ›Perspektivenübernahme‹ darauf schließen, dass kognitive Kompetenzen, die zur Adaption einer Perspektive des anderen nötig sind, hier im Vordergrund stehen.[13] Auch wenn der Usus einer synonymen Verwendung der Termini Empathie und Mitgefühl darüber hinwegtäuscht, bleibt deren Differenz festzuhalten: Im Gegensatz zur ausschließlich wohlwollenden Intention des Mitgefühls, hat ›Empathie‹ als Oberbegriff ein weites Bedeutungsspektrum, das auch antagonistische Motive einschließt: »Bei der vorherrschenden Tendenz, Empathie mit einer positiven Wertung zu verbinden, wird [...] völlig außer Acht gelassen, daß sie [auch] die Basis für *absichtsvolle Schädigung* abgibt«.[14] Selbstverständlich kann bei einer negativen Einstellung zum Gegenüber die Empathie dazu missbraucht werden, dem Opfer zu schaden.

Demgegenüber ist im Terminus des Mitgefühls (*sympathy*, aus dem Griechischen *sympatheia*) in der Tat der Gefühlsaspekt (als Mit-*Fühlen*) zentral: sowohl dahingehend, dass hier die kognitive Komponente vor der affektiven zurücksteht, als auch dass im Mitfühlenden realiter ein ihm eigenes Gefühl entsteht, das er oder sie aufgrund der Situation empfindet. Hierbei ist das begriffliche Spektrum des Terminus ›Mitgefühl‹ allerdings groß: Neben dem Mit-Leiden *(compassion)* in einer Notsituation ist auch die Perspektive des Mitfreuens oder Mithoffens, ja auch des Mitfeierns eingeschlossen, dies alles jedoch in dezidiert wohlwollender, auf Verbundenheit ausgerichteter Perspektive.

Was aber meint Mit-Fühlen in der Poimenik? Dieser Begriff lässt sich in Anlehnung an die Subjekttheorie von Saskia Wendel als *»Identität in bleibender Differenz«*[15] beschreiben. Die Einmaligkeit des Anderen wird anerkannt und dennoch die Vergleichbarkeit beider Subjekte ermöglicht: »Vielmehr konstituiert sich die Identität des Ich darin, dass es zum Bild des Anderen wird, in dem der Andere wiederum seine Identität realisieren kann. Und umgekehrt wird der Andere als anderes Ich zu meinem Bild, in dem ich mich selbst entdecken kann. [...] Dementsprechend kann ich mich zwar in

---

12 Jutta Kienbaum, Entwicklungsbedingungen prosozialer Responsivität in der Kindheit. Eine Analyse der Rolle von kindlichem Temperament und der Sozialisation innerhalb und außerhalb der Familie (Psychologia Universalis Bd. 31), Lengerich 2003, 9.
13 Vgl. z. B. Gisela Steins / Robert A. Wicklund, Untersuchungen zu Bedingungen zur Förderung von Perspektivenübernahme, in: PsR 44 (1993), 226–239.
14 Doris Bischof-Köhler, Selbstobjektivierung und fremdbezogene Emotionen. Identifikation des eigenen Spiegelbildes, Empathie und prosoziales Verhalten im 2. Lebensjahr, in: ZPs 202 (1994), 349–377; 358.
15 Saskia Wendel, Affektiv und inkarniert. Ansätze Deutscher Mystik als subjekttheoretische Herausforderung (Ratio fidei. Beiträge zur philosophischen Rechenschaft der Theologie Bd. 15), Regensburg 2002, 310.

ihn einfühlen, kann aber niemals mit ihm völlig identisch sein.«[16] Insofern ist auch einer möglichen Asymmetrie der Beziehung Einhalt geboten. Denn indem die Eigenständigkeit des Anderen grundsätzlich gewahrt wird, ist sowohl einem Herrschaftsanspruch des Ich über den Anderen als auch einem Primat des Anderen grundsätzlich widersprochen.

Seelsorgerliche Beziehungsfähigkeit ist letztlich nur komplementär verstehbar: Es heißt sowohl Identität als auch Differenz, sowohl Nähe als auch Distanz. Mit einem Beispiel könnte man sagen: Dich schmerzt dein Zahn, mich schmerzt dein Schmerz! Mitgefühl meint also: Ich habe nicht deine Schmerzen, ich bin nicht du, ich bleibe also ›bei mir selbst‹ und doch so, dass ich mich auf emotionaler Ebene mit dir identifiziere.

Insofern kann die seelsorgerlich-empathische Ausrichtung auf der Basis des Verständnisses von Mitgefühl hilfreich sein, um einerseits nicht nur eine kognitive Perspektive, sondern auch eine emotional geleitete Einfühlung zu ermöglichen, andererseits jedoch auch die professionelle Fähigkeit zur Distanznahme zu gewährleisten.

2.2 Leiblichkeit als Bedingung seelsorgerlicher Gefühlsarbeit

Da jeder Seelsorgekonzeption ein bestimmter Seelenbegriff zugrunde liegt, und die Bibel erwiesenermaßen unter Seele den ganzen Menschen in seiner unteilbaren, vitalen und auf Gott bezogenen Personalität versteht, ist es nicht nur möglich, sondern auch nötig, Seelsorge als Leibsorge zu definieren.[17] Im Rekurs auf das biblische Menschenbild ist Seele nicht als eine irgendwie von der Leiblichkeit losgelöste Instanz im Menschen vorstellbar und insofern Seelsorge gar nicht anders zu definieren als ein die Seele (d. h. die Person in ihrer Lebendigkeit) umfassendes Geschehen, das Sinne, Gefühle, Gedanken und Erfahrungen einschließt. Insofern ist es also stimmig, dass sich seelsorgerliches Handeln sowohl rational als auch emotional, sowohl selbsttätig als auch empfangend vollzieht. Der Parameter Leiblichkeit verweist den Menschen auf seine mit der Geburtlichkeit dem Werden vorausgegangene und kontinuierlich bis zur Sterblichkeit bleibende Dependenz von Beziehungen. Eben dies charakterisiert auch die Seelsorge: Der Mensch kann sich eben nicht selbst trösten! Das ›extra nos‹ in der Seelsorge ist daher auch als Ausdruck eines Menschenbildes in leib-seelischer Einheit verstehbar, das individuelle und soziale Bedingungen umfasst.

Demnach geht es auch in der Praxis seelsorgerlichen Handelns darum, gefühlsmäßige (nicht immer in verbaler Form ausgedrückte) Zusammenhänge wahrzunehmen und einzubeziehen. Welche Gefühle verstecken sich in unbewussten körperlichen Signalen, wenn beispielsweise ein kranker Mensch mit verneinendem Kopfschütteln behauptet, es gehe ihm gut. Die Wahrnehmung dieses in der Kommuni-

---

16 Ebd.
17 Vgl. Elisabeth Naurath, Seelsorge als Leibsorge. Perspektiven einer leiborientierten Krankenhausseelsorge (PTHe Bd. 47), Stuttgart 2000.

kationswissenschaft von Ehlich und Rehbein als »widersprüchliche Diskordanz«[18] beschriebenen Phänomens kann im Seelsorgegespräch einen konkretisierenden Impuls setzen. So kann zum Beispiel ein Patient mit ernstem und traurigem Gesicht versichern, es gehe ihm sehr gut oder auch mit einer offensichtlichen Heiterkeit und Gelassenheit berichten, wie sehr sich sein Zustand verschlechtert habe. Petra Christian-Widmaier fasst in ihren Untersuchungen eine Reihe von inkonsistenten Mitteilungen zusammen, von denen hier illustrierend ein Beispiel genannt werden soll: »In ähnlicher Weise war das Gespräch mit Frau [...] für den Klinikpfarrer durch eine hoffnungsvolle Gefaßtheit charakterisiert. Aus der Sicht der teilnehmenden Beobachterin vermittelte sich dagegen in einem bestimmten nonverbalen Verhalten der Patientin, dem Aufsteigen von Tränen, das im Protokoll des Seelsorgers nicht erwähnt wurde, zunehmende Hoffnungslosigkeit und psychische Erschöpfung.«[19] Die emotionale Dimension auf körpersprachlicher Ebene erscheint hier in krassem Gegensatz zur verbalen, nach kommunikationswissenschaftlichen Untersuchungen zur sozial erwünschten und akzeptierten Verhaltensweise. Die Realisierung und in gegebenem Fall sensible Thematisierung derartiger widersprüchlicher Diskordanzen kann das Seelsorgegespräch insofern positiv verändern als dadurch die Möglichkeit angeboten wird, über verdrängte Gefühle zu sprechen und damit dem sozial Unerwünschten Raum zu geben. Durch die Verbalisierung der nonverbal dargestellten Gefühle kann dem Patienten oder der Patientin die Chance gegeben werden, unbewusste oder verdrängte Emotionen wahrzunehmen und zu integrieren. Das seelsorgerliche Gespräch gewinnt demnach durch die körpersprachliche Konkretion entscheidend an Aktualitätsbezug und damit Subjektorientierung. Andernfalls führt eine Nichtwahrnehmung oder ein Übergehen der nonverbalen Signale zu einer deutlichen Distanzierung beider Gesprächspartner und zu einer an Höflichkeitsfloskeln orientierten Konventionalisierung des Gesprächsablaufs.

Insofern bedarf meines Erachtens die Ausbildung von SeelsorgerInnen einer Stärkung der nonverbalen Kommunikationsfähigkeiten, einer höheren Wahrnehmungskompetenz im Blick auf emotionale Signale, einer Ergänzung von Gesprächs- durch Beobachtungsprotokolle, aber auch einer persönlichkeitsbildenden Didaktik, die beispielsweise geschlechtsspezifische Dimensionen der eigenen Rolle einbezieht oder die Geschlechterkonstellation im Beziehungsgeschehen reflektiert. Gefühle und der Umgang mit Gefühlen sind letztlich aufgrund der Leibbezogenheit auch ein Gender-Thema – ein Blickwinkel, der gerade in den Diskursen zu einer Theologie der Gefühle marginalisiert wird. Wenn Poimenik als Gefühlsarbeit eine Sensibilisierung im Umgang mit den eigenen Gefühlen intendiert, dann finden wir über nonverbale Signale

---

[18] Konrad Ehlich / Jochen Rehbein, Augenkommunikation. Methodenreflexion und Beispielanalyse (Linguistik aktuell Bd. 2), Amsterdam 1982, 175.
[19] Petra Christian-Widmaier, Nonverbale Kommunikationsweisen in der seelsorgerlichen Interaktion mit todkranken Patienten, Frankfurt a. M. 1995, 176.

den Weg zur Bewusstwerdung dessen, was vor allen Worten auch noch mitschwingt und – indem wir es zur Sprache zu bringen versuchen – zur Klärung helfen kann.

Ein besonderer Schatz liegt meines Erachtens in biblischen Körperbildern mit hoher emotionaler Aussagekraft als Impulse für seelsorgerliche Gefühlsarbeit. Wenn mit Martin Luther Maßstab und Quelle allen Trostes allein die Schrift ist, die in ihrer Eindeutigkeit aller zwischenmenschlichen Rede vorzuziehen ist, dann sind eben biblische Körperbilder besonders geeignet, als emotional qualifizierte Gegenbilder zu Gefühlen wie Traurigkeit oder Angst zu wirken. So heißt es in Ps 17, 8: »Behüte mich wie einen Augapfel im Auge, beschirme mich unter dem Schatten deiner Flügel.« Es geht in der biblischen Körpersprache auch um die Imagination eines Bildes, das uns in seiner leiblichen Konnotation beeindruckt und im wahrsten Sinne des Wortes zur Be-Sinnung, d. h. via sinnlicher Konnotation zur Selbstreflexion bringt. »Behüte mich wie einen Augapfel im Auge.« – Wenn wir in einem Körperexperiment der Aussagekraft dieses Verses nachspüren würden, stellten sich eventuell Gefühle ein, die uns in einen inneren Diskurs mit (?) dem Psalmbeter bringen können: Welche Sehnsucht nach Liebe und Geborgenheit drückt sich in diesem Bild aus? Doch welche Angst kann auch hochkommen angesichts der Vorstellung, dass wir ganz umschlossen sind und die Festigkeit des Halts Spielräume und damit Freiheit nicht mehr zu erlauben scheint. Den Impuls für heutige Seelsorge sehe ich darin, dem biblischen Wort – als einem fremden und zugleich ansprechenden Wort – zuzutrauen, eine Brücke zwischen Gott und Mensch zu bauen, wo menschliche Worte und eigene Gewissheiten an ihre Grenzen stoßen. So zählt nicht zufällig Luthers Psalmen-Vorlesung zu seinen wichtigsten Seelsorgetexten, denn in den Psalmen findet gerade die emotionale Dimension von Suchen, Zweifeln, Klagen und Hadern, aber auch von Danken und Loben ihren Ausdruck. Aufgrund des existentialen Charakters der Psalmen könnte man sogar sagen, dass die Worte der Bibel sui generis eine didaktische, das heißt vermittelnde Intention in sich bergen, die nicht erst zu suchen, sondern vielmehr zu finden ist. Beispielhaft steht der Psalter dafür, dass quasi im Schutzraum des biblischen Textes eine Emotionalität zum Ausdruck gebracht wird, die Gefühle artikuliert, ohne sie zu personalisieren. Hierbei spielt selbstverständlich die Körper-Metaphorik der Bibel eine evidente Rolle, die den Menschen als Einheit von Leib und Seele und damit in seinen umfassenden Lebensbezügen in den Blick nimmt und anspricht. Biblische Körperbilder können so einen Weg aufzeigen, eigene situations- oder lebensgeschichtliche Gefühle zustimmend oder abgrenzend in den Blick zu nehmen. Dies eröffnet die Perspektive auf ein weiteres praktisch-theologisches Handlungsfeld, in dem Gefühle und der Umgang mit Gefühlen als emotionalen Lerndimensionen eine evidente Bedeutung zukommt.[20]

---

20 Die definitorische Differenzierung von Gefühl und Emotion ist forschungswissenschaftlich umstritten. Zur Wahrnehmung der physiologischen Komponente kommt die kognitive Dimension, wie wir also die Wahrnehmung von Emotionen (wie Freude, Trauer, Wut etc.) interpretieren und deuten, damit ein Gefühl von bestimmter Qualität entstehen kann. Als Gefühl wird hier das subjektive Erleben einer Emotion verstanden.

3 Religionspädagogische Konkretionen

3.1 Emotionale Bildung als Chance zur Subjektorientierung

Gegenwärtige Religionspädagogik ist vor die Aufgabe gestellt, sich im Kontext einer wachsenden Vielfalt von Lebensformen und Lebenswelten im Sinne sprachlicher, kultureller und auch religiöser Diversität zu verorten. Nicht das vielfach prognostizierte und erwiesenermaßen nicht eingetretene Ende der Religion, sondern die neue Vielfältigkeit der Erscheinungsformen des Religiösen bewegen die Religionspädagogik. Orientierungshilfen auf dem Markt der gleichsam unbegrenzten, sinnstiftenden Möglichkeiten sind gefragt. In einem subjektorientierten Zugang liegt meines Erachtens die zukunftsweisende Chance, den individualisierten Formen des Religiösen auf die Spur zu kommen, indem eigene Fragen und schließlich auch eigene Antworten im gemeinsamen Diskurs über den Glauben reflektiert werden können. Das bedeutet, dass weder völlige Beliebigkeit im Sinne einer subjektivistischen Verengung noch der Rekurs in eine strikte Vermittlungsdidaktik zielführend sind.

Pluralismusfähigkeit kann sich doch gerade darin erweisen, dass jedem und jeder einzelnen in einer wertschätzenden Haltung ermöglicht wird, eine eigene Position zu beziehen und in ein sich gegenseitig bereicherndes, in Frage stellendes, die eigene Meinung auch immer relativierendes und korrigierendes Gespräch mit der Gruppe zu bringen. In einer Stärkung der emotionalen Lerndimension sehe ich eine Chance für diese im Sinne einer dezidierten Subjektorientierung intendierte Förderung selbstreflexiver Kompetenzen und gehe damit konform mit Bernhard Grom, der auf die Dringlichkeit einer emotionsorientierten Religionsdidaktik verweist: »Wir vermitteln mit all unserem Fragen, Erklären und Veranschaulichen im Religionsunterricht manchmal nur ein kurzes Denkvergnügen und ein träges Wissen, das die Schüler später kaum nutzen, weil es ihnen emotional zu wenig bringt«.[21]

Wir wissen beispielsweise aus dem Bereich der Umweltethik, dass das Umweltbewusstsein in den vergangenen Jahren stark gewachsen ist. Schüler und Schülerinnen sind sehr gut über Ursachen, Folgen und Wirkungen menschlichen Handelns auf die Umwelt informiert, sie kennen umweltethische Zusammenhänge und ziehen hieraus doch – wie übrigens die meisten Erwachsenen – kaum lebenspraktische Konsequenzen. Ist es so, dass ethisches Urteilen und ethisches Handeln zwei Paar Stiefel bleiben – ja bleiben müssen, wenn die emotionale Grundlage in ethischen Entscheidungsprozessen weitgehend unbeachtet bleibt, müssen wir uns von pädagogischer Seite fragen. Insofern sollte die ›vielbeschworene‹ Dreidimensionalität religiöser und auch ethischer Bildung als Ineinandergreifen von emotionalen, kognitiven und prag-

---

[21] Bernhard Grom, Religionspädagogische Psychologie des Kleinkind-, Schul- und Jugendalters, Düsseldorf ⁵2000, 212.

matischen Elementen nicht länger einer offensichtlichen Kopflastigkeit unterliegen – auch nicht in höheren Jahrgangsstufen.

Eine verstärkte Unterrichtsforschung wäre meines Erachtens notwendige und dringliche Folge, um auch in einem konfessionell ausgerichteten Religionsunterricht die Annahme homogener Lerngruppen als pädagogische Fiktion zu entlarven. Der ›Verschiedenheit der Köpfe‹, von der schon Johann Friedrich Herbart Anfang des 19. Jahrhunderts als zentralem Problem des Unterrichts von Kindern sprach, ist mit pädagogisch durchdachten Differenzierungsstrategien zu begegnen. Unabdingbare Voraussetzung ist auch hier die Integration der Thematik ›Gefühle‹ in die Professionalisierungsbemühungen um den Lehrberuf.

3.2 Emotionspsychologische Erweiterung des entwicklungspsychologischen Basiswissens für Religionslehrkräfte

Mit den Erkenntnissen moderner Neurophysiologie ist auch die pädagogische Evidenz der Emotionen erwiesen. Dies impliziert neue Impulse für eine Rezeption der entwicklungspsychologischen Theorien, die als religionspädagogisches Basiswissen außer Frage stehen.[22] Insbesondere die kognitiv-strukturalistischen Entwicklungstheorien im Anschluss an Piaget (1896–1980), sowie zur Genese des moralischen Urteils von Lawrence Kohlberg (1927–1987) und des religiösen Urteils von Fritz Oser und Paul Gmünder, aber auch die darüber hinausgehende strukturgenetische Theorie des Glaubens von James Fowler wurden in den letzten dreißig Jahren in Arbeits- und Lehrbüchern auf den religionsdidaktischen Kontext fokussiert.[23] Konstitutiv ist hierbei der konstruktivistisch-interaktionistische Ansatz, der – basierend auf den Erkenntnissen Piagets – die Aktivität des Subjekts im Umgang mit seiner Umwelt betont.

Allerdings wurde die Tendenz der kognitiven Verengung in der entwicklungspsychologischen Forschung immer wieder festgestellt und kritisiert. Dies auch wenn sich bei Piaget – trotz seiner Fokussierung auf die Denkentwicklung – Hinweise auf eine enge Verknüpfung von Kognition und Emotion zeigen lassen: »Auch die Intelligenz durchläuft verschiedene Stadien, die in ihren großen Zügen mit der Entwicklung der Gefühle übereinstimmen.«[24] Beide Bereiche der Emotion und der Kognition sind auf-

---

22 Vgl. den grundlegenden Artikel von Anton Bucher, Entwicklungspsychologie, in: LexRP Bd. 1, hg. v. Norbert Mette u. Folkert Rickers, Neukirchen 2001, 411–417.
23 Zuletzt in: Godwin Lämmermann / Birte Platow (Hg.), Evangelische Religion. Didaktik für die Grundschule, Berlin 2014, 19–29. Gegenwärtig werden die kognitiv-strukturalistischen Stufentheorien zunehmend in Frage gestellt und einzelne Vorannahmen wie z. B. ein theistisches Gottesbild von Jugendlichen als anachronistisch verifiziert: vgl. z. B. Werner H. Ritter / Helmut Hanisch / Erich Nestler / Christoph Gramzow, Leid und Gott. Aus der Perspektive von Kindern und Jugendlichen, Göttingen 2006, 170ff.
24 Vgl. z. B. Jean Piaget, Theorien und Methoden der modernen Erziehung, Frankfurt a. M. 1974, 163f.

grund der leibseelischen Einheit des Menschen gleichsam als genetischer Parallelismus vorstellbar und ergänzen sich komplementär. Bedingungsgrund für den Übergang der einzelnen Entwicklungsstufen sind zum einen der Selbstregulierungsprozess (die Äquilibration), sowie »der biologische Reifungsprozess, die durch Einwirkung auf Objekte gesammelte Erfahrung und schließlich die soziale Erfahrung«.[25] So konnte beispielsweise Charlesworth zeigen, dass Überraschung als vorrangig emotionale verstandene Reaktion in einer funktionellen Beziehung zur kognitiven Entwicklung steht: Sogar Kinder, die körperlich noch nicht in der Lage waren, aktiv Suchbewegungen zu unternehmen, zeigten in ihren Überraschungsreaktionen (z. B. Augenbewegungen) die Fähigkeit zum Glauben an die Objektpermanenz. Auch Emotionen wie Freude oder Angst wiesen in ähnlichen empirischen Untersuchungen deutliche Einflüsse auf die Kognitionsentwicklung auf.

In Kohlbergs Schema der Entwicklung des moralischen Urteils wird trotz seiner kognitiven Ausrichtung die soziale Determiniertheit der moralischen Genese des Menschen betont. So schreibt er gemeinsam mit Colby: »Wenn die emotionale Seite der Rollenübernahme im Vordergrund steht, spricht man üblicherweise von Einfühlung (empathy) oder Mitgefühl (sympathy). [...] Man kann nicht moralisch urteilen ohne Rollen zu übernehmen [...].«[26] Die Förderung der moralischen Kompetenz zu Empathie und Sympathie sei mit stärkerer Integration in einen Gruppenzusammenhang gegeben. Damit bezieht Kohlberg die sozial-emotionale Ebene der Einfühlung in seine motivational begründete Moralentwicklung konstitutiv ein – auch wenn dieser Aspekt in seinem Modell und dessen Rezeption weitgehend unbeachtet blieb.

Die Alltagserfahrung wie auch die klinisch verifizierte Sicht zeigen eindeutige Wechselwirkungen und Interdependenzen zwischen Kognition und Emotion, so dass eine Verengung des Blickwinkels auf die Strukturmomente der kognitiven als rationalistisch verstandener Entwicklung nicht zu rechtfertigen ist. Hintergrund scheint weiterhin die auszumachende Skepsis an wissenschaftlich zuverlässiger Methodik zur Untersuchung der Relevanz von Emotionen, so dass man auch heute noch in einigen Bereichen von einer »Dunkelzone [...], in der zwar die Spekulationen wuchern, aber die systematische Forschung kaum anzutreffen ist«,[27] sprechen kann.

Für die Religionspädagogik sind die Erweiterung und Ergänzung der auf breiter Ebene rezipierten kognitiv-strukturalistischen Entwicklungstheorien durch emotionspsychologische Studien als Ausgangsbasis zur Reflexion der anthropogenen Bedingungen sinnvoll. Gerade im Blick auf den religiösen Bereich ist es selbstverständlich, ein – der lebensgeschichtlichen Entwicklung auch in religiöser Hinsicht gerech-

---

25 Vgl. Thérèse G. Décarie / Ruth Solomon, Affektivität und kognitive Entwicklung, in: Die Psychologie des 20. Jahrhunderts Bd. VII, hg. v. Gerhard Steiner, Weinheim 1984, 401–423; 402.
26 Lawrence Kohlberg / Anne Colby, Das moralische Urteil. Der kognitionszentrierte entwicklungspsychologische Ansatz, in: Die Psychologie des 20. Jahrhunderts Bd. VII (wie Anm. 25), 348–366; 357.
27 So die schon 1978 geäußerte Kritik von: Thérèse G. Décarie / Ruth Solomon, Affektivität und kognitive Entwicklung (wie Anm. 25), 401.

ter werdendes – komplexes Verständnis des Ineinanderspielens von affektiven und kognitiven Dimensionen zu etablieren. So betont Bernhard Grom in einer Vorreiterrolle die notwendige Integration emotionaler Bedingungen in die kritische Sichtung der Strukturmodelle.[28]

Dies impliziert allerdings eine durch emotionspsychologische Erkenntnisse erweiterte Korrektur der religionspädagogischen Ausbildung und Praxis, die sich zu sehr auf die kognitiv orientierten Modelle der Entwicklungspsychologie fokussiert hat.[29] Auch eine vorrangig am Alter der Kinder orientierte Sichtweise sollte überwunden werden. Denn die Praxis – insbesondere von jahrgangsübergreifendem Unterricht – zeigt, dass eben Alter nur *ein* evidentes Strukturmoment von Entwicklung ist: Die emotionale Entwicklung auf der Basis soziokultureller Bedingungen ist für das Unterrichten mindestens ebenso relevant. So wird in neuerer Zeit die willkürliche Zuordnung zu Altersstufen kritisiert: »Man kann der Entwicklung sogenannter Phasen nicht an- oder absehen, sondern man kann Phasen allenfalls in die Entwicklung hineinsehen. Wer unbedingt von Phasen oder Stufen der Entwicklung sprechen will, sollte dies nur im Bewusstsein um die willkürliche Ordnung tun, die er damit schafft.«[30] Dies wird durch zusätzliche, einander wechselseitig beeinflussende Parameter erweitert: beispielsweise können individuell oder kulturell bestimmte Krisen Entwicklungsstörungen hervorrufen, die die Strukturschemata evident relativieren. Insbesondere der Parameter ›Geschlecht‹ findet sowohl im Blick auf die moralische als auch auf die emotionale Entwicklung stärkere Beachtung.

Dies korrespondiert mit einer offensichtlichen Kursänderung innerhalb der Entwicklungspsychologie selbst: »Monokausale Entwicklungsvorstellungen, nach denen die zentralen Entwicklungsfaktoren [...] festzustehen und universelle, übergreifende Gültigkeit zu haben schienen, werden zunehmend durch die Analyse komplexer Wirkungsgefüge ersetzt.«[31] Der alte Richtungsstreit zwischen anlage- und umweltbedingten, zwischen Reifungs- und Lerntheorien scheint aufgelöst zugunsten synthetischer Blickrichtungen einander ergänzender Einflussvariablen.[32]

---

28 »Es gibt noch keine Theorie der religiösen Entwicklung, die alle wichtigen Gesichtspunkte und Beobachtungen erfassen und der Vielfalt der möglichen individuellen Entwicklungsverläufe im Christentum und in anderen Religionen gerecht würde.« (Bernhard Grom, Religionspädagogische Psychologie [wie Anm. 21], 79).
29 Lediglich die Arbeiten zur sozialen Kognition (!) von Selman erfreuen sich v. a. in praxisnahen Ausbildungsformen religionspädagogischer Beliebtheit (vgl. Robert L. Selman, Die Entwicklung des sozialen Verstehens. Entwicklungspsychologische und klinische Untersuchungen, Frankfurt a. M. 1984).
30 Herbert Selg / Sabine Weinert, Entwicklungspsychologie, in: Astrid Schütz / Herbert Selg / Stefan Lautenbacher (Hg.), Psychologie. Eine Einführung in ihre Grundlagen und Anwendungsfelder, Stuttgart 2005, 240–261; 257.
31 Ebd.
32 Als Beispiel für diesen synthetischen Blickwinkel kann als Neuerscheinung angeführt werden: Michael Charlton / Christoph Käppler / Helmut Wetzel, Einführung in die Entwicklungspsychologie, Weinheim – Basel – Bern 2003.

Beispielsweise konnte im Blick auf die Gottesbildentwicklung gezeigt werden, dass Kinder wie auch Erwachsene sowohl über ein konkretes als auch abstraktes Gottesbild verfügen, das je nach Anlass aktiviert wird. Damit erweisen sich zahlreiche Studien, die strikt von einer Entwicklung von einer konkreten zu einer abstrakten Gottesvorstellung ausgehen, als unterkomplex. Welche religionspädagogischen Konsequenzen kann dies haben?

Hier hat die seit fast 10 Jahren in Jahrbüchern publizierte kindertheologische Forschung vieles in Gang gebracht. Mit dem vollzogenen Perspektivenwechsel einer Theologie von Kindern, mit Kindern und für Kinder wurden die kindlichen Kompetenzen hinsichtlich auch eines als theologisch zu bezeichnenden Reflexionsvermögens aufgewertet. Diese forschungswissenschaftliche Weitung des Blickwinkels, das mit dem klassischen Schema explicatio – applicatio zugunsten einer an Kompetenzen orientierten Subjektorientierung bricht, hat auch aktuelle entwicklungspsychologische Studien rezipiert und erweitert.

So nimmt man neuerdings an, dass Entwicklung zu einem guten Teil bereichsspezifisch verläuft, d. h. dass es vom Wissen in einem bestimmten Bericht abhängt, ob sich komplexere Denkschemata entwickeln können. Auch hier wird es wichtig sein, die Bedeutung emotionaler Lerndimensionen für die Entwicklung elaborierter Denkoperationen stärker zu berücksichtigen.

Ich komme damit zu meinem letzten Punkt, der mit dem etwas plakativen Titel »Emotionale Ermöglichungsdidaktik«[33] auch unterrichtspraktisch in den Blick nimmt, emotionale Dimensionen religiöser Bildung zu stärken.

3.3 Emotionale Ermöglichungsdidaktik

1. Förderung des Erlebens positiver Emotionen
Aus emotionspsychologischer Sicht wird im Erleben positiver Gefühle die Chance zum Aufbau psychosozialer Ressourcen gesehen. Indem der christliche Glaube sui generis die Aufgabe hat, als Ausdruck des Evangeliums die mitfühlende und liebende Zuwendung Gottes zu jedem Menschen spürbar werden zu lassen, trifft diese Intention programmatisch ins Schwarze. Allerdings nicht in einem missionarischen Missverständnis. Denn bildungstheoretisch versteht sich der Religionsunterricht als Bildung zur Selbst-Bildung und garantiert damit Freiheit. Freiheit im Fühlen, Denken und Glauben. Gerade darin liegt ja die grundsätzliche Wertschätzung des Subjekts, die – wo und wenn sie verwirklicht ist – auch in emotionaler Hinsicht nur positiv erlebt werden kann.

---

33 Vgl. hierzu auch Elisabeth Naurath, Mit Gefühl gegen Gewalt (wie Anm. 6), 277ff. in Anlehnung an Franz Petermann / Silvia Wiedebusch, Emotionale Kompetenz bei Kindern (Klinische Kinderpsychologie Bd. 7), Göttingen u. a. 2003, v. a. 173ff.

2. Wahrnehmung und Ausdruck von Emotionen
Als Grundbedingung emotionaler wie auch sozialer Entwicklung gilt eine Wahrnehmungsschulung der Schüler und Schülerinnen. Gerade im gegenwärtigen Kontext von medialer Reizüberflutung wird diese als ästhetische Bildung im ursprünglichen Sinn des Wortes gefordert. Dass der Religionsunterricht besondere Möglichkeiten auch zur Wahrnehmung von Emotionen bietet, liegt auf der Hand und kann methodisch adäquat umgesetzt werden: Wege der Selbstreflexion – ob dies Meditationen, Bildbetrachtungen, spielerische Elemente oder kreatives Schreiben sind – umfassen genuin religionspädagogisches Handeln und ermöglichen die Bewusstwerdung von Gefühlen. Dass der Rahmen jedoch so zu öffnen ist, dass *alle* Gefühle erlaubt sind und nicht im Sinne eines ›Religionsstunden-Ichs‹ nur die positiven und prosozialen Gefühle artikuliert werden dürfen, muss betont werden. Religiöse Bildung darf *nicht* so verstanden werden, dass vorgegebene Werte und Normen die Emotionen zu bestimmen haben. Subjektorientierung nach evangelischem Bildungsverständnis heißt, dass mit *allen* Gefühlen, so wie sie eben sind, umzugehen ist. Insofern ist es Aufgabe der Religionslehrkraft, negative oder aggressive Gefühle nicht zu bewerten, sondern gemäß dem »Grundsatz: alle *Gefühle* sind erlaubt, aber nicht alle *Verhaltensweisen*«[34] zu differenzieren und gemeinsam mit den Schülerinnen und Schülern zu reflektieren, wie Emotionen entstehen und wie konstruktiv und ehrlich mit ihnen umgegangen werden kann.

Hierzu gehört auch die Auseinandersetzung mit biblischen Texten, in denen Gewalt eine Rolle spielt – weder die Verdrängung solcher Texte noch deren Rationalisierung oder Harmonisierung sind legitim oder hilfreich. Vielmehr können sie eher geeignet sein, um negative, angst- und schuldbesetzte Gefühle von Kindern aufzugreifen und einen Prozess gemeinsamer Klärung in Gang zu bringen.

3. Schulung von Emotionsverständnis und Emotionswissen
Eigene Gefühle wahrnehmen, verbal artikulieren oder nonverbal ausdrücken zu können, bedarf eines Kontextes, der durch gegenseitige Wertschätzung bestimmt ist. Der Religionsunterricht kann – vielleicht mehr als andere Fächer – Möglichkeiten zur Sensibilisierung eigener Gefühle eröffnen, denn neben der zwischenmenschlichen Perspektive spielt ja auch die Gott-Mensch-Beziehung als Möglichkeit einer Transzendierung der Wirklichkeit eine Rolle.

Dies wirft insbesondere die Frage an eine adäquate Bibeldidaktik auf, mit deren Hilfe es gelingen kann, eigene Emotionen in der Fülle der Gefühlswelten biblischer Figuren zu verlebendigen und zu reflektieren. So sind biblische Geschichten geeignet, sowohl Basisemotionen (wie Freude, Wut, Angst, Traurigkeit) als auch komplexe Emotionen (wie Mitgefühl, Neid, Schuld etc.) in der Verfremdung biblischer Personen ausdrücken zu dürfen. Wichtig ist hierbei, dass nicht eine von der Lehrkraft ausge-

---
34 AaO. 174.

wählte Emotion einer biblischen Figur nun *nach*empfunden werden soll – so nach dem Motto: »Stellt euch vor, ihr seid jetzt alle so enttäuscht wie Maria Magdalena!« Es geht ja nicht darum – und in der Geschichte der religionsdidaktischen Konzeptionen gäbe es eine Fülle von derartigen Beispielen – zum Zwecke einer pädagogischen Intention fremde Gefühle aufoktroyiert zu bekommen, sondern es geht darum, eigene Gefühle wahrzunehmen.

4. Emotionsregulation

Dass es Möglichkeiten gibt, mit Ängsten konstruktiv umzugehen oder eine aggressive Stimmung zu bewältigen, spielt im Alltag eine entscheidende Rolle und wird aus entwicklungspsychologischer Sicht als Voraussetzung für emotionale Kompetenz gesehen. Eine Selbstinstruktion wie ›sich selbst Mut zusprechen‹ wäre ein Beispiel für Emotionsregulation. Dies kann im religiösen Kontext bedeuten, dass ein Kind – wie Bernhard Grom es nennt – »Strategien zur Belastungsbewältigung«[35] entwickeln kann, wie zum Beispiel auf der Basis des Glaubens an einen mitfühlenden Gott, der es in schwierigen Situationen von Angst oder Ohnmacht eben nicht allein lässt. Angesprochen ist hier die seelsorgerliche Dimension des Religionsunterrichts, die gegenwärtig in wachsendem Maße in der Schule eine Rolle spielt.

Ein Schritt auf dem Weg zur Emotionsregulation ist jedoch auch, negative Gefühle zulassen und ausdrücken zu können: Wut, die sich in Aggression äußert, oder Neid, der mit sich selbst hadert. Bibliodramatische Elemente oder auch Bibliolog im Religionsunterricht bieten die Chance, auf spielerische Weise Selbsterfahrung und Texterfahrung in Verbindung zu bringen, auf der Basis einer Einfühlung in biblische Figuren religiöse Fragestellungen auch in deren emotionalem Gehalt zu verlebendigen und damit das Wissen und Verstehen von Emotionen zu weiten.

Biblische Geschichten sind in Fülle dazu geeignet, solche Emotionen aufzugreifen und zu reflektieren. Aus meiner Sicht erleben wir nicht zufällig gerade mit der Methode des Bibliologs als subjekt- und gefühlsorientierter Begegnung mit biblischen Texten einen Boom im kirchlichen und schulischen Bildungsbereich: Im Bibliolog erfolgt die Identifikation in einer bestimmten Situation des ausgewählten Textes, die als Szene deutlich beschrieben wird und zu Reaktionen herausfordert, zu der jeder und jede in der Lage ist: »Maria, du siehst, dass der Stein vom Grab weggerollt ist. Was geht dir in diesem Moment durch den Sinn?«, wäre eine solche Einladung zur Identifikation. Einerseits wird die Begegnung mit dem Text von dessen Dynamik bestimmt und andererseits von der subjektiven Einfühlung, indem man eben einer bestimmten biblischen Figur seine eigenen Gefühle, Gedanken und auch Stimme gibt.

Die Möglichkeiten, auch mit kirchendistanzierten Gruppen (zum Beispiel Jugendlichen) an einem biblischen Text zu arbeiten, sind deshalb groß, weil weder exegetische noch systematisch-theologische Vorkenntnisse nötig sind, um mit Selbstbezug

---

35 Bernhard Grom, Religiöse Entwicklung – nicht ohne unsere Gefühle, in: KatBl 130 (2005), 25–31; 30.

in die Identifikation mit einer biblischen Person und damit in den Text einzusteigen. Für diesen Zugang ist zunächst die Entschleunigung, die Verlangsamung der Wahrnehmung, ganz wesentlich. Es geht darum, das so genannte ›Weiße Feuer‹ des Textes aus subjektiver Perspektive zur Sprache zu bringen. Auf der Basis der jüdischen Midrasch-Auslegung ist der heilige Text in schwarzem Feuer (das sind die Buchstaben) geschrieben. Das weiße Feuer sind die Zwischenräume, die Leerstellen, die zur Phantasie und Verlebendigung einladen.

Mit dem weißen Feuer heben wir letztlich den Schatz religiöser Fantasie und kommen dabei unseren religiöse Gefühlen nahe: Wir imaginieren und benennen Möglichkeiten. So könnte sich Petrus gefühlt haben, diese Hoffnung könnte den Jünger bewegt haben. Oder: Wie fühlte sich die Freude des Geheilten an? War da auch Angst vor dem neuen Lebensabschnitt? Mit der Verschiedenheit der Einzelstimmen wird die Pluriformität möglicher Gefühle benannt und damit ein Deutungsraum eröffnet, der mittels subjektiver Einfühlung zwei Chancen in sich birgt, die ich abschließend als benennen möchte.

1. Indem das assoziierte Gefühl zu einer biblischen Figur immer mit uns selbst in unserer momentanen emotionalen Disposition zu tun hat, gewinnt der biblische Text an Lebensnähe und Konkretion. Im Konzert der Gruppe bleibt es jedoch nicht bei einer einseitig individualistischen Deutung, sondern einander ergänzend zeigt sich die Bandbreite möglicher Gefühle in einer bestimmten Situation und damit zeigen sich auch alternierende Verhaltensoptionen.
2. Indem der literarische Charakter biblischer Texte emotionale Deutungsräume eröffnet, wird über die Wahrnehmung von Gefühlen und Bildern subjektiver Glaube konkret und anschaulich und kann so über die Auseinandersetzung mit dogmatischen Glaubensaussagen die Wirklichkeit des Möglichen kreativ hervorbringen. Insofern birgt der spielerische Umgang mit religiösen Vorstellungen und Gefühlen immer auch in der Einbindung an kognitive Reflexionsprozesse kreative Potentiale in sich oder wie Werner Ritter meint: »Es muss heute nicht verwundern, wenn religiöse Phantasie im Alltag von Menschen – und auch ansatzweise in der Theologie – wiederkehrt. Sie ist der sichtbare, spürbare und Gestalt gewordene Ausdruck der Sehnsucht nach sinnlicher Religion und veränderbarer Wirklichkeit.«[36]

---

36 Werner H. Ritter, Kindliche Religion und Phantasie – dargestellt an einem exemplarischen Kapitel der Religionspädagogik, in: Ders., Religion und Phantasie. Von der Imaginationskraft des Glaubens, Göttingen 2000, 151–180; 178.

Friedhelm Hartenstein
Die Theologie der Gefühle JHWHs
Zu den Anthropathismen alttestamentlicher Gottesbilder

1 Vorbemerkungen: Die alttestamentliche Rede von den Gefühlen JHWHs als eine Reflexion des Unbegrifflichen

Die Themeneinführung zum Projekt einer Theologie der Gefühle steht ganz im Horizont neuester Einsichten zur *Affektivität* und ihrer Bedeutung für eine verantwortete *Beschreibung des Menschen*. Vor diesem Hintergrund wird vor allem nach den *religiösen* Gefühlen und der »*affektiven Dimension des religiösen Bewusstseins*« gefragt. Damit ist die Einsicht verbunden, dass die Sphäre der Emotionen in ihrer ganzen Bandbreite jede begriffliche Reflexion begleitet und diese unauflöslich grundiert und »färbt«. Will man angesichts dessen die besonderen Farbtöne (christlich-)religiöser Gefühle genauer erfassen, empfiehlt sich aus verschiedenen Gründen ein *Blick in die biblische Tradition* – nicht zuletzt, weil deren Sprachbilder jeder theologischen Reflexion zur kritischen und affirmierenden Auseinandersetzung in einem hermeneutisch fundamentalen Sinn vorgegeben sind. Ich erinnere nur an die Bedeutung des »biblischen Menschenbildes« für Fragen der Ethik, aber auch einer Anthropologie der Person und damit verbunden an Fragen von Identität im Horizont individueller Freiheit und sozialer Verbindlichkeit.

Wenn ich nun im Folgenden gerade nicht den Spuren der *anthropologischen* Seite einer Theologie der Gefühle im Alten Testament folge, so geschieht dies mit einer bestimmten Absicht: Die Rede vom Menschen im Alten (und Neuen) Testament ist nur dann sachgemäß zu rekonstruieren, wenn sie in ihrem *theozentrischen Horizont*, also *coram Deo* wahrgenommen wird. Es überrascht dann aber doch, dass es speziell die *Theo*logie im engeren Sinne, also die alttestamentlichen *Aussagen über den Gott JHWH* sind, die sich zu keinem geringen Teil als »Theologie der Gefühle« beschreiben lassen. Damit soll keineswegs bestritten werden, dass die Suche nach der theologischen Relevanz der Gefühle in alttestamentlichen Texten nicht zahlreiche wichtige Bezugstexte im Blick auf den Menschen und Israel finden würde. Einige davon werden im Folgenden auch zur Sprache kommen. Es ist aber daran zu erinnern, dass viele Fragestellungen, die heute primär anthropologisch verortet werden, nach dem Eigensinn der biblischen Texte zunächst vor allem *theologische* Probleme sind. Die biblische Sprache ist *durchgehend relational* im Blick auf den Gott JHWH und sein Handeln. Sie ist dabei oft in einem manchmal bestürzenden Sinn anders als philosophische Begriffssprache, indem sie *konkret* der sinnlich-affektiven Sphäre verhaftet bleibt. Dies impliziert zwei seit den ersten philosophischen Reformulierungen biblischer Aussagen virulente Probleme:

a) Das Problem der *Konkretheit selbst*, die sich der abstrakten Auflösung widersetzt und nur mit starken Einbußen allegorisiert werden kann. Stattdessen muss man sie in ihrem *metaphorischen (bzw. symbolischen) Eigenwert* belassen, um deutend an ihr arbeiten zu können. Wirkungsgeschichtlich bildet sie dann eine ständige Quelle neuer Bedeutung. Sie gibt viel zu verstehen und verhindert zugleich die absolute Fest-Stellung des Sinns.

b) Die engere Problematik der unbegrifflichen Anwendung menschlicher Gestalt- und Gefühlsphänomene auf die göttliche Person, also die Frage der *Anthropomorphismen und -pathismen*.

Damit handelt man vom *theologischen Grundproblem*, ob und wie menschliche Sprache Gott überhaupt angemessen ist. Für das Alte Testament ist es hier, wie für den Alten Orient, unhinterfragte Gewissheit, dass JHWH *kein jenseitiges Seinsprinzip*, kein apersonaler Urgrund der Wirklichkeit ist. Vielmehr ist er *lebendige Person*, handelt und spricht wie ein Mensch und *überschreitet den menschlichen und sozialen Code doch zugleich weit*, eben »weil er Gott ist und nicht Mensch« (Hos 11, 9). Anders als in der traditionellen Eigenschaftslehre der Dogmatik mit ihren summierenden und negierenden Reihen von Zuschreibungen göttlicher Wesens- und Wirkaussagen hat das Alte Testament nirgends die Metaebene einer Reflexion über die *Reichweite von Sprache* entwickelt. Hermeneutisch ist dies – wie schon gesagt – kein Mangel. Im Gegenteil: Die Theologie der Gefühle JHWHs, wie sie vor allem angesichts von krisenhaften und undurchschaubaren Erfahrungen der Geschichte hervortritt, funktioniert ganz analog zu dem, was Hans Blumenberg als unhintergehbare Hintergrundmetaphorik philosophischer Begriffssprache herausgestellt hat. Dies soll nun an wenigen Punkten erläutert werden.

2 Die Theologie der Gefühle JHWHs als Spiegel der Geschichtsdeutung Israels

Die biblische Rede von Gott zeichnet ihn als *sich wandelnden*, in der Geschichte immer tiefer erschließenden Gott. Diese Eigenart der biblischen Gottesrede findet in der religionsgeschichtlichen Rekonstruktion, mit der die *alttestamentliche Wissenschaft* die Entwicklung der Gottesvorstellungen nachzeichnet, in gewisser Weise ihr modernes Pendant. Im Folgenden geht es mir aber weniger um diesen Blick aus der religionsgeschichtlichen Außenperspektive. Ich möchte mit Ihnen vielmehr das »Ich JHWHs«, die Person des alttestamentlichen Gottes, aus der Innenperspektive der biblischen Texte betrachten. Der an und für Israel und die Menschheit handelnde biblische Gott folgt nicht dem antik-philosophischen Postulat der Unveränderlichkeit, sondern erscheint als *höchst dynamisch und beweglich*. In dieser Hinsicht bilden die durch Jahrhunderte aus Fortschreibungen und Neudeutungen entstandenen biblischen Texte ein *Kondensat langzeitiger religiöser Erfahrungen*. Es sind die Erfahrungen vieler, aber auch herausragender Einzelner, die sich hier niedergeschlagen haben. Das Alte Testament lässt sich so als ein *Spiegel der anwachsenden Glaubenserfahrungen Israels* lesen – in seiner Endgestalt ist es das Ergebnis einer strengen *Auswahl von als glaubwürdig erkannten Zeugnissen*. Zusammen machen sie deutlich, dass der Gott der Bibel in einem *viel tieferen Sinn personal vorgestellt wurde, als man dies von einzelnen Individuen mit ihren begrenzten Lebensgeschichten sagen könnte*. Dies kann man sich an drei Punkten verdeutlichen:

a) Das durch das Alte Testament bezeugte Beziehungsgeschehen zwischen Gott und den Menschen ist immer als *asymmetrisch* wahrgenommen worden. Das göttliche Gegenüber wird *als* Gott durch Symbole einer *Übermacht und Überlegenheit* zur Sprache gebracht – darin gleicht Israel zunächst seiner altorientalischen Umgebung (vgl. die Konzeption vom Königtum Gottes).

b) In der Asymmetrie sind *Spannungen* begründet, die die biblischen Texte durchziehen. Zum einen handelt es sich um *Spannungen in der Gottesvorstellung selbst* (zwischen Nähe und Ferne, zwischen Gnade und Zorn, zwischen Liebe und Gerechtigkeit, zwischen Abgründigkeit und Nachvollziehbarkeit des Gotteshandelns). Zum anderen sind es *Spannungen, die die Beziehung von seiten der Menschen prägen*. Eine grundlegende Wahrnehmung der *Ambivalenz* des Menschen durchzieht die alttestamentlichen Texte. Er erscheint in ihnen als ein *fehlbares*, zur Verfehlung nicht nur neigendes, sondern diese immer schon faktisch vollziehendes Gegenüber Gottes. Die Paradieserzählung Gen 2–3 bildet insofern – wie ihre Parallele im priesterschriftlichen Konzept von Schöpfung und Sintflut – eine narrativ verdichtete *Reflexion auf den Menschen im Widerspruch zu Gott, dem Gott seinerseits durch ein unverdientes Rettungs- und Bewahrungshandeln widerspricht*,[1] aufgrund dessen nach Gen 3 und Gen 9 die Menschheitsgeschichte trotz der Verfehlungen weitergehen wird. In dieser doppelten narrativen Sequenz zeichnet sich der dritte hier zu nennende Aspekt ab:

c) Die alttestamentlichen Texte bezeugen eine Geschichte der Beziehungen zwischen Gott und Israel bzw. der Menschheit, die wie gesagt, *zunehmend als Geschichte Gottes selbst lesbar wird*. Neben einer immer deutlicher betonten *Transzendenz* und Betonung der *Fremdheit seiner Wege* steht die Betonung auch der *Freiheit seiner Liebe*, wie sie z. B. in der »Selbstbeherrschung« Gottes als Nichtvollstreckung von Strafhandeln zum Ausdruck kommt. Damit soll keiner aufsteigenden Evolutionslogik das Wort geredet, sondern einfach darauf verwiesen werden, dass das Alte Testament *Gott im Werden* begriffen hat. Dies möchte ich nun im Durchgang durch wichtige Texte etwas genauer herausarbeiten. Dabei wird deutlich werden, wie sehr die alttestamentlichen Texte ihr Denken an der Rede von den *göttlichen Handlungen und den sie moti-

---

[1] Siehe dazu Friedhelm Hartenstein, »Und sie erkannten, dass sie nackt waren...« (Gen 3, 7). Beobachtungen zur Anthropologie der Paradieserzählung, in: EvTh 65 (2005), 277–293.

vierenden Gefühlsregungen (Anthropopathismen) festgemacht haben. Ihre Theologie ist konkret, weil die Wahrheit, die sie ausdrücken möchte, konkret ist.

3 Das Ich JHWHs in der Spannung seiner Handlungen und Gefühlsregungen

3.1 Liebe und Gerechtigkeit

Die Spannung zwischen JHWHs *Erwählungshandeln* und seinem angesichts von Israels verweigerter Antwort erfolgenden *Gerichtshandeln* prägt die Geschichtstheologie der Prophetenbücher des Alten Testaments.[2] Sie bilden so etwas wie eine Dokumentation des unter dem Aspekt persönlicher Bindung verstehbaren (dennoch aber auch abgründigen) Handelns Gottes an seinem Volk, das ihm zu keiner historischen Stunde gleichgültig geworden wäre. Insofern hat *die langzeitige Wahrnehmung der Taten JHWHs*, wie sie exemplarisch das über viele Jahrhunderte gewachsene Jesajabuch bezeugt, eine *Hermeneutik des Ichs JHWHs in seiner Geschichte* herausgebildet.[3]

Als ihr Ausgangspunkt ist zunächst die durch das Volk und seine Repräsentanten *verletzte Ordnung* anzusehen, die JHWH Israel und seinem Land eingestiftet hatte. Unser Begriff des Rechts trifft dabei nur einen Ausschnitt eines sehr viel umfassenderen Zusammenhangs, der als *Korrespondenzverhältnis von menschlichem und göttlichem Tun* gedacht war und nach modernem Verständnis »natürliche« ebenso wie »soziale« Prozesse umfasst. Das Gleichgewicht dieser Ordnung besteht nicht aus sich selbst, sondern bedarf ständiger Pflege, wie dies besonders eindrücklich das sogenannte Weinberglied Jes 5, 1–7 verdeutlicht. Das sprachliche Raffinement des Textes liegt in der gewählten Metaphorik: Ein Liebender singt, indem er in die Rolle eines Weinbauern schlüpft, von der Enttäuschung all seiner Bemühungen um das geliebte Gegenüber – seinen Weinberg –, der am Ende als das »Rechtsbruch« statt »Rechtsspruch« und »Bluttat« statt »Guttat« begehende Haus Israel identifiziert wird (V. 7). Daran wird exemplarisch deutlich, wie JHWH für die Schriftprophetie als *ausgespannt zwischen den beiden Handlungsmomenten der »Liebe« und der »Gerechtigkeit«* erfasst

---

[2] Die folgenden Abschnitte des Vortrags beruhen weitgehend auf Teilen einer früheren Veröffentlichung, auf die hier als ausführlichere Referenz verwiesen sei: Friedhelm Hartenstein, Personalität Gottes im Alten Testament, in: Wilfried Härle / Reiner Preul (Hg.), Personalität Gottes (MJTh XIX), Leipzig 2007, 19–46 (das Folgende umfasst daraus die Seiten 22–23; 33–44).

[3] Auf diese Perspektive hat vor allem Odil Hannes Steck in seinen letzten Arbeiten nachdrücklich hingewiesen; vgl. Odil Hannes Steck, Die Prophetenbücher und ihr theologisches Zeugnis. Wege der Nachfrage und Fährten zur Antwort, Tübingen 1996; ders., Gott in der Zeit entdecken. Die Prophetenbücher des Alten Testaments als Vorbild für Theologie und Kirche (BthST 42), Neukirchen-Vluyn 2001.

wurde. Es handelt sich für lange Zeit um keinen Gegensatz, sondern um *gleichsinnige bzw. komplementäre Aspekte der göttlichen Person.*

Sowohl die prophetische *Ehemetaphorik* (seit Hosea) als auch die vor dem Hintergrund altorientalischer Vasallenverträge entwickelte *Bundeskonzeption* sehen die Beziehung JHWHs als des »Ehemanns« bzw. »königlichen Schutzherrn« Israels geprägt von seiner *»Liebe«*. Hierbei sind jedoch moderne, vom romantischen Liebesgedanken genährte Assoziationen fernzuhalten. Vielmehr geht es bei dem als »Liebe« (Verb *'ahab*) gefassten Beziehungsgeschehen um *ein solidarisches, wechselseitig überprüfbares Füreinanderhandeln im Sinne der genannten Ordnungskonzeption.* Dies zeigt in besonders klarer Weise Dtn 7, 7–11:

> 7 Nicht weil ihr zahlreicher als alle Völker wäret, hat sich JHWH zu euch geneigt und euch erwählt, denn ihr seid von allen Völkern das kleinste, 8 sondern *weil JHWH euch liebte, und weil er den Eid, den er euren Vätern geschworen hat, gehalten hat,* führte euch JHWH mit starker Hand heraus, und er befreite dich aus dem Sklavenhaus, aus der Hand Pharaos, des Ägypterkönigs, 9 auf dass du erkennst, dass JHWH, dein Gott, (der) Gott ist, der treue Gott, *der den Bund und die Gemeinschaftstreue denen gegenüber bewahrt, die ihn lieben und seine Gebote halten,* bis auf tausend Geschlechter, 10 *aber denen gegenüber, die ihn hassen, ins Angesicht vergilt, um sie zu vernichten.*

Bei aller Rechtsförmigkeit, in die hier die Interpretation des Gotteshandelns als Liebe eingebettet ist, wird man einem solchen Konzept gleichwohl *eine emotionale Komponente* nicht absprechen können. Am Beispiel von Dtn 7, 7ff wird das vor allem an der Kehrseite der »Liebe«, der vergeltenden »Vernichtung« sichtbar, die als Reaktion JHWHs nicht nur auf verweigerte Gegenliebe, sondern auf den »Hass« von Menschen erfolgt, die seine Ordnungen missachten. Es zeigt sich weiter in der hier sachlich angebundenen Vorstellung des »Eifers« JHWHs für die Reinheit der Gottesbeziehung Israels (vgl. etwa im Kontext der zweiten Bundesschlusserzählung vom Sinai in Ex 34, 14: »Denn du sollst keinem anderen Gott die Proskynese erweisen, ja, *eifernd* heißt JHWH, ein *eifernder Gott* ist er«). Und schließlich eignet gerade der Rede vom göttlichen *Gerichtszorn* immer eine mehr oder minder stark artikulierte Gefühlskomponente von Enttäuschung und verletzter Ehre.

Die Dynamik der in den großen geschichtlichen Katastrophen Israels und Judas – mühsam vor dem Hintergrund der prophetischen Gotteshermeneutik – erkannten *langzeitigen Handlungseinheit JHWHs* lässt »Liebe« und »Zorn« (als Moment von »Gerechtigkeit«) im ganzen als Ausdruck des Willens JHWHs verstehen, *sein Volk niemals völlig preiszugeben.* So steht der gern als für das Alte Testament als besonders typisch empfundene symmetrische »Vergeltungsgedanke« eben nicht als allein leitendes Motiv hinter dem göttlichen Strafhandeln, so sehr es dadurch in der Regel als lesbar erscheint. Wenn aber etwa der Prolog des Deuterojesaja in Jes 40, 1ff die besonders nach 587 v. Chr. empfundene Verborgenheit JHWHs für beendet erklärt, so liegt bei aller Bitternis des erfahrenen Strafhandelns Gottes *in der Erneuerung seiner Zuwendung ein unauslotbares »Mehr«* der nun wieder erfahrbaren Gottesbeziehung:

1 »*Tröstet, tröstet mein Volk!*«, spricht euer Gott. 2 »Redet zum Herzen Jerusalems und ruft ihr zu, dass erfüllt ist ihr Frondienst, dass abgetragen ihre Schuld, dass sie empfangen hat aus der Hand JHWHs Doppeltes für all ihre Übertretungen!«

Die weiteren Kapitel des Buchteils Jes 40–55, die im Folgenden noch mehrfach zur Sprache kommen werden, durchzieht eine werbende Rhetorik, die dem an JHWHs Wegen (ver-)zweifelnden Israel (vgl. Jes 40, 27) dessen *Handlungsmacht in der Einheit von »Liebe« und »Gerechtigkeit«* vor Augen führen will. Dazu bedient sich der Text einer aus den Psalmen entlehnten Sprache der persönlichen Anrede. So nennt JHWH in einem Heilsorakel als Begründung für die Sammlung des verstreuten Israel wieder seine »*Liebe*«, die sich in der Geschichtswende erneut erweisen wird (Jes 43, 4f):

4 *Weil du teuer bist in meinen Augen, Gewicht hast, und ich dich liebe*, gebe ich Menschen an deiner Stelle, Völker anstelle deines Lebens! 5 Fürchte dich nicht, denn ich (bin) mit dir! Vom Osten (Sonnenaufgang) her werde ich bringen deinen Samen, und vom Westen (Sonnenuntergang) werde ich dich sammeln.

Dass dieser Text in seiner *Israelzentriertheit* dessen Sonderrolle gegenüber den anderen Völkern hervorhebt, ist ein Zug der die nachexilischen Theologien des Alten Testaments prägt. Wenn nämlich, wie es Deuterojesaja nicht zu betonen müde wird, JHWH auch der Schöpfer der Gesamtwirklichkeit ist, dann stellt sich noch einmal dringlicher die Frage *nach dem Verhältnis von »Liebe« und »Gerechtigkeit« im Blick auf das Verhältnis Israels zur Völkerwelt*. In diesem Zusammenhang lässt sich eine aus christlicher Sicht entscheidende Sinnlinie einer langzeitig beobachteten *Wandlung Gottes im Alten Testament* nachzeichnen. Es geht um die *Entgrenzung seiner Liebe*.

3.2 Zorn und Reue

Wenn, wie oben gesagt, das Alte Testament eine Geschichte JHWHs selbst abbildet, die an seinem langzeitigen Handeln die Identität seiner Person erkennbar werden lässt, so sind dafür besonders solche Sinnlinien wesentlich, die *Wandlungen in der Wahrnehmung Gottes im Unterschied zu menschlichen Personen deutlich machen*. Es sind Wandlungen, bei denen die biblischen Nennungen Gottes in ein bewusstes »Denken Gottes« voranschreiten. *Eine* solche Wandlung verbindet sich mit der in der Auslegungstradition oft als besonders anstößig empfundenen Rede von der »*Reue*« (Verb *nicham* Nif.) Gottes. Ihr hat Jörg Jeremias eine viel rezipierte Studie gewidmet, an deren Ergebnisse die folgenden Überlegungen anknüpfen.[4]

In nur zwei alttestamentlichen Texten wird von der »Reue« JHWHs *über eine vorgängige Heilssetzung* berichtet (in Gen 6, 6f in der Begründung der Sintflut im Rahmen

---

[4] Vgl. Jörg Jeremias, Die Reue Gottes. Aspekte alttestamentlicher Gottesvorstellung (BThSt 31), Neukirchen-Vluyn ²1997 (überarb. und erw. Auflage der ersten Auflage von 1975).

der nichtpriesterschriftlichen Schicht von Gen 1–11 und in 1 Sam 15, 11.35 in der späten Erzählung über die Verwerfung Sauls). Für beide Erzählungen gilt, dass sie keine naiven Perspektiven auf ein allzu menschliches Handeln Gottes einnehmen. Ich möchte das am Beispiel des nichtpriesterschriftlichen Sintflutprologs genauer illustrieren, weil dieser – vor dem Hintergrund einer kritischen Rezeption altorientalischer Flutmythen – *grundsätzliche anthropologische Einsichten* formuliert (Gen 6, 5–7):

> 5 Als JHWH sah, dass die Bosheit des Menschen groß geworden war auf der Erde, und jedes Gebilde der Planungen seines Herzens nur böse (geworden war) die ganze Zeit, 6 *da reute es JHWH*, dass er den Menschen auf der Erde gemacht hatte, *und es ging ihm zutiefst zu Herzen.* 7 Und JHWH sagte: »Ich will auswischen den Menschen, den ich geschaffen habe, von der Erdoberfläche [...], denn *es reut mich*, dass ich sie gemacht habe.«

JHWHs Willensänderung erfolgt hier nicht aufgrund einer späten Einsicht in die Fehlerhaftigkeit seines Tuns, wie wir »Reue« alltagssprachlich eventuell umschreiben würden. Stattdessen handelt es sich um eine *aus der tatsächlichen Dynamik der Beziehungen resultierende Markierung der Grenze zwischen Gott und Mensch*: Der Text formuliert eine – nur vor dem Hintergrund einer Rezeption der dargelegten prophetischen Hermeneutik der Person Gottes verständliche – Einschätzung der *Fehlbarkeit des Menschen*. Dabei wird die an Israels Abtrünnigkeit erkannte Problematik der sich steigernden Verfehlung vollends habitualisiert (alle Menschen denken und handeln jederzeit nur noch »böse«, d. h. im Widerspruch zu Gott). Indem der Text – wie in Gen 2–3 – das prekäre Verhältnis zwischen Mensch und Gott bereits in der Vorzeit in eine entscheidende Krise geraten lässt, wird JHWH *schon vor der Erwählung Israels* zum Vernichtungsbeschluss genötigt. Dieser fällt ihm nicht leicht, sondern erscheint durch seine »Liebe« zu den Geschöpfen konterkariert (V. 6 »*und es ging ihm zutiefst zu Herzen*« ʻazab II Hitp.). Insofern werden hier – im explizit monotheistischen Gegensatz zur Götterwelt der mesopotamischen Flutmythen – die beiden Seiten von »Liebe« und »Gerechtigkeit« in Gott nicht mehr komplementär, sondern *als echte Spannung wahrgenommen, die die Gottheit Gottes selbst betrifft*. Auch in Gen 6–8 muss man, wie analog in Gen 2–3, die mythische Handlungssequenz *von ihrem Ende her lesen*. Dort findet man die Feststellung, dass sich an der Fehlbarkeit des Menschen nichts geändert hat, wohl aber *an der Weise JHWHs, auf den Menschen im Widerspruch zu reagieren* (Gen 8, 21):

> 21 Und JHWH roch den lieblichen Duft *und sprach zu seinem Herzen*: »*Ich will nicht mehr fortfahren, die Erde um des Menschen willen zu verfluchen, weil das Herz des Menschen böse (ist) von ihrer Jugend an.* Und ich will nicht mehr fortfahren, alles Lebendige zu schlagen, wie ich (es) getan habe.«

JHWH hat also aus freiem Entschluss schon in mythischer Vorzeit sein Verhältnis gegenüber dem zur Abtrünnigkeit neigenden Geschöpf so definiert, dass er es nie wieder völlig zu vernichten verspricht, obgleich er dies – nach menschlichem Gerechtigkeitsempfinden – tun müsste. Die nichtpriesterliche Sintfluterzählung erscheint so als *Ge-*

schichte einer unverdienten Bewahrung, an deren Anfang der streng einmalige Akt der Reue JHWHs über die Erschaffung seines Geschöpfes steht. Man darf wohl folgern, dass es der in dieser Reue enthaltene *Schmerz* gewesen ist (Gen 6, 6), der als Anzeiger der Bindung Gottes an die Menschen *auch den Entschluss zur künftigen Abstandnahme vom Äußersten des Gerichts in die Freiheit Gottes zurückverlagert.* Dass dies zutreffen wird, zeigt die Aufnahme der Sintflutgeschichte *als Bewahrungserzählung* in Jes 54, 8–9, die die Tröstung Israels in Jes 40ff illustrieren soll:

> 8 Im überflutenden Zorn habe ich mein Angesicht eine Weile vor dir verborgen. Doch mit Gemeinschaftstreue fernster Zeit habe ich mich deiner erbarmt – hat dein Erlöser gesprochen: JHWH –. 9 *Wie die Tage Noachs (ist) mir dies*, als ich geschworen hatte, dass die Wasser Noachs nicht mehr über die Erde gehen sollten – so habe ich (auch jetzt) geschworen, dir nicht mehr zu zürnen und dich nicht mehr zu bedrohen!

Die Rede von der »Reue« JHWHs wird ansonsten im Alten Testament insbesondere *in der prophetischen Literatur* immer mehr zur theologischen Deutekategorie, mittels derer man aus dem Wechsel geschichtlicher Wahrnehmungen *Schlüsse auf Gottes Identität im Wandel* zog. Die »Reue« ist dann nicht – wie in Gen 6 und 1 Sam 15 – auf Vergangenes gerichtet, sondern meint den Umsturz im Herzen JHWHs angesichts eines *bevorstehenden Gerichts*, das er nicht vollzieht. Eine solche »Selbstbeherrschung« zeigt wieder das Umgriffensein des Zorns JHWHs von seiner Liebe und wird so geradezu zum *Erweis der Gottheit Gottes als schöpferischer Ermöglichung von Beziehung*. So tritt besonders eindrucksvoll in Hos 11, 8f genau an dieser Stelle die Unterscheidung zwischen Mensch und Gott hervor:

> 8 Wie könnte ich dich preisgeben, Efraim, dich ausliefern, Israel? [...] *Mein Herz hat sich in mir umgewandt, mit Macht ist meine Reue entbrannt.* 9 Ich kann meinen glühenden Zorn nicht vollstrecken, kann Efraim nicht wieder verderben: *denn Gott bin ich, nicht Mensch*, in deiner Mitte der Heilige: Ich lasse Zornesglut nicht aufkommen.

Indem die in JHWHs Liebe zu Israel gründende Möglichkeit seiner Selbstbeherrschung *als Proprium der Gotteserkenntnis Israels immer stärker hervortritt*, auf der anderen Seite aber Israel in der exilisch-nachexilischen Zeit *seine Identität in der Völkerwelt bewahren muss*, entsteht ein neues Problem: *Wie verhält sich der Welten- und Schöpfergott zu den anderen Völkern?* Die Antworten auf diese Frage sind in den alttestamentlichen Texten höchst kontrovers. Und gerade das macht den Reiz dieser Sinnlinie zwischen »Zorn« und »Reue« JHWHs aus. Stellvertretend hierfür möchte ich zum Schluss dieses Abschnitts das Jonabuch nennen, ein seltenes Stück humorvoller Theologie in Form einer kleinen Erzählung. Synchron gelesen erreicht diese in Jon 3, 3b–10 und in Jon 4 ihren Höhepunkt. Der vermutlich in die späte Perserzeit gehörenden Hörerschaft wird am Beispiel des Propheten Jona vorgeführt, dass – mit den Worten des 1. Johannesbriefes – »Gott größer ist als unser Herz« (1 Joh 3, 20). Denn nach der vorbildlichen Busse der Niniviten – der traditionellen Feindmacht Assur – wird offensichtlich, weshalb sich Jona seinem Auftrag, im Feindland als Gerichtsprophet aufzutreten, von Anfang an entziehen wollte. Nachdem nämlich vom Großkönig bis zum Vieh alle Bewohner Ninives in Sack und Asche gingen und auf das »Vielleicht« (vgl. Am 5, 15) einer Umkehr Gottes von seinem Zorn hofften, wurde »der Gott« tatsächlich des Unheils leid, und er ließ davon ab, es zu verwirklichen (Jon 3, 10: wiederum das Verb *nicham* Nif.):

> 10 Und der Gott sah ihre Taten, dass sie von ihren bösen Wegen umkehrten. *Und den Gott reute das Böse/Unheil, das er ihnen zu tun angesagt hatte.* Und er tat es nicht.

Hierin liegt eine doppelte Zumutung für die Hörer:

a) Zum einen, dass »der Gott« (der ganzen Welt) die für Israel erst in langem geschichtlichen Ringen erkannte Zurücknahme seines Gerichts *auch den Erzfeinden zukommen lassen kann* (wobei in Jon 3, 10, wie auch sonst mit der »Reue« ein freier Akt Gottes, kein Automatismus von menschlicher und göttlicher Umkehr gemeint ist).

b) Zum anderen, dass Gottes »Reue« hier exemplarisch deutlich macht, wie sehr die seit dem Exil immer wichtigere Perspektive des *Schöpfer*gottes das Proprium Israels relativiert. So spiegelt der Widerstand Jonas, der Gott vorhält, dieser sei »zu barmherzig« gewesen, was der Prophet von Anfang an befürchtet habe (Jon 4, 1–3), die ungelöste Frage nach Israels Stellung in der Welt. Das Buch endet als einzige alttestamentliche Schrift *mit einer Frage*, die die Leser zur Stellungnahme auffordert (Jon 4, 10f). In ihr wird das »*Mitleid*« Gottes (wohl eine weiterführende Interpretation seiner Reue; Verb *chûs*) als ein *Vorrecht des Schöpfers* namhaft gemacht. Dem einzigen Weltengott liegt an jedem einzelnen seiner Werke. Diese Sinnlinie ließe sich weiterführen bis in die Nennungen Gottes im Neuen Testament und ist deshalb für die christliche Rückfrage nach dessen Identität im Wandel im Alten Testament besonders wichtig. Sie ist ein zentrales Beispiel dafür, dass bereits im Alten Testament die unterschiedlichen Weisen, Gott zu nennen, in ein ausdrückliches Denken eines sich im Wandel zunehmend konturierenden Gottes übergehen. So verstanden ist auch die Konzeption seiner Einheit und Einzigkeit nicht nur eine formale und schon gar nicht quantifizierende Aussage. Vielmehr zeigt der alttestamentliche Monotheismus nicht zuletzt aufgrund der ihm inhärenten Theologie der Gefühle eine unabgeschlossene Dynamik und zugleich eine zunehmend erkannte Einsicht in die Tiefe des göttlichen »Ich«. Dem möchte ich mich abschließend noch etwas genauer zuwenden.

4 Die Theologie der Gefühle JHWHs als Spiegel der Einsicht in die Unauslotbarkeit des einen Gottes

Wenn es die Aufgabe christlicher Theologie ist, das in den biblischen Nennungen Gottes Vorgegebene im Zuge der Selbstvergewisserung des Glaubens zu explizieren, so ist eine solche Tendenz bereits innerhalb der alttestamentlichen (und neutestamentlichen) Traditionsentwicklung feststellbar. Die zuvor dargelegten Weisen der Rede von Gott als Person im Alten Testament zeigen das auf verschiedenen Ebenen. Indem zum Beispiel in Ex 33, 18ff »Angesicht« und »Name« als komplementäre Annäherungen an die *nur in der Dynamik ihres »Vorübergehens« erfassbare Präsenz Gottes* begriffen werden, wird der *Faktor des Zeitlichen als für die Wahrnehmung Gottes als Person besonders wichtig herausgestellt*: Mose vermag dort nur JHWHs »Rückseite«, ihm also *hinterher* zu sehen. Diese Einsicht in den *retrospektiven Charakter allen Nach-denkens über Gott* prägt die Wahrnehmungen seiner *Handlungen* und seiner daran langzeitig ablesbaren *Wandlungen* in den Prophetenbüchern und den großen Geschichtswerken des Alten Testaments. Das zeigt exemplarisch die anfängliche Gleichsinnigkeit und spätere Spannung von »Liebe« und »Gerechtigkeit«, die anhand der Rede von der »Reue« zur *Erkenntnis der Freiheit der Liebe* als wesentlicher Eigenart Gottes geführt hat.

Diese Freiheit der Liebe ist ein Beispiel für die Tendenz biblischer Rede von Gott, die menschliche Rede transparent werden zu lassen für die *Differenz zwischen Gott und Mensch* und damit für den Charakter der Rede von Gott als eines Sprechens an der *Grenze des Sagbaren*.

4.1 Identität und Transzendenz

Ein erstes und entscheidendes Moment der Erfassung des Ichs JHWHs in seiner unauslotbaren Tiefe ist die oben herausgestellte Wahrnehmung seiner Identität als des durch die Zeiten hindurch Verlässlichen. *Der wachsenden Einsicht in die bleibende Identität Gottes entspricht die zunehmende Betonung seiner Transzendenz*. Eine Transzendenz, die sich insbesondere mit dem *Schöpfungs*thema verbindet, das ohne die geschichtliche Hermeneutik der Person Gottes nicht begründungskräftig geworden wäre. Denn die *Erfassung seiner Identität im Wandel der Zeiten*, die *in groß angelegten narrativen Figurationen erkannt und beschrieben wird*, verweist auf eine *»größere Zeit« JHWHs*, die zuletzt alle menschlichen Anfänge und Enden umgreift (vgl. etwa Ps 90, 4: »Ja, tausend Jahre sind in deinen Augen wie der gestrige Tag, wenn er vorübergegangen ist«). Insofern überschreitet die Größe und Weite des Handelns JHWHs nicht nur Israel, sondern die Menschheit und schließlich die Welt. Identität *und* Transzendenz JHWHs bilden dann die am Handeln Gottes abgelesen *Einheit seiner Person als des Beziehung ermöglichenden und immer wieder realisierenden »lebendigen Gottes«*.

Diese Einheit Gottes wird nun nicht im Sinne der Lebensgeschichten menschlicher Personen verstanden, sondern verweist auf Gott *jenseits eines Anfangs und eines Endes* (vgl. die unerklärt bleibende Anwesenheit Gottes in Gen 1, 1 »vor« aller Schöpfung ebenso wie die Erwartung in Ps 102, 26f: »Vor Zeiten hast du die Erde gegründet, und die Himmel sind deiner Hände Werk. Sie werden vergehen, *du aber bleibst*«). Eine solche Zusammenschau wurde in der (spät-)exilischen Zeit erstmals ausdrücklich vollzogen, in der der Zusammenbruch wesentlicher Deutemuster zur Neuorientierung nötigte. Dass man nun nicht nur die Einheit, sondern im strengen Sinn auch die *Einzig-*

keit JHWHs betonte, ist religions- und theologiegeschichtlich ein komplexer Vorgang. Ich möchte dazu lediglich hervorheben, dass diese Aussage an den wenigen Stellen, an denen sie explizit begründet wird (wie in Dtjes und Dtn 4), *aus der Unvergleichlichkeit seines Gesamthandelns hergeleitet wird*.

Wenn ich im Folgenden zur Darlegung dieses Sachverhalts wieder vorrangig auf Deuterojesaja zurückgreife, so liegt das daran, dass nirgends sonst im Alten Testament die Verhältnisbestimmung des *Geschichtshandelns JHWHs im Horizont seines Schöpferseins* so klar als die Verhältnisbestimmung von *erwiesener Identität* (in der Geschichte) und *erkannter Transzendenz* (in der Schöpfung) durchgeführt wurde. Als Beispiel soll ein Ausschnitt aus einem Disputationswort (Jes 43, 8–13) dienen:

> 10 Ihr (seid) meine Zeugen! – Spruch JHWHs – mein Knecht, den ich erwählt habe, damit ihr erkennt und mir glaubt, und *versteht, dass ich es bin: Vor mir wurde kein Gott gebildet, und nach mir wird keiner sein!* 11 Ich, ich (bin) JHWH, und keiner (ist) außer mir ein Retter! 12 Ich (allein) habe (es) bekannt gemacht, und ich habe gerettet, und ich habe (es) hören lassen, dass (es) keinem unter euch fremd (geblieben ist)! Und (so) seid ihr meine Zeugen – Spruch JHWHs –, und ich (bin) Gott! 13 *Auch von heute an (bin) ich es, und keinen (gibt es), der aus meiner Hand reißt! Ich wirke – wer wollte es wenden?*

Der Adressat dieses Wortes ist das zweifelnde, seinem Gott gegenüber »blind« gewordene Israel (V. 8), das einer Gerichtsverhandlung beiwohnt, in der es um die Klärung der Gottheit JHWHs gegenüber den Göttern der Völker geht. In JHWHs Beweisführung sind zwei Argumentationslinien zu unterscheiden, die zusammengenommen so etwas wie eine *Selbstdefinition Gottes* ergeben:

a) Zum einen verweist der Gott Israels darauf, dass er *vor allen denkbaren und erzählten Anfängen* bereits »da« war (V. 10: »vor mir wurde kein Gott gebildet«). Es könnte sich gut um eine direkte Replik auf die Anfangszeilen des babylonischen Staatsmythos Enuma elisch handeln, der im Blick auf die Götter nur von deren *im* Anfangshorizont der Welt liegenden Entstehung zu berichten wusste:

> Als die Götter noch nicht hervorgebracht waren, kein einziger, sie mit Namen noch nicht gerufen waren, ihnen die Schicksale noch nicht bestimmt waren, *da wurden die Götter in ihrem Inneren [sc. den vermischten Wassern des Urpaares Apsû und Tiamat] geformt*.[5]

b) Zum anderen verweist JHWH – im Sinne der oben beschriebenen Gotteserkenntnis Israels – darauf, *dass ihm allein die Macht zukommt, zu »retten«*, wodurch er seine Gottheit mehr als einmal erwiesen hat (vgl. das bei Deuterojesaja betont aufgenommene Schilfmeerwunder, so unmittelbar anschließend in Jes 43, 14–21). Entscheidend für den Erweis seiner Einzigkeit *als* Gott ist aber schließlich, *dass er sein Handeln –*

---

5 Enuma elisch Tf. I, Z. 7–9; deutsche Übersetzung zitiert nach Claus Wilcke, Die Anfänge der akkadischen Epen, in: ZA 67 (1977), 153–216, 167. Der Text verwendet für die Theogonie hier den N-Stamm des Verbs *banû* IV: »geschaffen/geformt/gemacht werden«, ein ziemlich genaues Äquivalent zum hebräischen *jazar* »formen/bilden« in Jes 43, 10 (vgl. auch 44, 10 vom Kultbild als »geformtem Gott«).

durch sein prophetisches Gesamtwort – wahrhaftig vorhersagen konnte und dies weiterhin tut. Ja mit Hilfe seines *wirkmächtigen Wortes* (*dabar*) lenkt er im Rahmen seines Schöpfungshandelns auch die Geschicke der gesamten Völkerwelt (vgl. Jes 55, 11: »so ist mein Wort, das aus meinem Mund hervorgeht: Nicht kehrt es leer zu mir zurück, es sei denn, es habe getan, was ich gewollt habe, und habe ausgeführt, wozu ich es gesandt habe«). In der *bewahrheiteten Ansage des Geschichtsverlaufs* wird so seine *Identität* über die Zeiten hinweg für Israel erkennbar (vgl. das für Vergangenheit und Zukunft in Jes 43, 10ff so betonte »Ich bin JHWH«). Und zugleich erweist es auch seine *Transzendenz*. Dafür hat das große Disputationswort Jes 40, 12ff die einprägsame Ikone des über dem Erdkreis unter dem Himmelsbaldachin thronenden Königsgottes gefunden, vor dem die Völker und ihre Herrscher wie Heuschrecken erscheinen (V. 22, vgl. V. 15: wie ein Staubkorn an der Waage und wie Tropfen am Eimer).

Dieser bei Deuterojesaja mit großer rhetorischer Kraft vorgetragene *Erweis der Handlungstranszendenz des einzigen Gottes* ist eindrucksvoll. Er bringt aber auch *spezifisch monotheistische Probleme* für die Wahrnehmung Gottes mit sich, indem in einer einzigen göttlichen Instanz Widersprüche zusammenzudenken sind, die in der Götterwelt des Alten Orients auf mehrere Personen verteilt waren. Eine Weise, mit diesem Erkenntnisproblem des Glaubens umzugehen, ist die Beibehaltung, ja teils *bewusste Nebeneinanderstellung unterschiedlicher Aussageformen*. So hat sich das Alte Testament nirgends – auch nicht bei Deuterojesaja – auf eine »rein« monotheistische Rede von Gott festgelegt.

4.2 Nichtbeliebige Vielfalt der Gottesaussagen

Mit dem »Denken des einzigen Gottes« rückt in den entsprechenden alttestamentlichen Texten das *Unerforschliche* und *Unauslotbare* der göttlichen Willens- und Handlungsbekundungen in das Bewusstsein. So stellt es für die Adressaten der deuterojesajanischen Texte eine Zumutung dar, in der Erwählung des Perserkönigs Kyros als des »Gesalbten« das Heilshandeln JHWHs (an-)erkennen zu sollen. Nicht zufällig findet sich in genau diesem Zusammenhang (Jes 44–45) eine der begrifflich dichtesten Umschreibungen Gottes, die wie *ein Abschreiten der Grenzlinien zum Unsagbaren* formuliert ist (Jes 45, 6f):

> 6b Ich JHWH (bin es) und keiner sonst, 7 der *bildet Licht* und *schafft Finsternis*, der *wirkt Heil* und *schafft Unheil*. Ich JHWH (bin es), der all diese (Dinge) tut!

In aller Kürze wird hier in Form von vier Partizipialaussagen in einem ersten Parallelismus die *kosmische Handlungsmacht* Gottes als des Schöpfers umrissen, der (anders als in Gen 1) Licht *und* Finsternis erschaffen hat, während ein zweiter Parallelismus seine *geschichtliche Handlungsmacht* durch sein Bewirken von Heil *und* Unheil umschreibt. Dabei ist die Reihenfolge von der Schöpfung (als des Gesamtrahmens) zur Geschichte hin ebenso zu beachten wie die jeweils für die Objektpaare gewählte Abfolge *vom Positiven zum Negativen* (zuerst Licht, dann Finsternis, zuerst Heil, dann Unheil). Dass hierbei auch eine *Erkenntnisordnung* für die Adressaten intendiert ist, die dem Prinzip der anfänglich heilssetzenden Taten JHWHs entspricht, zeigen schließlich die verwendeten *Verben*: Die zuerst genannten positiven Größen »Licht« und »Heil« werden mit einer gewissen Anschaulichkeit »geformt« (Verb *jazar*) oder »gemacht« (Verb '*asah*). Die kosmisch und geschichtlich negativen Größen »Finsternis« und »Unheil« sind dagegen beide mit dem allein mit dem göttlichen Subjekt vorkommenden und daher unanschaulichen Verb *bara'* »schaffen« verbunden. *Das Negative als durch Gott Bewirktes bleibt so zuletzt dem Verstehen entzogen, bildet aber einen Teil der – darin abgründig erscheinenden – Identität JHWHs* (vgl. auch hier wieder das betonte »Ich bin JHWH«). Unmittelbar an diese – auf Luthers Reflexionen über die Wahrnehmungen Gottes *sub contraria specie* vorausweisenden – Spitzenaussagen schließt dann sehr bewusst eine aus der mythischen Sprache der Psalmen gewonnene Passage an, die das künftige Heil *bildhaft anschaulich* ausmalt (Jes 45, 8):

> 8 Lasst träufeln, ihr Himmel, von oben, und Wolken sollen fließen (von) Recht! Es öffne sich (die) Erde [mit Vulg.], es soll blühen [mit Q^a] Rettung/Heil, und Gerechtigkeit soll sie [sc. die Erde] aufsprießen lassen dazu! Ich, JHWH, habe diese (Dinge) geschaffen!«

»Recht« und »Gerechtigkeit« sind hier, wie vielfach in den Psalmen, zugleich Gaben und Wirkmächte JHWHs, und Himmel und Erde erscheinen als ebensolche Hilfskräfte zur Verwirklichung des Heils (vgl. als nächste Parallele Ps 85, 10–14). Diese Sprache bewegt sich religionsgeschichtlich »zwischen Polytheismus und Monotheismus« (Klaus Koch[6]). Die kompositorisch gewollte Abfolge von Jes 45, 7 zu 45, 8 ist ein gutes Beispiel für das mehrstimmige »Denken des einzigen Gottes«. Es erfolgt *nicht nur auf einer begrifflich verdichteten Linie* (Jes 45, 6f), *sondern bleibt zugleich der mythischen Sprache eines aufgefächerten göttlichen Wirkfeldes verpflichtet* (Jes 45, 8). Diese »multiplicity of approaches«, wie sie Henri Frankfort und Benno Landsberger für altorientalische Kulturen als grundlegend herausgestellt haben,[7] *stellt in ihrer israelitischen Variante eine bis heute wirksame Poetik der Glaubenssprache bereit.*

Bildhaft-konkrete und begrifflich-abstrakte Nennungen Gottes *zielen vielstimmig auf dessen Einzigkeit*. Es handelt sich um Konvergenzlinien auf das Unsagbare, deren Reichtum heutiger Theologie immer noch vorgegeben ist. Das »Ich JHWHs« in der

---

[6] Vgl. Klaus Koch, Die hebräische Sprache zwischen Polytheismus und Monotheismus, in: Ders., Spuren des hebräischen Denkens. Beiträge zur alttestamentlichen Theologie (Gesammelte Aufsätze 1), Neukirchen-Vluyn 1991, 25–64.

[7] Vgl. Henri Frankfort, Kingship and the Gods. A Study of Ancient Near Eastern Religion as the Integration of Society and Nature, Chicago, London 1948, passim; Benno Landsberger, Die Eigenbegrifflichkeit der babylonischen Welt, in: Ders. / Wolfram von Soden, Die Eigenbegrifflichkeit der babylonischen Welt (1926) / Leistung und Grenze sumerischer und babylonischer Wissenschaft (1936), Darmstadt 1965, 1–18; 17.

Dynamik seiner Gefühle bleibt eine unausschöpfliche Quelle religiöser Sprache. Für uns Christen ist es im »*ego eimi*« des Johannesevangeliums Ausdruck einer nochmals anderen Lebensgeschichte geworden. In dieser Geschichte des Jesus von Nazareth ist das »Ich« Gottes zuletzt ganz bei sich selbst und zugleich bei uns angekommen.

Teil IV: **Anhang**

Autorenverzeichnis

Dr. Roderich Barth
Professor für Systematische Theologie / Ethik an der Justus-Liebig-Universität Gießen

Dr. Markus Buntfuß
Professor für Systematische Theologie an der Augustana Hochschule Neuendettelsau

Dr. Sabine A. Döring
Professorin für Philosophie mit dem Schwerpunkt Praktische Philosophie (Ethik) an der Eberhard Karls Universität Tübingen

Dr. Johannes Fischer
Professor em. für Theologische Ethik und bis 2012 Leiter des Instituts für Sozialethik an der Universität Zürich

Dr. Bernhard Grom S.J.
Professor em. für Religionspsychologie und Religionspädagogik an der Hochschule für Philosophie, München

Dr. Friedhelm Hartenstein
Professor für Altes Testament an der Ludwig-Maximilians-Universität München

Dr. Michael Moxter
Professor für Systematische Theologie mit den Schwerpunkten Dogmatik und Religionsphilosophie an der Universität Hamburg

Dr. Elisabeth Naurath
Professorin für Evangelische Theologie mit Schwerpunkt Religionspädagogik und Didaktik des Religionsunterrichts der Universität Augsburg

Dr. Claus-Dieter Osthövener
Professor für Systematische Theologie an der Bergischen Universität Wuppertal

Dr. Notger Slenczka
Professor für Systematische Theologie / Dogmatik an der Humboldt-Universität zu Berlin

Dr. Christopher Voigt-Goy
Privatdozent für Kirchengeschichte an der Kirchlichen Hochschule Wuppertal-Bethel, Wissenschaftlicher Mitarbeiter der Abteilung ›Abendländische Religionsgeschichte‹, Leibniz-Institut für Europäische Geschichte (Mainz)

Dr. Eva Weber-Guskar
Privatdozentin für Philosophie an der Georg-August-Universität Göttingen, zur Zeit (Sommersemester 2015) Gastprofessorin für Praktische Philosophie (Ethik) an der Freien Universität Berlin

Dr. Christopher Zarnow
Inhaber der Arbeitsstelle ›Theologie der Stadt‹ der Evangelischen Kirche in Berlin, Projektstudienleiter an der Evangelischen Akademie zu Berlin, Lehrbeauftragter für Systematische Theologie an der Humboldt-Universität zu Berlin

Register

Allestree, Richard 92
Alston, William 49
Aner, Karl 96
Apelt, Ernst Friedrich 154
Aristoteles 163, 164, 168, 174, 185, 186
Augustinus, Aurelius 143, 185

Bach, Johann Sebastian 31
Baisch, Martin 162, 166
Baker, Joseph O. 44
Barth, Herbert 43
Barth, Roderich 6, 140
Barth, Ulrich 6, 10
Basilius der Große 43
Basu, Helene 53
Baumgarten, Alexander Gottlieb 1
Baumgarten, Siegmund Jacob 14, 80, 97, 100–103, 108
Baumgartner, Isidor 209
Baur, Ferdinand Christian 153
Baxter, Richard 14, 83–85, 88, 93, 96, 100
Bealer, George 72
Becker, Jürgen 143
Belschner, Wilfried 36
Ben-Ze'ev, Aaron 1
Berninger, Anja 27, 61
Beutel, Albrecht 81
Birnbacher, Dieter 192
Bischof-Köhler, Doris 212
Blake, William 32
Bless, Herbert 34
Blumenberg, Hans 226
Boeschenstein, Hermann 96
Böttiger, Karl August 98
Brachtendorf, Johannes 143
Bratman, Michael 63–65
Brosch, Tobias 25
Brummack, Jürgen 144
Bucher, Anton 217
Budde, Johann Franz 14, 96, 97
Buechler, Sandra 42
Buntfuß, Markus 5, 16, 144
Burnham, Frederic B. 81
Busch, Wilhelm 171

Calov, Abraham 2

Carey, Michael P. 30
Carrette, Jeremy R. 37
Cassirer, Ernst 141
Charbonnier, Lars 5
Charlesworth, William R. 218
Charlton, Michael 219
Christian-Widmaier, Petra 214
Cicero, Marcus Tullius 143
Clarke, Veronica 33
Claydon, Tony 81
Clore, Gerald L. 27, 34
Colby, Anne 218
Corley, Jeremy 5
Corrigan, John 5, 37, 47, 48, 51, 61
Cortés, Donoso 162
Crump, Eric 47

Décarie, Thérèse G. 218
Dalferth, Ingolf U. 5
Dalgleish, Tim 4
Damasio, Antonio R. 4, 10, 27, 33
Davidson, Richard J. 4, 28, 31
Davis, Arthur Paul 86
De Saussure, Ferdinand 159
De Sousa, Ronald 4, 10
De Wette, Wilhelm Martin Leberecht 16, 144–153
Deacon, Malcolm 91
Demmerling, Christoph 3, 4, 49
Descartes, René 79
Dijksterhuis, Ap 27
Doddridge, Philip 14, 80, 82, 91–93, 95, 98, 108, 110
Döring, Sabine A. 3, 4, 13, 14, 27, 49, 61, 70, 73, 157
Drioux, Claude-Joseph 157
Düringer, Eva-Maria 66

Ebeling, Gerhard 132
Eckhart, Meister 44
Edelmann, Robert J. 158
Edwards, Jonathan 15, 114, 116–124
Egger-Wenzel, Renate 5
Ehlich, Konrad 214
Ellsiepen, Christof 10

Elsas, Christoph 39
Eming, Knut 163, 165, 168, 185
Engemann, Wilfried 209
Etkin, Amit 32
Exline, Julie J. 30

Fechtner, Kristian 5
Feldman Barrett, Lisa 4
Fernández de la Mora, Gonzalo 162, 168, 169, 173, 175, 176, 180, 181, 183
Fiedler, Klaus 34
Fink-Eitel, Hinrich 3
Fischer, Hermann 35
Fischer, Johannes 17
Forster, Michael N. 138
Foster, George M. 168
Foster, James 81, 82, 103
Fowler, James 217
Francke, August Hermann 80, 86
Frankena, Frederick 192
Frankfort, Henri 237
Frankfurt, Harry 198
Frederickson, Barbara L. 28
Freylinghausen, Johann Athanasius 93
Fries, Jakob Friedrich 16, 145–148, 150, 151
Fritz, Martin 6

Gabrielsson, Alf 31
Gaita, Raimond 196, 200, 202
Geertz, Armin W. 30
Geest, Hans van der 209
Ghosh, Peter 123
Gigerenzer, Gerd 27
Girard, René 163, 166, 188
Gmünder, Paul 217
Goldie, Peter 3, 4, 49, 70, 157
Goldsmith, H. Hill 4, 28, 31
Goller, Hans 23, 30
González Cuevas, Pedro 162
Gottsched, Johann Christoph 79
Gramzow, Christoph 217
Greenway, A. Philip 33
Gregor der Große 163
Griffiths, Paul E. 4
Grom, Bernhard 7, 9, 12–14, 31, 33, 34, 39–42, 44, 216, 219, 222
Gross, James J. 32
Grubmüller, Klaus 162
Grünbein, Durs 36

Gyurak, Anett 32

Haakonssen, Knud 86, 157
Haidt, Jonathan 26, 28, 29
Halbig, Christoph 44
Hanisch, Helmut 217
Harbach, Heinz 211
Hardy, Alister 40
Harnack, Adolf von 3
Harreß, Birgit 163
Hartenstein, Friedhelm 2, 18, 227, 228
Hartmann, Martin 4
Haviland-Jones, Jeannette M. 4
Hegel, Georg Wilhelm Friedrich 177, 178
Heidegger, Martin 158–160
Helm, Bennett 4, 13, 51
Herbart, Johann Friedrich 217
Herder, Johann Gottfried 1, 104, 107, 139, 144, 148, 153
Hilgard, Ernest R. 33
Himmelfarb, Gertrude 81
Hindmarsh, D. Bruce 119
Hobbes, Thomas 79, 84
Holifield, E. Brooks 113, 116
Huber, Stefan 30, 41
Hübner, Kurt 198
Humboldt, Wilhelm von 135, 137, 138
Hume, David 5, 70, 71, 193, 211
Huntsinger, Jeffrey R. 27
Hutcheson, Francis 150

Izard, Carroll E. 42

Jacobi, Friedrich Heinrich 145
Järveläinen, Petri 5
James, William 6, 9, 12, 37, 38, 69, 70
Jaspers, Karl 36
Jeremias, Jörg 230
Jerusalem, Johann Friedrich Wilhelm 14, 80–82, 91, 92, 97, 103–107
Johnson, Samuel 86
Jüngel, Eberhard 133
Jung, Matthias 34, 138, 139
Juslin, Patrik N. 31

Käppler, Christoph 219
Kant, Immanuel 1, 6, 10, 13, 61, 75, 145, 148, 152, 153, 157, 170, 171, 173, 180, 193, 194
Keeble, N. H. 83

Kellerman, Henry 42
Keltner, Dacher 26, 29
Kemper, Hans-Georg 86
Kenny, Anthony 4
Kienbaum, Jutta 211, 212
Kierkegaard, Sören 170, 178, 179, 181
Klein, Melanie 162
Kloos, John 47
Koch, Klaus 237
König, Josef 193
Kohlberg, Lawrence 217, 218
Kolnai, Aurel 158
Kreuzer, Tillmann 162
Krois, John Michael 141
Kruse, Otto 42
Kutschera, Franz von 44

Lacan, Jacques 175
Lämmermann, Godwin 217
Landsberger, Benno 237
Landweer, Hilge 3, 49
Langenhorst, Georg 54, 56, 57
Lauster, Jörg 5, 34, 47
LeDoux, Joseph 4
Lee, Sang Hyun 114
Leibniz, Gottfried Wilhelm 79, 110
Lessing, Gotthold Ephraim 104
Lester, David 31
Lewis, Michael 4
Lieberich, Eva 162, 170, 176, 178
Lindstrom, Martin 30
Lippke, Olaf 163, 165, 166, 168, 169
Lipps, Theodor 211
Locke, John 90, 117, 157
Lohmann, Georg 3
Loofs, Friedrich 96
Luther, Henning 210
Luther, Martin 85, 89, 93, 94, 165, 185, 188, 205, 215
Lynch, Owen M. 112

Machoń, Henryk 39
Mackie, John Leslie 68
Mader, Matthias 5
Malinar, Angelika 53
Marcel, Gabriel 61
Margalit, Avishai 202
Mariña, Jaqueline 6
Marsden, George M. 114

Mather, Increase 116
Mayer, Verena 4
Mayring, Philipp 26
McCullough, Peter 81
McDowell, John 51
Menninghaus, Winfried 158
Meyer, Wulf-Uwe 27
Miller, Johann Peter 99
Miller, Perry 115
Miller, W. Watts 61
Milne, Lisa C. 33
Mischel, Walter 64
Mitchell, Jonathan 115, 116
Morgan, Edmund S. 116
Morton, Adam 69, 70
Mosheim, Johann Lorenz 14, 80, 86, 91, 97–100, 104
Moxter, Michael 5, 15, 137
Musil, Robert 1, 110, 125, 126, 134

Nagel, Thomas 159
Naurath, Elisabeth 17, 208, 209, 211, 213, 220
Nestler, Erich 217
Newmark, Catherine 3
Nietzsche, Friedrich 32, 62, 162, 176
Ninivaggi, Frank John 162, 163, 166, 168, 170, 177, 180, 181
Noll, Mark A. 113, 114
Nussbaum, Martha C. 4, 157
Nuttal, Geoffrey 83

Oksenberg Rorty, Amélie 4
Origenes 2
Ortega y Gasset, José 162
Oser, Fritz 217
Osthövener, Claus-Dieter 110, 112, 161
Osthövener, Claus-Dieter 14
Ott, Ulrich 30
Otto, Rudolf 6, 8, 12, 14, 38–40, 79, 91, 110, 111, 154

Pannenberg, Wolfhart 199
Park, Crystal L. 30
Pascal, Blaise 33, 67, 68
Paulus 143
Peake, Philip 64
Perler, Dominik 3, 79
Perrig, Walter 32
Perrig-Chiello, Pasqualina 32

Petermann, Franz 220
Pettit, Philip 13, 62–68, 70–72, 74
Piaget, Jean 18, 34, 217
Pike, Nelson 49, 52
Platon 159, 160, 186
Platow, Birte 217
Plessner, Helmuth 136
Plutchik, Robert 42
Porter, Roy 81
Power, Mick J. 4
Prinz, Jesse 69, 70
Proudfoot, Wayne 37

Rakoczy, Thomas 162, 165, 184
Rehbein, Jochen 214
Reisenzein, Rainer 27
Renz, Ursula 3
Richard, Matthias 30
Rilke, Rainer Maria 32
Risi, Clemens 4
Ritter, Werner H. 217, 223
Rivers, Isabel 81, 86, 92
Roberts, Robert C. 4, 5, 48, 58, 157
Robinson, Genever 69
Robinson, John 113, 124
Rodelt, Jens 4
Rodgers, Michael 5
Roepstorff, Andreas 30
Rogers, Carl R. 210, 211
Rosenberger, Michael 27
Rothe, Richard 104

Salamon, Janusz 5
Samuels, Pamela A. 31
Sander, David 4
Schaeffler, Richard 34
Scheler, Max 168, 176
Scherer, Klaus R. 4, 24, 25, 27, 28, 31
Schian, Martin 104
Schings, Hans-Jürgen 85
Schjoedt, Uffe 30
Schleiermacher, Friedrich Daniel Ernst 6, 8, 14–16, 35–38, 79, 80, 91, 108–110, 126–141, 144, 148, 153, 160, 161, 188
Schloemann, Martin 100, 101
Schmidt, Josef 44
Schmidt-Atzert, Lothar 28
Schmitz, Hermann 4, 17, 134, 195
Schopenhauer, Arthur 162, 171

Schröder, Caroline 114
Schützeichel, Rainer 4
Schützwohl, Achim 27
Schwab, Gustav 98
Schwarz, Balduin 36
Schweitzer, Albert 32
Schwitzgebel, Eric 52
Seckendorff, Adolph Franz Carl von 92
Selg, Herbert 219
Selman, Robert L. 219
Shaftesbury, Anthony Ashley Cooper 148, 150
Shoda, Yuichi 64
Simmel, Georg 8, 9
Simon, Irène 81
Skorupski, John 68
Slenczka, Notger 6, 16, 157, 160, 163–165, 181, 184, 187, 189
Smith, Adam 157, 169, 172
Smith, Michael 63, 69
Smith, Richard 175
Smyth, Joshua M. 30
Sölle, Dorothee 187
Sokrates 159
Solomon, Robert C. 4
Solomon, Ruth 218
Spalding, Johann Joachim 104
Spinoza, Baruch de 10, 79
Stalfort, Jutta 5
Steck, Odil Hannes 228
Stein, Stephen J. 114
Steins, Gisela 212
Stillingfleet, Edward 97
Stoddard, Solomon 116, 117, 121
Stöckmann, Ernst 6
Stødkilde-Jørgensen, Hans 30
Stolzenburg, Arnold F. 96
Sträter, Udo 87, 97
Stramusoli, Lorenzo 163
Stranks, Charles James 92
Ströhm, Walter 28
Stumpf, Carl 125
Sulzer, Johann Georg 6
Swineburne, Richard 49

Taylor, Charles 204
Tetens, Johann Nicolaus 6
Teutsch, Gotthard M. 211
Theißen, Gerd 3

Thomas von Aquin 2, 157, 164, 166, 170, 177, 180, 181, 184, 186
Thomasius, Christian 96
Thuesen, Peter 122
Tillich, Paul 2, 12, 41
Tillotson, John Robert 97
Titchener, Edward B. 211
Troeltsch, Ernst 8

Vidaillet, Bénédicte 175
Voigt-Goy, Christopher 14, 15
Vollhardt, Friedrich 99

Wagner, Andreas 5
Wagner, Falk 210
Warburg, Aby 135
Watts, Isaac 14, 80, 86–92, 100, 108
Watts, Michael R. 86
Weber, Kathrin 165
Weber, Max 15, 123, 124
Weber-Guskar, Eva 4, 13, 14, 49, 54, 59
Weier, Winfried 44
Weinert, Sabine 219

Wellenreuther, Hermann 113, 114
Wendel, Saskia 212
Wetzel, Helmut 219
Weyel, Birgit 5
Weyhofen, Hans Theo 56
Wicklund, Robert A. 212
Wiedebusch, Silvia 220
Wieland, Christoph Martin 98
Wiggins, David 27
Wilcke, Claus 235
Wilke, Annette 112
Williamson, George 81
Wippich, Werner 32
Wolff, Christian 79
Wollheim, Richard 3
Wundt, Wilhelm 6, 211
Wynn, Mark 5, 49–51

Yarborough, C. Andrew 33

Zalta, Edward N. 50, 52
Zarnow, Christopher 17
Zentner, Marcel R. 27

www.ingramcontent.com/pod-product-compliance
Lightning Source LLC
Chambersburg PA
CBHW070610170426
43200CB00012B/2642